ENCYCLOPEDIE VISUELLE VU

POUR LES 10-15 ANS

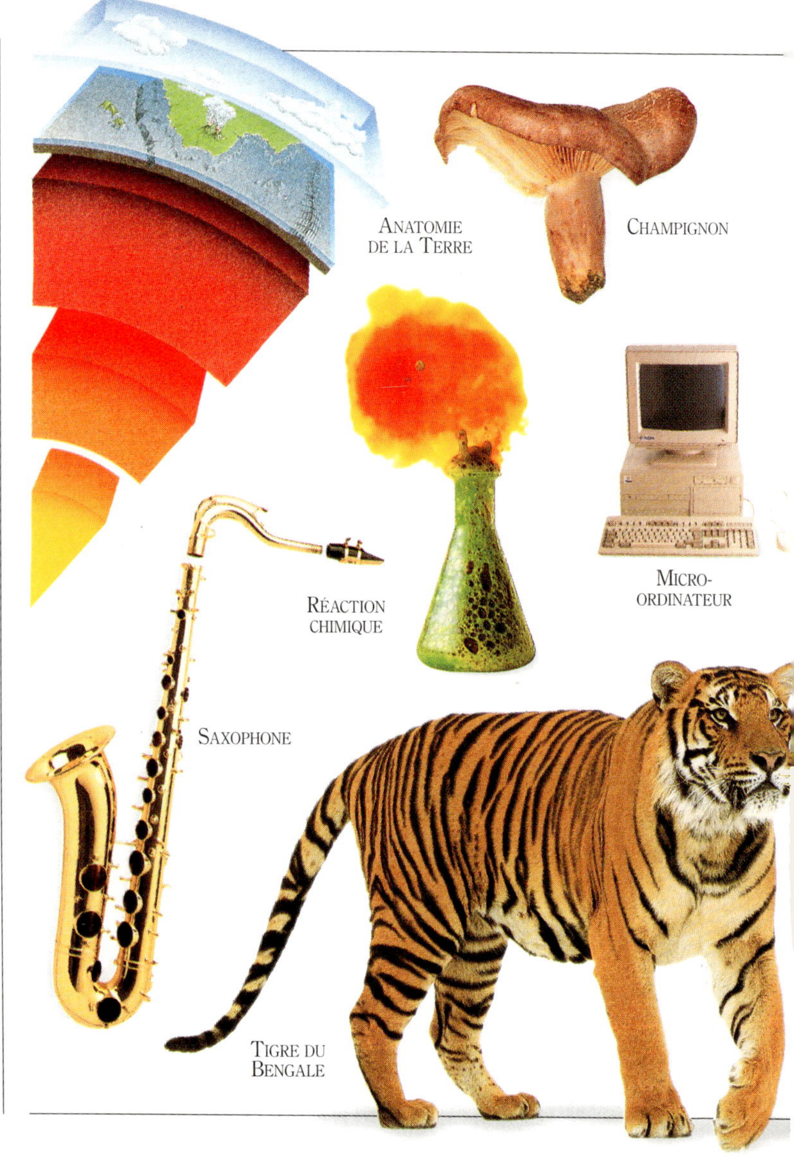
Anatomie de la Terre
Champignon
Réaction chimique
Micro-ordinateur
Saxophone
Tigre du Bengale

ENCYCLOPÉDIE VISUELLE

VU

POUR LES 10-15 ANS

TEXTE
John Farndon

STATUETTE DE "VÉNUS"

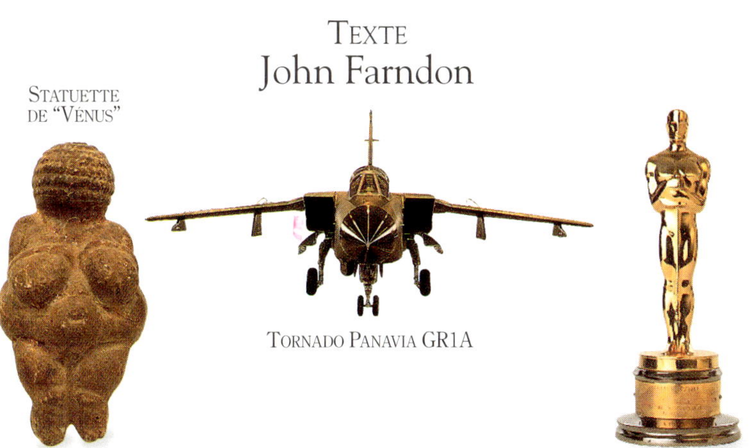

TORNADO PANAVIA GR1A

OSCAR

GALLIMARD JEUNESSE

Édition originale :
réalisée pour Dorling Kindersley par
PAGE*One*
Direction éditoriale : Bob Gordon, Helen Parker
Édition : Neil Kelly
Maquette : Matthew Cook
Montage PAO : Chris Clark

Chez Dorling Kindersley :
Équipe éditoriale :
Anna Krugger, Peter Bailey, Alastair Dougall,
Sarah Crouch, Nomazwe Madonko, Darren Holt
Fabrication : Ruth Cobb
Iconographie : Cynthia Hole, Caroline Potts

Pour la présente édition française :
Édition : Éric Pierrat et Laurent Blin
Montage PAO : Barbara Kekus, Octavo, Paris
Lecture-correction : Lorène Bücher,
Béatrice Peyret-Vignals et Isabelle Haffen
Couverture : Ludovic Dufour et Christine Régnier
Photogravure de couverture : Mirascan
Flashage : Arc-en-Ciel, Paris

Déjà paru dans la collection **VU poche**
Dictionnaire visuel VU pour tous
Encyclopédie visuelle VU pour les 7-11 ans

Édition originale parue en 1999 sous le titre *Concise Encyclopedia*,
précédemment publiée en 1997 sous le titre *Pockets Encyclopedia*

ISBN 2-07-057471-7

Loi n° 49-956 du 16 juillet 1949
sur les publications destinées à la jeunesse
Dépôt légal : septembre 2006
Numéro d'édition : 140127

Photogravure Colourscan, Singapour
Imprimé et relié à Singapour par Star Standard

SOMMAIRE

LE MMU (MANNED MANOEUVRING UNIT)

FORMATION D'UN ICEBERG

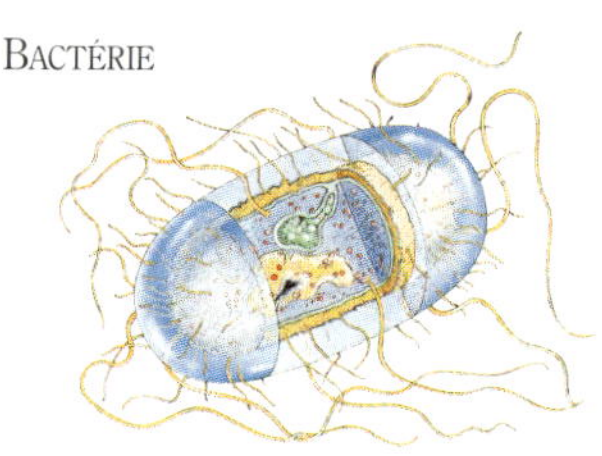

BACTÉRIE

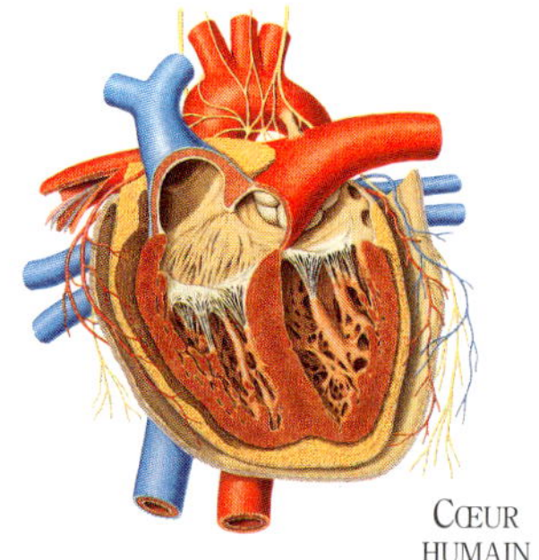

CŒUR HUMAIN

SOMMAIRE

BALLON À AIR CHAUD

SOLUTION

PUDU DE PATAGONIE

JOUEUR DE HOCKEY SUR GLACE

COMMENT UTILISER CE LIVRE

Ce livre est divisé en neuf chapitres couvrant chacun un sujet précis : l'espace, la Terre, le monde vivant, le corps humain, les sciences et technologies, les transports, la géographie du monde (atlas), les peuples et les cultures, et enfin l'histoire. Une double page en couleur annonce chaque chapitre.

Code couleur

Le titre nomme le sujet de la page. Si le sujet se poursuit sur plusieurs pages, le titre apparaît en tête de chacune d'elles.

LES CRUSTACÉS

Ces arthropodes comptent 39 000 espèces et tirent leur nom de leur carapace rugueuse. Crabes, homards et crevettes appartiennent à cette classe, dont quelques rares sujets, tel le cloporte, vivent sur la terre ferme.

Longues antennes

Pince-scie pour déchirer les proies

Yeux composés pédonculés

Grosse pince pou saisir et broyer les proies

Les homards et les crabes sont des décapodes : ils ont dix pattes.

Le homard fuit en nageant à reculons à l'aide de sa queue.

ANATOMIE DU HOMAR
Le homard possède une soli carapace, deux longu antennes et deu yeux composé pédonculés qui l permettent de repér ses proies. Il utilise sa pair de pinces puissantes pou agripper et déchirer celles-

La robuste carapace protège les organes internes.

HOMARD EUROPÉEN

CRABE DÉCORATEUR

LE CAMOUFLAGE
Les crabes sont pour la plupart de couleur sable et se fondent ainsi sur le sol marin. Le crabe décorateur va plus loin : il se couvre de plantes marines pour disparaître complètement.

CODE COULEUR
Au coin de chaque page, un carré de couleur vous rappelle le thème du chapitre.

- L'ESPACE
- LA TERRE
- LE MONDE VIVANT
- LE CORPS HUMAIN
- SCIENCES ET TECHNOLOGIES
- LES TRANSPORTS
- ATLAS
- PEUPLES ET CULTURES
- HISTOIRE

L'introduction constitue une vue d'ensemble du sujet traité. Après l'avoir lue, vous aurez une idée claire du contenu des pages.

Pour plus de clarté, un titre identifie les illustrations quand elles ne sont pas reliées au texte de façon évidente.

Les légendes en italique soulignent les détails auxquels elles sont reliées par un filet. Elles complètent le texte qui commente chaque illustration.

En marge de la page de gauche figure le sujet traité, en marge de la page de droite, le titre du chapitre : cette page sur les crustacés se trouve dans le chapitre "Le monde vivant".

Faits et chiffres des pays

Atlas

Dans la partie sur l'histoire, des bandes de couleur jaune et blanche séparent la chronologie de chaque continent.

Des petits encadrés intitulés "Le saviez-vous?", vous rappellent d'un coup d'œil les détails remarquables ou étonnants propres au sujet traité.

L'ATLAS
Cet ouvrage comprend un atlas du monde, complété par des pages indiquant les faits et chiffres majeurs de chacun des pays évoqués.

CHRONOLOGIE
Des tableaux chronologiques sur l'espace, la musique, la littérature, etc. récapitulent l'évolution de ces domaines.

DOUBLE INDEX
Il comprend l'index de l'atlas, qui répertorie les villes, les rivières, les chaînes de montagnes, les lacs figurant sur les cartes…, et un index général qui dresse la liste des principaux thèmes mentionnés.

L'ESPACE

L'UNIVERS

Tout ce qui existe, de la Terre jusqu'au plus lointain des corps célestes, fait partie de l'Univers. L'Univers, en expansion, contient des milliards d'étoiles. Pourtant, il est presque entièrement constitué de vide.

ONDE LUMINEUSE ÉMISE PAR UNE ÉTOILE IMMOBILE

ONDE LUMINEUSE ÉMISE PAR UNE ÉTOILE EN MOUVEMENT

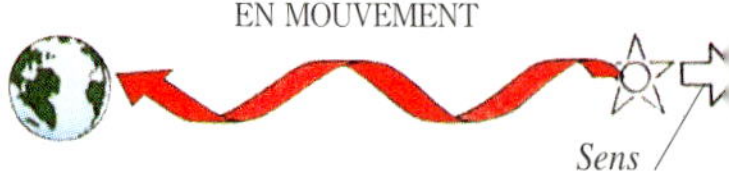

Sens du déplacement de l'étoile

LUMIÈRE ET MOUVEMENT
L'onde lumineuse émise par une étoile qui s'éloigne de la Terre parcourt une distance qui augmente avec le temps. Si l'étoile est immobile, l'onde ne varie pas avec le temps : elle est dite stationnaire. L'étoile qui s'éloigne nous apparaît de plus en plus rouge à mesure que la longueur d'onde de ses rayons lumineux se rapproche de l'extrémité rouge du spectre électromagnétique.

LE SAVIEZ-VOUS ?

- Il y a près de 100 milliards de galaxies dans l'Univers.
- Les objets les plus éloignés que nous puissions détecter sont à 139 milliards de milliards de km.

L'ÉCHELLE DE L'UNIVERS
À l'échelle de l'Univers, une unité de mesure telle que le kilomètre n'a plus aucun sens. Les distances entre étoiles et galaxies sont chiffrées à l'aide d'une unité spécifique, l'année-lumière. C'est la distance parcourue par la lumière en un an, soit 9 461 milliards de km. L'Univers connu s'étend sur près de 20 milliards d'années-lumière.

Niveau du sol

Survol à basse altitude, 1 km

Survol par satellite, 1 000 km

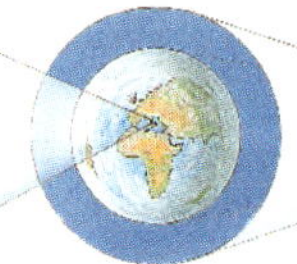

Terre vue de l'espace, 100 000 km

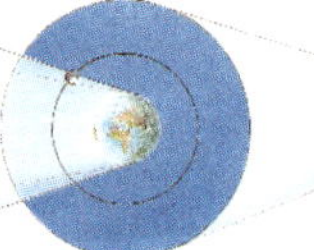

Terre et Lune, 1 000 000 de km

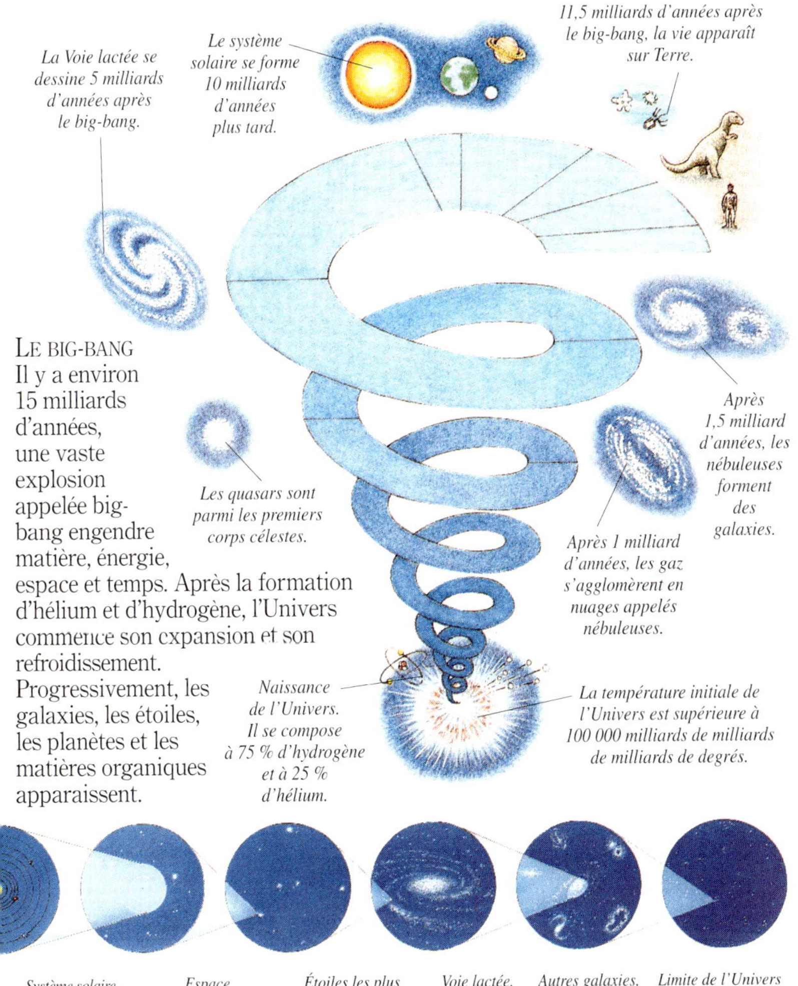
La Voie lactée se dessine 5 milliards d'années après le big-bang.
Le système solaire se forme 10 milliards d'années plus tard.
11,5 milliards d'années après le big-bang, la vie apparaît sur Terre.
Après 1,5 milliard d'années, les nébuleuses forment des galaxies.
Les quasars sont parmi les premiers corps célestes.
Après 1 milliard d'années, les gaz s'agglomèrent en nuages appelés nébuleuses.
Naissance de l'Univers. Il se compose à 75 % d'hydrogène et à 25 % d'hélium.
La température initiale de l'Univers est supérieure à 100 000 milliards de milliards de milliards de degrés.

LE BIG-BANG

Il y a environ 15 milliards d'années, une vaste explosion appelée big-bang engendre matière, énergie, espace et temps. Après la formation d'hélium et d'hydrogène, l'Univers commence son expansion et son refroidissement. Progressivement, les galaxies, les étoiles, les planètes et les matières organiques apparaissent.

Système solaire, 10 milliards de km — *Espace interstellaire, 1 000 milliards de km* — *Étoiles les plus proches, 100 années-lumière* — *Voie lactée, 100 000 années-lumière* — *Autres galaxies, 10 millions d'années-lumière* — *Limite de l'Univers connu, 20 milliards d'années-lumière*

LES GALAXIES

Les galaxies sont de vastes groupements d'étoiles dont la cohésion est assurée par les forces liées à la gravitation. Certaines tournent rapidement sur elles-mêmes et ont une forme en spirale. D'autres ont une forme elliptique ou irrégulière. Les plus grosses galaxies englobent jusqu'à 1 000 milliards d'étoiles ; les plus petites n'en possèdent que quelques centaines de milliers.

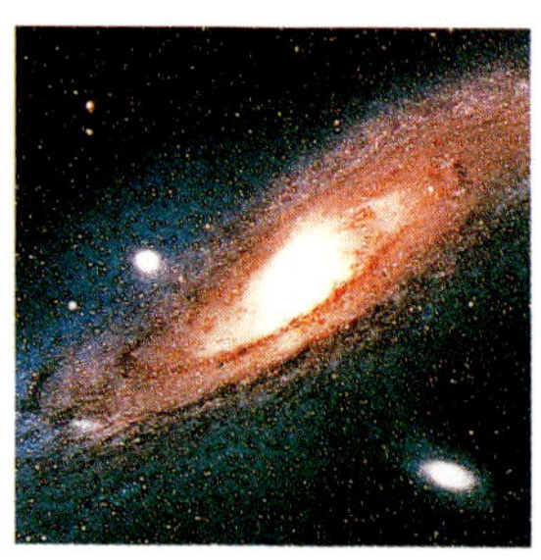

VOISINE ÉLOIGNÉE
La lumière de la galaxie d'Andromède, l'une des plus proches de la Voie lactée, met 2,2 millions d'années à nous parvenir. Nous voyons donc aujourd'hui cette galaxie telle qu'elle était il y a 2,2 millions d'années.

LES QUATRE TYPES DE GALAXIES

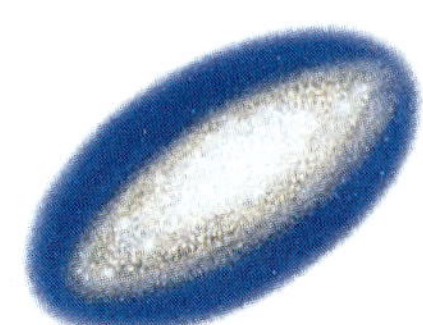

ELLIPTIQUES
De formes intermédiaires (du ballon à l'œuf), ces galaxies contiennent surtout de vieilles étoiles et sont les plus courantes.

SPIRALES
Ces galaxies discoïdes ont un noyau central constitué d'étoiles âgées. De nouvelles étoiles naissent au sein de leurs bras.

SPIRALES BARRÉES
Elles ressemblent aux galaxies spirales, mais leur noyau allongé forme une barre, de laquelle partent les bras en spirale.

La Voie lactée

Le Soleil est une étoile parmi les 500 milliards que compte notre galaxie, appelée la Voie lactée. C'est une galaxie spirale avec un noyau formé de vieilles étoiles, entouré d'un halo d'étoiles encore plus âgées. Toutes les étoiles jeunes, dont le Soleil, sont situées dans les bras de la spirale. La Voie lactée a un diamètre de 100 000 années-lumière. Toutes les étoiles que nous voyons la nuit se trouvent dans la Voie lactée.

Le saviez-vous ?

- Pour certains scientifiques, la Voie lactée est une galaxie spirale barrée.
- Les quasars, parfois distants de 14 milliards d'années-lumière, sont les galaxies les plus brillantes, les plus anciennes et les plus éloignées.

La Voie lactée vue de profil

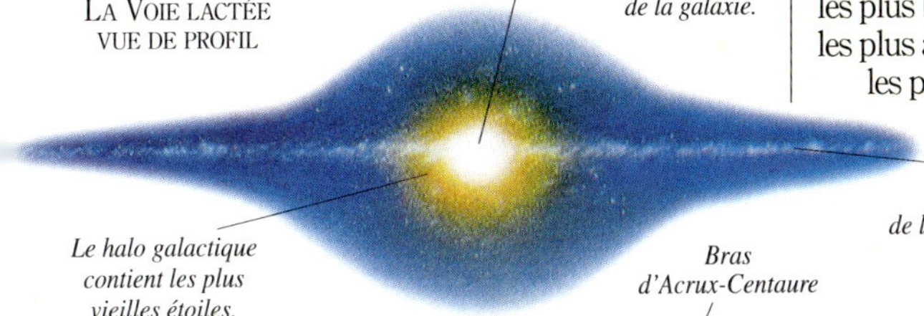

Le noyau est la région la plus brillante de la galaxie.

Le halo galactique contient les plus vieilles étoiles.

Sur cette vue de profil, les bras de la spirale ressemblent à un disque aplati.

Partie externe de la Voie lactée vue de dessus

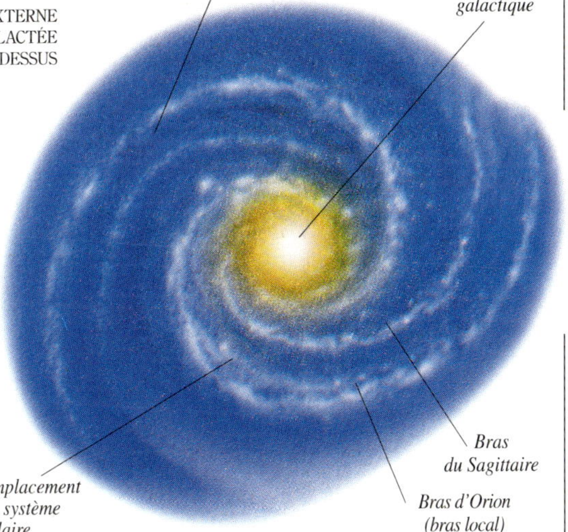

Bras d'Acrux-Centaure

Noyau galactique

Emplacement du système solaire

Bras du Sagittaire

Bras d'Orion (bras local)

Irrégulières

Certaines ressemblent à une spirale déformée, d'autres ne possèdent aucune forme repérable. Ce sont les plus rares.

LES ÉTOILES

Ce sont des boules d'hydrogène en fusion agitées en leur centre de réactions thermonucléaires. Des gigantesques supernovae aux étoiles naines, elles sont de taille variable. Le Soleil est l'une des innombrables étoiles de l'Univers. C'est une étoile jaune de température et de taille moyennes.

LES TYPES SPECTRAUX

La température, la couleur, l'éclat et la durée de vie d'une étoile sont liés à sa masse.

Naine brune, 1 000 °C

Naine rouge, 2 800 °C

Étoile jaune, 5 500 °C SOLEIL

Étoile blanche, 10 000 °C

Étoile blanc-bleu, 16 000 °C

Étoile bleue, 24 000 °C

L'ÉVOLUTION D'UNE ÉTOILE

1 NUAGE GAZEUX L'étoile naît au sein d'une nébuleuse. Des nuages gazeux se contractent sur eux-mêmes sous l'effet de la gravitation et donnent naissance à un disque en révolution appelé protoétoile.

2 NAISSANCE La protoétoile se contracte et son noyau devient plus dense. Des réactions nucléaires créent chaleur et lumière. Éjectés par les vents stellaires, les fragments périphériques du disque forment des planètes.

3 SÉQUENCE PRINCIPALE C'est la période la plus importante de la vie d'une étoile. L'étoile génère alors une énergie lumineuse et thermique continue. Plus l'étoile est brillante, plus elle consomme d'hydrogène et plus sa durée de vie est courte.

Le saviez-vous ?

• Certaines étoiles supergéantes peuvent s'effondrer jusqu'à devenir un trou noir, masse dont le champ gravitationnel est si intense qu'il emprisonne même la lumière.

6 Supernova

La contraction du noyau provoque finalement une explosion appelée supernova. L'éclat généré est plusieurs milliards de fois supérieur à celui du Soleil. L'effondrement du noyau ne dure qu'une seconde.

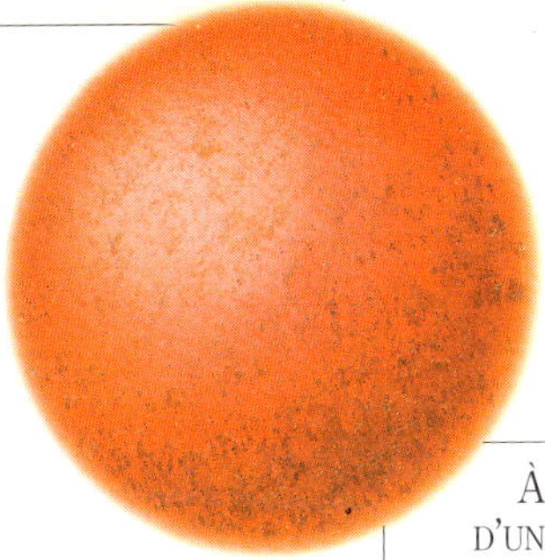

5 Supergéante rouge

L'étoile continue de grossir en englobant les planètes proches. Au cœur de l'étoile, les atomes de carbone sont transformés en fer. La contraction du noyau se ralentit.

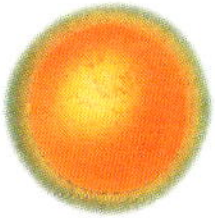

À l'intérieur d'une étoile

Les réactions nucléaires qui interviennent au cœur d'une étoile engendrent chaleur et lumière ; c'est pourquoi l'étoile brille. Les atomes d'hydrogène en fusion portent la température du noyau de l'étoile à plusieurs millions de degrés et illuminent sa surface.

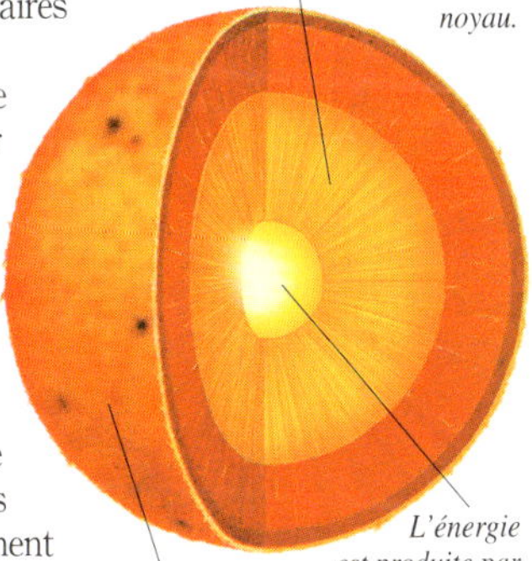

Température et pression augmentent quand on se rapproche du noyau.

L'énergie est produite par des réactions dans le noyau.

Chaleur et lumière se dégagent de la surface.

4 Refroidissement

Lorsque la majorité de l'hydrogène a été transformée en hélium, l'étoile devient une géante rouge : elle transforme l'hélium en carbone. La chaleur du noyau croît, provoquant la dilatation, puis le refroidissement de la surface.

LE CIEL BORÉAL

Les habitants de l'hémisphère Nord ne voient que les étoiles du ciel boréal, c'est-à-dire la moitié nord de la sphère céleste. À cause de la rotation de la Terre, les étoiles paraissent constamment en mouvement ; c'est pourquoi leur observation est liée à la latitude, à l'époque de l'année et à l'heure de la nuit.

ORION

LES CONSTELLATIONS
Vues depuis la Terre, les étoiles semblent former des figures dans le ciel : ce sont les constellations. Le ciel autour de la Terre a été divisé en 88 constellations, chacune représentant un personnage, un animal ou un objet mythologique.

UNE SPHÈRE PROJETÉE
Cette carte du ciel est une projection de la moitié nord de la sphère céleste sur une surface plane. Le pôle Nord terrestre est situé juste sous le centre de la carte. L'équateur céleste est une projection de l'équateur terrestre dans l'espace.

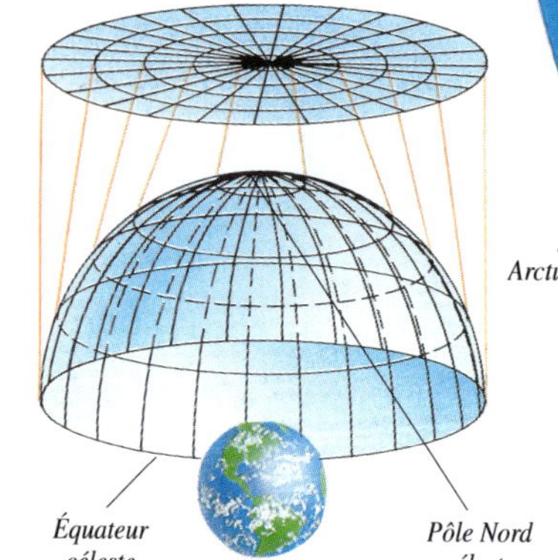
Équateur céleste
Pôle Nord céleste

Arcturus

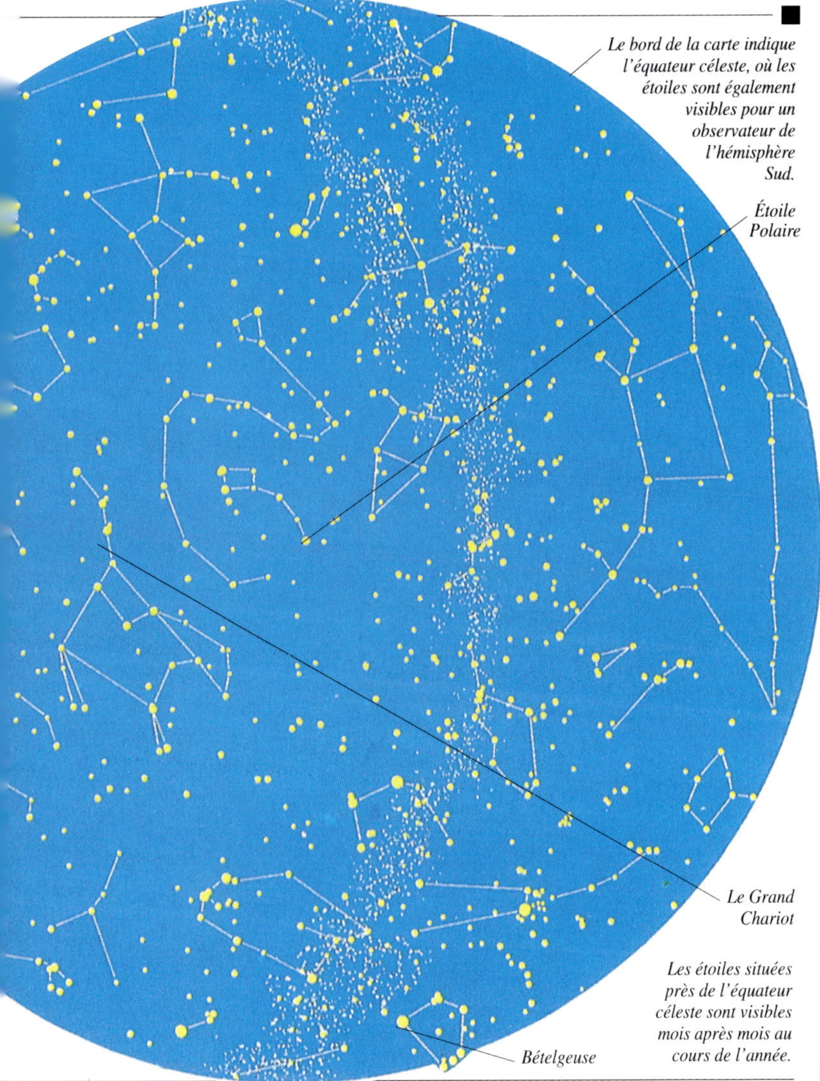
Le bord de la carte indique l'équateur céleste, où les étoiles sont également visibles pour un observateur de l'hémisphère Sud.
Étoile Polaire
Le Grand Chariot
Bételgeuse
Les étoiles situées près de l'équateur céleste sont visibles mois après mois au cours de l'année.

LE CIEL AUSTRAL

Les habitants de l'hémisphère Sud observent les étoiles du ciel austral, c'est-à-dire la moitié sud de la sphère céleste. Les étoiles situées près du pôle d'un hémisphère céleste sont appelées étoiles circumpolaires ; elles sont visibles toute l'année.

LA SPHÈRE CÉLESTE
Depuis la Terre, les étoiles semblent posées sur l'intérieur d'une gigantesque sphère appelée sphère céleste. Notre vision de la sphère céleste évolue selon la rotation de la Terre et sa révolution autour du Soleil. La sphère céleste nous permet également de reporter les mouvements apparents des planètes.

PROJECTION PLANE
Cette carte du ciel est une projection plane de l'hémisphère céleste austral. Le pôle Sud terrestre est situé juste sous le centre de la carte. Alpha du Centaure, l'une des étoiles les plus proches du Soleil, n'est visible que dans le ciel austral.

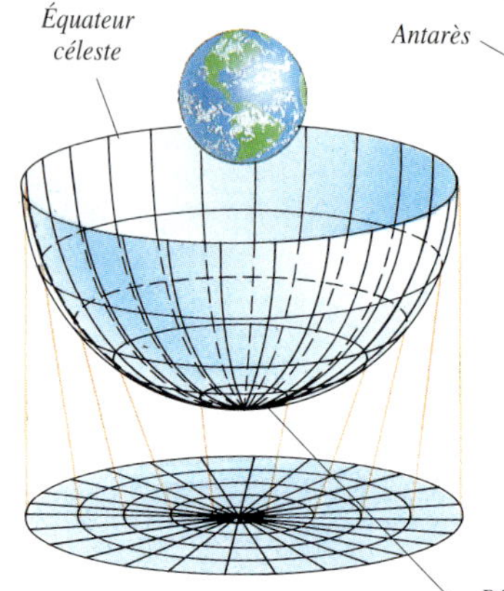
Équateur céleste
Pôle Sud céleste

Alpha du Centaure

Antarès

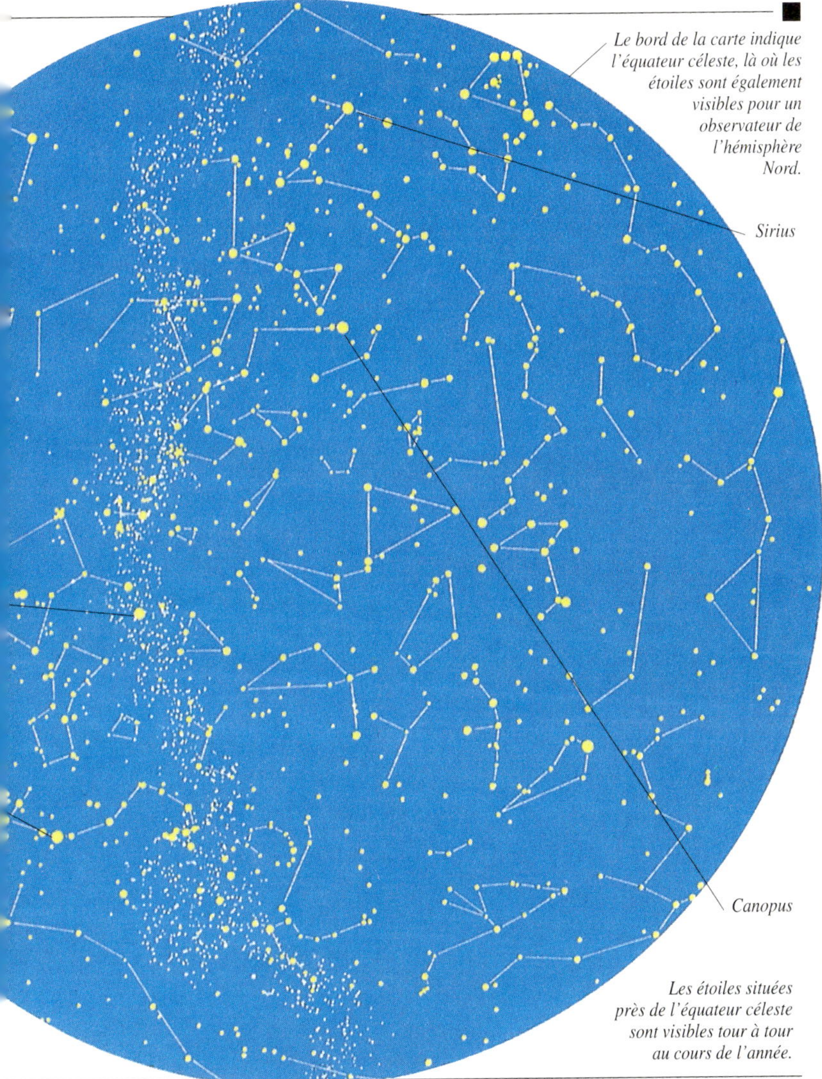
Sirius
Canopus

Le bord de la carte indique l'équateur céleste, là où les étoiles sont également visibles pour un observateur de l'hémisphère Nord.

Les étoiles situées près de l'équateur céleste sont visibles tour à tour au cours de l'année.

LE SYSTÈME SOLAIRE

Il est composé du Soleil et des corps célestes en révolution autour de lui : neuf planètes, plus de 60 lunes et d'innombrables astéroïdes et comètes. Sa forme est celle d'un disque de 12 milliards de km de diamètre. Son centre, le Soleil, représente 99 % de sa masse.

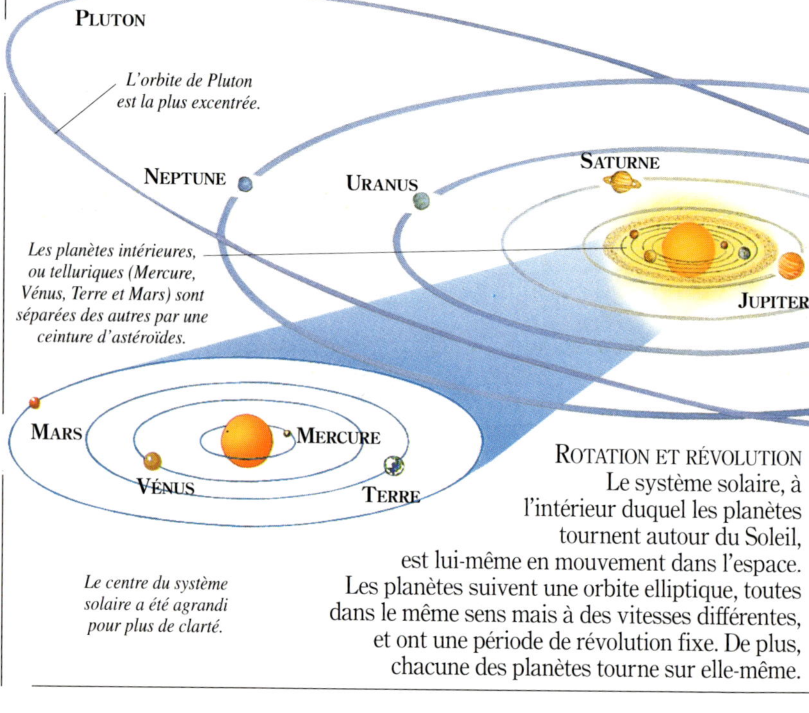
PLUTON
NEPTUNE
URANUS
SATURNE
JUPITER
MARS
MERCURE
VÉNUS
TERRE

L'orbite de Pluton est la plus excentrée.

Les planètes intérieures, ou telluriques (Mercure, Vénus, Terre et Mars) sont séparées des autres par une ceinture d'astéroïdes.

Le centre du système solaire a été agrandi pour plus de clarté.

ROTATION ET RÉVOLUTION
Le système solaire, à l'intérieur duquel les planètes tournent autour du Soleil, est lui-même en mouvement dans l'espace. Les planètes suivent une orbite elliptique, toutes dans le même sens mais à des vitesses différentes, et ont une période de révolution fixe. De plus, chacune des planètes tourne sur elle-même.

Structure du Soleil

Notre Soleil est une vaste sphère d'hydrogène et d'hélium en fusion dont le noyau est agité de réactions nucléaires. L'énergie produite provoque l'émergence en surface de millions de jets de gaz appelés spicules. Les taches solaires, de couleur sombre, sont des surfaces plus froides nées de perturbations magnétiques.

Zone de convection
Supergranule (cellule de convection)
Zone radiative
Chromosphère
Photosphère
Couronne
Tache solaire (région froide)
Température du noyau : 15 millions de °C
Température de la photosphère : environ 5 500 °C
Les orbites sont elliptiques (ovales).
Le temps mis par une planète pour décrire son orbite autour du Soleil est appelé période orbitale.

Structure du Soleil

Les éruptions solaires

Des jets de gaz chaud jaillissent à la surface du Soleil et s'élèvent à des milliers de kilomètres. Les éruptions les plus importantes – les protubérances – peuvent durer plusieurs mois. Retenues par le champ magnétique solaire, certaines éruptions décrivent des boucles gigantesques.

LES PLANÈTES TELLURIQUES

Les 4 planètes les plus proches du Soleil (Mercure, Vénus, Terre, Mars) sont appelées telluriques. Elles possèdent un noyau en fusion et une croûte, mais ont des caractéristiques superficielles différentes.

MERCURE
• Distance moyenne au Soleil : 87,9 millions de km.
• Période de révolution : 87,9 jours terrestres.
• Diamètre équatorial : 4 878 km.

MERCURE
Planète la plus proche du Soleil, elle a un noyau très dense. Bombardée de météorites, elle est dépourvue d'atmosphère et connaît des écarts thermiques importants à sa surface.

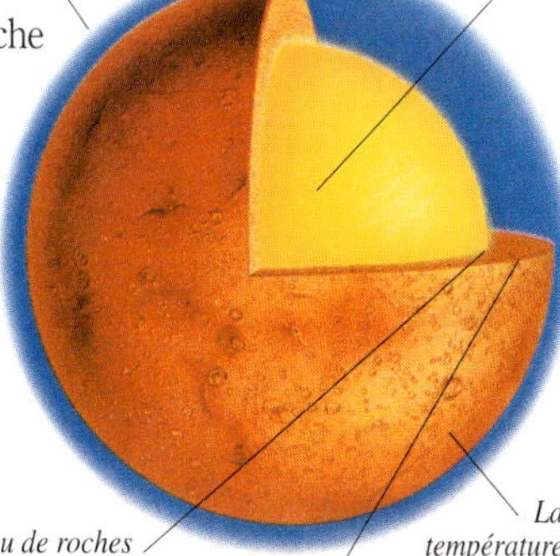
La température diurne est d'environ 430 °C.
PAS DE SATELLITE
Le noyau représente 80 % de la masse de la planète.
Manteau de roches siliceuses
Fine croûte rocheuse
La température nocturne est d'environ –180 °C.

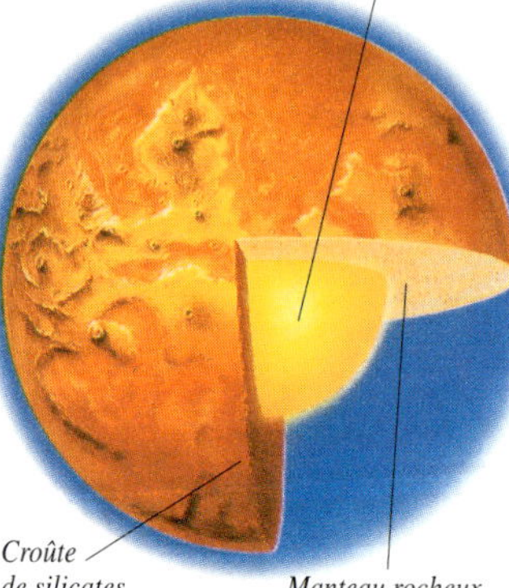
PAS DE SATELLITE
Noyau semi-solide de fer et de nickel
Croûte de silicates
Manteau rocheux

VÉNUS
À la surface de Vénus, règnent une chaleur intense (480 °C), une pression élevée et des gaz irrespirables. Sa haute atmosphère est en partie composée de gouttelettes d'acide sulfurique.

VÉNUS
• Distance moyenne au Soleil : 108,2 millions de km.
• Période de révolution : 224,7 jours terrestres.
• Diamètre équatorial : 12 102 km.

Formation d'un cratère d'impact sur une planète rocheuse

L'impact du météorite crée un cratère circulaire.

Les roches comprimées rebondissent et forment un pic conique.

Les débris de roches glissent au fond du cratère.

Terre

- Distance moyenne au Soleil : 149,6 millions de km.
- Période de révolution : 365,25 jours.
- Diamètre équatorial : 12 756 km.

Terre

À la différence des autres planètes du système solaire, la Terre possède une atmosphère riche en oxygène et de l'eau à sa surface. Ces particularités en font l'unique planète connue apte à abriter la vie.

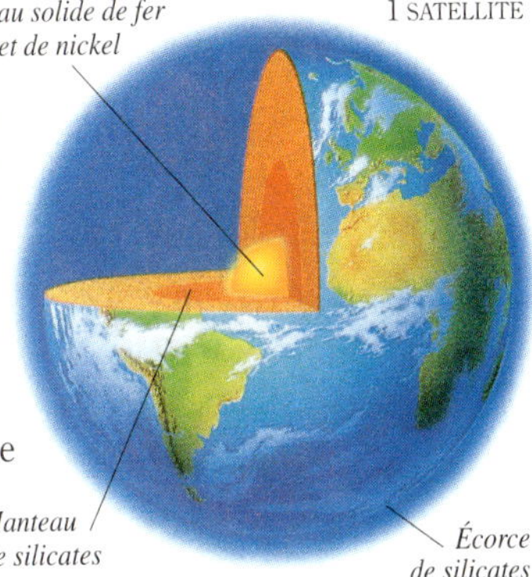

1 satellite
Noyau solide de fer et de nickel
Manteau de silicates
Écorce de silicates

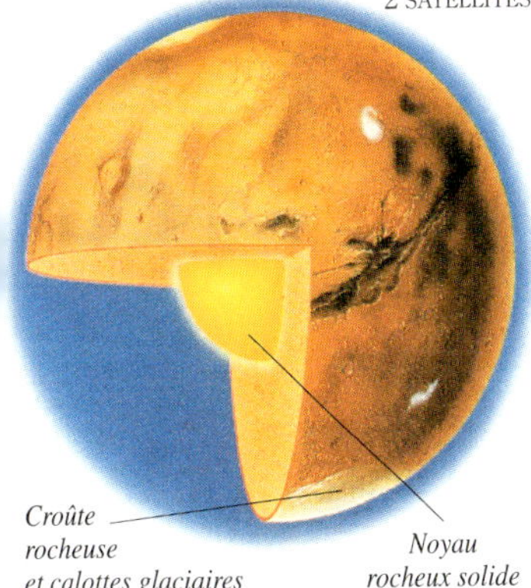

2 satellites
Croûte rocheuse et calottes glaciaires
Noyau rocheux solide

Mars

Planète froide entourée d'une fine atmosphère, Mars possède calottes glaciaires, vallées découpées, précipices et volcans géants. Elle doit sa couleur rouge à l'abondante poussière d'oxyde de fer qui couvre sa surface.

Mars

- Distance moyenne au Soleil : 227,9 millions de km.
- Période de révolution : 1 an et 321,7 jours terrestres.
- Diamètre équatorial : 6 786 km.

LES PLANÈTES GÉANTES

Au-delà de Mars, apparaissent les 4 planètes géantes : Jupiter, Saturne, Uranus et Neptune. Elles sont composées de gaz liquéfiés. Pluton, petite et peu dense, est une planète inclassable.

Manteau externe d'hydrogène et d'hélium liquides

Noyau rocheux égal à 2 fois la Terre

JUPITER

- Distance moyenne au Soleil : 778,3 millions de km.
- Période de révolution : 11 ans et 384,4 jours terrestres.
- Diamètre équatorial : 142 984 km.

16 SATELLITES

La Grande Tache rouge (tourbillon)

Manteau interne d'hydrogène métallique

JUPITER

C'est la plus grosse des planètes du système solaire. Les gaz qui la composent forment des cyclones dont le plus important, plus large que la Terre, produit une tache rouge caractéristique.

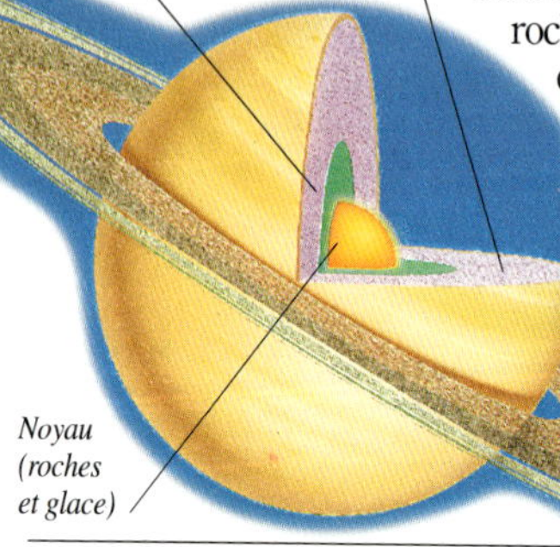
Manteau interne d'hydrogène métallique
Manteau externe d'hydrogène liquide
18 SATELLITES
Noyau (roches et glace)

SATURNE

Les anneaux de Saturne sont formés de fragments rocheux recouverts de glace. La densité de Saturne est plus faible que celle de l'eau ; placée dans un lac assez grand pour la contenir, elle flotterait.

SATURNE

- Distance moyenne au Soleil : 1 427 millions de km.
- Période de révolution : 29 ans et 167 jours terrestres.
- Diamètre équatorial : 120 536 km.

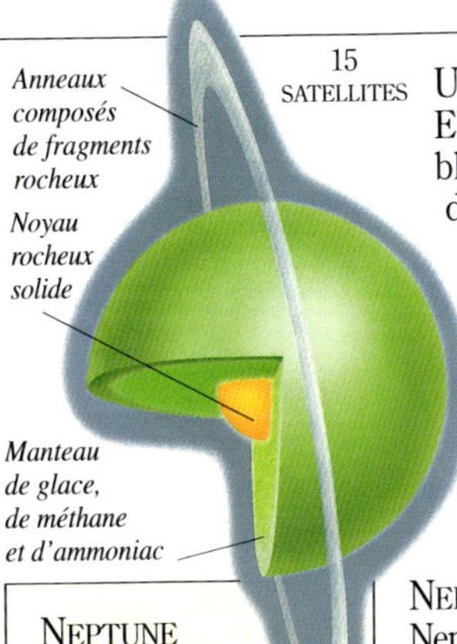
Anneaux composés de fragments rocheux
Noyau rocheux solide
Manteau de glace, de méthane et d'ammoniac

15 SATELLITES

URANUS

Elle doit sa belle couleur bleu-vert à la présence de méthane gelé dans son atmosphère. La planète, ses anneaux et ses satellites ont un axe de rotation presque perpendiculaire à l'axe de son orbite.

URANUS

- Distance moyenne au Soleil : 2 869 millions de km.
- Période de révolution : 84 ans et 7 jours terrestres.
- Diamètre équatorial : 51 118 km.

NEPTUNE

- Distance moyenne au Soleil : 4 505 millions de km.
- Période de révolution : 164 ans et 280 jours terrestres.
- Diamètre équatorial : 49 560 km.

NEPTUNE

Neptune est de couleur bleu foncé ; son atmosphère contient moins de méthane que celle d'Uranus. Une zone de turbulences cycloniques produit à sa surface la Grande Tache sombre.

Noyau de silicates

Manteau de glace, de méthane et d'ammoniac

Grande Tache sombre (presque aussi grande que la Terre)

Nuages d'hydrogène sulfuré

8 SATELLITES

Croûte de glace et de méthane gelé

Manteau de glace

Fine atmosphère de méthane et d'azote

Gros noyau rocheux

1 LUNE

PLUTON

Pluton, composée de glace et de gaz gelés, est la plus éloignée des planètes du système solaire. Elle a un seul satellite, Charon, avec lequel elle forme un système de deux corps célestes.

PLUTON

- Distance moyenne au Soleil : 5 913 millions de km.
- Période de révolution : 247 ans et 249 jours terrestres.
- Diamètre équatorial : 2 320 km.

LA LUNE

La Lune est le seul satellite naturel de la Terre. Cette sphère rocheuse et désolée, quatre fois plus petite que notre planète, est dépourvue d'eau et d'atmosphère. La Lune tourne sur elle-même selon un cycle appelé lunaison et suit la Terre dans ses révolutions autour du Soleil.

Décroissante

Nouvelle lune

LUMIÈRE SOLAIRE

Pleine lune

Croissante

LES PHASES DE LA LUNE

La Lune est éclairée par la lumière solaire. Au cours de la révolution de notre satellite autour de la Terre, sa surface visible croît puis décroît selon un cycle de 29,5 jours. La nouvelle lune marque le début du cycle, la pleine lune, l'amorce de sa fin.

Un astéroïde heurte la Terre.

L'ORIGINE

La plupart des astronomes pensent que la Lune est née d'une collision entre la Terre et un objet cosmique, intervenue voici 4,6 milliards d'années. L'accrétion des fragments générés par le choc aurait formé notre satellite.

LUNE

- Distance à la Terre : 384 400 km.
- Période de révolution : 29,5 jours terrestres.
- Diamètre équatorial : 3 476 km.
- Température au sol : de – 160 °C à 110 °C.

Les cratères lunaires

Les impacts de météorites forment des cratères.

Formation des mers lunaires

Coulées de roches dans les cratères les plus jeunes

3,8 millions d'années
La Lune est soumise à un bombardement de météorites.

2,8 millions d'années
Les laves issues d'une intense activité volcanique remplissent les cratères.

Époque récente
Des glissements rocheux achèvent de donner à la Lune son aspect actuel.

Structure de la Lune

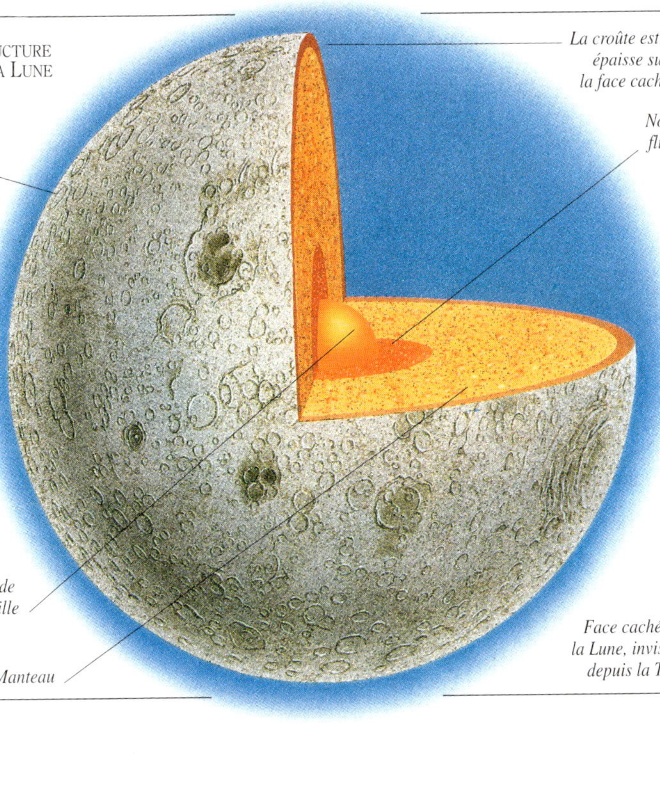

Couche superficielle de fine poussière

La croûte est plus épaisse sur la face cachée.

Noyau fluide

Noyau solide de petite taille

Manteau

Face cachée de la Lune, invisible depuis la Terre

L'ASTRONOMIE

Les ondes lumineuses perçues par les télescopes ne sont qu'une partie des rayonnements formant le spectre des ondes électromagnétiques. Pour explorer l'Univers, les astronomes étudient également d'autres formes d'ondes, tels les rayons X ou les ondes radio. Aptes à capter des ondes lumineuses habituellement absorbées par l'atmosphère, les télescopes spatiaux sont les plus performants.

HAUT ET CLAIR
Les dômes de l'observatoire de Cerro Tololo sont situés sur les contreforts des Andes, au Chili. L'air sec, les nuits sans nuages et l'absence de turbulences atmosphériques en font un lieu idéal d'observation du ciel.

TROIS IMAGES DE LA NÉBULEUSE DU CRABE

RAYONS ULTRAVIOLETS
Les UV émis par la nébuleuse du Crabe, trace de l'explosion d'une supernova, mettent en évidence des particules hautement énergétiques en réaction avec l'espace environnant (ci-dessus).

LUMIÈRE VISIBLE
Cette vue en lumière visible a été affinée sur ordinateur pour mettre en valeur les traînées de soufre (bleues) et d'hydrogène (rouges) résultant de l'explosion (ci-dessous).

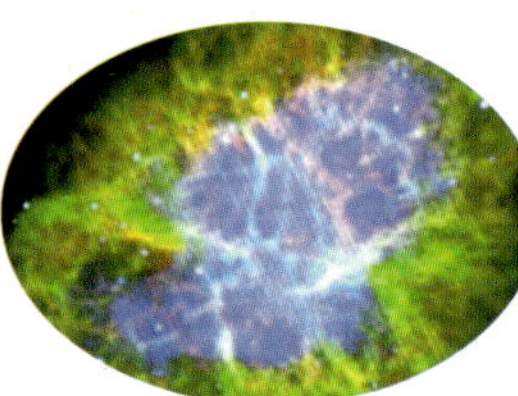

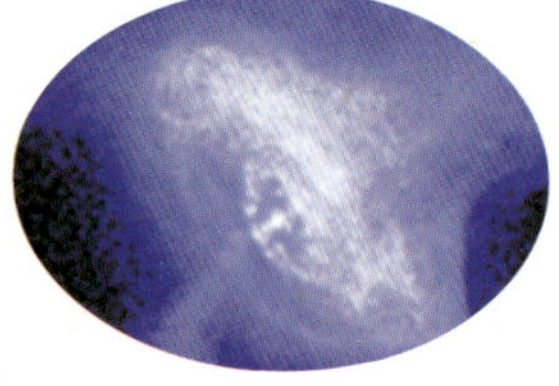

RAYONS X
Les rayons X révèlent la présence d'une masse brillante au centre de la nébuleuse. Il s'agit d'un pulsar, vestige de l'étoile d'origine (ci-dessus).

LE RADIOTÉLESCOPE
Grand miroir parabolique, il capte une multitude d'ondes qui, mesurées et répertoriées à l'aide d'ordinateurs, permettent d'établir une carte radioélectrique du ciel. La radioastronomie a permis la découverte des quasars et des pulsars.

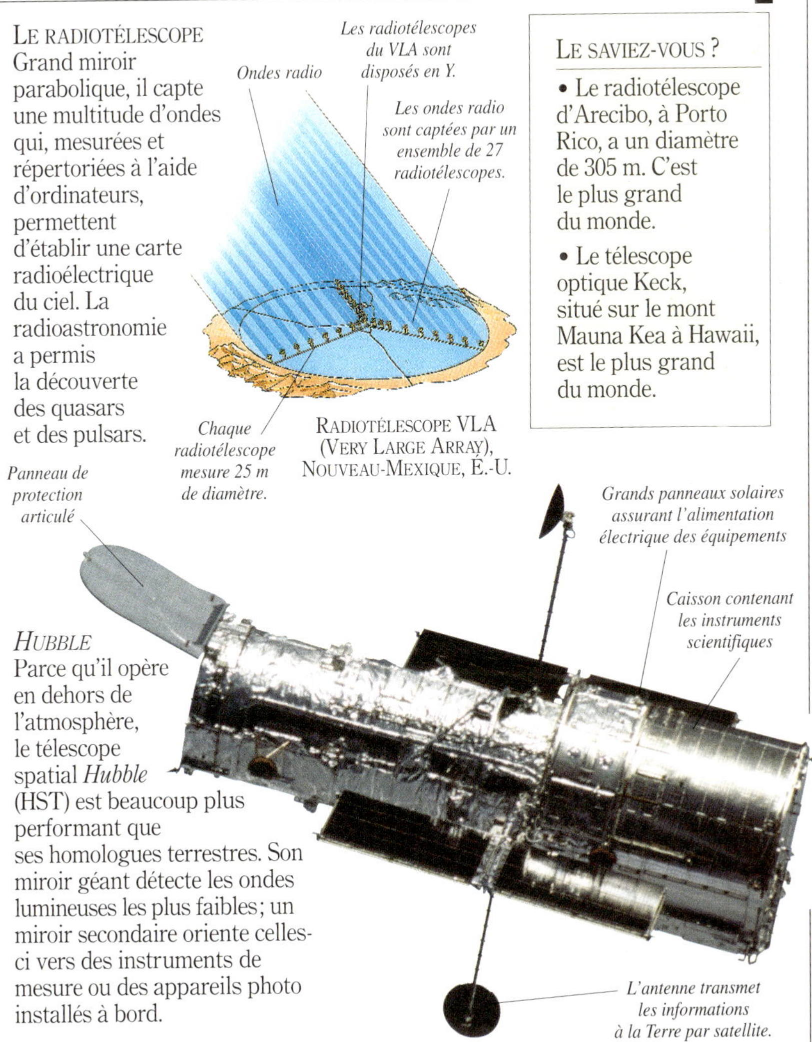
Ondes radio
Les radiotélescopes du VLA sont disposés en Y.
Les ondes radio sont captées par un ensemble de 27 radiotélescopes.
Chaque radiotélescope mesure 25 m de diamètre.
Panneau de protection articulé
Grands panneaux solaires assurant l'alimentation électrique des équipements
Caisson contenant les instruments scientifiques
L'antenne transmet les informations à la Terre par satellite.

RADIOTÉLESCOPE VLA (VERY LARGE ARRAY), NOUVEAU-MEXIQUE, É.-U.

LE SAVIEZ-VOUS ?

- Le radiotélescope d'Arecibo, à Porto Rico, a un diamètre de 305 m. C'est le plus grand du monde.
- Le télescope optique Keck, situé sur le mont Mauna Kea à Hawaii, est le plus grand du monde.

HUBBLE
Parce qu'il opère en dehors de l'atmosphère, le télescope spatial *Hubble* (HST) est beaucoup plus performant que ses homologues terrestres. Son miroir géant détecte les ondes lumineuses les plus faibles; un miroir secondaire oriente celles-ci vers des instruments de mesure ou des appareils photo installés à bord.

LA CONQUÊTE DE L'ESPACE

Le premier satellite artificiel, *Spoutnik 1*, fut placé sur orbite en 1957. Depuis cette date, des centaines d'engins spatiaux, vaisseaux d'exploration habités, laboratoires orbitaux ou sondes, ont quitté la Terre. Les lanceurs échappent à la gravitation terrestre grâce à des moteurs surpuissants.

VOL PAR ÉTAGES

Les fusées sont composées de plusieurs étages indépendants. Lorsqu'un étage a brûlé tout son combustible, il se détache ; les moteurs de l'étage supérieur se mettent alors en marche. *Saturne V* a mené les astronautes américains vers la Lune.

SATURNE V

Les deux fusées d'appoint se détachent à 45 km d'altitude, 2 min 5 s après le décollage. La navette progresse maintenant 4,5 fois plus vite que le son.

La navette vole à une altitude de 130 km. Le réservoir extérieur est largué ; il va se désintégrer dans l'atmosphère terrestre.

La navette utilise ses moteurs de manœuvre pour se placer sur orbite terrestre.

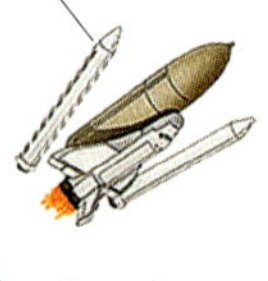

Le carburant solide brûle durant 2 min. Chacune des fusées d'appoint produit une poussée équivalente à celle de 11 Boeing 747 au décollage.

Les moteurs de la navette sont alimentés par un réservoir extérieur. Deux fusées d'appoint à carburant solide aident au décollage.

Réservoir extérieur

Navette

Fusées d'appoint à carburant solide

LA NAVETTE SPATIALE AMÉRICAINE

Elle est le premier vaisseau de l'espace réutilisable. Expériences scientifiques, mise en orbite ou réparation des satellites font partie de ses missions courantes. Elle est lancée à l'aide de fusées récupérables à carburant solide, et protégée, lors de sa rentrée dans l'atmosphère, par un revêtement thermique de 32 000 tuiles de silice.

UNE STATION ORBITALE

Les USA et la Russie ont lancé les premiers éléments de le Station spatiale internationale (ISS) en 1998. Elle sera normalement totalement assemblée en 2010 et se présentera alors avec une envergure de 110 m et une masse de 500 tonnes. Depuis janvier 2000, des astronautes américains et russes s'y relaient et y mènent des expériences.

LES SONDES SPATIALES

La mission de ces engins spatiaux guidés par ordinateur est de collecter des informations sur les planètes du système solaire. La sonde *Galileo* fut envoyée vers Jupiter en 1989.

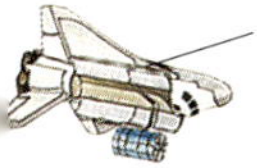

La navette reste en orbite durant 5 à 30 jours. Les portes de la soute sont ouvertes pour refroidir les composants.

La navette se place en position de rentrée. Les portes de la soute sont fermées.

La navette entame une descente de 30 min vers l'atmosphère terrestre.

Durant la traversée de l'atmosphère, certaines surfaces frontales atteignent une température de 1 460 °C.

La navette se dirige vers le sol à la vitesse de 345 km/h.

Après son atterrissage, la navette sera convoyée sur le dos d'un Boeing 747 vers le site du prochain lancement.

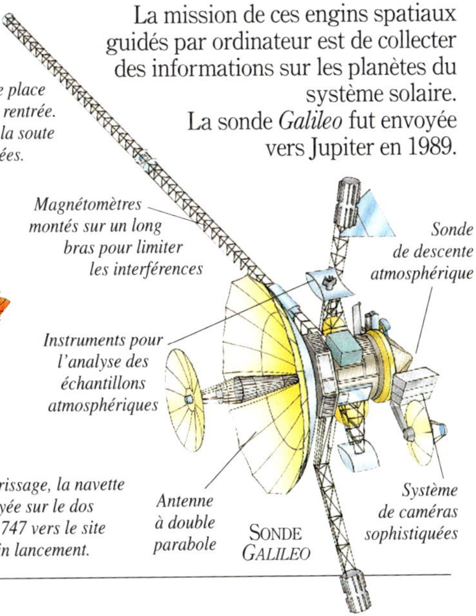

Magnétomètres montés sur un long bras pour limiter les interférences

Sonde de descente atmosphérique

Instruments pour l'analyse des échantillons atmosphériques

Antenne à double parabole

SONDE *GALILEO*

Système de caméras sophistiquées

1926-1968	1969-1976

1926 Le physicien américain Robert Goddart lance la première fusée à carburant liquide.

1942 Wernher von Braun, plus tard homme clé du programme spatial américain, développe la bombe volante V2 de l'Allemagne nazie.

1957 Mise en orbite par l'URSS de *Spoutnik 1*, premier satellite artificiel. La chienne Laïka, à bord de *Spoutnik 2*, est le premier être vivant dans l'espace.

1961 Le Soviétique Iouri Gagarine, à bord de *Vostok 1*, est le premier cosmonaute.

CCC

Iouri Gagarine

1962 La sonde américaine *Mariner 2* survole Vénus.

1963 Première femme de l'espace, la Soviétique Valentina Terechkova fait 48 fois le tour de la Terre à bord de *Vostok 6*.

1965 Le Soviétique Alekseï Leonov réalise la première sortie dans l'espace. La sonde *Mariner 4* ne détecte ni eau ni trace de vie sur Mars.

1966 La sonde soviétique *Luna 9* se pose sur la Lune.

1968 Premier vol circumlunaire par les astronautes américains d'*Apollo 8*.

1969 Les astronautes américains Neil Armstrong et Edwin Aldrin marchent sur la Lune.

Edwin Aldrin pose le pied sur la Lune.

1970 La sonde soviétique *Venera 7* se pose sur Vénus.

1971 Mise en orbite par l'URSS de *Saliout 1*, première station spatiale habitée.

1972 *Apollo 17* est la dernière mission habitée vers la Lune.

1973 Mise en orbite de *Skylab*, premier laboratoire spatial américain. La sonde américaine *Pioneer 10* transmet les premières vues rapprochées de Jupiter.

1974 La sonde américaine *Mariner 10* transmet les premières images rapprochées de Vénus.

1975 La sonde *Venera 9* transmet les premières images à partir du sol de Vénus.

1976 La sonde germano-américaine *Helios* s'approche à 48 millions de km du Soleil. Les analyses du sol martien par la sonde américaine *Viking 1* confirment l'absence de vie sur Mars.

Sol de la planète Mars

1979-1985	1986-2006

1979 Après un voyage de six ans, la sonde américaine *Pioneer 11* survole Saturne, révélant un anneau et des satellites inconnus. Survolant Jupiter, les sondes *Voyager 1* et *Voyager 2* révèlent une intense activité volcanique sur la lune Io et découvrent de nouveaux satellites.

Vue de Saturne transmise par la sonde Voyager 1

1980 La sonde *Voyager 1* transmet les premières images détaillées des anneaux de Saturne et découvre 6 nouveaux satellites de la planète.

1981 Lancement de *Columbia*, première navette spatiale réutilisable. *Voyager 2* découvre deux nouveaux satellites de Saturne, portant ainsi le total à 18.

1982 La sonde soviétique *Venera 13* survole Vénus et transmet les premières images du sol de la planète. Les astronautes américains Mark Lee et Judy Davis sont les premiers mariés de l'espace.

1984 L'Américain Bruce McCandless réalise la première sortie libre dans l'espace à partir de la navette *Challenger*.

Bruce McCandless et le MMU (Manned Manoeuvring Unit)

1986 Interruption du programme américain STS après la mort de 7 astronautes dans l'explosion de la navette *Challenger*. La sonde *Voyager 2* atteint Uranus, révélant un système annulaire et 15 satellites.

1988 Reprise du programme américain avec le lancement de la navette *Columbia*.

1989 *Voyager 2* atteint Neptune et révèle 6 satellites jusqu'alors inconnus.

1990 Lancement du télescope spatial américain *Hubble*.

1992 Le satellite *Cobe* confirme la théorie du big-bang en démontrant l'existence d'un rayonnement radioélectrique "fossile".

1994 Réparation dans l'espace de *Hubble*.

1996 Après l'étude de fragments météoritiques d'origine martienne, des scientifiques américains pensent que la vie a peut-être existé sur la planète rouge.

2003 L'orbiteur Columbia se désintègre au-dessus du Texas, tuant ses 7 passagers.

2004 Premier vol spatial privé

2006 Lancement de la sonde "New Horizons" à destination de Pluton.

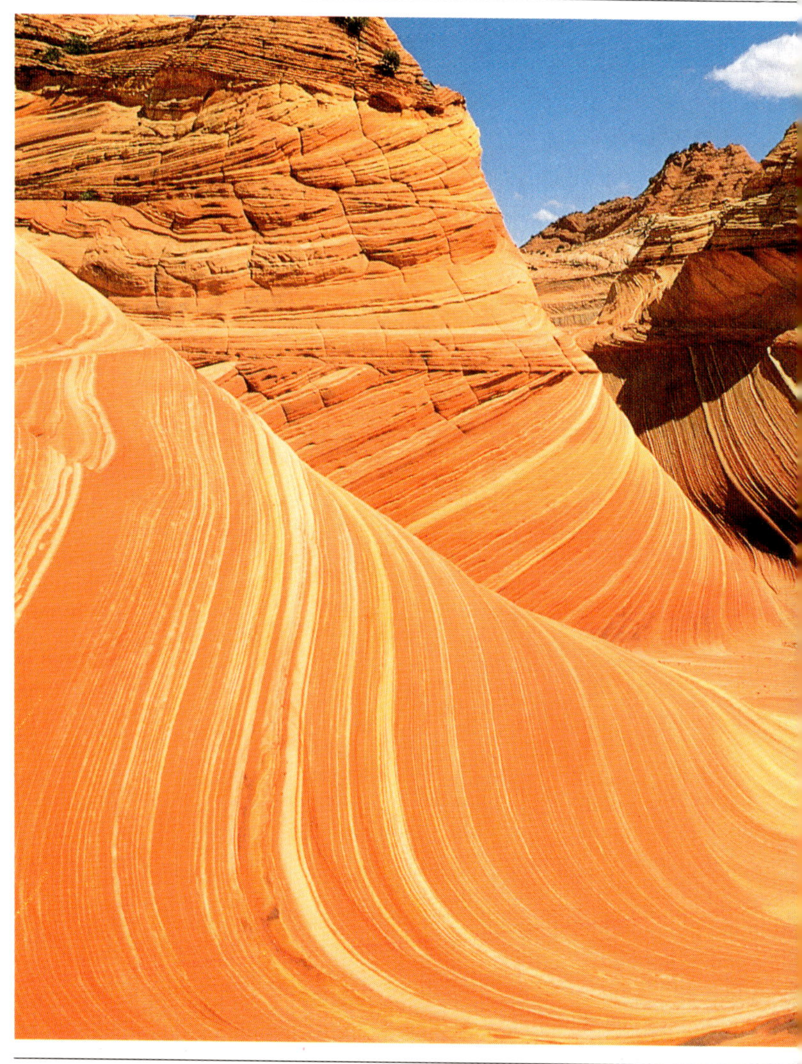

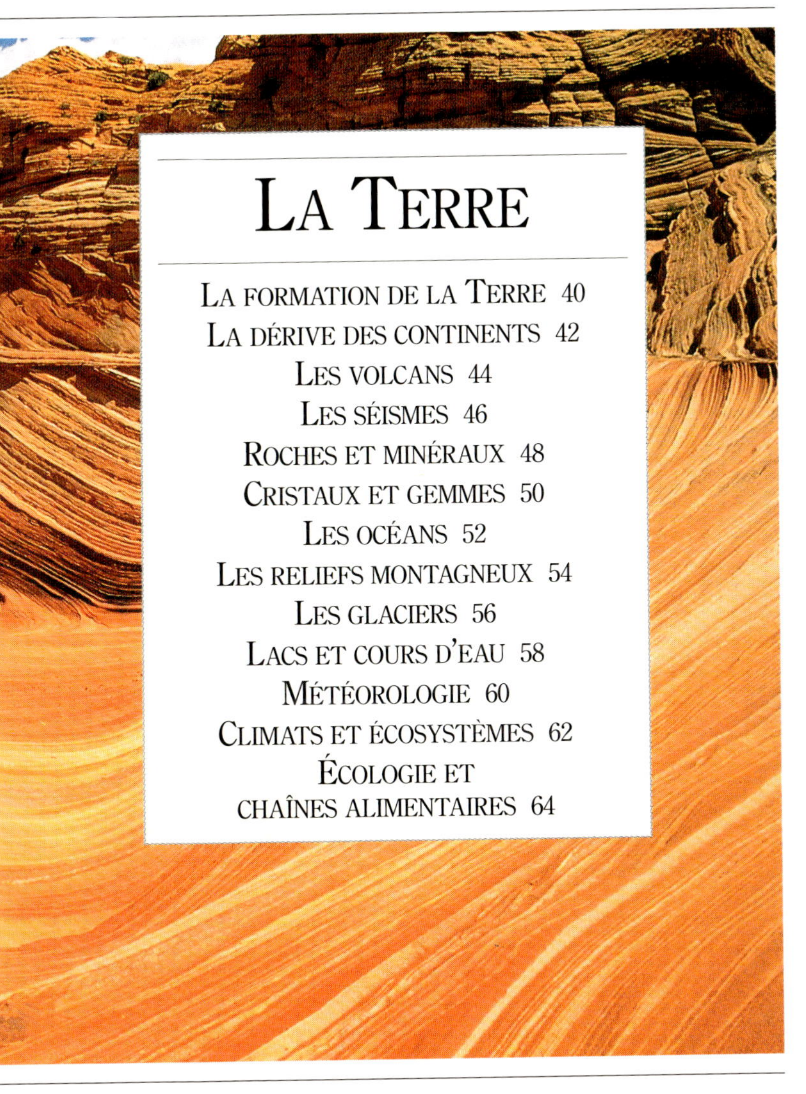

LA TERRE

La formation de la Terre

Il y a 4,6 milliards d'années, le système solaire n'était qu'un vaste nuage tourbillonnant de gaz et de poussières englobant le Soleil naissant. En s'agglomérant, les particules périphériques ont donné naissance à la Terre et aux autres planètes.

3 La croûte terrestre

Elle commence à se solidifier il y a environ 4 milliards d'années. Des blocs de roche froide flottent sur un manteau de roches en fusion. Des portions de croûte s'enfoncent et se liquéfient à nouveau.

1 Formation du Soleil

Il naît de la contraction d'une nébuleuse originelle dont les fragments périphériques, par accrétion, forment les planètes.

Une atmosphère de gaz cosmiques entourait la Terre.

Eau : 70,8 %
Terres : 29,2 %

Répartition des surfaces terrestres

2 Formation de la Terre

La Terre se liquéfie sous l'action de la radioactivité. Les minéraux légers remontent à la surface ; les plus denses, tels le fer et le nickel, s'enfoncent et forment le noyau.

4 Atmosphère et océans

Alors que la croûte terrestre s'épaissit, les gaz issus d'éruptions volcaniques commencent à former l'atmosphère. La vapeur d'eau se condense et donne naissance aux océans.

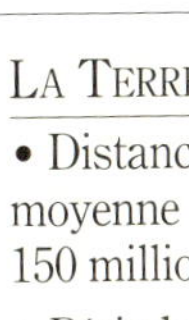

La Terre

- Distance moyenne au Soleil : 150 millions de km.
- Période de rotation sur elle-même : 23 h 56 min.
- Période de révolution autour du Soleil : 365 jours et 6 heures.
- Vitesse orbitale : 29,8 km/s.

Anatomie de la Terre

Elle est formée de couches rocheuses successives, qui entourent un noyau de fer et de nickel. La température décroît au fur et à mesure que l'on s'approche de la surface.

Atmosphère Épaisseur : 640 km

Croûte composée de roches similaires à celles trouvées en surface. Épaisseur : 6 à 70 km

Manteau rocheux solide. Épaisseur moyenne : 2 800 km

Noyau externe liquide d'oxygène et de nickel. Épaisseur moyenne : 2 300 km

Noyau interne solide de fer et de nickel. Épaisseur moyenne : 2 400 km

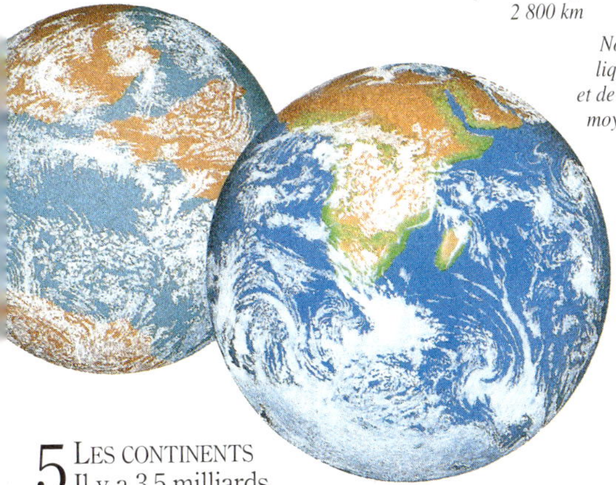

5 Les continents

Il y a 3,5 milliards d'années, les premières masses continentales apparaissent. Elles ressemblent peu aux continents actuels.

6 Aujourd'hui

Notre planète est en perpétuel changement. En se déplaçant, les plaques tectoniques provoquent la dérive des continents.

La dérive des continents

Les continents constituent l'essentiel des terres émergées. Sous l'influence de forces venues du centre de la Terre, ces masses se déplacent lentement : c'est la dérive des continents.

La frontière entre deux plaques adjacentes coulissant l'une par rapport à l'autre est une faille transformante.

La lithosphère

Elle est formée d'un assemblage de vastes plaques rocheuses appelées plaques lithosphériques.

Les plaques lithosphériques s'emboîtent telles les pièces d'un puzzle.

Les frontières

Deux plaques adjacentes se rapprochent, s'écartent ou coulissent. Les fosses sous-marines et les montagnes sont nées de ces différents mouvements, qui produisent également les tremblements de terre et les éruptions volcaniques.

La dérive des continents

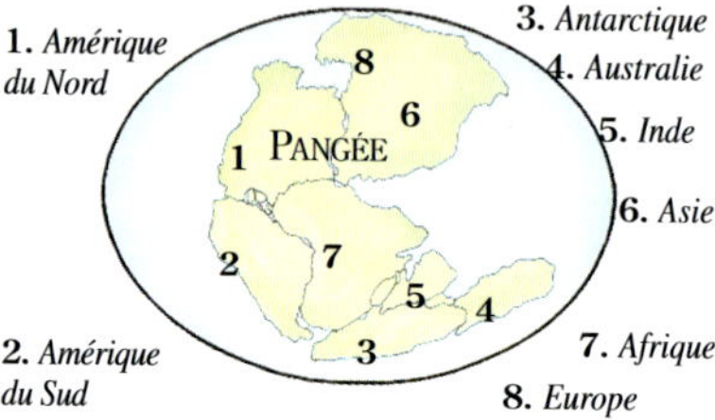
1. Amérique du Nord
2. Amérique du Sud
3. Antarctique
4. Australie
5. Inde
6. Asie
7. Afrique
8. Europe
PANGÉE
1
2
3
4
5
6
7
8

1 Il y a 250 millions d'années (MA), les terres émergées forment un vaste supercontinent appelé Pangée.

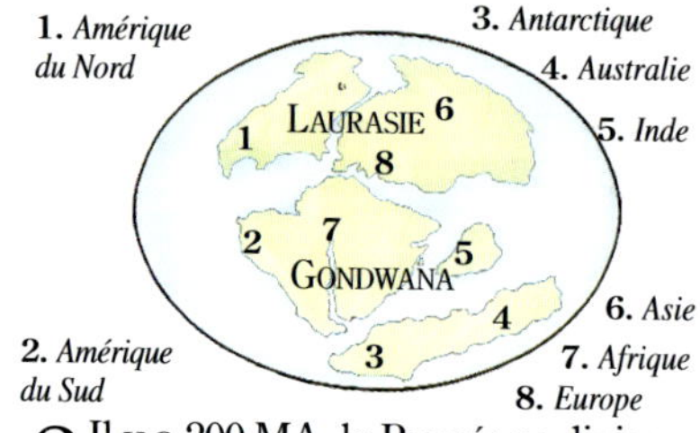
1. Amérique du Nord
2. Amérique du Sud
3. Antarctique
4. Australie
5. Inde
6. Asie
7. Afrique
8. Europe
LAURASIE
GONDWANA
1
2
3
4
5
6
7
8

2 Il y a 200 MA, la Pangée se divise en deux continents, le Gondwana et la Laurasie. Il y a 135 MA, ces deux masses se morcellent à leur tour.

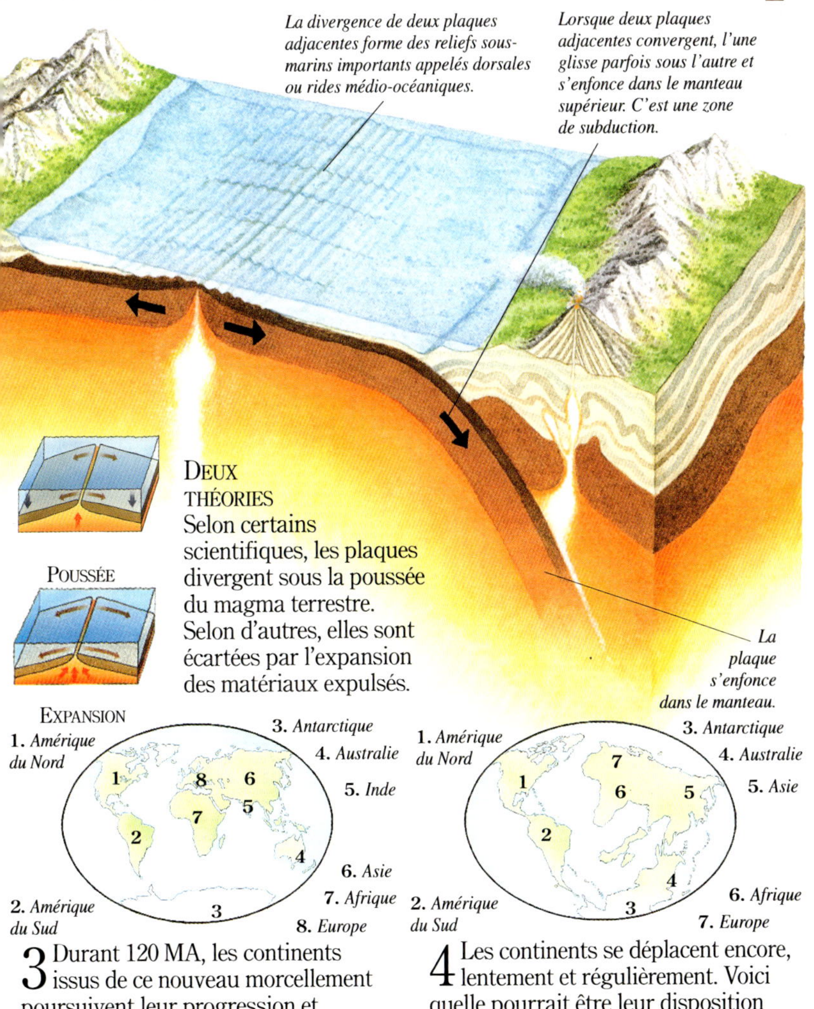

POUSSÉE
EXPANSION

La divergence de deux plaques adjacentes forme des reliefs sous-marins importants appelés dorsales ou rides médio-océaniques.

Lorsque deux plaques adjacentes convergent, l'une glisse parfois sous l'autre et s'enfonce dans le manteau supérieur. C'est une zone de subduction.

La plaque s'enfonce dans le manteau.

DEUX THÉORIES
Selon certains scientifiques, les plaques divergent sous la poussée du magma terrestre. Selon d'autres, elles sont écartées par l'expansion des matériaux expulsés.

1. *Amérique du Nord* **2.** *Amérique du Sud* **3.** *Antarctique* **4.** *Australie* **5.** *Inde* **6.** *Asie* **7.** *Afrique* **8.** *Europe*

3 Durant 120 MA, les continents issus de ce nouveau morcellement poursuivent leur progression et prennent leurs positions actuelles.

1. *Amérique du Nord* **2.** *Amérique du Sud* **3.** *Antarctique* **4.** *Australie* **5.** *Asie* **6.** *Afrique* **7.** *Europe*

4 Les continents se déplacent encore, lentement et régulièrement. Voici quelle pourrait être leur disposition dans 150 MA.

LES VOLCANS

Une éruption volcanique est une expulsion de roches en fusion, le magma, par un orifice de la croûte terrestre. Le magma peut se répandre en coulées de lave rougeoyantes ou exploser en nuées de cendres et de blocs appelés bombes volcaniques.

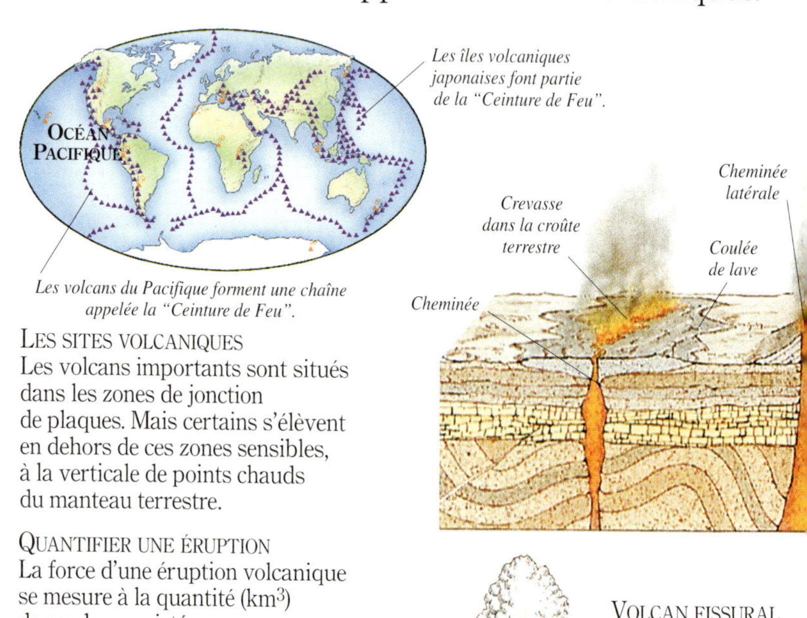

Les îles volcaniques japonaises font partie de la "Ceinture de Feu".
OCÉAN PACIFIQUE
Cheminée latérale
Crevasse dans la croûte terrestre
Coulée de lave
Cheminée

Les volcans du Pacifique forment une chaîne appelée la "Ceinture de Feu".

LES SITES VOLCANIQUES

Les volcans importants sont situés dans les zones de jonction de plaques. Mais certains s'élèvent en dehors de ces zones sensibles, à la verticale de points chauds du manteau terrestre.

QUANTIFIER UNE ÉRUPTION

La force d'une éruption volcanique se mesure à la quantité (km^3) de cendres projetées.

1 km³
3 km³
12 km³
18 km³
80 km³

ST. HELENS, É.-U., 1980 — VÉSUVE, ITALIE, AN 79 — KATMAI, É.-U., 1912 — KRAKATOA, INDONÉSIE, 1883 — TAMBORA, INDONÉSIE, 1815

VOLCAN FISSURAL

Il a la forme d'une longue fissure dans la croûte terrestre. Les laves expulsées forment un plateau.

Le saviez-vous ?

- Le Kilauea, à Hawaii, est le volcan le plus actif.
- L'éruption du volcan indonésien Tambora, en 1815, a causé la mort de 92 000 personnes.

Strato-volcan

Ce volcan conique est formé de couches de lave épaisse et de cendres datant d'éruptions antérieures. Sous l'énorme pression des gaz, le volcan entre brutalement en éruption.

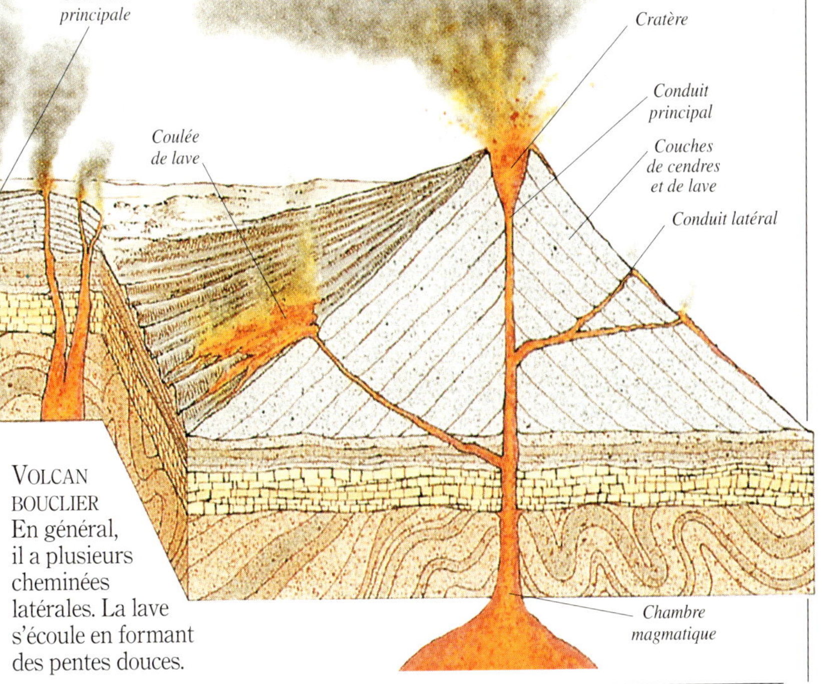
Nuages de cendres et de poussières
Cheminée principale
Cratère
Conduit principal
Coulée de lave
Couches de cendres et de lave
Conduit latéral
Chambre magmatique

Volcan bouclier

En général, il a plusieurs cheminées latérales. La lave s'écoule en formant des pentes douces.

Les séismes

Ces événements redoutés résultent des mouvements des plaques lithosphériques. Un séisme de faible magnitude est à peine perceptible ; un séisme de forte magnitude peut détruire routes et bâtiments et provoquer un raz de marée.

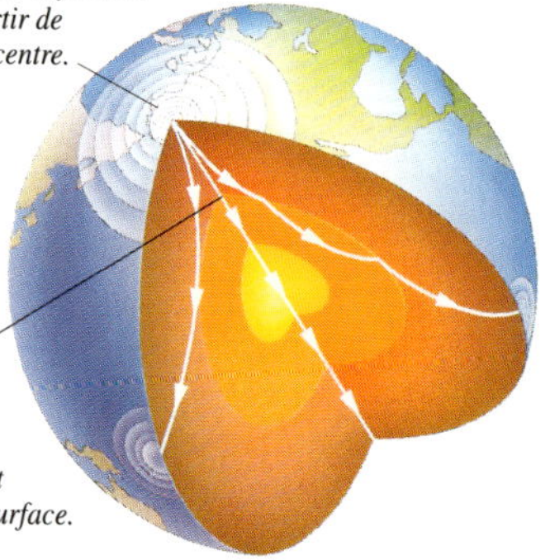

Les ondes de surface rayonnent à partir de l'épicentre.

La force du séisme est maximale à son foyer.

Les ondes de chocs traversent la Terre et remontent jusqu'à la surface.

Foyer et épicentre
Le foyer est le point intérieur du globe où se manifeste le mouvement initial du séisme. Le point de la surface terrestre situé immédiatement à l'aplomb du foyer est appelé l'épicentre.

Un séisme à la loupe
Les tensions engendrées par les mouvements des plaques lithosphériques s'accumulent le long de failles qui séparent celles-ci. Elles se relâchent parfois en un brusque coulissement qui donne naissance au séisme.

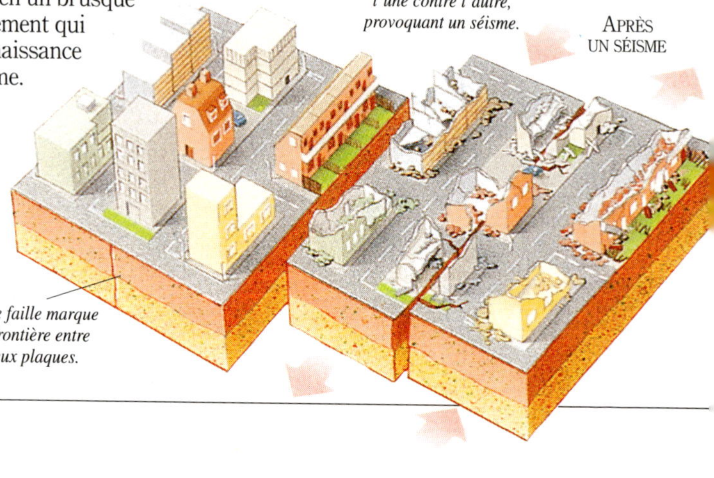

Avant un séisme

Les plaques coulissent l'une contre l'autre, provoquant un séisme.

Après un séisme

Cette faille marque la frontière entre deux plaques.

Les zones sismiques

La plupart des séismes se produisent le long des failles séparant les plaques lithosphériques. Les plus violents surviennent dans les zones de subduction.

AMÉRIQUE DU NORD
EUROPE
ASIE
AFRIQUE
AMÉRIQUE DU SUD
AUSTRALIE
ANTARCTIQUE

Les séismes surviennent le plus souvent dans les zones de jonction de plaques.

La côte N.-E. asiatique, située à la limite de deux plaques, est affectée par de nombreux séismes.

Constructions parasismiques

Dans les zones à risque sismique, les bâtiments sont construits selon des normes spécifiques qui renforcent leur résistance aux secousses.

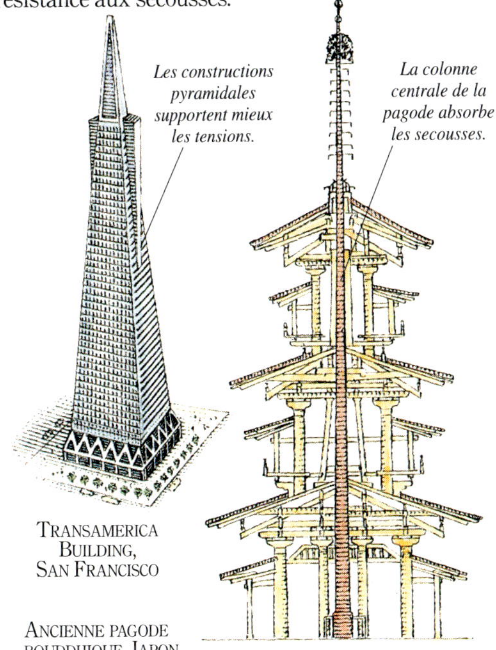

Les constructions pyramidales supportent mieux les tensions.

La colonne centrale de la pagode absorbe les secousses.

Transamerica Building, San Francisco

Ancienne pagode bouddhique, Japon

Le saviez-vous ?

- Le séisme le plus violent, de magnitude 8,9 sur l'échelle de Richter, s'est produit en 1906, en Colombie.
- Le séisme le plus meurtrier – 830 000 victimes – s'est produit à Shansi, en Chine, en 1556.
- Le séisme de Kwanto, survenu au Japon en 1923, est à ce jour le plus dévastateur : 375 000 bâtiments détruits et 144 000 victimes.

Roches et minéraux

Les roches, toutes composées d'un ou plusieurs minéraux, forment l'essentiel de la croûte terrestre. Il en existe de nombreuses sortes.

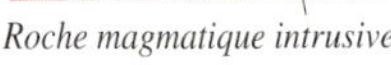
Surface de la Terre
Roche magmatique effusive
Roche magmatique intrusive

Familles de roches

L'étude des roches a pour nom la géologie. Les roches se répartissent en trois grandes familles : sédimentaires, métamorphiques et magmatiques.

Intrusives ou effusives

Les roches magmatiques intrusives sont incrustées dans la croûte terrestre ; les roches magmatiques effusives se solidifient à la surface de la Terre.

Le basalt est une roche magmatique.

Roches magmatiques

Elles sont issues du refroidissement et de la solidification du magma monté des profondeurs de la Terre.

Roches métamorphiques

Elles ont subi une transformation de leur structure sous l'effet de températures et de pressions élevées.

Le gneiss est une roche métamorphique.

Le grès est une roche sédimentaire.

Roches sédimentaires

Elles se sont formées en plusieurs millions d'années, sur terre ou dans l'eau, par l'agglomération de fragments minéraux et de sédiments.

L'échelle de Mohs

La dureté d'un minéral est déterminée selon une échelle de 10 degrés établie par le géologue allemand F. Mohs (1773-1839).

Échelle de Mohs

1. Talc

2. Gypse

3. Calcite

4. Fluorite

Les minéraux

Ils naissent de la combinaison des éléments chimiques présents sur la Terre. La plupart d'entre eux sont formés de silicates, association de silicium et d'oxygène.

Le granit est composé de cristaux de quartz, de feldspath et de mica.

Chalcopyrite (minerai de cuivre). Excellent conducteur, le cuivre sert à la fabrication des fils électriques.

LES ROCHES
À chaque type de roche correspond une combinaison particulière de minéraux.

LES MINERAIS
Près de 80 % des métaux purs sont extraits de minerais.

LE CYCLE MÉTAMORPHIQUE
Les roches subissent toutes un lent cycle évolutif.

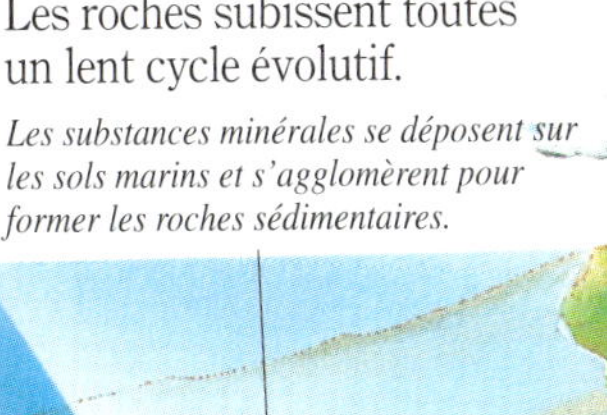

Les substances minérales se déposent sur les sols marins et s'agglomèrent pour former les roches sédimentaires.

Les roches magmatiques sont charriées lentement vers les océans.

La lave en fusion remontée à la surface refroidit et devient roches magmatiques.

Sous l'action de la chaleur, les roches sédimentaires et magmatiques se transforment en roches métamorphiques.

5. APATITE

6. ORTHOSE

7. QUARTZ

8. TOPAZE

9. CORINDON

10. DIAMANT

Cristaux et gemmes

Les cristaux sont des corps solides dont les atomes sont reliés entre eux selon une maille ordonnée. Ils peuvent naître après vaporisation partielle d'un liquide ou du refroidissement d'un solide en fusion.

Le faciès

Le faciès d'une structure cristalline désigne sa forme générale typique.

Prismatique, côtés lisses (béryl)

Dendritique, forme branchue (cuivre)

Massif, forme quelconque (limonite)

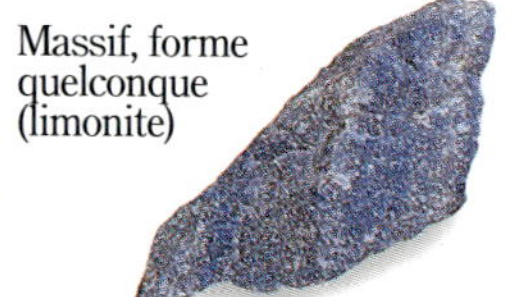

Aciculaire, en aiguilles (scolécite)

Réniforme, en forme de rein (hématite)

Systèmes cristallins

Ils correspondent aux différentes organisations géométriques des mailles cristallines.

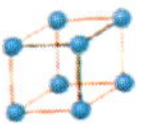

Système cubique : liaisons de longueur égale. Chaque angle vaut 90°

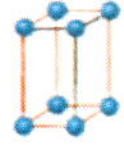

Système tétragonal : 2 des liaisons sont de longueur égale. Chaque angle vaut 90°

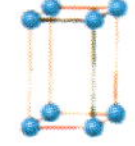

Système orthorhombique : liaisons de longueurs inégales. Chaque angle vaut 90°

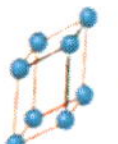

Système monoclinique : liaisons de longueurs inégales. 2 d'entre elles forment un angle à 90°

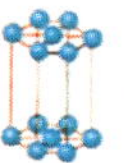

Système hexagonal : 2 liaisons de longueur égale. Les liaisons forment des angles de 90° et 120°

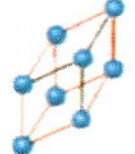

Système rhomboédrique : liaisons de longueur égale. Aucun angle ne vaut 90°

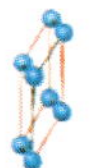

Système triclinique : liaisons de longueurs inégales. Aucun angle ne vaut 90°

LES GEMMES

Couramment appelés pierres précieuses, ce sont des minéraux très rares. Il en existe près de 100 variétés, parmi lesquelles diamants et rubis.

ÉMERAUDE
Dureté : 7-7,8
Système : hexagonal

RUBIS
Dureté : 9
Système : hexagonal

DIAMANT
Dureté : 10
Système : cubique

LE SAVIEZ-VOUS ?

- Le Cullinan, trouvé en Afrique du Sud, est le plus gros diamant connu à ce jour : 621,2 g (3 106 carats).
- Le diamant bleu Hope, conservé à Washington, a appartenu à Louis XIV.

JOYAUX ORGANIQUES

Certaines matières précieuses ont une origine végétale, tel l'ambre, ou animale, telle la nacre.

L'ambre est une résine d'arbre fossilisée.

AMBRE

Les plus belles perles proviennent d'huîtres perlières. Pinctada maxima *est l'espèce la plus grosse.*

HUÎTRE PERLIÈRE

CARATS

Le poids d'une pierre précieuse est mesuré en carats, une unité égale à 0,2 g. Ce mot doit peut-être son origine à la graine de caroube, utilisée par les anciens Grecs pour peser des denrées.

GRAINE DE CAROUBE

RUBIS DE 1 CARAT

Le carat est aussi une unité servant à mesurer la pureté de l'or.

LINGOT D'OR DE 23,5 CARATS

LES OCÉANS

La Terre est recouverte aux sept dixièmes par les océans. Leur surface n'est jamais immobile ; elle est constamment brassée par les courants, les marées et les vagues.

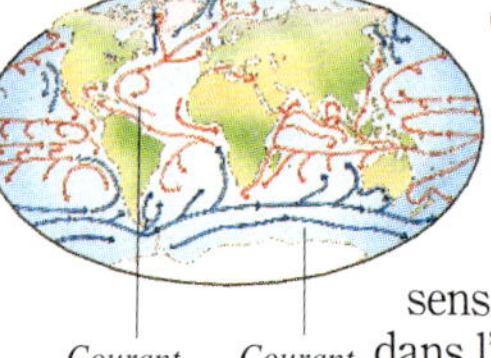

Courant chaud (flèche rouge)

Courant froid (flèche bleue)

LES COURANTS

Les grands courants marins circulent dans le sens des aiguilles d'une montre dans l'hémisphère Nord et dans le sens opposé dans l'hémisphère Sud. Les courants sont froids ou chauds, et peuvent se manifester en surface ou en profondeur.

FORMATION DES OCÉANS

1. Les gaz volcaniques forment l'atmosphère.

2. La pluie issue de la vapeur d'eau condensée alimente les cavités.

3. Ces énormes étendues d'eau ont donné naissance aux océans.

RELIEFS DES FONDS MARINS

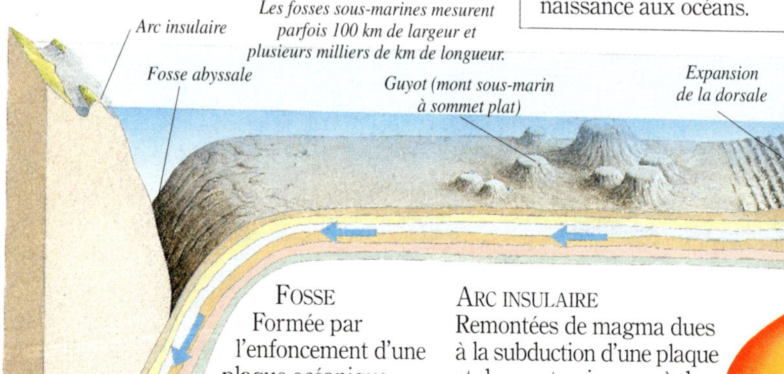

Arc insulaire
Fosse abyssale
Guyot (mont sous-marin à sommet plat)
Expansion de la dorsale

Les fosses sous-marines mesurent parfois 100 km de largeur et plusieurs milliers de km de longueur.

FOSSE
Formée par l'enfoncement d'une plaque océanique dans le manteau

ARC INSULAIRE
Remontées de magma dues à la subduction d'une plaque et donnant naissance à des îles volcaniques

LES VAGUES
Elles sont causées par les courants et les vents. La hauteur et la force des vagues dépendent du lieu et des conditions atmosphériques.

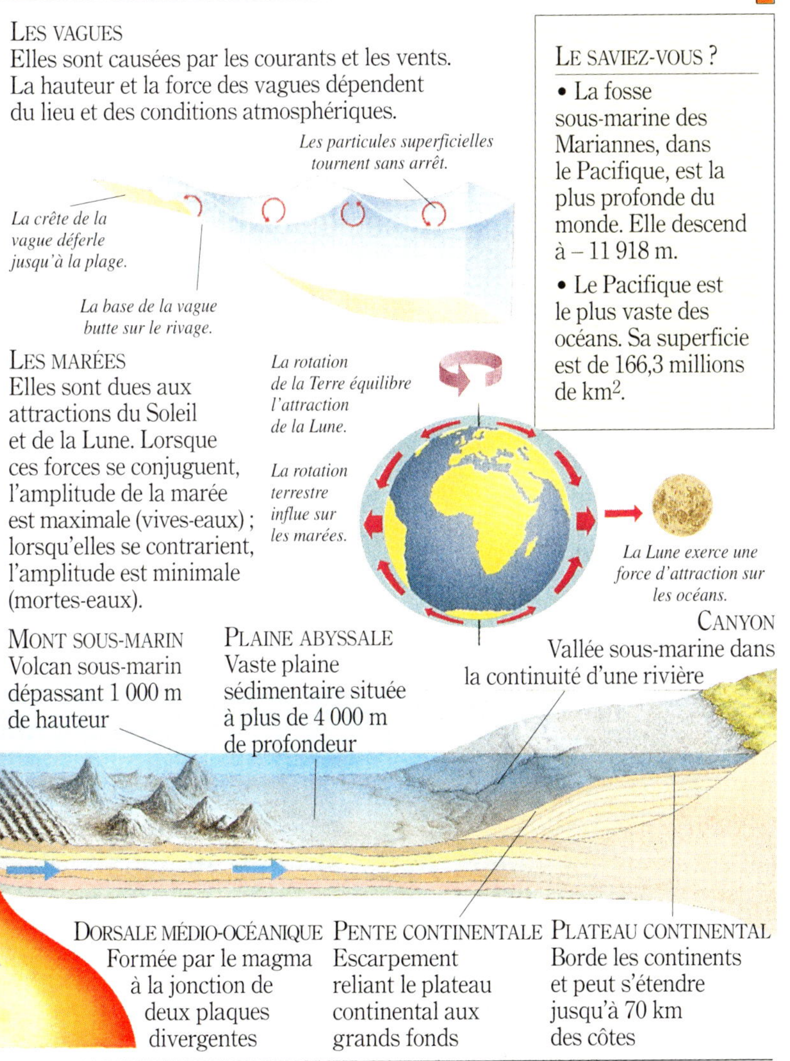
Les particules superficielles tournent sans arrêt.
La crête de la vague déferle jusqu'à la plage.
La base de la vague butte sur le rivage.
La rotation de la Terre équilibre l'attraction de la Lune.
La rotation terrestre influe sur les marées.
La Lune exerce une force d'attraction sur les océans.

LES MARÉES
Elles sont dues aux attractions du Soleil et de la Lune. Lorsque ces forces se conjuguent, l'amplitude de la marée est maximale (vives-eaux) ; lorsqu'elles se contrarient, l'amplitude est minimale (mortes-eaux).

LE SAVIEZ-VOUS ?

- La fosse sous-marine des Mariannes, dans le Pacifique, est la plus profonde du monde. Elle descend à – 11 918 m.
- Le Pacifique est le plus vaste des océans. Sa superficie est de 166,3 millions de km^2.

MONT SOUS-MARIN
Volcan sous-marin dépassant 1 000 m de hauteur

PLAINE ABYSSALE
Vaste plaine sédimentaire située à plus de 4 000 m de profondeur

CANYON
Vallée sous-marine dans la continuité d'une rivière

DORSALE MÉDIO-OCÉANIQUE
Formée par le magma à la jonction de deux plaques divergentes

PENTE CONTINENTALE
Escarpement reliant le plateau continental aux grands fonds

PLATEAU CONTINENTAL
Borde les continents et peut s'étendre jusqu'à 70 km des côtes

Les reliefs montagneux

La formation des plus hauts reliefs est due à la collision des plaques lithosphériques. Les volcans, situés le plus souvent le long des failles, ont parfois la dimension de montagnes. Ces reliefs sont adoucis lentement par l'érosion, également à l'origine de la formation des vallées et des grottes.

La vie des montagnes

1. Jeunes
Crêtes et pics escarpés formés il y a quelques millions d'années

2. Moyennes
Formées il y a plusieurs centaines de millions d'années et partiellement érodées

3. Anciennes
Réduites par l'érosion à l'état de collines

Les différents types de montagnes

Structure plissée
La croûte terrestre se plisse à la jonction de deux plaques et forme une chaîne montagneuse.

Structure volcanique

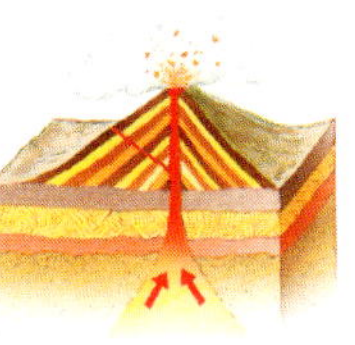

L'accumulation de magma liée aux éruptions successives forme un cône élevé.

Structure faillée
Lorsque les plaques lithosphériques se heurtent, des failles apparaissent dans la croûte, d'énormes blocs rocheux se disloquent.

Structure en dôme

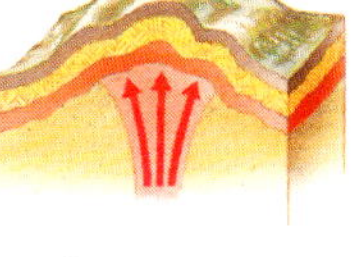

Le magma sous la croûte terrestre pousse les roches vers la surface, créant une structure en forme de dôme.

CARACTÉRISTIQUES DES VALLÉES FLUVIALES

Dans les montagnes, les torrents rapides creusent la roche et créent des gorges encaissées. Dans la partie centrale du fleuve, l'eau décrit des méandres au milieu de la vallée élargie.

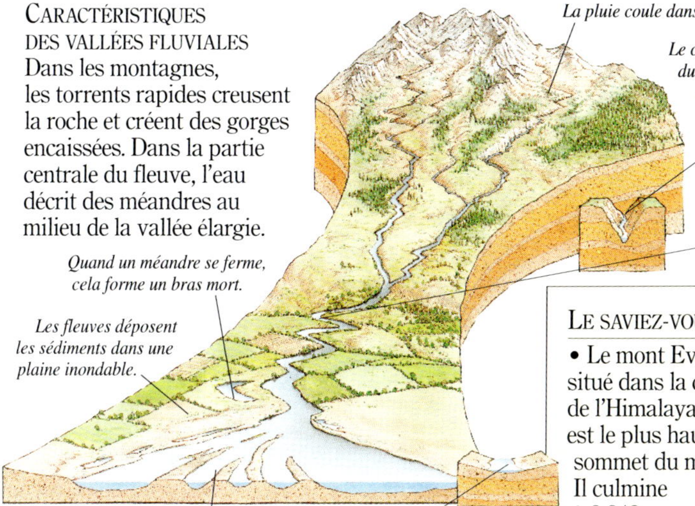

La pluie coule dans les ravines.

Le cours supérieur du fleuve creuse une vallée en forme de V.

Le fleuve décrit des méandres.

Quand un méandre se ferme, cela forme un bras mort.

Les fleuves déposent les sédiments dans une plaine inondable.

Formation d'un delta à l'embouchure du fleuve

Élargissement de la vallée à l'embouchure du fleuve

LE SAVIEZ-VOUS ?

- Le mont Everest, situé dans la chaîne de l'Himalaya, est le plus haut sommet du monde. Il culmine à 8 848 m.

GROTTES ET CAVITÉS

Une grotte calcaire se forme lorsque l'eau de pluie chargée en acide carbonique s'infiltre dans le sol et dissout des couches calcaires intermédiaires. Les grottes du littoral sont creusées au pied des falaises par les vagues et le sel. L'eau de fonte circulant sous les glaciers donne naissance aux cavités glaciaires.

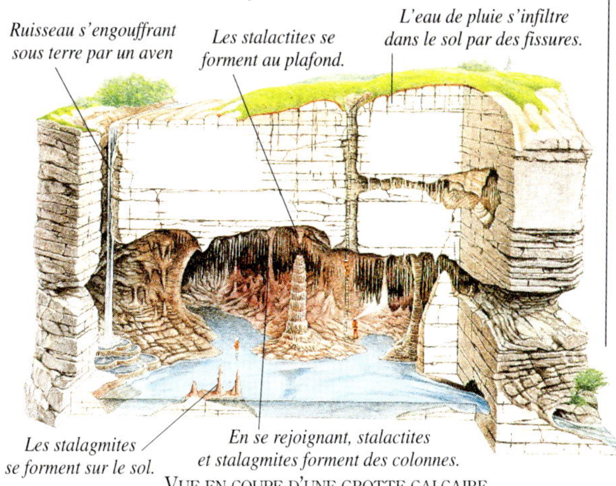
Ruisseau s'engouffrant sous terre par un aven
Les stalactites se forment au plafond.
L'eau de pluie s'infiltre dans le sol par des fissures.
Les stalagmites se forment sur le sol.
En se rejoignant, stalactites et stalagmites forment des colonnes.

VUE EN COUPE D'UNE GROTTE CALCAIRE

LES GLACIERS

Plus d'un dixième de notre planète est perpétuellement recouvert par la glace. Calottes et glaciers, immenses étendues de neige gelée, couvrent les deux pôles terrestres et les plus hautes chaînes montagneuses.

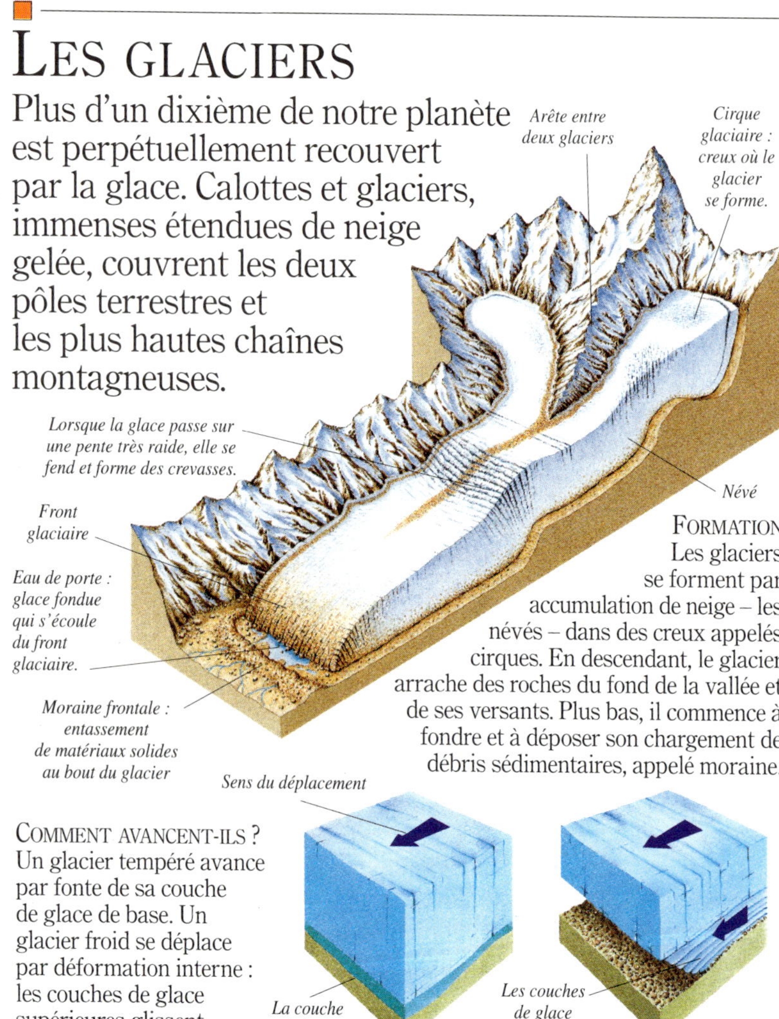

Arête entre deux glaciers
Cirque glaciaire : creux où le glacier se forme.
Lorsque la glace passe sur une pente très raide, elle se fend et forme des crevasses.
Névé
Front glaciaire
Eau de porte : glace fondue qui s'écoule du front glaciaire.
Moraine frontale : entassement de matériaux solides au bout du glacier
Sens du déplacement
La couche de base fond.
FONTE BASALE
Les couches de glace glissent les unes sur les autres.
DÉFORMATION

FORMATION
Les glaciers se forment par accumulation de neige – les névés – dans des creux appelés cirques. En descendant, le glacier arrache des roches du fond de la vallée et de ses versants. Plus bas, il commence à fondre et à déposer son chargement de débris sédimentaires, appelé moraine.

COMMENT AVANCENT-ILS ?
Un glacier tempéré avance par fonte de sa couche de glace de base. Un glacier froid se déplace par déformation interne : les couches de glace supérieures glissent sur les couches inférieures.

Les icebergs

Un glacier vêle lorsqu'il tombe dans la mer en se brisant en d'immenses blocs de glace appelés icebergs. La partie émergée d'un iceberg représente environ un huitième de son volume total.

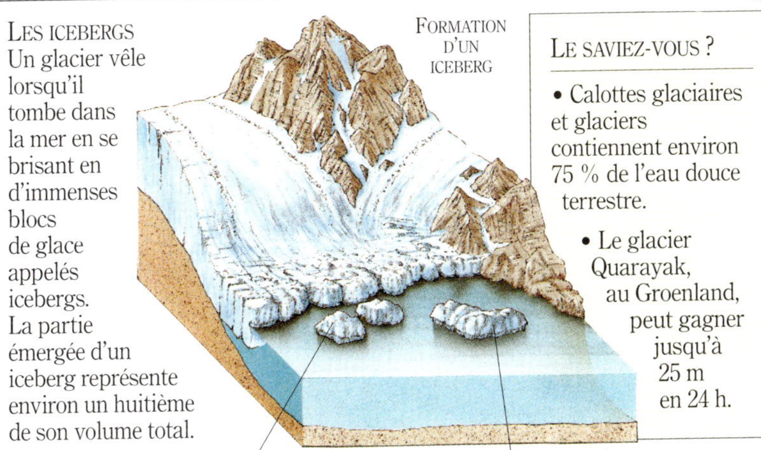

Formation d'un iceberg

Les marées et les vagues accélèrent la formation de l'iceberg.

L'iceberg se déplace sous l'action conjuguée des courants et des vents.

Le saviez-vous ?

- Calottes glaciaires et glaciers contiennent environ 75 % de l'eau douce terrestre.
- Le glacier Quarayak, au Groenland, peut gagner jusqu'à 25 m en 24 h.

Pléistocène : dernière période glaciaire

Superficie recouverte aujourd'hui par la glace

Les glaciations

La lointaine histoire de la Terre est ponctuée de périodes glaciaires et de périodes de réchauffement. Lors de la dernière glaciation, il y a environ 30 000 ans, l'Amérique du Nord et l'Europe étaient en partie prises par les glaces.

Les moraines

Un glacier charrie une importante quantité de roches. Dans les zones de fonte, ces débris rocheux s'accumulent et forment des moraines.

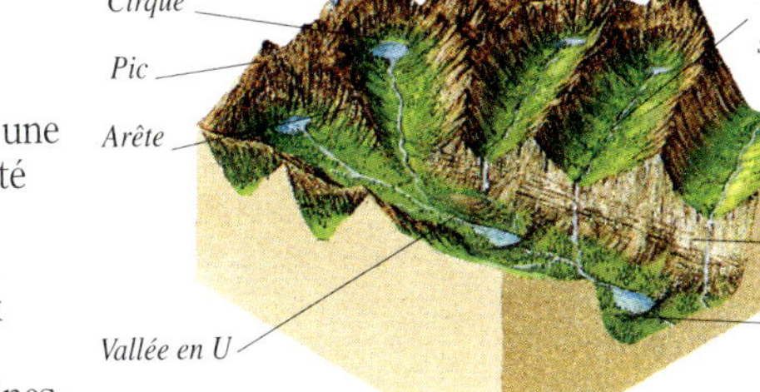
Cirque
Pic
Arête
Vallée en U
Vallée suspendue
Striation
Les moraines ont provoqué la formation de lacs.

LACS ET COURS D'EAU

Les rivières ont un rôle prépondérant dans le cycle de l'eau : elles transportent l'eau de pluie des reliefs jusqu'à la mer, et remplissent les lacs et les étangs. Dans certaines régions, elles disparaissent à la saison sèche, pour réapparaître à la saison des pluies.

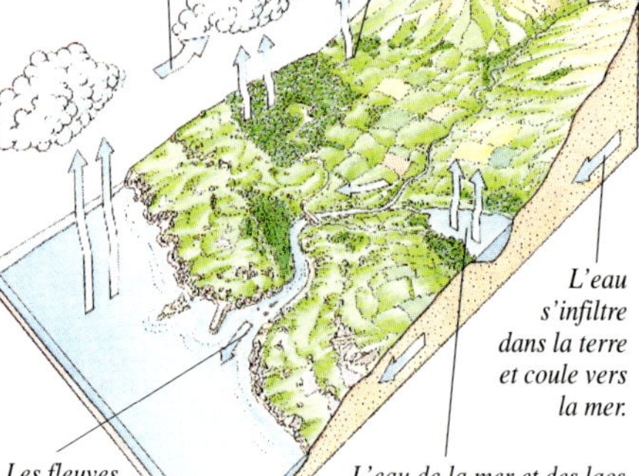
Sur terre, les plantes libèrent de la vapeur d'eau.
La pluie et la neige tombent en altitude.
Vent
L'eau s'infiltre dans la terre et coule vers la mer.
Les fleuves coulent vers la mer.
L'eau de la mer et des lacs s'évapore pour former des nuages.

LE CYCLE DE L'EAU

Sous l'action du Soleil, une partie de l'eau des océans, des lacs et des rivières s'évapore. La vapeur d'eau s'élève dans l'atmosphère, se condense et forme des nuages. L'eau retombe au sol sous forme de pluie, de grêle ou de neige.

DIFFÉRENTS TYPES DE LACS

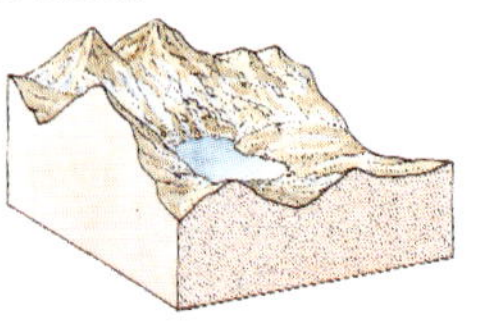

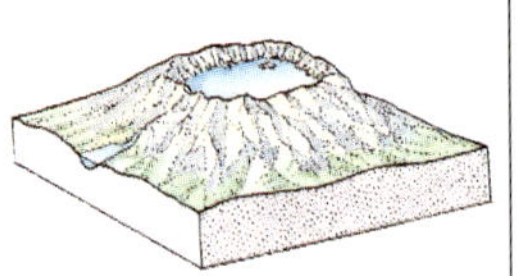

LAC GLACIAIRE
Lac apparaissant dans les dépôts glaciaires, par suite de l'érosion des blocs issus des glaciers.

LAC DE CIRQUE
Lac circulaire qui s'installe dans des creux formés par l'érosion glaciaire.

LAC DE CRATÈRE
Eau s'accumulant peu à peu dans le cratère d'un volcan éteint.

D'OÙ VIENT L'EAU DES RIVIÈRES ?

Rivières et fleuves sont alimentés par les précipitations.

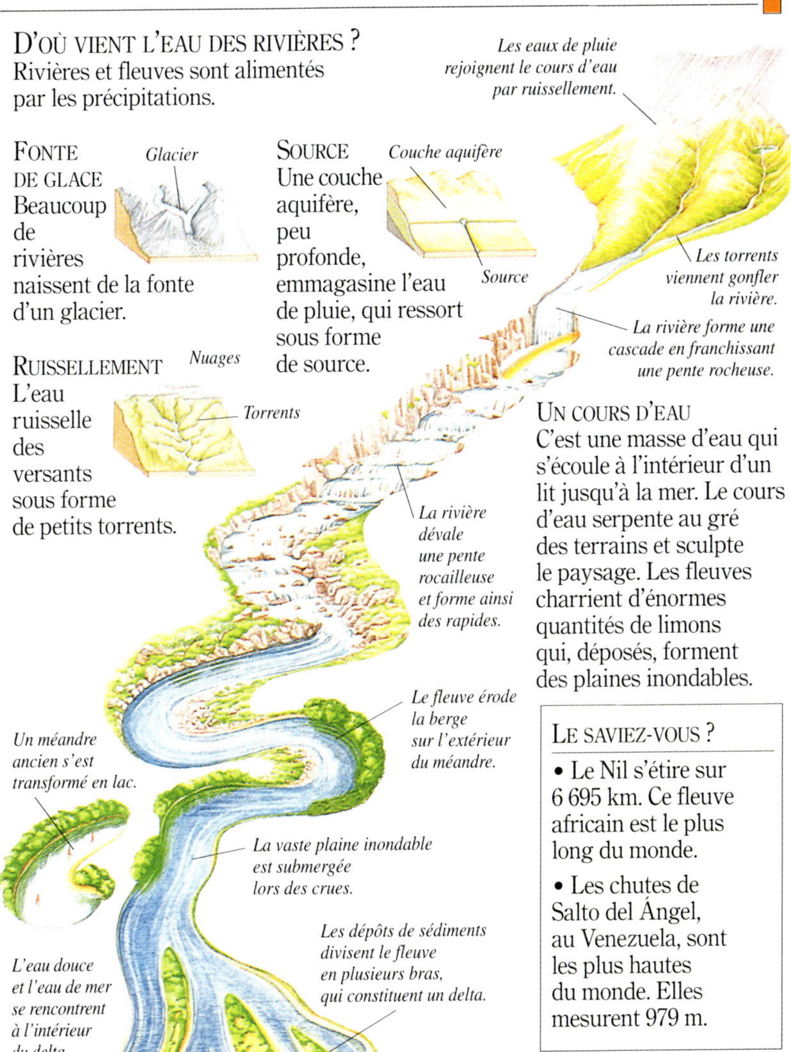

Glacier
Couche aquifère
Source
Nuages
Torrents
Les eaux de pluie rejoignent le cours d'eau par ruissellement.
Les torrents viennent gonfler la rivière.
La rivière forme une cascade en franchissant une pente rocheuse.
La rivière dévale une pente rocailleuse et forme ainsi des rapides.
Le fleuve érode la berge sur l'extérieur du méandre.
Un méandre ancien s'est transformé en lac.
La vaste plaine inondable est submergée lors des crues.
Les dépôts de sédiments divisent le fleuve en plusieurs bras, qui constituent un delta.
L'eau douce et l'eau de mer se rencontrent à l'intérieur du delta.

FONTE DE GLACE

Beaucoup de rivières naissent de la fonte d'un glacier.

SOURCE

Une couche aquifère, peu profonde, emmagasine l'eau de pluie, qui ressort sous forme de source.

RUISSELLEMENT

L'eau ruisselle des versants sous forme de petits torrents.

UN COURS D'EAU

C'est une masse d'eau qui s'écoule à l'intérieur d'un lit jusqu'à la mer. Le cours d'eau serpente au gré des terrains et sculpte le paysage. Les fleuves charrient d'énormes quantités de limons qui, déposés, forment des plaines inondables.

LE SAVIEZ-VOUS ?

- Le Nil s'étire sur 6 695 km. Ce fleuve africain est le plus long du monde.
- Les chutes de Salto del Ángel, au Venezuela, sont les plus hautes du monde. Elles mesurent 979 m.

MÉTÉOROLOGIE

Vent, pluie, neige, verglas, brouillard et autres phénomènes météorologiques résultent des mouvements d'air qui interviennent au sein de la couche inférieure de l'atmosphère terrestre.

Vents d'est polaires

Alizés du nord-est

Vents d'ouest

Air polaire froid

Ascension de l'air chaud vers l'air froid

Des mouvements d'air appelés cellules se forment dans la troposphère.

LES NUAGES

La vapeur d'eau contenue dans l'air chaud refroidit en montant dans l'atmosphère, se condense et forme les nuages.

L'air chaud contenant de la vapeur d'eau s'élève.

La vapeur d'eau refroidit, se condense et forme un nuage.

La montée d'air chaud alimente le développement du nuage.

LES VENTS

Ce sont des masses d'air circulant d'une zone de haute pression vers une zone de basse pression. Alizés, vents d'ouest (chauds) et vents d'est (froids) sont les trois grands courants de vents dominants.

MASSES D'AIR ET FRONTS

La troposphère se divise en masses d'air plus ou moins homogènes. Près de la surface terrestre, les frontières entre les différentes masses d'air forment une série de fronts.

Nuages peu denses

L'air chaud et humide s'élève au-dessus de l'air froid.

Gros nuages de pluie

Gradient de pression faible

FRONT CHAUD

Il pleut à la base du front.

L'air froid passe au-dessus de l'air chaud.

Gros nuages d'altitude

Forte pluie

FRONT FROID

Gradient de pressio. élevé

Différents types de nuages

Cirrus (A)
- nuage en filaments constitué de cristaux de glace
- entre 5 000 et 13 000 m d'altitude

Cirrocumulus (B)
- petit nuage blanc formé d'aiguilles de glace
- environ 9 000 m d'altitude

Cumulonimbus (C)
- sombre, orageux, avec pluie
- entre 5 000 et 10 000 m d'altitude

Altocumulus (D)
- banc d'aspect pommelé
- entre 2 000 et 7 000 m d'altitude

Altostratus (E)
- voile gris ou blanc
- entre 2 000 et 7 000 m d'altitude

A
B
Niveau de gel
C
D
E
F
G
H
I

Stratocumulus (F)
- en banc continu au sommet des cumulus
- à moins de 2 000 m

Cumulus (G)
- dense, blanc, en amoncellement floconneux
- à moins de 2 000 m

Nimbostratus (H)
- bas, sombre, apporte la pluie
- à moins de 2 000 m

Stratus (I)
- bas en couche grise uniforme
- à moins de 2 000 m

La pluie

Les gouttes de pluie sont souvent dues à la fonte des cristaux de glace en suspension à l'intérieur des nuages. Sous les tropiques, les gouttes sont produites par l'agglomération de gouttelettes plus petites.

Gouttes inférieures à 0,5 mm de diamètre

Grosses gouttes formées par coalescence

La vapeur d'eau se transforme en cristaux de glace.

Les cristaux fondent à l'intérieur du nuage ou au cours de leur chute.

La vapeur d'eau peut retomber directement en pluie.

Air ascendant

Pluie tropicale

Pluie tempérée

CLIMATS ET ÉCOSYSTÈMES

Les conditions météorologiques déterminent, à long terme, le climat. Le climat d'une région varie selon sa distance à l'équateur et à l'océan, et selon son altitude. L'ensemble formé par un groupe d'êtres vivants et son milieu ambiant est appelé un écosystème.

LES CLIMATS

Le climat d'une région est déterminé par sa position géographique. L'altitude de cette région et sa distance par rapport à l'équateur conditionnent largement les températures. De même, son emplacement par rapport au littoral ou aux chaînes de montagnes peut faire augmenter ou diminuer les précipitations.

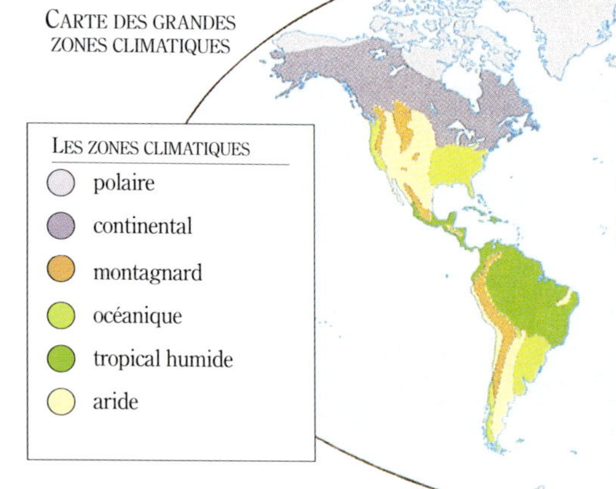
LES ZONES CLIMATIQUES
polaire
continental
montagnard
océanique
tropical humide
aride

CARTE DES GRANDES ZONES CLIMATIQUES

LE CLIMAT ARIDE

Températures parfois supérieures à 50 °C, sécheresses pouvant durer plusieurs années. Régions peu propices à la vie.

LE CLIMAT TROPICAL HUMIDE

Températures élevées. Année marquée par l'alternance d'une saison sèche et d'une saison des pluies.

LE CLIMAT POLAIRE
Températures rarement supérieures à 0 °C. Le sol perpétuellement gelé des régions polaires est exempt de végétation. Dans les régions subpolaires apparaît une formation herbeuse basse, la toundra.

> LE SAVIEZ-VOUS ?
>
> • La température terrestre la plus élevée, 58 °C, a été enregistrée à El Azizia, en Libye.
>
> • À Oimiakon, en Sibérie, le thermomètre est descendu à – 71 °C, record pour un lieu habité.

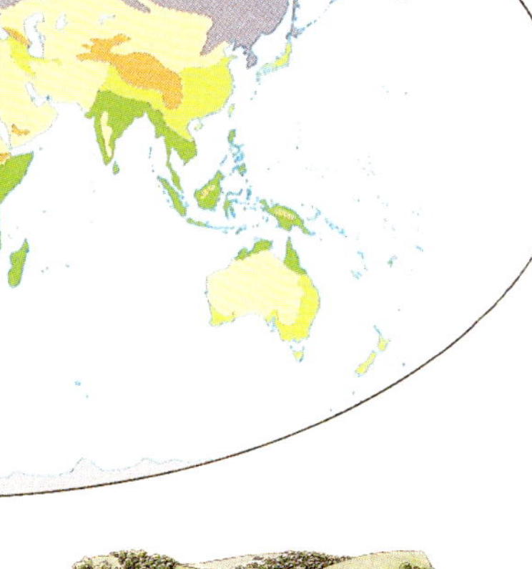

LE CLIMAT CONTINENTAL
Hivers longs et rigoureux. La taïga, qui recouvre en partie le Canada, la Scandinavie et la Russie, est une vaste forêt de conifères, typique des régions à climat continental.

LE CLIMAT OCÉANIQUE
Hivers doux et étés frais. Dans les régions à climat océanique, la plupart des végétaux cessent leur croissance durant l'hiver.

LE CLIMAT MONTAGNARD
Température baissant avec l'altitude. Végétation absente sur les sommets mais abondante dans les vallées.

ÉCOLOGIE ET CHAÎNES ALIMENTAIRES

L'écologie est l'étude des relations complexes entre les végétaux, les animaux et leur environnement. L'équilibre du monde vivant repose sur cet ensemble de relations.

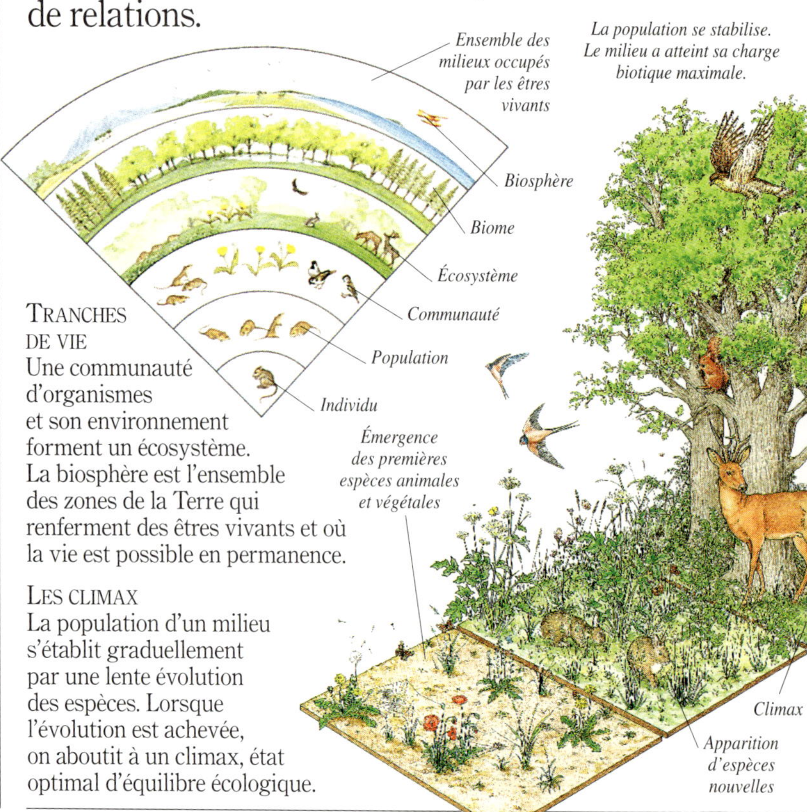
Ensemble des milieux occupés par les êtres vivants
Biosphère
Biome
Écosystème
Communauté
Population
Individu
La population se stabilise. Le milieu a atteint sa charge biotique maximale.
Émergence des premières espèces animales et végétales
Climax
Apparition d'espèces nouvelles

TRANCHES DE VIE
Une communauté d'organismes et son environnement forment un écosystème. La biosphère est l'ensemble des zones de la Terre qui renferment des êtres vivants et où la vie est possible en permanence.

LES CLIMAX
La population d'un milieu s'établit graduellement par une lente évolution des espèces. Lorsque l'évolution est achevée, on aboutit à un climax, état optimal d'équilibre écologique.

Les réseaux alimentaires

Les organismes d'un écosystème se mangent souvent les uns les autres. Dans un écosystème de marais, le busard dévore la souris d'eau qui elle-même mange l'escargot. Cette relation est appelée une chaîne alimentaire. Certaines espèces interviennent dans plusieurs chaînes qui forment alors un réseau alimentaire.

Le saviez-vous ?

- La biosphère s'étend des profondeurs des océans jusqu'à une hauteur de 15 km dans l'atmosphère.
- La plupart des végétaux et des animaux sont composés à 75 % d'eau.

Réseaux alimentaires des animaux de prairie

La grenouille relie les deux réseaux.

Les flèches relient le consommé au consommateur.

Animaux des étangs

Animaux des prés

Les niveaux trophiques

Le niveau trophique est la position d'une espèce dans une chaîne alimentaire.

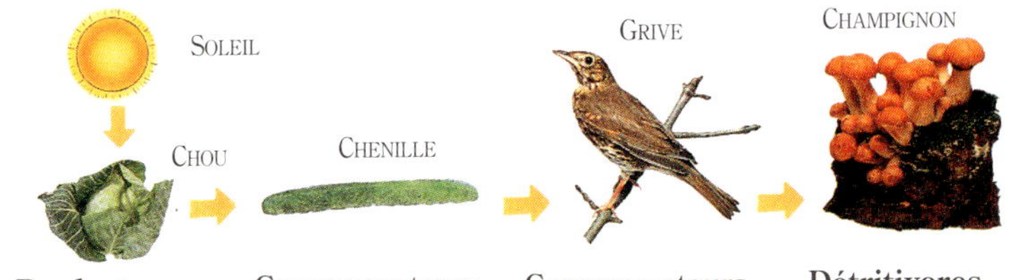
Soleil
Chou
Chenille
Grive
Champignon

Producteurs
Végétaux. Ils tirent leur nourriture de la lumière solaire.

Consommateurs primaires
Ce sont des herbivores, telle cette chenille.

Consommateurs secondaires
Carnivores mangeant herbivores et carnivores.

Détritivores
Champignons et bactéries. Ils décomposent les organismes morts.

LE MONDE VIVANT

L'ÉVOLUTION

NAGEOIRE PECTORALE D'UN MARSOUIN

Les cinq os disposés comme les doigts d'une main forment une robuste armature.

Nageoire pectorale constituée de deux courts segments osseux

Depuis l'apparition de la vie sur Terre il y a 3,4 milliards d'années, de nombreuses créatures ont tour à tour apparu puis disparu. Certaines espèces ont évolué pour répondre aux modifications de leur environnement ; d'autres se sont éteintes rapidement.

Le bras est constitué de deux longs segments osseux.

La main est composée de cinq segments osseux.

BRAS HUMAIN

L'ADAPTATION

L'évolution est une modification progressive pour répondre à de nouvelles exigences. Bien que peu ressemblants, l'homme et le marsouin ont en commun des membres antérieurs à squelette binaire terminés par 5 segments osseux.

LA VIE À TRAVERS LES ÂGES

En déterminant l'âge de certaines roches et en étudiant les fossiles qu'elles contiennent, les paléontologues (spécialistes des anciennes formes de vie) sont capables d'établir une chronologie précise de l'évolution des espèces depuis le début du cambrien il y a 590 millions d'années. Les formes de vie du précambrien sont encore mal connues, car il existe peu de fossiles datant de ces temps reculés.

PRÉCAMBRIEN	PALÉOZOÏQUE	
	Cambrien	**Ordovicien**
4600 MA-590 MA *Apparition dans les mers chaudes des bactéries et des algues unicellulaires, puis d'animaux pluricellulaires invertébrés tels que vers et méduses.*	*590 MA-510 MA* *Développement des invertébrés dans les océans. Premiers mollusques et trilobites.*	*510 MA-439 MA* *Émergence des agnathes (poissons sans mâchoires) et des premiers crustacés. Formation des récifs coralliens. Le Sahara est recouvert de glace.*

Les mécanismes de l'évolution

Selon Darwin, seuls les plantes et les animaux qui ont su s'adapter aux modifications de l'environnement durant des millions d'années ont pu survivre. Jusqu'au milieu du XIXe siècle, la croyance, d'inspiration chrétienne, est que chaque créature vivante est immuable.

Charles Darwin (1809-1882)

Le naturaliste britannique Charles Darwin développa la théorie de l'évolution après avoir étudié les animaux des îles Galápagos. Il publia les résultats de ses recherches en 1859 dans un livre intitulé *De l'origine des espèces*.

L'évolution du cheval

EOHIPPUS
Cette créature de la taille d'un lièvre vit en milieux boisés.

MESOHIPPUS
Après quelques millions d'années, Eohippus *est devenu un herbivore de taille moyenne.*

MERYCHIPPUS
Habitant des prairies, Merychippus *est doté de pattes plus longues qui lui permettent d'échapper à ses prédateurs.*

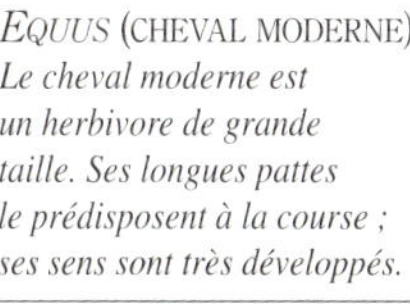

EQUUS (CHEVAL MODERNE)
Le cheval moderne est un herbivore de grande taille. Ses longues pattes le prédisposent à la course ; ses sens sont très développés.

Silurien	Dévonien	Carbonifère	Permien

Silurien	Dévonien	Carbonifère	Permien
439 MA-410 MA Premiers poissons à mâchoires. Des scorpions de mer géants chassent au fond des océans. Émergence des premiers végétaux.	*410 MA-355 MA* Développement des poissons. Apparition d'insectes et d'amphibiens sur la terre ferme. Forêts de fougères géantes.	*355 MA-290 MA* Nombreuses forêts chaudes et marécageuses ; leurs résidus se transformeront en charbon. Premiers reptiles.	*290 MA-250 MA* Les reptiles se diversifient. Les conifères remplacent les fougères géantes. Une variation du climat entraîne l'extinction de nombreuses espèces.

LES FOSSILES

L'araignée est prisonnière de la résine.

L'AMBRE JAUNE
C'est une résine végétale fossilisée qui peut contenir des vestiges d'insectes.

Les fossiles sont des vestiges de plantes ou d'animaux parfois vieux de plusieurs centaines de millions d'années. La plupart se forment en milieu rocheux, mais on les trouve également dans la glace, la houille, la tourbe ou l'ambre. L'étude des fossiles est à la base de notre connaissance de l'histoire de la Terre.

Les ammonites ont disparu il y a 65 MA.

Ammonite fossile

DIFFÉRENTES SORTES DE FOSSILES
Les fossiles d'animaux marins se formant au fond des océans sont les plus courants. Les plantes et animaux terrestres sont plus rares. Il existe aussi des fossiles d'empreintes et d'excréments.

MÉSOZOÏQUE			CÉNOZOÏQUE	
Trias	**Jurassique**	**Crétacé**	**Tertiaire**	
			Paléocène	**Éocène**
250 MA-205 MA Apparition des mammifères et des dinosaures. Réchauffement du climat. Prédominance des plantes gymnospermes.	*205 MA-135 MA* Développement des dinosaures. Apparition de l'archéoptéryx, ancêtre de l'oiseau.	*135 MA-66 MA* Premières plantes angiospermes. Fin du crétacé : extinction de 80 % des espèces vivantes, dont les dinosaures.	*66 MA-53 MA* Climat chaud et humide. Renouveau des mammifères et des plantes à fleurs.	*53 MA-36 MA* Les mammifères augmentent en taille et se diversifient. Premiers primates.

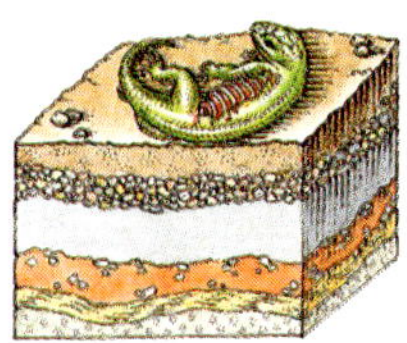

1 L'ANIMAL MEURT Le corps de l'animal gît à la surface du sol et se décompose.

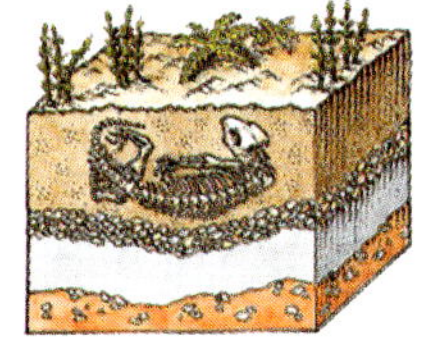

2 LE CORPS S'ENFONCE Il est progressivement recouvert de sable et de terre.

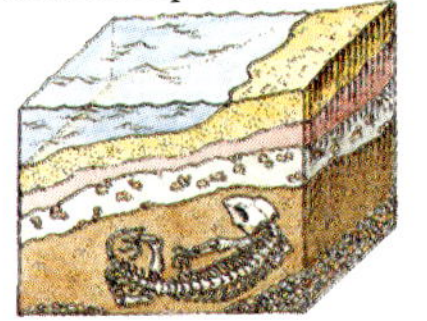

3 LES OS S'ALTÈRENT La texture des os se modifie. Le sable et la terre se transforment en roche.

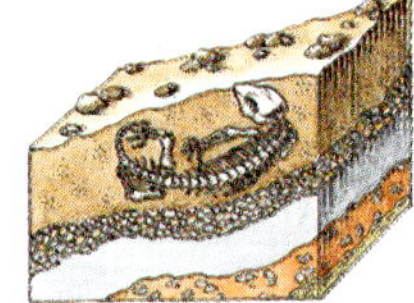

4 LE FOSSILE APPARAÎT Les attaques du climat et de l'érosion exposent le fossile à l'air libre.

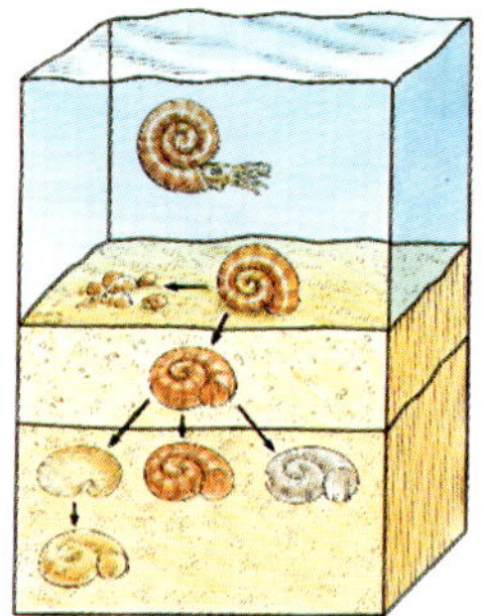

LA FOSSILISATION MARINE Les animaux morts subissent au fond des mers une transformation chimique, ou sont dissous en laissant une empreinte (qui peut se combler de matières minérales).

			Quaternaire	
Oligocène	**Miocène**	**Pliocène**	**Pléistocène**	**Holocène**

36 MA-23 MA *Premiers simiens. Développement des oiseaux carnivores. Certaines espèces de mammifères s'éteignent.*	*23 MA-6,3 MA* *Refroidissement du climat et recul des forêts. Développement de mammifères ongulés tels que le cerf. Premiers hominidés.*	*6,3 MA-1,6 MA* *Climat froid et sec. Diversification maximale des mammifères. Apparition de nombre de mammifères modernes.*	*1,6 MA-0,01 MA* *Âge des glaciations. Apparition de* Homo erectus. *Disparition des mammouths et des machairodontes (félins à dents-sabres).*	*0,01 MA à nos jours* *Les hommes développent agriculture et technologies, mais menacent d'extinction nombres d'espèces animales.*

Les dinosaures

Durant 160 millions d'années, la Terre fut le royaume de "reptiles" gigantesques appelés dinosaures, parmi lesquels *Seismosaurus*, la plus grande créature vivante de tous les temps. Ils se sont éteints mystérieusement voilà 65 millions d'années.

Ossature légère propice au vol
Aile formée d'une membrane de peau
Fourrure

LES PTÉROSAURES
Les ptérosaures, autres "reptiles" géants, régnaient dans les airs.

DEUX GRANDES FAMILLES
Les scientifiques se basent sur la disposition des os iliaques pour diviser les dinosaures en deux ordres principaux. Les saurischiens, au bassin de type reptilien, sont herbivores ou carnivores. Les ornithischiens, au bassin de type avien, sont tous herbivores. Ces deux ordres se décomposent eux-mêmes en cinq groupes.

La puissante queue équilibre l'ensemble du corps.
Long cou permettant de brouter à la cime des arbres
Collerette osseuse
Corne nasale

SALTASAURUS

Les sauropodes (saurischiens) étaient de gigantesques quadrupèdes herbivores dotés d'un long cou.

STYRACOSAURUS

Les cératopsiens (ornithischiens) se défendaient avec une collerette osseuse et des cornes acérées.

TYRANNOSAURUS REX

STEGOSAURUS

CORYTHOSAURUS

Les stégosaures (ornithischiens), au dos hérissé de plaques osseuses, étaient herbivores.

Les théropodes (saurischiens) étaient des bipèdes carnivores.

Les ornithopodes (ornithischiens) avaient un bec corné et des pieds de type avien.

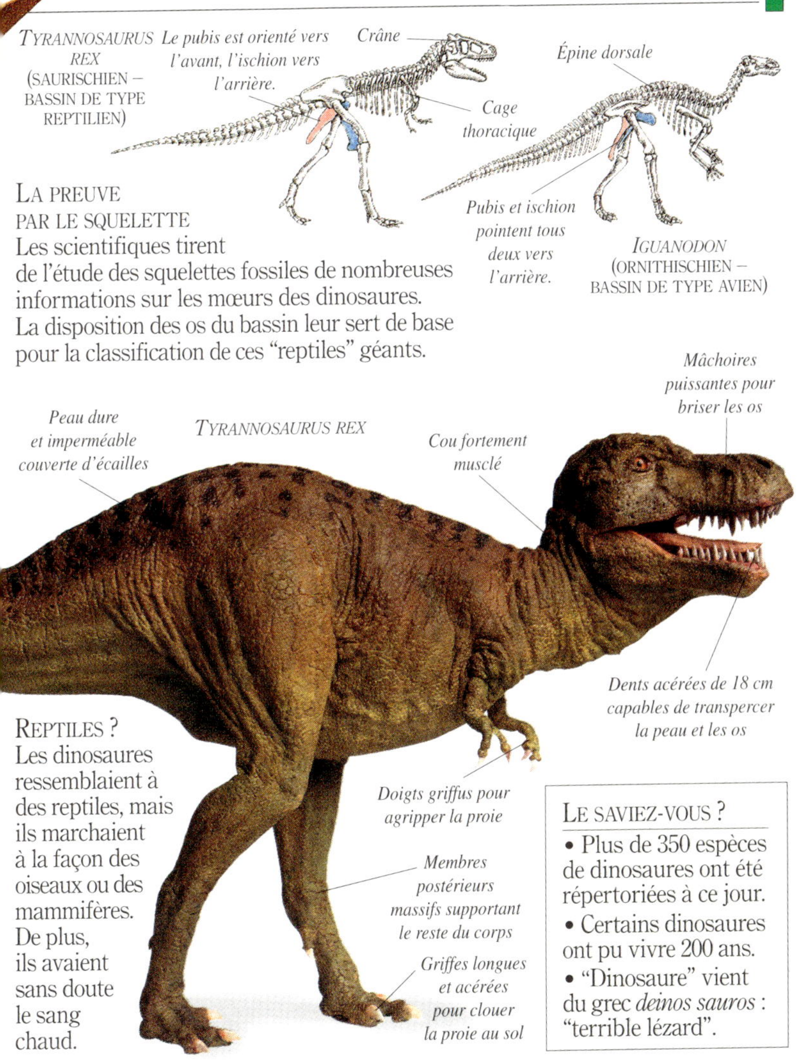
TYRANNOSAURUS REX (SAURISCHIEN – BASSIN DE TYPE REPTILIEN)
Le pubis est orienté vers l'avant, l'ischion vers l'arrière.
Crâne
Cage thoracique
Épine dorsale
Pubis et ischion pointent tous deux vers l'arrière.
IGUANODON (ORNITHISCHIEN – BASSIN DE TYPE AVIEN)
Peau dure et imperméable couverte d'écailles
TYRANNOSAURUS REX
Cou fortement musclé
Mâchoires puissantes pour briser les os
Dents acérées de 18 cm capables de transpercer la peau et les os
Doigts griffus pour agripper la proie
Membres postérieurs massifs supportant le reste du corps
Griffes longues et acérées pour clouer la proie au sol

LA PREUVE PAR LE SQUELETTE

Les scientifiques tirent de l'étude des squelettes fossiles de nombreuses informations sur les mœurs des dinosaures. La disposition des os du bassin leur sert de base pour la classification de ces "reptiles" géants.

REPTILES ?

Les dinosaures ressemblaient à des reptiles, mais ils marchaient à la façon des oiseaux ou des mammifères. De plus, ils avaient sans doute le sang chaud.

LE SAVIEZ-VOUS ?

- Plus de 350 espèces de dinosaures ont été répertoriées à ce jour.
- Certains dinosaures ont pu vivre 200 ans.
- "Dinosaure" vient du grec *deinos sauros* : "terrible lézard".

La classification

Le monde qui nous entoure englobe des millions d'espèces vivantes classifiées selon leurs caractéristiques communes. Animaux, plantes, champignons, protistes et procaryotes constituent les cinq règnes majeurs.

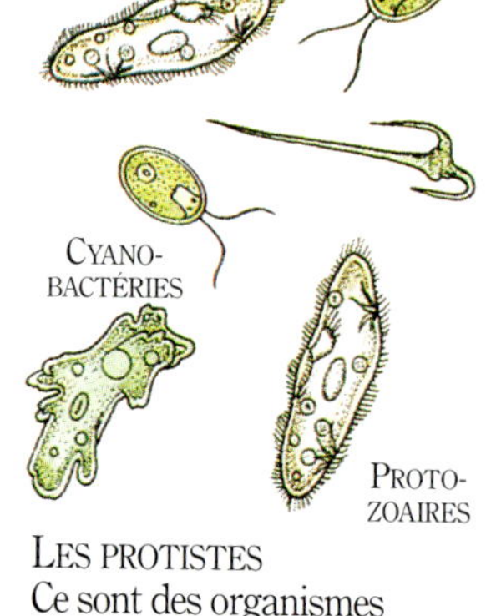
Cyano-
bactéries
Proto-
zoaires

Les procaryotes
Ils furent les premières formes de vie ; on en dénombre aujourd'hui 4 700 espèces, dont les bactéries. Organismes unicellulaires sans noyau, ils ne sont visibles qu'à l'aide d'un microscope.

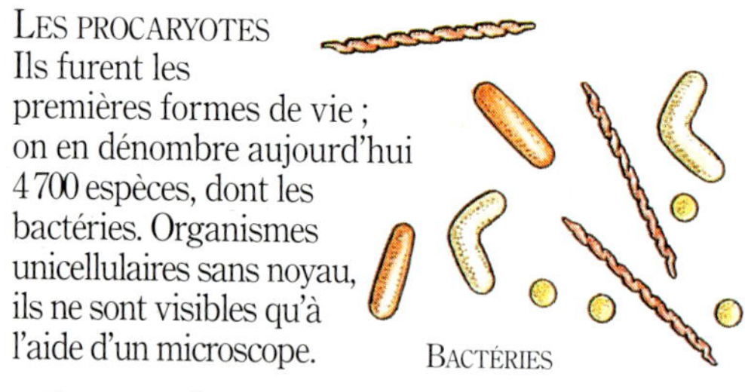
Bactéries

Les protistes
Ce sont des organismes unicellulaires complexes tels que les protozoaires et les amibes. On en dénombre environ 50 000 espèces. Cyanobactéries et protozoaires sont parfois associés aux règnes végétal et animal.

Amanite
panthère
*Pleurotus
ostreatus*
*Clavulinopsis
corniculata*
Pezize écarlate

Les champignons
Les champignons ressemblent à des végétaux sans feuilles qui se nourrissent de matières organiques mortes ou vivantes. On en compte 100 000 espèces.

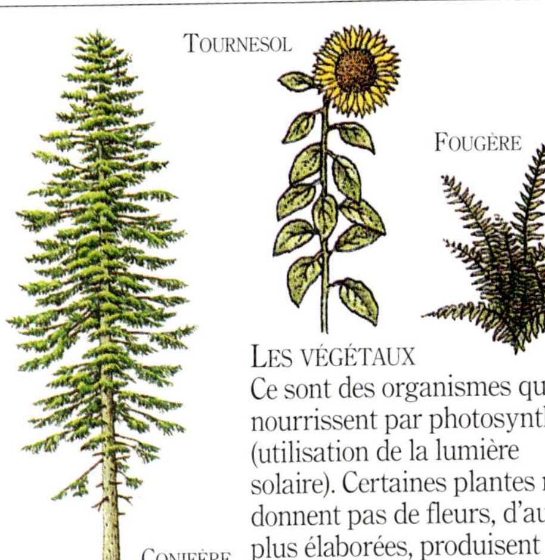
TOURNESOL
FOUGÈRE
CONIFÈRE

LES VÉGÉTAUX
Ce sont des organismes qui se nourrissent par photosynthèse (utilisation de la lumière solaire). Certaines plantes ne donnent pas de fleurs, d'autres, plus élaborées, produisent fleurs et graines. Il existe plus de 400 000 espèces de plantes.

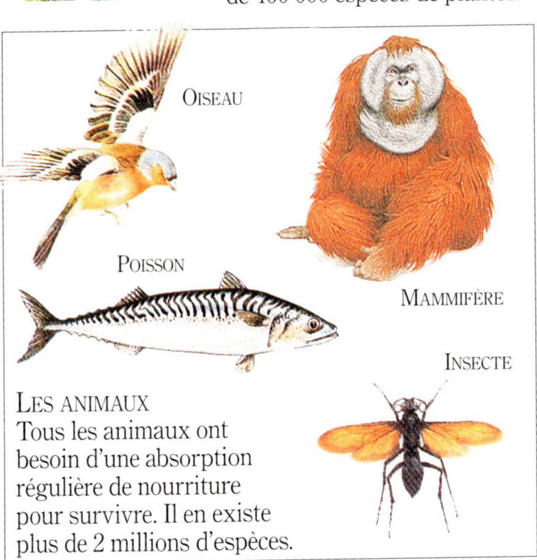
OISEAU
MAMMIFÈRE
POISSON
INSECTE

LES ANIMAUX
Tous les animaux ont besoin d'une absorption régulière de nourriture pour survivre. Il en existe plus de 2 millions d'espèces.

LA CLASSIFICATION
Chacun des règnes se subdivise en groupes de plus en plus petits. Voici, à titre d'exemple, la classification du serval, félin sauvage.

Règne
Animaux (*Animalia*)
Pluricellulaires, doivent se nourrir.

Unité ou phylum
Cordés (*Chordata*)
Système nerveux épineurien.

Classe
Mammifères (*Mammalia*)
Les femelles allaitent leurs petits.

Ordre
Carnivores (*Carnivora*)
Se nourrissent de chair animale.

Famille
Félidés (*Felidae*)
Griffes rétractiles acérées.

Genre
Felis
Queue courte, oreilles avec poils.

Espèce
Serval
(*Felis serval*)

SERVAL

LES CELLULES

Chaque être vivant est constitué d'unités indépendantes le plus souvent microscopiques appelées cellules. Elles emmagasinent de l'énergie pour se développer et se reproduire. Certains organismes sont constitués d'une seule cellule, d'autres en contiennent plusieurs milliards.

LE JAUNE D'ŒUF
Le jaune d'œuf est la cellule la plus grosse.

UNE CELLULE ANIMALE
C'est un minuscule "sac" rempli de liquide dont la paroi est une membrane souple. Chaque catégorie de cellules, sanguines, nerveuses ou autres, effectue une tâche précise. Elles sont contrôlées et commandées par un noyau.

Les petites vacuoles stockent les graisses.

Véritable centre de contrôle de la cellule, le noyau contient l'essentiel de l'information génétique.

Le réticulum endoplasmique sert à la fois d'usine et d'entrepôt ; il fabrique et stocke protéines, lipides et hormones.

Les ribosomes sont de petits granules répartis à l'intérieur de la cellule. Ils jouent un rôle important dans la synthèse des protéines.

Les mitochondries sont les centrales énergétiques de la cellule ; elles transforment les substances nutritives en énergie.

Le cytoplasme est le liquide dans lequel baignent tous les composants cellulaires.

L'appareil de Golgi est un centre de distribution qui protège et répartit les composés chimiques produits par la cellule.

La membrane plasmique limite la cellule et contrôle les échanges entre le cytoplasme et l'extérieur.

UNE CELLULE VÉGÉTALE

La cellule végétale est comparable dans sa structure à la cellule animale, mais elle est limitée par une paroi cellulaire rigide. Elle contient des chloroplastes, organites cellulaires qui doivent leur couleur verte à un pigment appelé chlorophylle. Les chloroplastes fonctionnent comme des piles solaires ; ils permettent aux plantes d'exploiter la lumière du Soleil par le processus de la photosynthèse.

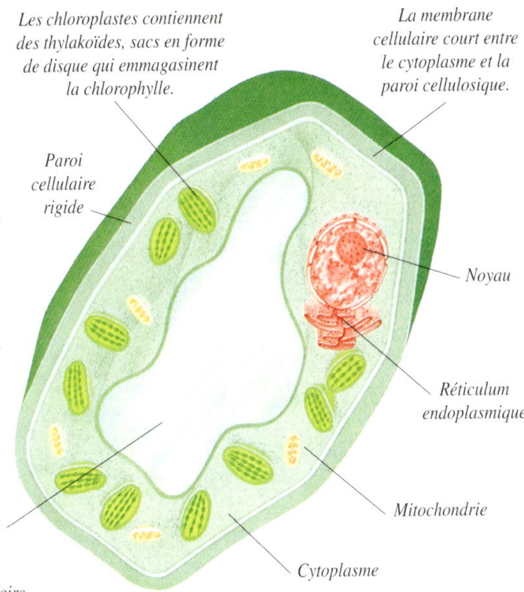
Les chloroplastes contiennent des thylakoïdes, sacs en forme de disque qui emmagasinent la chlorophylle.
La membrane cellulaire court entre le cytoplasme et la paroi cellulosique.
Paroi cellulaire rigide
Noyau
Réticulum endoplasmique
Mitochondrie
Cytoplasme
La vacuole centrale est un vaste compartiment de stockage contenant un liquide appelé suc cellulaire.

LA BIPARTITION CELLULAIRE

Les cellules se multiplient en se dédoublant selon un cycle continu. C'est ainsi que les cellules malades sont remplacées et que s'effectue la croissance des plantes et des animaux. Pour assurer une bonne répartition des chromosomes (qui contiennent l'information génétique) lors de la division, la plupart des cellules obéissent à un processus complexe appelé mitose.

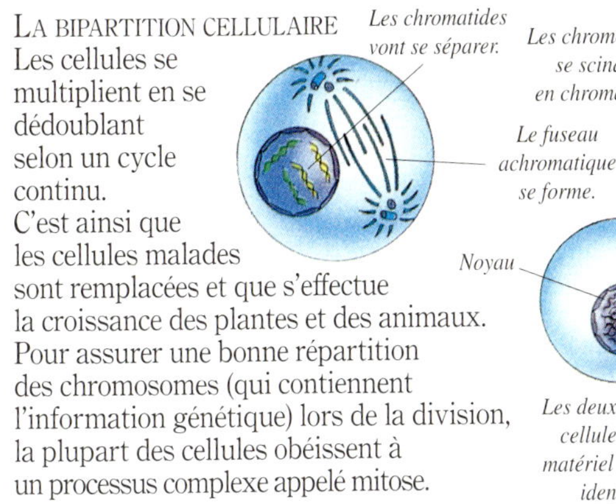
Les chromatides vont se séparer.
Le fuseau achromatique se forme.
Les chromosomes se scindent en chromatides.
Noyau
Noyau

Le noyau ancien se décompose tandis que le fuseau répartit un nombre égal de chromatides à chaque pôle de la cellule pour former deux nouveaux noyaux. Le cytoplasme se divise à son tour pour constituer les deux cellules nouvelles.

Les deux nouvelles cellules ont un matériel génétique identique.

LES MICRO-ORGANISMES

Ces organismes vivants, les plus nombreux dans le monde qui nous entoure, sont en général bien trop petits pour être observés à l'œil nu. Les micro-organismes sont présents partout ; ils sont 100 000 milliards à l'intérieur de notre corps. Tous, y compris les bactéries et les protozoaires, sont unicellulaires.

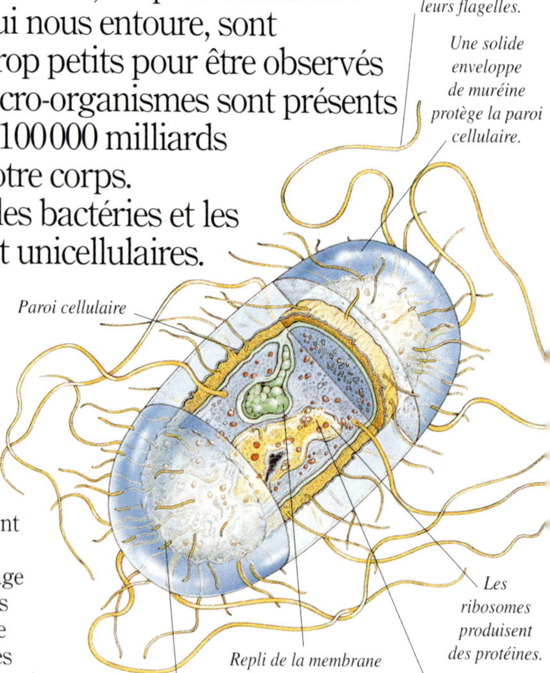

Certaines bactéries se déplacent par des mouvements de leurs flagelles.

Une solide enveloppe de muréine protège la paroi cellulaire.

Paroi cellulaire

Les ribosomes produisent des protéines.

Repli de la membrane plasmique

La bactérie s'accroche à la nourriture et aux autres cellules à l'aide de ses flagelles.

Le noyau libre contient les informations génétiques.

LES BACTÉRIES

Ce sont les êtres vivants les plus nombreux et, sans doute, également les premiers apparus sur notre Terre. Nombre d'entre elles se nourrissent de substances mortes et aident ainsi au recyclage des nutriments. Certaines se nourrissent de matière vivante et provoquent des maladies ; ce sont des microbes. Les bactéries n'ont pas de noyau cellulaire : ce sont des procaryotes.

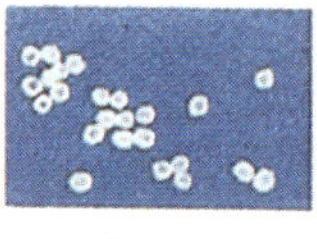

COQUES

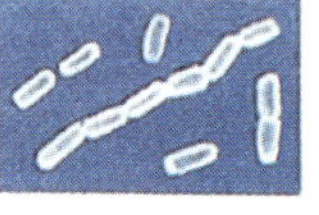

BACILLES

SPIRILLES

TROIS FORMES

Selon leur forme, on peut classer les bactéries en trois groupes : les coques (sphériques), les bacilles (cylindriques) et les spirilles (ondulées).

Les protozoaires

À l'instar des bactéries, les protozoaires sont des organismes unicellulaires, mais ils sont plus gros que celles-ci et possèdent un noyau. Les amibes sont des protozoaires qui changent sans cesse de forme pour se déplacer et emprisonner la nourriture. Certaines vivent dans la terre ou dans l'eau, tandis que d'autres sont des parasites qui vivent à l'intérieur des végétaux ou des animaux.

Cytoplasme

Noyau

Les pseudopodes s'étendent et se rétractent pour engloutir la nourriture et permettre le déplacement de l'amibe.

Aliment

AMIBE

La vacuole alimentaire digère la nourriture.

La vacuole contractile expulse l'eau.

Les virus

La plupart des virus sont constitués d'acides nucléiques enserrés dans un manteau protéique. Incapables de se développer seuls, ils ne peuvent se reproduire qu'à l'intérieur des cellules qu'ils envahissent.

VIRUS DE LA GRIPPE OBSERVÉ À L'AIDE D'UN MICROSCOPE ÉLECTRONIQUE

L'utilité des bactéries

Capables de décomposer les substances mortes et de recycler les nutriments, les bactéries sont essentielles pour notre digestion. Elles jouent également un rôle important dans la fabrication d'aliments tels que le fromage, le yaourt ou la bière.

YAOURT

FROMAGE

VINAIGRE

Le saviez-vous ?

- 1 gramme de terre végétale peut contenir 150 000 protozoaires.
- 1 mm^2 d'une aisselle humaine peut abriter jusqu'à 800 bactéries.
- Les plus gros protozoaires (aujourd'hui éteints) mesuraient près de 20 cm.
- Un microscope électronique est nécessaire pour observer les virus.

CHAMPIGNONS ET LICHENS

Les levures, les moisissures, comme les truffes, sont des champignons. Ils poussent souvent à fleur de terre mais, à la différence des plantes, ils n'exploitent pas l'énergie solaire. Ils se nourrissent de matière organique, vivante ou morte.

UNE INFINIE VARIÉTÉ
Il existe des champignons de toutes formes et de toutes tailles. Si beaucoup sont savoureux, certains peuvent s'avérer mortels.

ANATOMIE
Le pied et le chapeau forment le carpophore. Mature, le chapeau libère des spores, sortes de graines qui donneront naissance en germant à des hyphes.

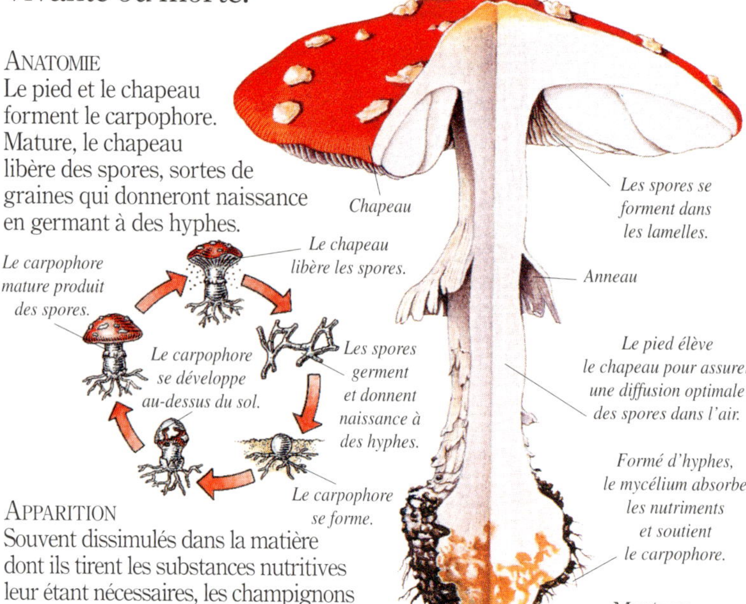
Le carpophore mature produit des spores.
Le chapeau libère les spores.
Le carpophore se développe au-dessus du sol.
Les spores germent et donnent naissance à des hyphes.
Le carpophore se forme.
Chapeau
Les spores se forment dans les lamelles.
Anneau
Le pied élève le chapeau pour assurer une diffusion optimale des spores dans l'air.
Formé d'hyphes, le mycélium absorbe les nutriments et soutient le carpophore.

MYCÉLIUM ET CARPOPHORE D'UNE AMANITE TUE-MOUCHES

APPARITION
Souvent dissimulés dans la matière dont ils tirent les substances nutritives leur étant nécessaires, les champignons ne deviennent visibles que lorsqu'ils produisent des carpophores.

Les polypores

Certains champignons n'ont pas besoin du sol ; ils se développent en strates sur les troncs des arbres morts ou malades. Certains deviennent durs et ligneux, et peuvent vivre plusieurs années.

Les polypores poussent en strates sur le bois mort.

Les lichens

Symbiose

Le lichen est une association entre un champignon et une algue. L'algue produit sa nourriture par photosynthèse et la partage avec le champignon. En retour, celui-ci protège l'algue et stocke des réserves d'eau. Il s'agit d'une relation symbiotique, bénéfique aux deux espèces.

Les lichens se fixent sur la pierre ou sur le bois. Ils sont capables de décomposer lentement les roches et contribuent au renouvellement des sols.

Lichen foliacé (Hypogymnia physodes)

Lichen squameux et fruticuleux (Cladonia floerkeana)

Lichen fruticuleux (Cladonia portentosa)

Les lichens se répartissent en cinq groupes. Trois sont présentés ici.

LES PLANTES

Les plantes produisent leur propre nourriture à partir de l'eau, de l'air et de la lumière solaire. Elles sont à la source de nombreuses chaînes alimentaires. Des déserts brûlants aux toundras glacées, les plantes ont conquis les habitats les plus extrêmes. Il existe plus de 300 000 espèces de plantes.

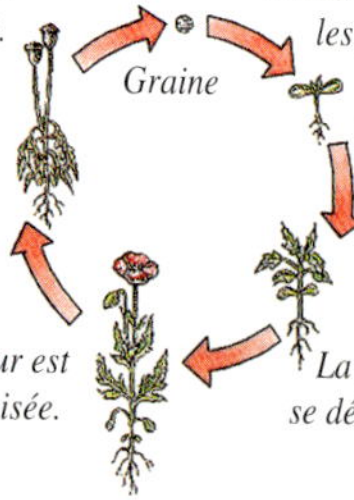

Les graines mûrissent.

Graine

Germination : les feuilles et les racines apparaissent.

La plante se développe.

La fleur est pollinisée.

LA REPRODUCTION SEXUÉE
Elle implique la pollinisation puis la fécondation de la plante. La pollinisation est le transport du pollen vers le stigmate. La fécondation est la fusion des gamètes mâles et femelles dans la fleur pollinisée.

LA REPRODUCTION VÉGÉTATIVE
Elle se fait à partir d'un seul parent, sans pollinisation ni fécondation.

Plante mère

Stolon (tige rampante)

Développement d'un nouveau plant sur le stolon

PLANT DE FRAISIER

AVEC OU SANS FLEURS
Les premiers végétaux apparus sur Terre ne produisaient ni fleurs ni graines. Dits inférieurs, ils cohabitent aujourd'hui avec leurs homologues à fleurs. Les plantes à fleurs sont les plus nombreuses et les plus répandues sur Terre.

PLANTES SANS FLEURS
ALGUES MARINES
CYANOBACTÉRIES
MOUSSES ET HÉPATIQUES
FOUGÈRES
PLANTES À FLEURS
GRAMINÉES
ARBRISSEAUX
HERBACÉES
ARBRES

Le dioxyde de carbone pénètre par les stomates.
La lumière solaire est absorbée.
L'eau entre par la tige.
L'oxygène est expulsé.
Bouton floral
Les fleurs portent les organes de reproduction.
Sépale
Feuille
Pétale
Bourgeon axillaire
Nouvelle pousse
Feuilles en écailles charnues contenant la nourriture
Nervure
Nervure principale
La tige supporte la plante et transporte eau et minéraux des racines vers les feuilles.
Les racines fixent la plante au sol.
Les radicelles absorbent l'eau et les minéraux contenus dans le sol.

SECTION D'UN BULBE D'AMARYLLIS

LA PHOTOSYNTHÈSE La chlorophylle, pigment vert colorant les feuilles, utilise la lumière solaire pour combiner le dioxyde de carbone présent dans l'air avec l'eau contenue dans le sol. Ce faisant, elle produit de la nourriture sous forme de sucres et d'amidons et libère de l'oxygène.

DU PIED À LA TÊTE Racines, tige, jeunes pousses, feuilles, fleurs et fruits contenant les graines sont les principaux éléments développés durant son existence par une plante telle que cet hibiscus.

BULBES, RHIZOMES ET TUBERCULES Durant la phase de croissance, certaines plantes forment des bulbes, des rhizomes ou des tubercules, excroissances souterraines parfois renflées à l'intérieur desquelles elles stockent de l'amidon.

FLEURS ET FRUITS

La pollinisation, qui s'effectue par l'intermédiaire des fleurs, permet de produire graines et fruits. Noix de coco ou tomate, les fruits contiennent tous une ou plusieurs graines.

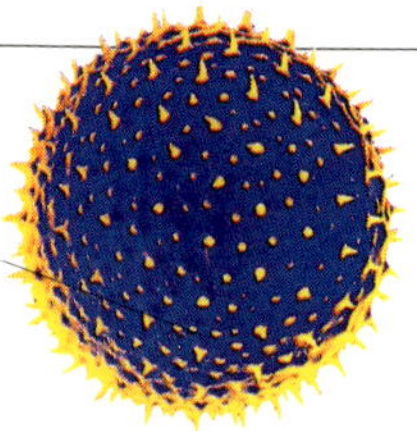

Surface dure et rugueuse

UN GRAIN DE POLLEN

Les grains de pollen microscopiques, qui forment une poussière orangée, sont produits par les anthères de la fleur. Une plante est fécondée lorsqu'un seul de ces grains s'associe au stigmate d'une fleur de même espèce.

UNE FLEUR À LA LOUPE

Les fleurs portent les organes de reproduction qui permettent la production de graines. Certaines fleurs possèdent à la fois des organes mâles (étamines) et femelles (pistil). D'autres sont unisexuées.

L'anthère contient les loges polliniques qui se brisent et libèrent le pollen lorsque celui-ci est parvenu à maturité.

Ovaire contenant le gamète femelle (oosphère). Lorsque l'oosphère est fécondée, l'ovaire enfle et se transforme en fruit.

Filet

Le stigmate capture les grains de pollen.

Les étamines, organes sexuels mâles, sont composés d'un filet et d'une anthère.

Le style transporte le gamète mâle du stigmate à l'ovaire.

Le pistil, organe sexuel femelle, se compose de l'ovaire, du style et du stigmate.

Le sépale protège la fleur à l'état de bourgeon.

Le pétale guide les insectes vers les anthères et le stigmate.

Le pollen se fixe sur le dos de l'abeille en train de butiner.
Les couleurs vives et le parfum des pétales attirent les insectes pollinisateurs.

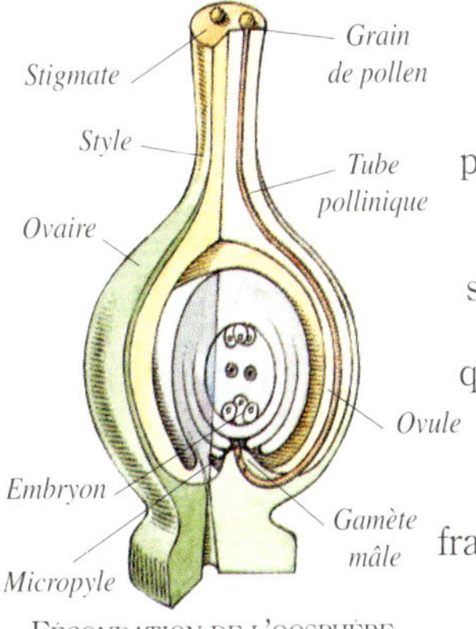
Stigmate
Grain de pollen
Style
Tube pollinique
Ovaire
Ovule
Embryon
Gamète mâle
Micropyle

FÉCONDATION DE L'OOSPHÈRE PAR UN GRAIN DE POLLEN

POLLINISATION ET FÉCONDATION

Lorsqu'un grain de pollen, le plus souvent porté par un insecte, se dépose sur un stigmate, il développe un tube pollinique qui pénètre l'ovule par un orifice appelé micropyle. Deux gamètes mâles se frayent alors un chemin le long du tube pour féconder l'oosphère.

LES FRUITS

L'ovaire fécondé produit des graines et enfle jusqu'à devenir un fruit. Les graines des fruits charnus sont dispersées par les animaux ; le vent se charge de colporter les graines des fruits secs.

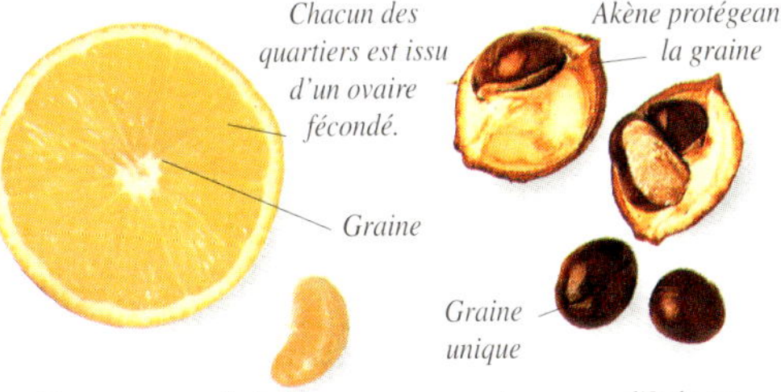
Chacun des quartiers est issu d'un ovaire fécondé.
Graine
Akène protégeant la graine
Graine unique

L'orange est un fruit charnu composé né du développement de plusieurs ovaires.

Le marron d'Inde est un fruit sec indéhiscent contenant une seule graine.

Gousse de pois
Péricarpe
Chacun des petits pois est une graine.

Le pois potager est un légume formé à partir d'un seul ovaire.

Le cœur est le véritable fruit.
Les pépins sont les graines.

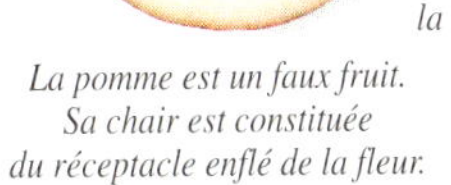

La pomme est un faux fruit. Sa chair est constituée du réceptacle enflé de la fleur.

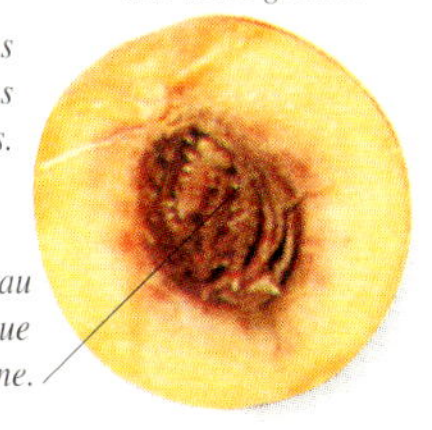
Le noyau constitue la graine.

La nectarine est une drupe, fruit indéhiscent charnu contenant un noyau.

Les arbres

Les arbres sont des plantes ligneuses. Ils se développent durant de nombreuses années jusqu'à atteindre parfois une très haute taille. Les feuillus, tels le chêne ou le hêtre, les conifères et les palmiers constituent différentes familles d'arbres.

Le plus grand

Le plus grand arbre vivant est un séquoia côtier de 111 m qui prend ses racines dans le Redwood National Park, aux États-Unis. Il a à peu près la taille d'une fusée Apollo !

Les feuilles peuvent avoir la forme de longues aiguilles ou de courtes écailles.

Les conifères

La plupart des conifères ont des feuilles de couleur foncée persistant durant trois à quatre ans ; elles sont parfois recouvertes d'une pellicule qui facilite l'assimilation de l'eau.

Chez la plupart des conifères, les graines sont situées sous les écailles des cônes.

Les feuilles ont parfois la forme d'une main ouverte, d'où le nom de palmier.

Les palmiers sont des angiospermes.

Les palmiers

Ils poussent principalement dans les régions tropicales. La plupart n'ont pas de branches : leurs feuilles se rattachent en un point au sommet du tronc.

Les feuillus

Ce sont, en majorité, des arbres à feuillage caduc ; ils se débarrassent de leurs feuilles à l'automne pour économiser l'eau.

Cœur
Aubier
Cerne annuel
Phloème
Écorce
Les feuilles sont le siège de la photosynthèse.
Cime
Les fruits, appelés glands, apparaissent à l'automne.

Nombre de feuillus peuvent être identifiés d'après la forme de leurs feuilles.

CHÊNE ROUVRE

Le tronc

Les cercles concentriques, appelés cernes annuels, correspondent chacun à une année de croissance. Le cœur est la partie centrale, plus foncée. Autour de celui-ci s'étend l'aubier, de teinte plus claire, lui-même cerclé par le phloème. Une couche d'écorce protège le tout.

Tronc et branches transportent les nutriments des racines jusqu'aux feuilles.

Tous les feuillus produisent fleurs et fruits.

Le saviez-vous ?

- Les palétuviers sont les seuls arbres capables de pousser en milieu saumâtre.
- Les *Pinus longaeva,* natifs d'Arizona aux États-Unis, ont près de 5 000 ans.

Les invertébrés

Neuf animaux sur dix, parmi lesquels méduses, éponges, astéries, coraux, vers, crabes et insectes, sont dépourvus de colonne vertébrale. Ce sont les invertébrés.

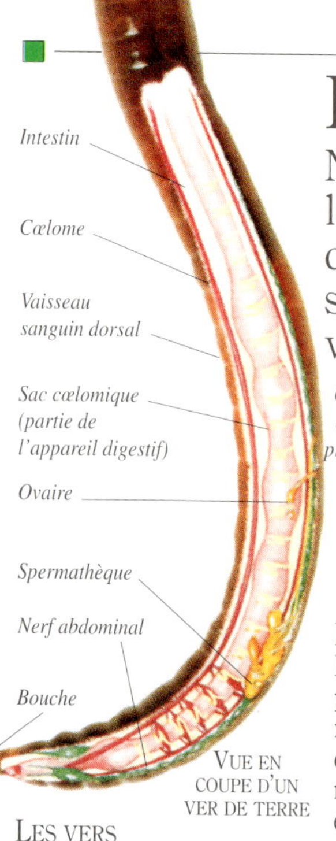
Intestin
Cœlome
Vaisseau sanguin dorsal
Sac cœlomique (partie de l'appareil digestif)
Ovaire
Spermathèque
Nerf abdominal
Bouche

Vue en coupe d'un ver de terre

Coquille calcaire protectrice
Corps mou
Yeux au bout des antennes

Les mollusques

Le corps mou de ces invertébrés est le plus souvent protégé par une solide coquille calcaire. La plupart des mollusques, tels les calmars, les pieuvres, les palourdes et les moules, sont des animaux marins. D'autres, tels escargots et limaces, vivent sur la terre ferme.

Les vers

Ce sont de petits animaux au corps allongé et mou, dépourvus de pattes. Vers ronds, vers plats, sangsues ou annélides, il en existe différentes sortes.

Le corps des échinodermes comprend cinq parties.

Bras

Les ossicules placés sous la peau rigidifient le corps.

Astéries et oursins

Les astéries (ou étoiles de mer), les oursins et les concombres de mer appartiennent au groupe des échinodermes. De nombreuses espèces sont des prédateurs dotés d'ambulacres, petits tentacules terminés par des ventouses qui leur servent à la fois à se déplacer, à se nourrir et à respirer. À l'aide de ses cinq bras puissants, une étoile de mer peut ouvrir un coquillage et dévorer son occupant.

La face inférieure de chaque bras est recouverte d'ambulacres.

Bras

LE CYCLE VITAL

La plupart des invertébrés sont ovipares. Certains ont leur aspect adulte au sortir de l'œuf, alors que d'autres subissent plusieurs transformations.

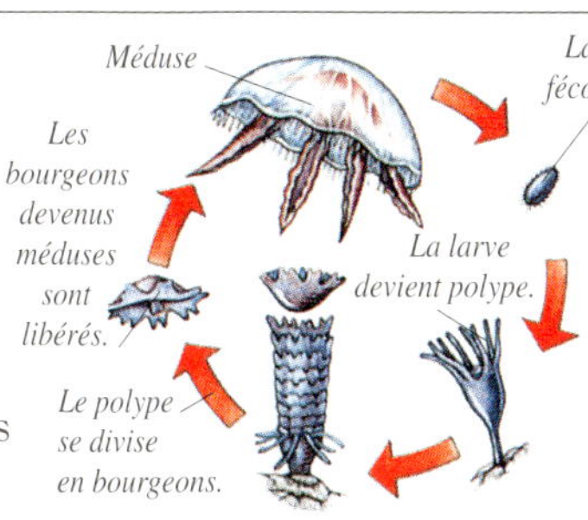
Méduse
Larve fécondée
La larve devient polype.
Le polype se divise en bourgeons.
Les bourgeons devenus méduses sont libérés.

VUE EN COUPE D'UNE MÉDUSE

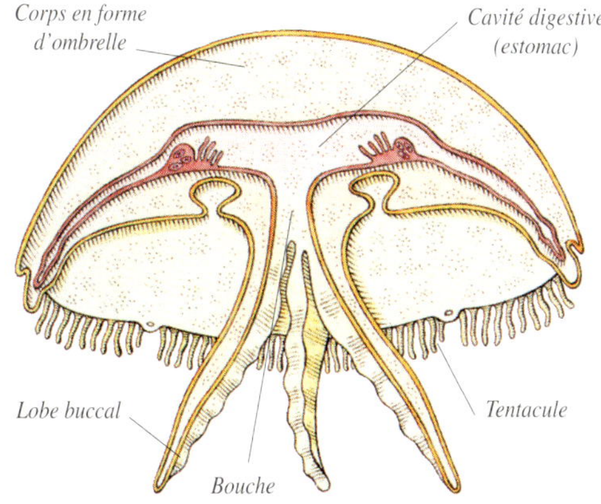
Corps en forme d'ombrelle
Cavité digestive (estomac)
Lobe buccal
Bouche
Tentacule

Les cœlentérés, parmi lesquels on compte les méduses, les anémones de mer et les coraux, sont des créatures marines possédant une bouche entourée de tentacules. Ceux-ci sont en général porteurs d'un venin capable de paralyser ou de tuer les proies. Certains cœlentérés, tels les polypes, se fixent sur les corps solides et inertes. D'autres, comme les méduses, se déplacent par contractions de leur enveloppe en forme d'ombrelle.

ARAIGNÉE

LES ARTHROPODES

Insectes, araignées et crustacés ont des pattes articulées et un exosquelette : ce sont des arthropodes.

LES ÉPONGES

Ces créatures marines primitives au corps mou aspirent l'eau par des pores et retiennent les éléments nutritifs.

LE SAVIEZ-VOUS ?

- Le corps humain peut abriter jusqu'à 500 millions d'ankylostomes (vers parasites).
- Les vers ronds sont vraisemblablement les animaux les plus nombreux de la planète.

LES MOLLUSQUES

Ils représentent le deuxième plus grand groupe d'invertébrés. On compte plus de 100 000 espèces de mollusques, incluant le petit escargot et le calmar géant. Tous, à l'exception des limaces, des calmars, des seiches et des pieuvres, possèdent un corps mou et visqueux protégé par une coquille calcaire.

COQUILLES CALCAIRES Les coquilles des mollusques, constituées de plusieurs lamelles de calcaire, sont de tailles, de formes et de couleurs variées.

COQUILLE SAINT-JACQUES

ESCARGOTS TERRESTRES DE CUBA

COQUILLE DU TRITON

HUÎTRE DU PACIFIQUE

LES GROUPES DE MOLLUSQUES

GASTÉROPODES On en compte 35 000 espèces, parmi lesquelles les escargots, les limaces et les bulots.

CÉPHALOPODES Ces mollusques complexes sont répartis en 600 espèces, dont les pieuvres, les calmars et les seiches.

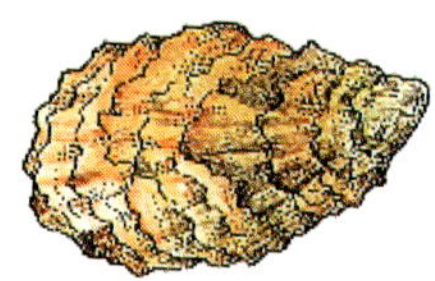

LAMELLIBRANCHES On dénombre 8 000 espèces de ces mollusques bivalves. Huîtres, moules et coques en font partie.

ESCARGOTS ET LIMACES

Les escargots et les limaces sont des gastéropodes. Ils se déplacent par des contractions qui courent d'un bout à l'autre de leur corps, laissant derrière eux une traînée de mucus. Leur corps mou est protégé, dans le cas des escargots, par une coquille en colimaçon.

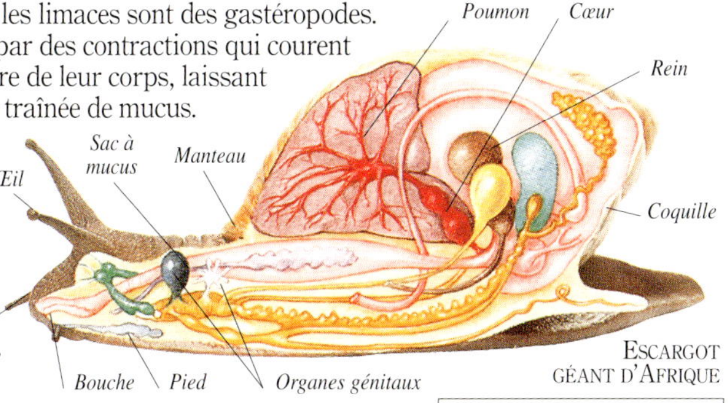
Poumon
Cœur
Rein
Sac à mucus
Manteau
Œil
Coquille
Tentacule
Bouche
Pied
Organes génitaux

ESCARGOT GÉANT D'AFRIQUE

LE CYCLE VITAL

Les mollusques sont ovipares. De nombreux mollusques marins éclosent à l'état larvaire et subissent une métamorphose. À l'inverse, les escargots ont déjà leur forme adulte au sortir de l'œuf.

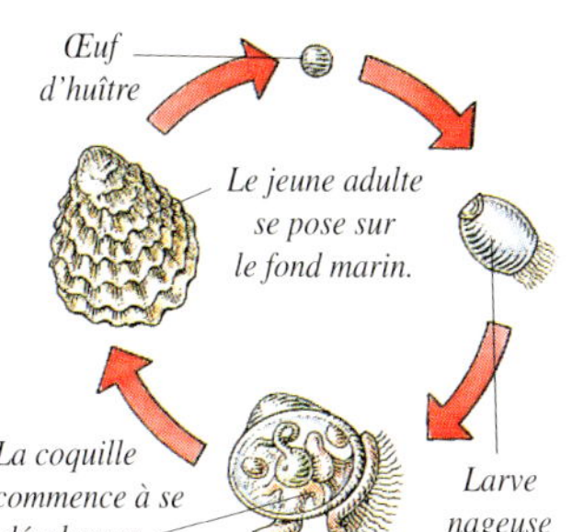
Œuf d'huître
Le jeune adulte se pose sur le fond marin.
La coquille commence à se développer.
Larve nageuse

LE SAVIEZ-VOUS ?

- Les bénitiers peuvent vivre plus de 200 ans.
- Les dents pointues des berniques (patelles) laissent des marques sur les rochers.

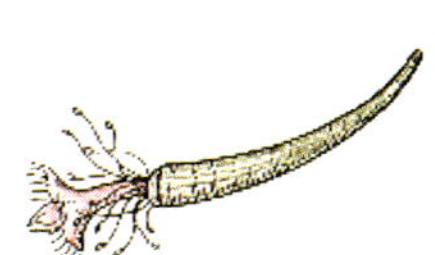

SCAPHOPODES
Il existe 350 espèces de ces créatures à la coquille en forme de corne.

APLACOPHORES
Ces mollusques marins lombricoïdes se divisent en 5 540 espèces.

MONOPLACOPHORES
On n'en connaît que 10 espèces. Ils vivent au plus profond des océans.

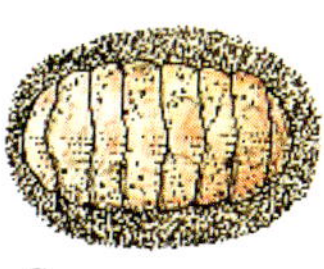

CHITONS
Il existe 500 espèces de ces mollusques à coquille en cotte de mailles.

LES INSECTES

Ils constituent les trois quarts de toutes les espèces animales sur Terre, et environ 10000 espèces nouvelles sont identifiées chaque année. Un insecte est un invertébré dont le corps segmenté peut être divisé en trois parties : l'abdomen, le thorax et la tête. Apparus il y a quelque 150 millions d'années, ils peuplent aussi bien l'Arctique que le Sahara.

Antenne

Œil composé

TÊTE DE GUÊPE

L'ŒIL COMPOSÉ
Les yeux de la plupart des insectes sont constitués de plusieurs facettes appelées ommatidies. Un œil de libellule en comprend 5000. Les yeux des insectes détectent le moindre mouvement.

Les nervures assurent la rigidité de l'aile.

Œil composé

LIBELLULE

Tête

Aile

DES ANTENNES SENSORIELLES
Pour percevoir leur environnement, les insectes utilisent leurs antennes. La plupart sont sensibles à l'odeur et au toucher. Les fourmis, les abeilles et les guêpes se servent de leurs antennes pour goûter la nourriture.

Le thorax, partie médiane du corps, porte les pattes.

Abdomen

LA MORPHOLOGIE
Le corps d'un insecte, comprend trois parties : la tête, le thorax auquel se rattachent six pattes, et l'abdomen. Il est enserré dans un exosquelette constitué d'une substance appelée chitine. Certains insectes possèdent une ou deux paires d'ailes.

Antennes ramifiées ultrasensibles

ANTENNES D'UN SCARABÉE

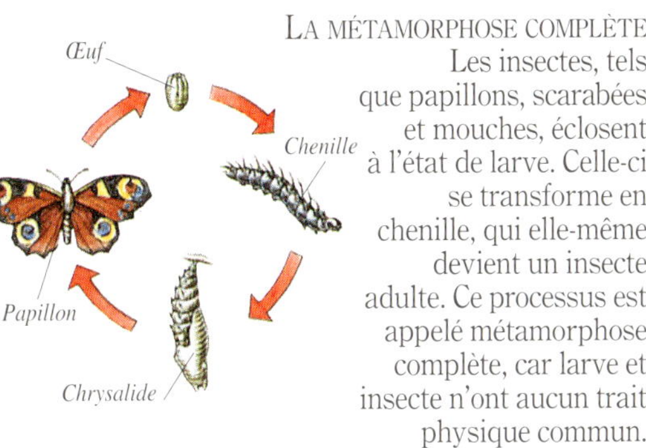
Œuf
Chenille
Papillon
Chrysalide

La métamorphose complète

Les insectes, tels que papillons, scarabées et mouches, éclosent à l'état de larve. Celle-ci se transforme en chenille, qui elle-même devient un insecte adulte. Ce processus est appelé métamorphose complète, car larve et insecte n'ont aucun trait physique commun.

Bois mâché

Nid de guêpe

Nids et termitières

Certains insectes, dont les abeilles et les termites, vivent en colonies très organisées et construisent des nids élaborés.

La métamorphose incomplète

Les sauterelles et les demoiselles font partie des insectes qui éclosent à l'état de nymphe. Celle-ci se transforme en insecte adulte après plusieurs mues successives. C'est la métamorphose incomplète.

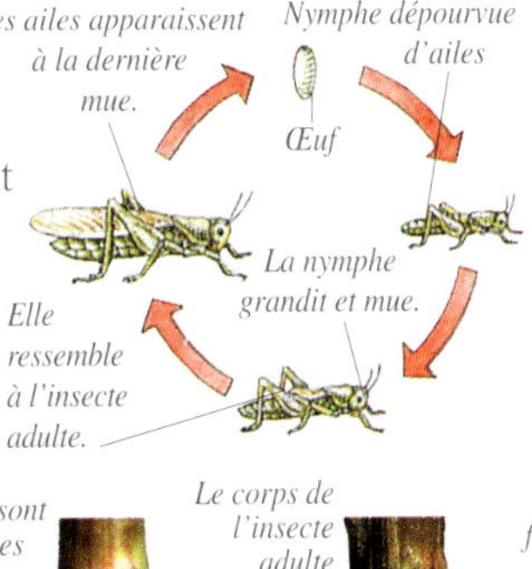
Les ailes apparaissent à la dernière mue.
Nymphe dépourvue d'ailes
Œuf
La nymphe grandit et mue.
Elle ressemble à l'insecte adulte.

Le saviez-vous ?

- Une reine termite pond 440 millions d'œufs, soit un par seconde durant 14 ans.
- Pour produire une cuillère à café de miel, une abeille doit butiner 4 000 fleurs.

La mue

L'exosquelette d'un jeune insecte n'est pas extensible. C'est pourquoi il est renouvelé plusieurs fois durant sa croissance. Cette séquence décrit la dernière mue d'une demoiselle : la nymphe devient insecte adulte.

Les pattes sont accrochées à la tige.
La nymphe émerge de l'eau en grimpant le long d'une tige.
Embryons d'ailes

Le corps de l'insecte adulte apparaît.
Ailes froissées
Exuvie
Le sang déploie les ailes.
L'adulte se repose avant de prendre son vol.
L'abdomen devient bleu.

La classification

La taille des insectes peut varier de 0,2 mm pour le mymar à plus de 45 cm pour certains phasmes. Ils se divisent en 33 ordres, dont six sont illustrés ici. Les autres ordres regroupent les sauterelles, les perce-oreilles, les puces, les mouches…

TERMITES (ISOPTÈRES : 2 300 ESPÈCES)

MANTES RELIGIEUSES (DICTYOPTÈRES MANTIDES : 1 800 ESPÈCES)

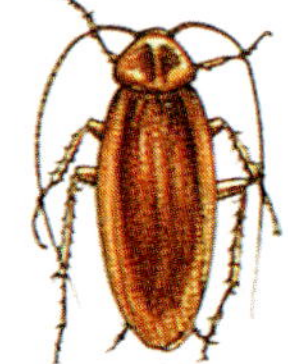

BLATTE (DICTYOPTÈRES BLATTIDES : 3 700 ESPÈCES)

FOURMIS, ABEILLES ET GUÊPES (HYMÉNOPTÈRES : 200 000 ESPÈCES)

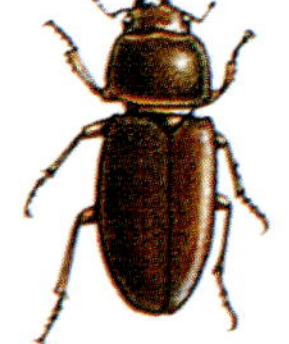

SCARABÉES (COLÉOPTÈRES : 300 000 ESPÈCES)

L'aile est recouverte d'écailles microscopiques.

Les fines antennes détectent odeurs, déplacements d'air et vibrations.

Aile antérieure

L'aile est constituée de deux parties distinctes.

Aile postérieure

PAON DE JOUR

PAPILLONS DIURNES ET NOCTURNES (LÉPIDOPTÈRES : 136 800 ESPÈCES)

LES ARACHNIDES

Formant une classe de l'embranchement des arthropodes, les 73 000 espèces d'arachnides connues sont réparties dans le monde entier.

ARAIGNÉES
Carnivores, certaines araignées attaquent directement leurs proies, tandis que les autres les piègent dans une toile, les paralysent et les dévorent.

Huit pattes articulées

Pattes-mâchoires puissantes

MYGALE DU CHILI

MITES ET TIQUES (ACARIENS : 30 000 ESPÈCES)

ARAIGNÉES (ARANÉIDES : 40 000 ESPÈCES)

ANATOMIE D'UN ARACHNIDE
Le corps d'un arachnide, qui porte huit pattes, est composé du céphalothorax (tête et thorax soudés) et de l'abdomen. Les scorpions ont des pattes-pinces, appelées pédipalpes, avec lesquelles ils saisissent leurs proies.

L'aiguillon venimeux à l'extrémité de la queue paralyse les proies.

Exosquelette souple et imperméable

Les pattes possèdent plusieurs articulations.

Puissantes pattes-pinces, appelées pédipalpes, pour saisir les proies

SCORPION

LE SAVIEZ-VOUS ?

- L'arachnide le plus gros est une araignée mangeuse d'oiseaux : *Theraphosa leblondi*. Son envergure est de 28 cm.
- La toile la plus grande, près de 3 m de diamètre, est tissée par une néphile géante : *Nephila maculata*.

LES CRUSTACÉS

Ces arthropodes comptent 39 000 espèces et tirent leur nom de leur carapace rugueuse. Crabes, homards et crevettes appartiennent à cette classe, dont quelques rares sujets, tel le cloporte, vivent sur la terre ferme.

Longues antennes
Pince-scie pour déchirer les proies
Yeux composés pédonculés
Grosse pince pour saisir et broyer les proies
Les homards et les crabes sont des décapodes : ils ont dix pattes.
Le homard fuit en nageant à reculons à l'aide de sa queue.
La robuste carapace protège les organes internes.

HOMARD EUROPÉEN

ANATOMIE DU HOMARD
Le homard possède une solide carapace, deux longues antennes et deux yeux composés pédonculés qui lui permettent de repérer ses proies. Il utilise sa paire de pinces puissantes pour agripper et déchirer celles-ci.

CRABE DÉCORATEUR

LE CAMOUFLAGE
Les crabes sont pour la plupart de couleur sable et se fondent ainsi sur le sol marin. Le crabe décorateur va plus loin : il se couvre de plantes marines pour disparaître complètement.

Les crabes

La plupart des crabes sont protégés par une solide carapace en forme de bouclier. Leur abdomen réduit et flexible est replié sous leur corps. Les crabes fuient le danger en se déplaçant de côté.

Pinces imposantes pour saisir et déchirer la nourriture
Solide carapace
Pattes articulées terminées par des griffes

Crabe sillonné

Le cycle vital

Les crustacés pondent généralement leurs œufs dans l'eau. Les larves écloses prennent une forme adulte après quelques transformations. Les crustacés renouvellent plusieurs fois leur exosquelette (mues) avant d'atteindre leur taille adulte.

Crevette adulte

Œuf

Éclosion de la larve

Cycle vital d'une crevette

Second stade larvaire

Dernier stade larvaire

Le saviez-vous ?

- Le plus gros des crustacés est un crabe-araignée du Japon (*Macrocheira kaempferi*). Son envergure est de 4 m.
- Le plus petit est une mouche d'eau (*Alonella*) qui mesure moins de 0,25 mm.

Les vertébrés

Seuls 3 % des animaux possèdent une colonne vertébrale ; ce sont les vertébrés. On en dénombre 45 000 espèces réparties en cinq grandes familles : mammifères, oiseaux, poissons, reptiles et amphibiens. Dotés d'un système nerveux et d'organes sensoriels évolués, ils se sont adaptés à tous les milieux.

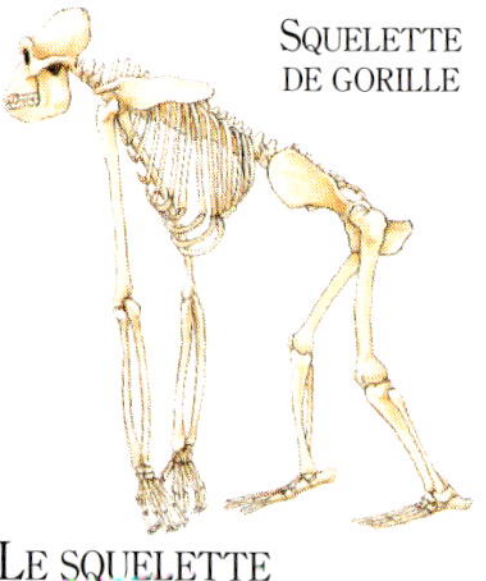

Squelette de gorille

Le squelette

Il comprend pour la plupart des vertébrés une colonne vertébrale, quatre membres et une boîte crânienne. Les organes vitaux sont à l'abri à l'intérieur du corps.

Les reptiles

Les lézards, les serpents et les crocodiles appartiennent à la classe des reptiles, vertébrés à la peau épaisse et écailleuse. Au sortir de l'œuf, les bébés reptiles ont l'apparence d'adultes miniatures. Le caméléon est un grand lézard arboricole.

Peau écailleuse

Crête dorsale épineuse qui décourage les prédateurs.

Queue prenante pour s'accrocher aux branches

Caméléon de Madagascar

La reproduction

Chez la plupart des vertébrés, la descendance est assurée par reproduction sexuée : le mâle s'accouple à la femelle, le spermatozoïde rejoint l'ovule et le féconde. Quelques très rares vertébrés ne sont ni mâle ni femelle et se reproduisent de façon asexuée.

La grenouille femelle pond.

Le mâle féconde les œufs.

LES SENS

Les mammifères et autres vertébrés utilisent leurs organes sensoriels pour se diriger, trouver leur nourriture et échapper à leurs prédateurs. Chez les espèces terrestres, la vue, l'ouïe et l'odorat sont les sens les plus développés. Les espèces aquatiques font davantage appel au goût et à l'odorat pour se nourrir et anticiper le danger.

Vue perçante pour chasser même la nuit

Odorat très développé

Dents acérées

Longues oreilles sensibles aux moindres bruits

CARACAL

LES POISSONS

Avec leur corps de forme profilée et leur peau recouverte d'écailles visqueuses, ces vertébrés sont parfaitement adaptés à la vie aquatique.

Écailles couvertes d'un mucus visqueux

POISSON

LES OISEAUX

Seuls animaux à plumes, les oiseaux sont, pour la plupart, de puissantes machines volantes. Leurs mâchoires sans dents forment un bec. Ils sont tous ovipares.

GRENOUILLE ARBORICOLE DE JAVA

Grands yeux pour repérer les proies

Longues pattes musclées pour le saut

LES AMPHIBIENS

Ces vertébrés, tels grenouilles, crapauds, tritons et salamandres, sont à la fois terrestres et aquatiques. Les amphibiens sont tous ovipares.

PARADISIER DU COMTE RAGI

La fourrure conserve la chaleur du corps.

Piquants protecteurs

LES MAMMIFÈRES

Les mammifères ont souvent le corps recouvert de poils. Ils sont pour la plupart vivipares et allaitent leurs petits.

PORC-ÉPIC

LES AMPHIBIENS

On dénombre 4 200 espèces d'amphibiens. Après l'éclosion d'œufs agglomérés en grappes, les têtards, larves à forme de poisson, développent pattes et organes nécessaires à la vie terrestre. Les têtards respirent par des branchies ; les amphibiens adultes, par des poumons et à travers leur peau.

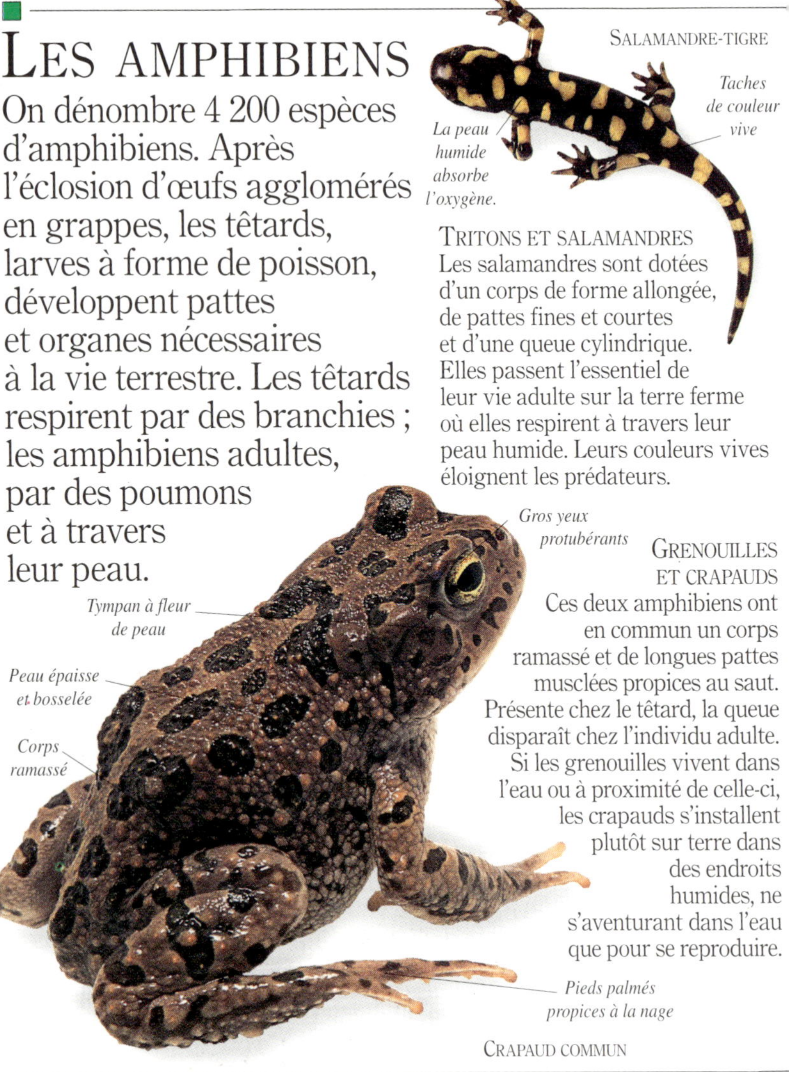
La peau humide absorbe l'oxygène.
Taches de couleur vive
Gros yeux protubérants
Tympan à fleur de peau
Peau épaisse et bosselée
Corps ramassé
Pieds palmés propices à la nage

SALAMANDRE-TIGRE

CRAPAUD COMMUN

TRITONS ET SALAMANDRES

Les salamandres sont dotées d'un corps de forme allongée, de pattes fines et courtes et d'une queue cylindrique. Elles passent l'essentiel de leur vie adulte sur la terre ferme où elles respirent à travers leur peau humide. Leurs couleurs vives éloignent les prédateurs.

GRENOUILLES ET CRAPAUDS

Ces deux amphibiens ont en commun un corps ramassé et de longues pattes musclées propices au saut. Présente chez le têtard, la queue disparaît chez l'individu adulte. Si les grenouilles vivent dans l'eau ou à proximité de celle-ci, les crapauds s'installent plutôt sur terre dans des endroits humides, ne s'aventurant dans l'eau que pour se reproduire.

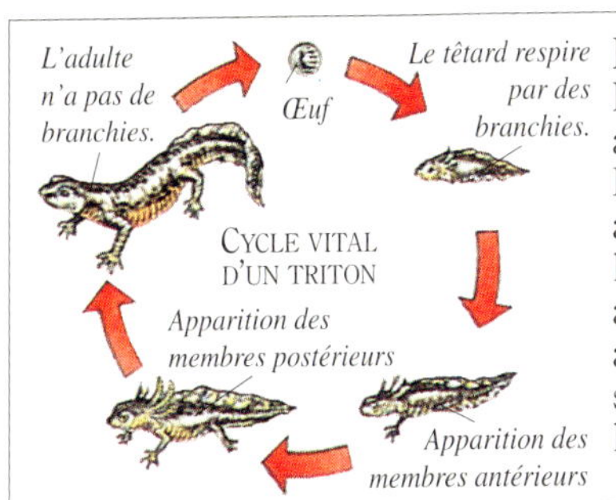
L'adulte n'a pas de branchies.
Œuf
Le têtard respire par des branchies.
CYCLE VITAL D'UN TRITON
Apparition des membres postérieurs
Apparition des membres antérieurs

LE CYCLE VITAL

Les amphibiens pondent dans l'eau ; à l'air libre, leurs œufs se dessécheraient. Les têtards, habiles nageurs, éclosent après une ou deux semaines. Chez le triton, le têtard développe membres antérieurs et membres postérieurs après respectivement trois et huit semaines. Durant la métamorphose, les branchies disparaissent.

LE CRAPAUD ACCOUCHEUR

Chez le crapaud accoucheur, le mâle féconde les grappes d'œufs pondus par la femelle puis les enroule autour de ses pattes postérieures. Il les porte ainsi jusqu'à leur éclosion, parfois durant près de 90 jours.

CRAPAUD ACCOUCHEUR

Le mâle enroule les œufs autour de ses pattes postérieures.

Les taches vertes complètent le camouflage.

AMPHIBIENS VENIMEUX

Certains amphibiens sécrètent un puissant venin par de petites glandes cutanées. Leur peau vivement colorée avertit les prédateurs du danger. Le plus venimeux de ces amphibiens est le dendrobate kokoi, de Colombie.

Les couleurs vives éloignent les prédateurs.

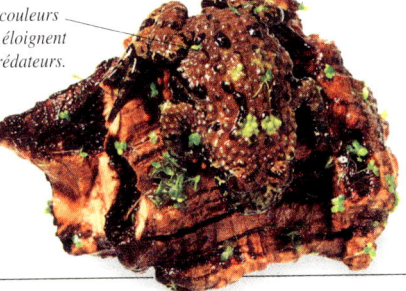

UN CRAPAUD MALIN

Certains amphibiens tirent parti de leurs couleurs et de leurs motifs inhabituels pour échapper aux prédateurs. Ainsi, ce crapaud sonneur est presque invisible sur ce morceau d'écorce.

LES REPTILES

Crocodiles, lézards et serpents sont tous des reptiles ; il en existe près de 7 000 espèces. Terrestres ou aquatiques, les reptiles ne peuvent vivre dans les pays froids, car ils tirent leur énergie des rayons du Soleil.

OVIPARES ET VIVIPARES
La plupart des reptiles sont ovipares. Les œufs ont une coquille épaisse à la consistance du cuir. Certaines espèces sont vivipares : les femelles donnent alors directement naissance à leurs petits.

LES IGUANES
Ces gros lézards d'Amérique possèdent souvent une crête dorsale.

Crête épineuse

IGUANE COMMUN

La peau épaisse et écailleuse fait office d'armure.

La longue queue sert de balancier.

Griffes acérées

LES LÉZARDS
Les lézards, tels les geckos, les iguanes, les scinques et les caméléons, sont des chasseurs véloces. Ils sont dotés de griffes acérées pour saisir leurs proies et d'une longue queue qui équilibre leurs mouvements.

Au bout de huit mois, la queue est complète.

Le lézard a perdu l'extrémité de sa queue.

Après deux mois, la queue commence à repousser.

MAGIQUE !
Lorsqu'un lézard est attrapé par la queue, il arrive que celle-ci se brise à la grande surprise de l'agresseur. Au bout d'environ huit mois, la queue du lézard a complètement repoussé !

Les tortues

Les tortues appartiennent à l'ordre des chéloniens. Terrestres, d'eau douce ou marines, elles se caractérisent toutes par une carapace massive faite de plaques osseuses. Leur lenteur sur la terre ferme a peu d'incidence car, en s'abritant sous leur carapace, elles échappent à la plupart de leurs prédateurs.

Carapace en corne

TORTUE À OREILLES ROUGES

CARAPACE DE TORTUE À DOS DIAMANTÉ

Le cobra gonfle son capuchon pour intimider sa proie.

COBRA MONOCLE

Corps long et mince

Les serpents

Longs reptiles privés de pattes, les serpents traquent leurs proies en humant l'air à l'aide de leur langue fourchue. Certains, tel le python, s'enroulent autour de leurs victimes et les étouffent. D'autres, tel ce cobra, tuent leurs proies à l'aide de leurs crochets à venin.

Le saviez-vous ?

- Une tortue mâle des Seychelles trouvée en 1766 a survécu durant 152 ans.
- Il y a assez de poison dans les glandes à venin du taïpan d'Australie pour tuer 200 personnes.

Crocodiles et alligators

Crocodiles, alligators, caïmans et gavials forment l'ordre des crocodiliens. Ces carnassiers aux mâchoires massives hérissées de dents acérées vivent dans les rivières et marais tropicaux.

Le crocodile nage par battements de sa large queue.

Petites dents pointues pour déchirer les proies

La femelle abrite ses petits dans sa gueule jusqu'à ce que ceux-ci puissent se nourrir seuls.

Pattes courtes et puissantes

CROCODILE DES ESTUAIRES

Les poissons

Vingt mille espèces de poissons peuplent les lacs, les rivières et les océans de notre planète. La plupart ont un corps fuselé recouvert d'écailles, se déplacent dans l'eau à l'aide de nageoires et respirent par des branchies. Tous sont ovipares.

L'eau pénètre par la bouche.

L'eau passe par les branchies.

Les filaments branchiaux filtrent l'eau.

La respiration aquatique

Les poissons respirent sous l'eau grâce à leurs branchies. De fines membranes appelées filaments branchiaux filtrent l'oxygène contenu dans l'eau et diffusent celui-ci dans les artères.

Les poissons osseux

Les espèces osseuses sont les plus nombreuses. Ces poissons au squelette entièrement ossifié se maintiennent sans effort sous l'eau grâce à une cavité remplie de gaz appelée vessie natatoire.

Nageoire dorsale
Écailles
Œil
Bouche
Nageoire caudale
Opercule
Nageoire pectorale
Nageoire anale
Nageoire pelvienne

Carpe

Comment nagent-ils ?

Pour nager, le poisson ondule de tout son corps, de la tête vers la queue. Il s'arrête ou change de direction en utilisant ses nageoires pectorales et pelviennes. Ses nageoires dorsales lui permettent de se maintenir dans le plan vertical.

Queue
Tête
Première nageoire dorsale
Nageoire pelvienne

Le poisson oriente sa tête vers la droite, initiant une ondulation qui se propage le long du corps.

LES POISSONS CARTILAGINEUX

Requins et raies comptent parmi les 700 espèces de poissons à squelette cartilagineux. Ils sont, pour la plupart, carnivores.

Nageoire dorsale unique appelée aileron

Le corps fuselé favorise une nage rapide.

Fentes branchiales

Queue souple et effilée pour se diriger

GRAND REQUIN BLANC

Une nageoire pectorale de chaque côté du corps

Dizaines de dents acérées

DÉFENSE ET CAMOUFLAGE

Certains poissons, tel le hérisson de mer, se protègent au moyen d'épines. D'autres, comme cette plie, échappent à leurs prédateurs en mettant à profit leur couleur ou leur forme pour se fondre dans leur environnement.

PLIE SUR LE FOND MARIN

Yeux

ROUSSETTE
Pointe de l'ondulation
Pointe de l'ondulation
Pointe de l'ondulation

La pointe de l'ondulation atteint la région des nageoires pelviennes.

La pointe de l'ondulation se situe entre les deux nageoires dorsales ; la queue est lancée vers la droite.

L'ondulation s'est propagée jusqu'à la queue ; la tête s'oriente pour déclencher l'ondulation suivante.

MINLA À QUEUE ROUSSE

LES OISEAUX

Oiseau-mouche Hélène, dont le poids n'est que de 2 g, ou autruche, qui peut peser jusqu'à 155 kg et mesurer jusqu'à 2,70 m, les oiseaux sont les seuls animaux à plumes. Ils possèdent également ailes et bec et sont, pour la plupart, de remarquables machines volantes. Tous sont ovipares.

VOLS D'OISEAUX

Les oiseaux volent en agitant leurs ailes ou en planant. Chaque espèce possède un style de vol particulier ; les oiseaux de petite taille changent souvent de direction et planent entre deux coups d'ailes pour se reposer. Les oiseaux de taille plus importante suivent une trajectoire rectiligne et agitent leurs ailes en permanence. Certaines espèces peuvent se maintenir en l'air durant plusieurs semaines.

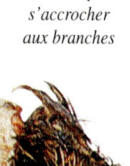

La taille et la forme de l'aile varient selon l'espèce.
Les plumes de l'aile se déploient pour une portance optimale.
Bec osseux recouvert d'une couche de corne
Pattes griffues et recouvertes d'écailles pour s'accrocher aux branches
La queue aide à l'équilibre et aux changements de direction.

DE L'ŒUF AU POUSSIN

Les oiseaux s'installent au-dessus de leurs œufs pour les garder au chaud et favoriser le développement des embryons. Chez les oiseaux de petite taille, l'incubation dure deux semaines, chez l'albatros, elle dure onze semaines.

Le poussin perce la coquille en se servant d'une aspérité située sur la partie supérieure de son bec, le diamant.

Le poussin appuie sur l'une des extrémités de l'œuf pour s'extirper.

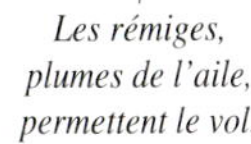

Les rémiges, plumes de l'aile, permettent le vol.

Les plumes tectrices recouvrent la peau et protègent l'oiseau.

Le duvet maintient la chaleur corporelle.

Les plumes de la queue, utilisées pour l'orientation et l'équilibre, sont les plus longues.

LES PLUMES

Elles permettent à l'oiseau de voler et lui assurent une protection thermique. Constituées de milliers de petits brins appelés barbes, elles sont accrochées à la peau par des barbules.

LE SAVIEZ-VOUS ?

- Un roitelet possède environ 1 000 plumes, un cygne environ 25 000.
- Les jaunes d'œufs d'autruche sont les plus grosses cellules communes.
- Un faucon pèlerin en piqué peut atteindre 180 km/h.

NICHÉE D'OISILLONS

LES NIDS

Le nid abrite les œufs durant l'incubation et protège les oisillons fraîchement éclos. Les méthodes et les matériaux varient selon les espèces ; la pie installe son nid de brindilles dans les arbres, alors que le tisserin se façonne un nid élaboré en tissant des brins d'herbe.

ÉCLOSION D'UN POUSSIN

Le poussin achève de se libérer ; son duvet est encore humide.

Le duvet sèche progressivement ; il sera bientôt remplacé par des plumes.

La classification

Les oiseaux se sont adaptés à tous les types d'environnements. Les oiseaux de proie sont carnassiers, mais d'autres se nourrissent de graines et de fruits. Les 9 000 espèces d'oiseaux connues se répartissent en 28 ordres.

AUTRUCHES (STRUTHIONIFORMES : 1 ESPÈCE)

GRUES, RÂLES, OUTARDES (GRUIFORMES : 190 ESPÈCES)

KIWIS (APTÉRYGIFORMES : 3 ESPÈCES)

TINAMOUS (TINAMIFORMES : 46 ESPÈCES)

ALBATROS, PÉTRELS (PROCELLARIIFORMES : 110 ESPÈCES)

ÉMEUS, CASOARS (CASUARIFORMES : 4 ESPÈCES)

PLONGEONS (GAVIIFORMES : 5 ESPÈCES)

OISEAUX DE PROIE (FALCONIFORMES : 290 ESPÈCES)

NANDOUS (RHÉIFORMES : 2 ESPÈCES)

HIBOUX (STRIGIFORMES : 174 ESPÈCES)

GIBIER D'EAU (ANSÉRIFORMES : 150 ESPÈCES)

GIBIER À PLUMES (GALLIFORMES : 274 ESPÈCES)

Perroquets, cacatoès (psittaciformes : 342 espèces)
Alques, sternes, mouettes (charadriiformes : 337 espèces)
Pélicans, cormorans, fous de Bassan (pélécaniformes : 55 espèces)
Colious (coliiformes : 6 espèces)
Hérons, cigognes, ibis (ciconiiformes : 117 espèces)
Engoulevents, podarges (caprimulgiformes : 109 espèces)
Martins-pêcheurs, huppes, guêpiers (coraciiformes : 204 espèces)
Passereaux (passériformes : 5 414 espèces)
Pigeons (columbiformes : 300 espèces)
Coucous, touracos (cuculiformes : 204 espèces)
Martinets, oiseaux-mouches (apodiformes : 429 espèces)
Grèbes podicipédiformes : 21 espèces)
Piverts, toucans, barbus (pisciformes : 381 espèces)
Trogons (trogoniformes : 39 espèces)
Manchots (sphénisciformes : 18 espèces)

LES MAMMIFÈRES

Ce sont des animaux à sang chaud dont le corps, protégé le plus souvent par des poils ou par une couche de graisse, demeure à température constante. Habitants de la terre ferme, des océans ou même des airs, ils sont présents sur l'ensemble de la planète. Ils allaitent leurs petits.

DAUPHIN

LES MAMMIFÈRES MARINS

Les baleines et les dauphins vivent dans l'océan, mais ils doivent remonter en surface pour respirer. Ce sont des cétacés.

LES CARNIVORES

Certains mammifères sont des prédateurs carnivores. Parmi ceux-ci, les plus dangereux sont les félins de grande taille, tels le lion, le tigre, la panthère et le léopard. Ces grands fauves puissants et agiles tuent leurs proies à l'aide de leurs griffes et de leurs dents acérées.

Ouïe très développée

Vue perçante et odorat sensible

Robe rayée pour se fondre dans les hautes herbes

Corps puissant et ramassé

TIGRE DU BENGALE

Patte massive et griffes acérées ; la moindre attaque peut être fatale.

Épaisse fourrure protectrice

Les herbivores

Les mammifères herbivores se nourrissent uniquement de végétaux. La girafe broute les jeunes feuilles à la cime des arbres ; les bovins paissent l'herbe des champs, les zèbres celle des savanes. Certains herbivores possèdent une denture propice au broyage des fibres végétales.

Vache de Guernesey

Embryon de kangourou au fond de la marsupie

Les marsupiaux

Chez le kangourou et le koala, comme chez les autres marsupiaux, la femelle porte ses embryons dans une poche ventrale appelée marsupie. Lorsque les petits sont capables de se nourrir seuls, ils sont libérés.

Les monotrèmes

L'ornithorynque et l'échidné sont des monotrèmes ; ce sont les seuls mammifères à pondre des œufs.

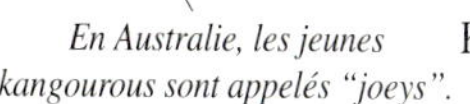

En Australie, les jeunes kangourous sont appelés "joeys".

Kangourou gris

Chatons tétant leur mère.

Lait vital

Les mammifères sont les seuls animaux chez qui la femelle allaite sa progéniture. Le lait immunise les petits contre les maladies et contient les éléments nécessaires à leur croissance.

Le saviez-vous ?

- La musaraigne naine perd très vite sa chaleur corporelle et doit manger chaque jour l'équivalent de trois fois son poids en nourriture pour survivre.
- L'éléphant engloutit chaque jour 250 kg de matières végétales.

La classification

De la taille d'une guêpe, telle la chauve-souris naine (*Craseonycteris thonglongyai*), ou de celle d'un Boeing 747, telle la baleine, les mammifères occupent l'ensemble de la planète. Les 4 300 espèces connues se divisent en 21 ordres.

Musaraignes arboricoles (tupaiidés : 19 espèces)

Singes, lémurs, pongidés (primates : 233 espèces)

Musaraignes-éléphants (macroscélidés : 15 espèces)

Ornithorynques, échidnés (monotrèmes : 3 espèces)

Pangolins (pholidotes : 7 espèces)

Castors, écureuils, rats (rongeurs : 2 021 espèces)

Koalas, kangourous (marsupiaux : 272 espèces)

Lamantins, dugongs (siréniens : 5 espèces)

Phoques, morses, otaries (pinnipèdes : 34 espèces)

LÉMURS VOLANTS (DERMOPTÈRES : 2 ESPÈCES)
FOURMILIERS, TATOUS (ÉDENTÉS : 29 ESPÈCES)
ÉLÉPHANTS (PROBOSCIDIENS : 2 ESPÈCES)
CERFS, BOVINS (ARTIODACTYLES : 220 ESPÈCES)
ORYCTÉROPES (TUBULIDENTÉS : 1 ESPÈCE)
BALEINES, DAUPHINS (CÉTACÉS : 78 ESPÈCES)
CHAUVES-SOURIS (CHIROPTÈRES : 925 ESPÈCES)
DAMANS (HYRACOÏDES : 6 ESPÈCES)
TAUPES, HÉRISSONS (INSECTIVORES : 428 ESPÈCES)
LAPINS, LIÈVRES, PIKAS (LAGOMORPHES : 80 ESPÈCES)
RHINOCÉROS, CHEVAUX (PÉRISSODACTYLES : 18 ESPÈCES)
FÉLINS, CHIENS, OURS (CARNIVORES : 237 ESPÈCES)

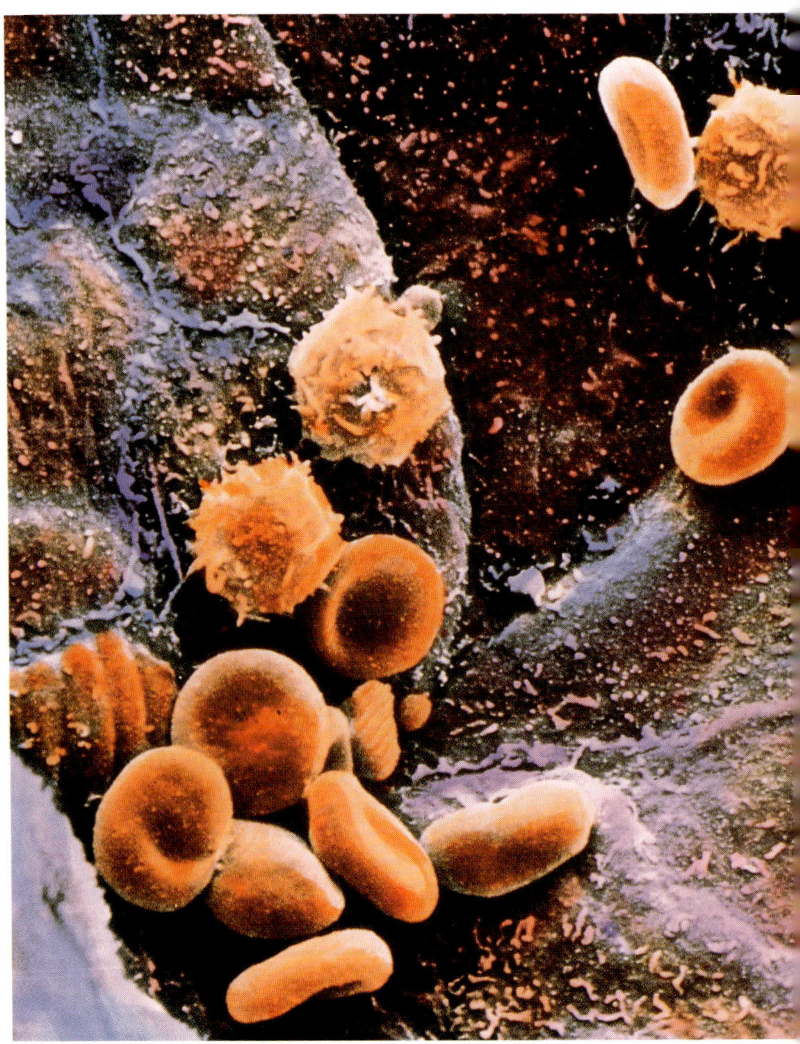

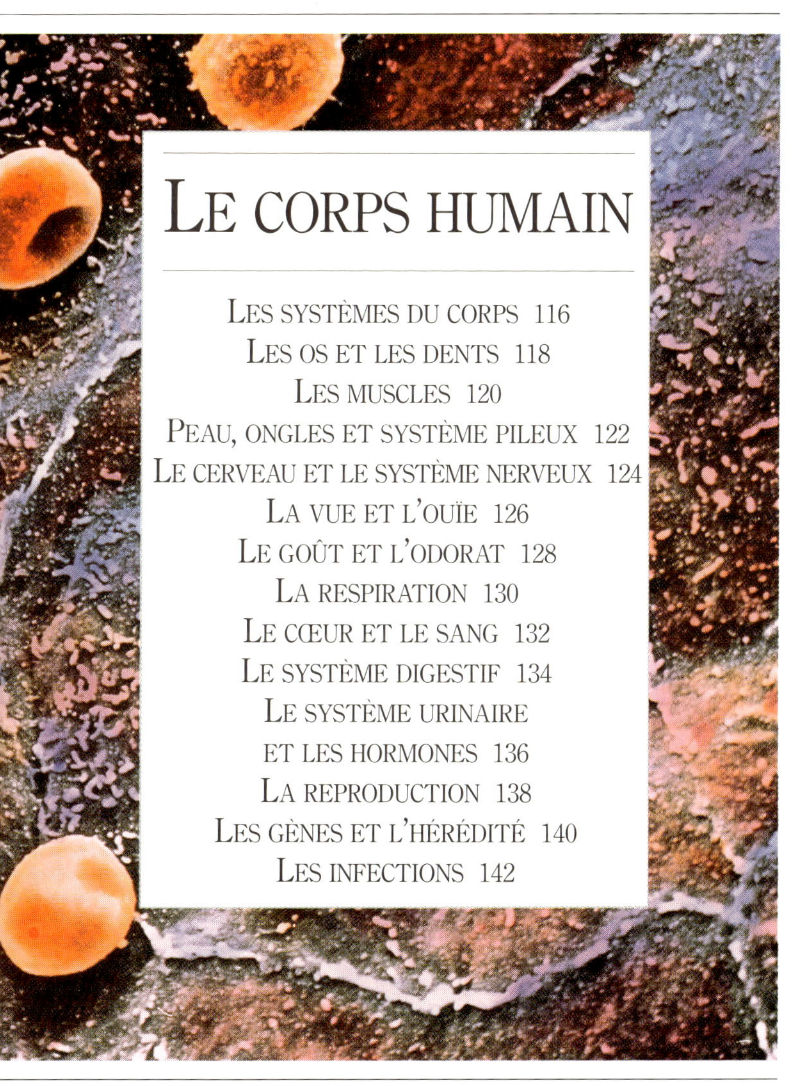

LE CORPS HUMAIN

LES SYSTÈMES DU CORPS

Le corps humain est un organisme complexe composé de 50 trillions de cellules. Il existe plus de 200 types de cellules, toutes organisées en une dizaine de systèmes, à la fonction bien précise. Ces systèmes majeurs du corps humain sont communs aux deux sexes.

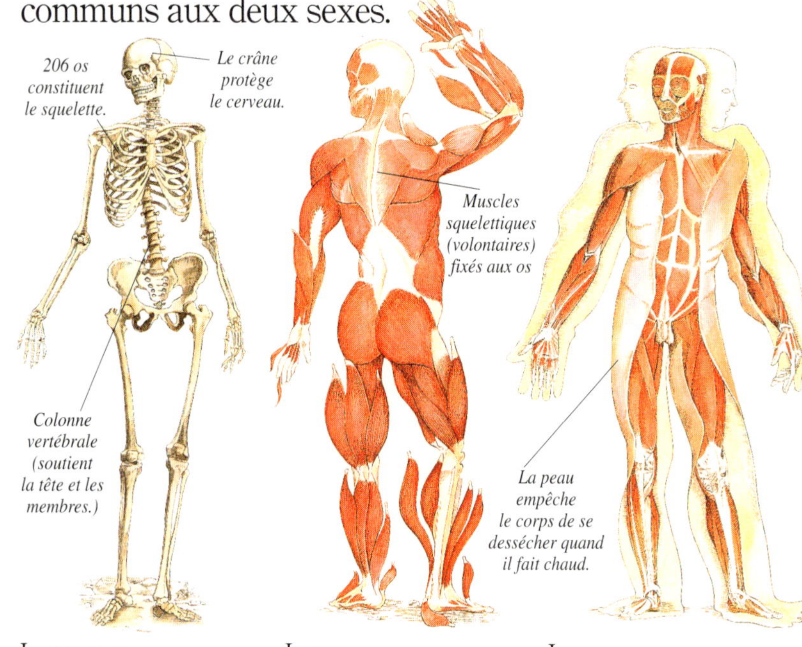
206 os constituent le squelette.
Le crâne protège le cerveau.
Muscles squelettiques (volontaires) fixés aux os
Colonne vertébrale (soutient la tête et les membres.)
La peau empêche le corps de se dessécher quand il fait chaud.

LE SQUELETTE
Charpente du corps, il protège les organes internes vitaux, tels le cœur et les poumons.

LES MUSCLES
Tout mouvement du corps, involontaire ou volontaire, est dû à la contraction des muscles.

LA PEAU ET LES POILS
Ils constituent une barrière imperméable qui protège les organes internes.

LE SYSTÈME RESPIRATOIRE
Il apporte l'oxygène aux poumons et rejette le gaz carbonique.

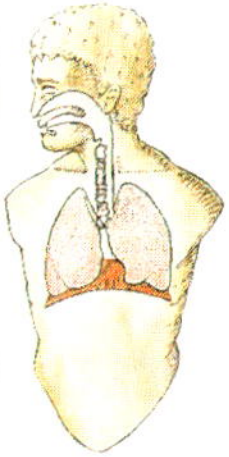

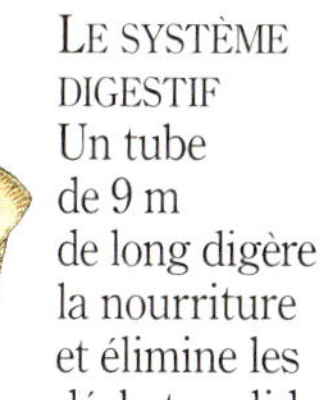

LE SYSTÈME DIGESTIF
Un tube de 9 m de long digère la nourriture et élimine les déchets solides.

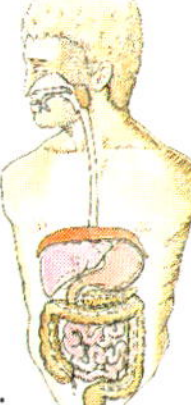

LE SYSTÈME URINAIRE
Les déchets solubles contenus dans le sang sont filtrés et forment l'urine.

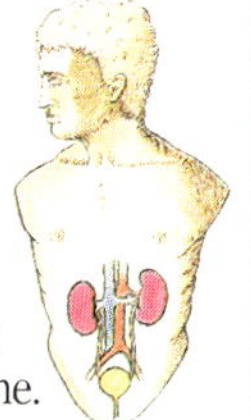

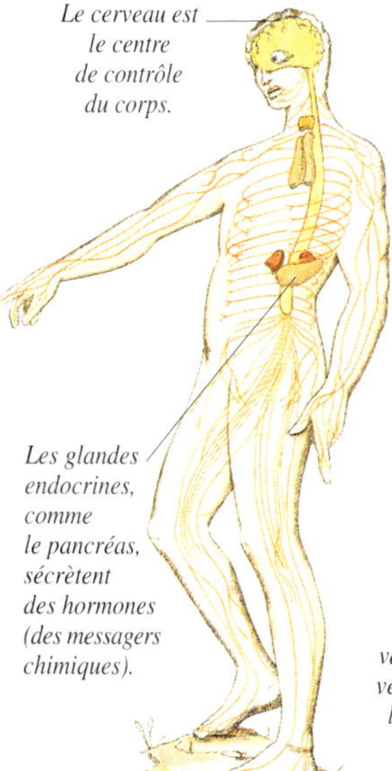

Le cerveau est le centre de contrôle du corps.

Les glandes endocrines, comme le pancréas, sécrètent des hormones (des messagers chimiques).

LE SYSTÈME NERVEUX
C'est grâce à lui que le cerveau envoie et reçoit des signaux, coordonnant les actions du corps.

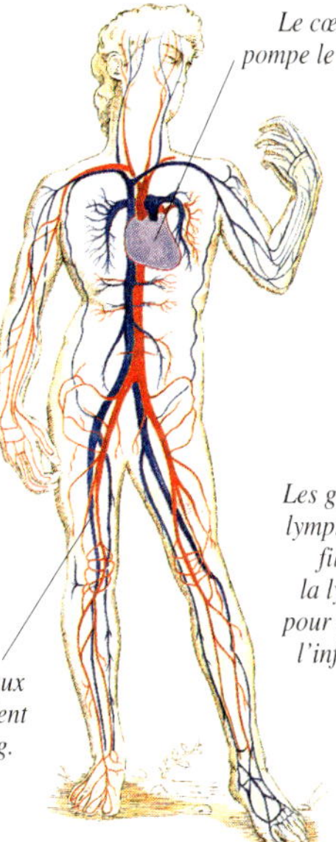

Le cœur pompe le sang.

Les vaisseaux véhiculent le sang.

LE SYSTÈME CARDIO-VASCULAIRE
En propulsant le sang dans l'ensemble du corps, il oxygène les tissus.

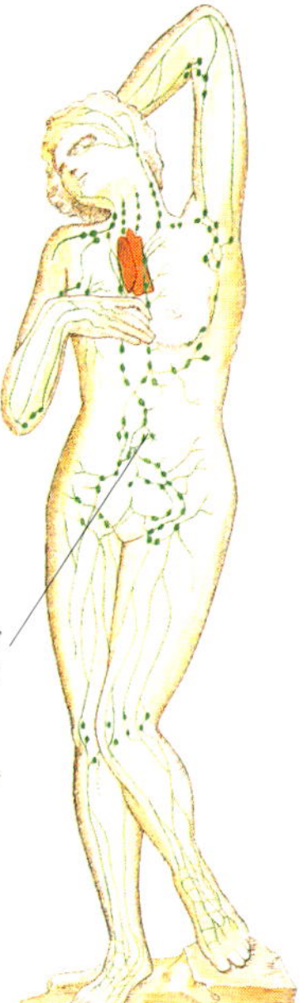

Les ganglions lymphatiques filtrent la lymphe, pour éliminer l'infection.

LE SYSTÈME LYMPHATIQUE
La lymphe est canalisée par les vaisseaux lymphatiques.

LES OS ET LES DENTS

La charpente interne du corps est constituée d'os reliés entre eux pour former le squelette. Sans ce dernier, nous ne pourrions pas nous tenir debout ni bouger.

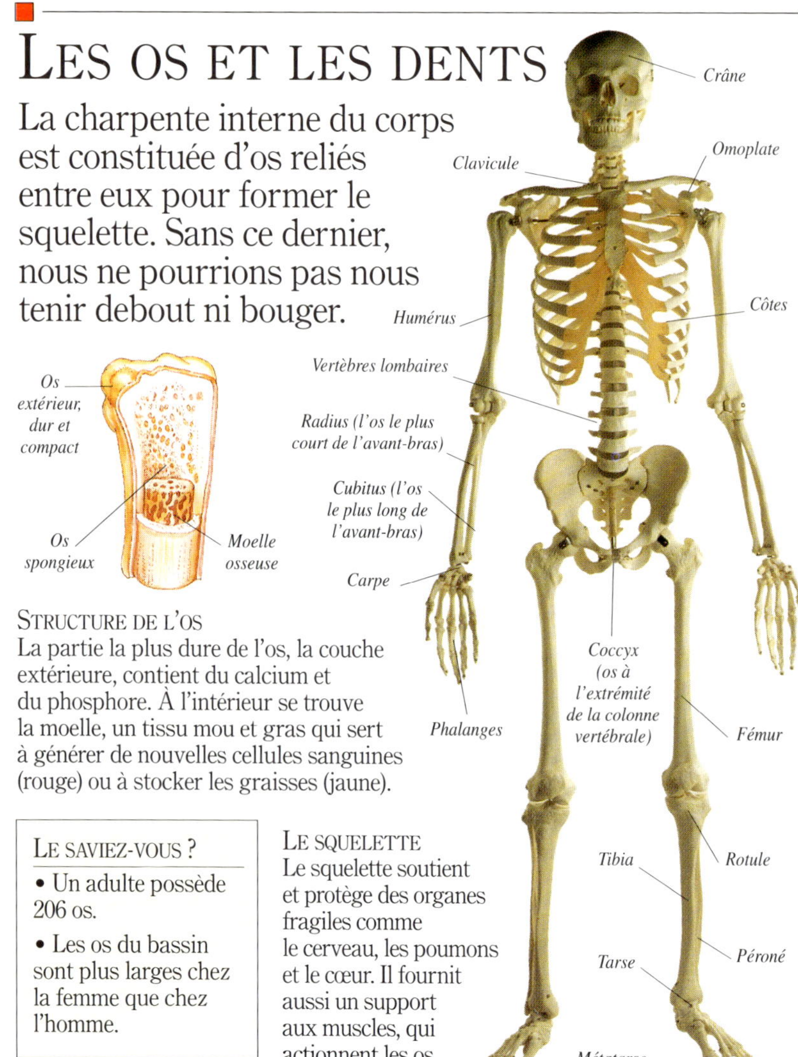
Os extérieur, dur et compact
Os spongieux
Moelle osseuse
Crâne
Omoplate
Clavicule
Côtes
Humérus
Vertèbres lombaires
Radius (l'os le plus court de l'avant-bras)
Cubitus (l'os le plus long de l'avant-bras)
Carpe
Coccyx (os à l'extrémité de la colonne vertébrale)
Phalanges
Fémur
Tibia
Rotule
Tarse
Péroné
Métatarse

STRUCTURE DE L'OS

La partie la plus dure de l'os, la couche extérieure, contient du calcium et du phosphore. À l'intérieur se trouve la moelle, un tissu mou et gras qui sert à générer de nouvelles cellules sanguines (rouge) ou à stocker les graisses (jaune).

LE SAVIEZ-VOUS ?

- Un adulte possède 206 os.
- Les os du bassin sont plus larges chez la femme que chez l'homme.

LE SQUELETTE

Le squelette soutient et protège des organes fragiles comme le cerveau, les poumons et le cœur. Il fournit aussi un support aux muscles, qui actionnent les os.

ARTICULATIONS

Les os sont reliés entre eux par des articulations. Dans le cas d'une articulation mobile, un cartilage lisse recouvre la surface de l'os, tandis qu'un fluide, le liquide synovial, joue le rôle de lubrifiant. La plupart des articulations sont maintenues par des ligaments.

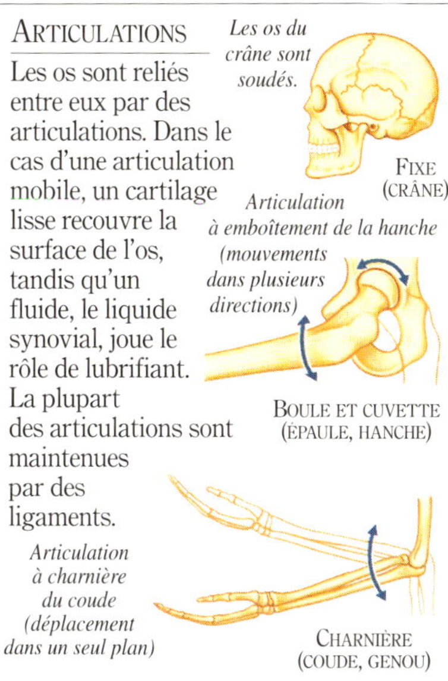
Les os du crâne sont soudés.
FIXE (CRÂNE)
Articulation à emboîtement de la hanche (mouvements dans plusieurs directions)
BOULE ET CUVETTE (ÉPAULE, HANCHE)
Articulation à charnière du coude (déplacement dans un seul plan)
CHARNIÈRE (COUDE, GENOU)

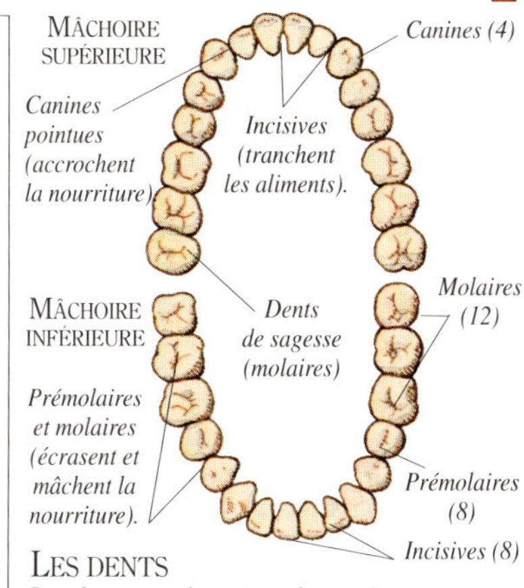
MÂCHOIRE SUPÉRIEURE
Canines (4)
Canines pointues (accrochent la nourriture)
Incisives (tranchent les aliments).
MÂCHOIRE INFÉRIEURE
Dents de sagesse (molaires)
Molaires (12)
Prémolaires et molaires (écrasent et mâchent la nourriture).
Prémolaires (8)
Incisives (8)

LES DENTS

La denture des êtres humains se développe en deux étapes. Les enfants gardent leurs dents de lait jusqu'à 6 ans. Elles sont ensuite progressivement remplacées par les 32 dents définitives.

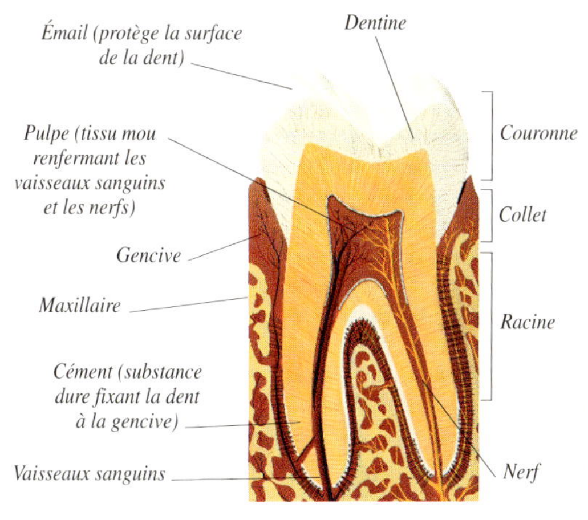
Émail (protège la surface de la dent)
Dentine
Pulpe (tissu mou renfermant les vaisseaux sanguins et les nerfs)
Couronne
Collet
Gencive
Maxillaire
Racine
Cément (substance dure fixant la dent à la gencive)
Vaisseaux sanguins
Nerf

STRUCTURE DE LA DENT

Les dents sont recouvertes d'une couche d'émail blanchâtre, la substance la plus dure de notre corps. Sous l'émail se trouve la dentine, un tissu vivant, plus mou, qui donne forme à la dent et sert à amortir les chocs. À l'intérieur, la chambre pulpaire renferme les vaisseaux sanguins qui nourrissent la dent et les nerfs, et veillent à sa croissance.

LES MUSCLES

Certaines fonctions du corps sont contrôlées par les muscles, qui transforment l'énergie chimique en mouvement. Les muscles volontaires obéissent à la volonté consciente du cerveau, les muscles involontaires se contractent automatiquement.

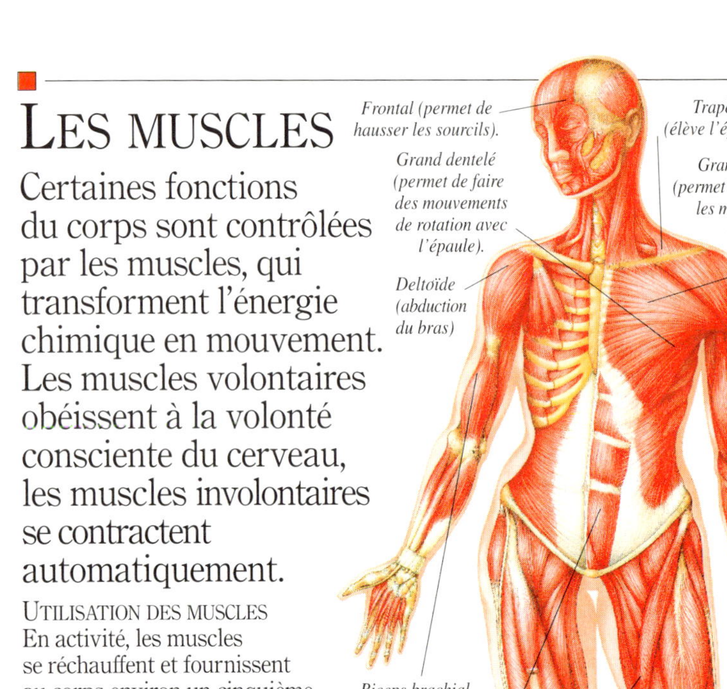
Frontal (permet de hausser les sourcils).
Trapèze (élève l'épaule).
Grand dentelé (permet de faire des mouvements de rotation avec l'épaule).
Grand pectoral (permet d'effectuer les mouvements de rotation des bras).
Deltoïde (abduction du bras)
Biceps brachial (permet de fléchir le coude et de serrer le poing).
Grand droit de l'abdomen (permet de rentrer le ventre).
Couturier (permet de fléchir la jambe sur la cuisse et la cuisse sur le bassin).
Quadriceps crural (permet de plier et tendre la jambe).
Gastrocnémien (permet de plier le genou et lever le talon).
Jambier antérieur (permet de soulever le pied).

UTILISATION DES MUSCLES
En activité, les muscles se réchauffent et fournissent au corps environ un cinquième de sa chaleur. Les exercices réguliers augmentent l'afflux de sang dans les muscles, leur conservent leur tonicité et les font augmenter en volume.

LES TENDONS
Les muscles squelettiques sont reliés aux os et aux autres muscles par des tendons.

Tendon du biceps crural

Tendon d'Achille

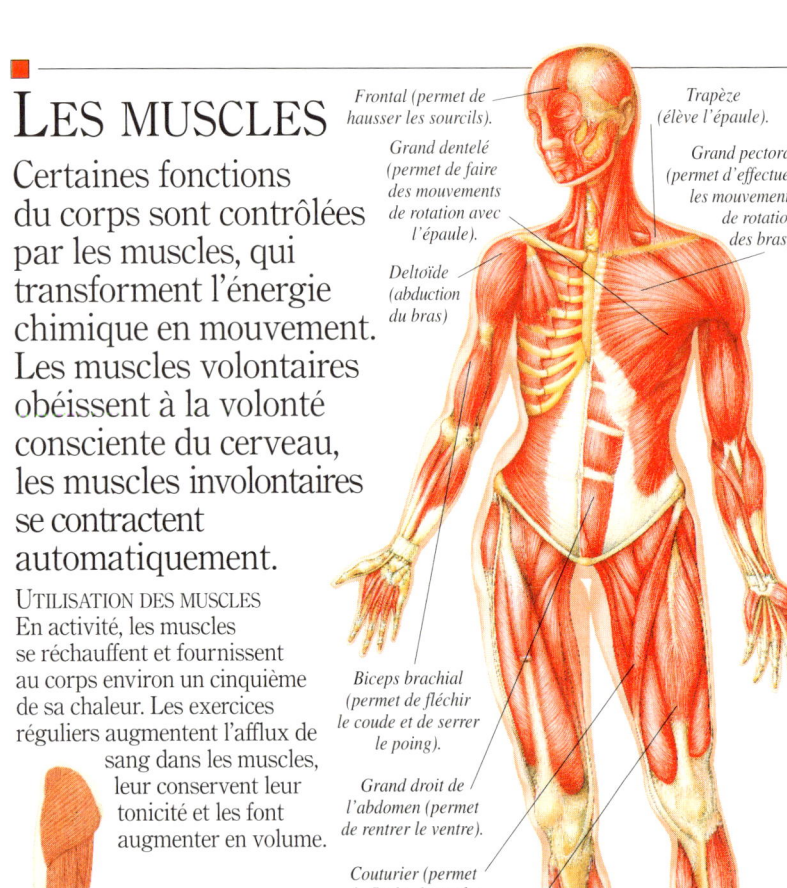

FONCTIONNEMENT MUSCULAIRE

Les muscles peuvent se contracter mais ne peuvent pas s'allonger. Ils travaillent par paires – l'un se contracte pendant que l'autre se relâche –, permettant ainsi aux articulations de se plier ou de se tendre.

Le muscle qui se contracte est dit agoniste.

Contraction du biceps

Relâchement du triceps

Pour rabaisser l'avant-bras, contraction du triceps et relâchement du biceps.

Le muscle qui se relâche est dit antagoniste.

STRUCTURE MUSCULAIRE

Les muscles volontaires sont constitués de faisceaux de cellules, ou myofibres. À l'intérieur se trouvent des faisceaux de myofibrilles contenant deux protéines, l'actine et la myosine.

Myofibre contractée *Myofibre relâchée*

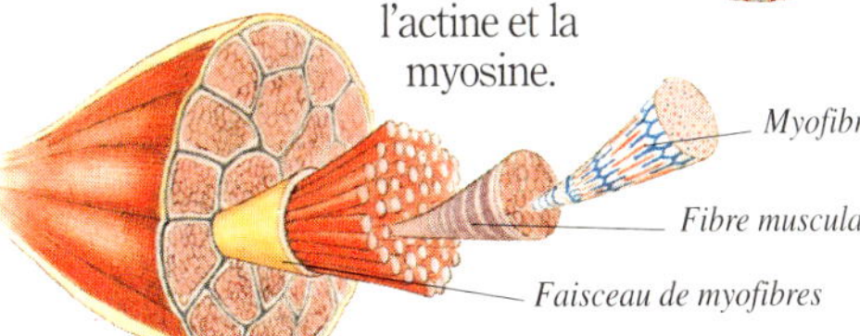

Myofibrilles
Fibre musculaire
Faisceau de myofibres

LE SAVIEZ-VOUS ?

- Le corps possède plus de 600 muscles volontaires.
- Les muscles peuvent représenter jusqu'à 40 % du poids d'un individu.
- Le grand fessier est le muscle le plus volumineux.

LES DIFFÉRENTS MUSCLES

Il existe trois types de muscles : squelettiques, lisses et cardiaque.

Le muscle squelettique est dit volontaire, car ses mouvements sont contrôlés.

Muscle squelettique de la jambe

MUSCLE SQUELETTIQUE

Le muscle cardiaque possède des fibres striées qui permettent la transmission rapide des signaux électriques entraînant la contraction rythmée et automatique du cœur.

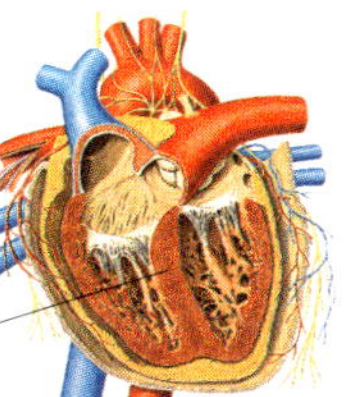

Muscle cardiaque du cœur

MUSCLE CARDIAQUE

Le muscle lisse, dit involontaire, est responsable des mouvements automatiques.

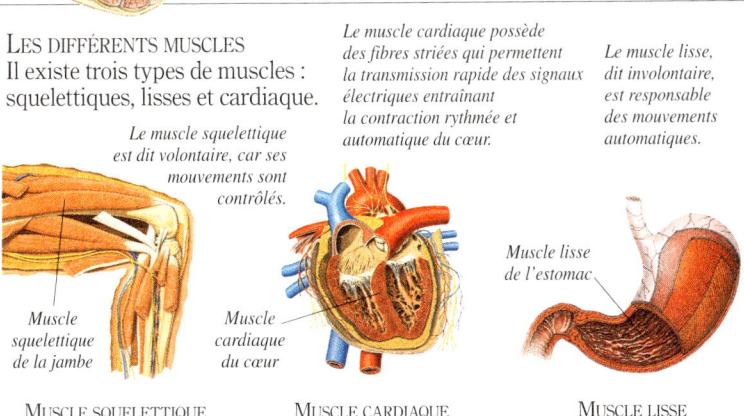

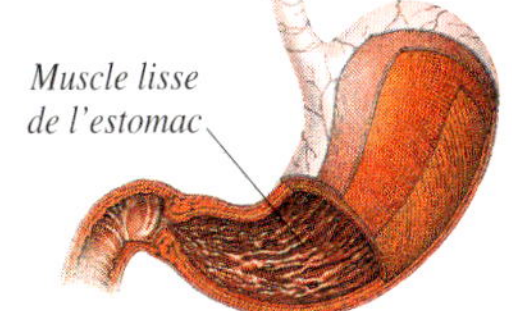

Muscle lisse de l'estomac

MUSCLE LISSE

Peau, ongles et système pileux

La peau, véritable barrière étanche, est un organe actif. Dotée de nombreuses terminaisons sensorielles, elle participe en outre à la régulation de la température du corps. Les ongles et les poils contribuent eux aussi à la protection du corps.

Structure de la peau

La peau est constituée d'une couche supérieure, l'épiderme, composée essentiellement de cellules mortes renouvelées en permanence ; une couche profonde, plus épaisse, le derme, renferme des nerfs, des vaisseaux sanguins, des récepteurs sensoriels, des glandes et des follicules pileux.

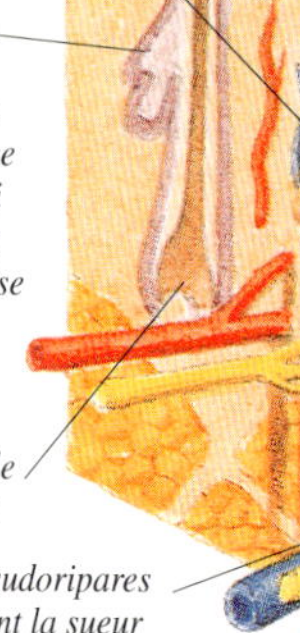

Chaque poil est recouvert de cellules mortes.
Les cellules mortes qui constituent la couche superficielle de l'épiderme sont composées d'une protéine dure appelée kératine.
Muscle érecteur (fait se dresser les poils pour emprisonner la chaleur).
Glandes sébacées (produisent une substance huileuse qui assouplit et imperméabilise la peau).
Follicule pileux
Glandes sudoripares (produisent la sueur qui rafraîchit le corps).

Coagulation sanguine

Lorsque la peau est coupée, les vaisseaux endommagés saignent. Les globules blancs combattent alors l'infection, tandis que les globules rouges forment un caillot de sang qui devient une croûte.

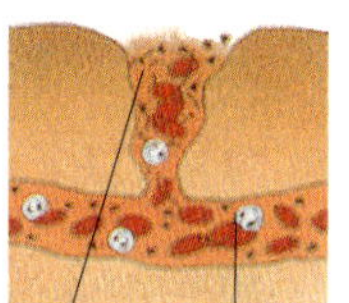

Vaisseau sanguin blessé

Globules blancs attaquant les germes

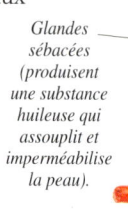

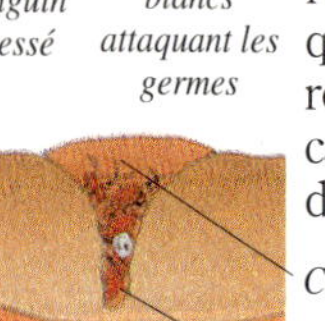

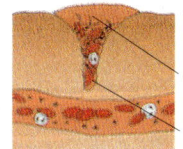

Croûte (couche protectrice sur la blessure)

Le caillot empêche le sang de couler.

Structure de l'ongle

La kératine, protéine fibreuse et dure qui constitue les ongles, est produite par des cellules actives situées à la base et sur les côtés des ongles. Ces zones de croissance sont protégées par des pellicules de peau, les cuticules.

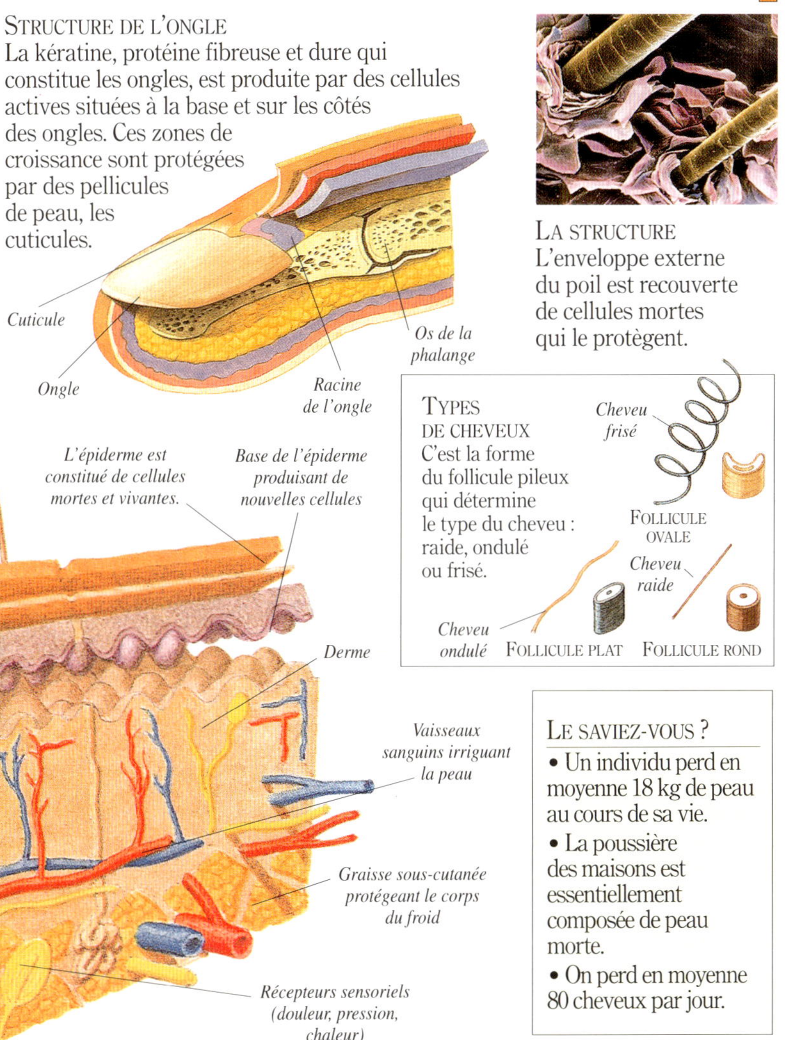

Cuticule
Ongle
Racine de l'ongle
Os de la phalange
L'épiderme est constitué de cellules mortes et vivantes.
Base de l'épiderme produisant de nouvelles cellules
Derme
Vaisseaux sanguins irriguant la peau
Graisse sous-cutanée protégeant le corps du froid
Récepteurs sensoriels (douleur, pression, chaleur)

La structure

L'enveloppe externe du poil est recouverte de cellules mortes qui le protègent.

Types de cheveux

C'est la forme du follicule pileux qui détermine le type du cheveu : raide, ondulé ou frisé.

Cheveu frisé — Follicule ovale

Cheveu ondulé — Follicule plat

Cheveu raide — Follicule rond

Le saviez-vous ?

- Un individu perd en moyenne 18 kg de peau au cours de sa vie.
- La poussière des maisons est essentiellement composée de peau morte.
- On perd en moyenne 80 cheveux par jour.

LE CERVEAU ET LE SYSTÈME NERVEUX

Le système nerveux est un réseau complexe de nerfs, qui coordonnent les mouvements du corps et transmettent les messages que reçoit et envoie le cerveau.

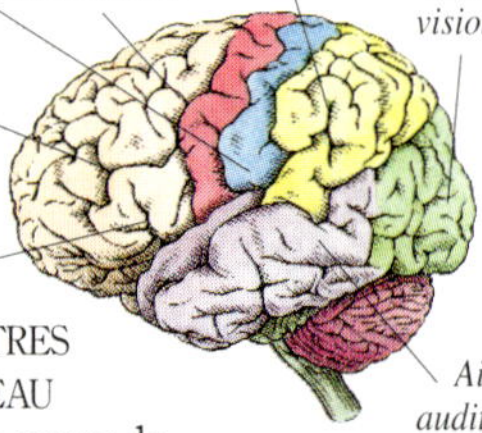

Aire du goût

Aire des mouvements

Aire de la sensibilité corporelle

Aire de la vision

Aire du comportement et de l'émotion

Aire du langage

Aire auditiv

LES CENTRES DU CERVEAU

Certaines zones du cerveau ont des fonctions spécifiques. Les aires “sensorielles” reçoivent et interprètent les messages provenant des organes des sens ; les aires “motrices” contrôlent les muscles volontaires.

STRUCTURE DU CERVEAU

Le cerveau humain est un vaste réseau de cellules nerveuses reliées au reste du corps par les nerfs et la moelle épinière. Le cerveau se divise en deux hémisphères, qui contrôlent chacun le côté opposé du corps.

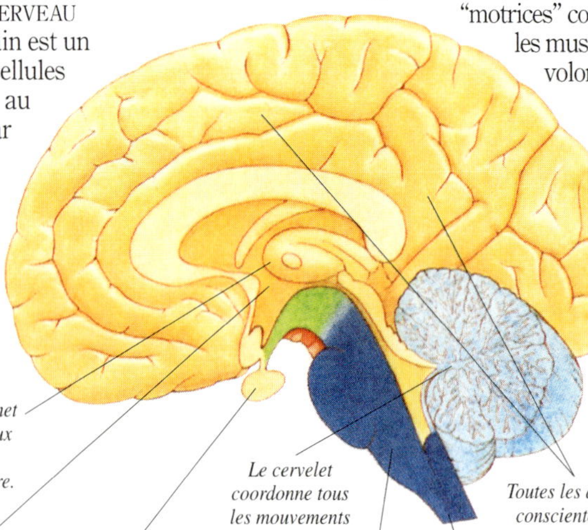

Le thalamus transmet des signaux nerveux entre le cerveau et la moelle épinière.

L'hypothalamus contrôle la faim, la soif, la température du corps, le sommeil et la veille.

L'hypophyse sécrète des hormones (messages chimiques) qui poussent les autres glandes à évacuer des hormones.

Le cervelet coordonne tous les mouvements du corps.

Le tronc cérébral contrôle la respiration, les battements du cœur et la digestion.

Moelle épinière

Toutes les activités conscientes sont commandées par le cerveau, véritable enchevêtrement de nerfs.

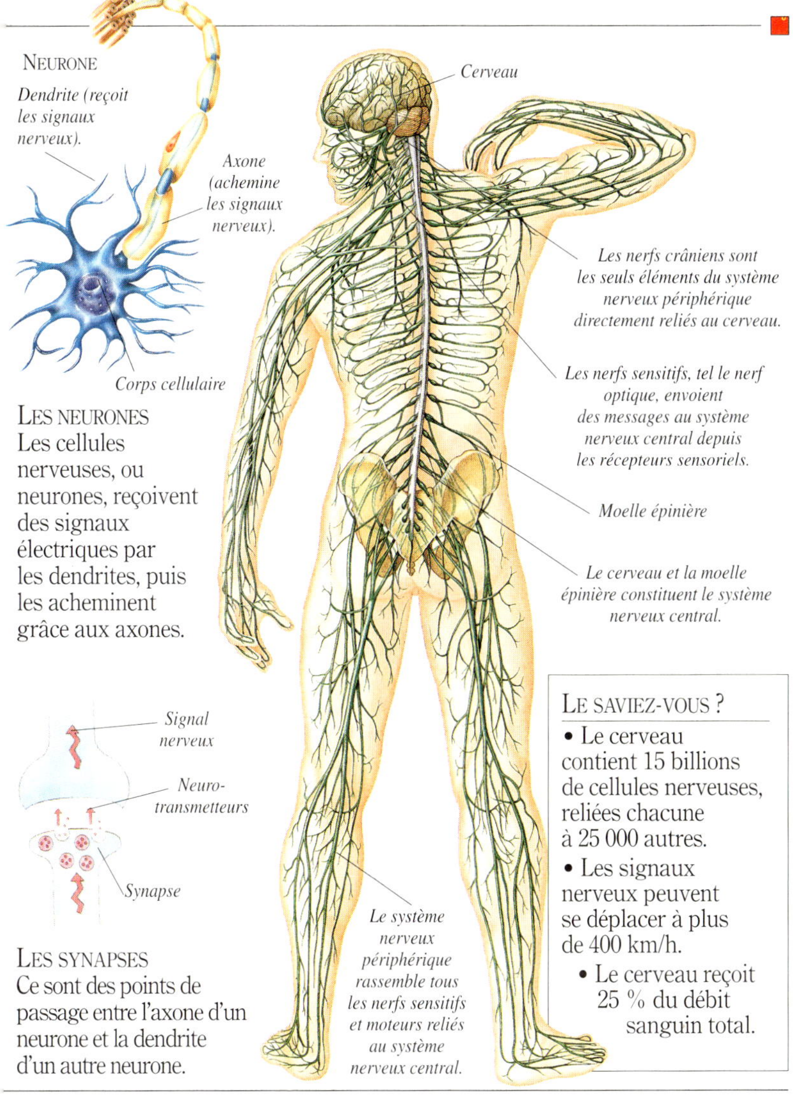
NEURONE
Dendrite (reçoit les signaux nerveux).
Axone (achemine les signaux nerveux).
Corps cellulaire
Cerveau
Les nerfs crâniens sont les seuls éléments du système nerveux périphérique directement reliés au cerveau.
Les nerfs sensitifs, tel le nerf optique, envoient des messages au système nerveux central depuis les récepteurs sensoriels.
Moelle épinière
Le cerveau et la moelle épinière constituent le système nerveux central.
Signal nerveux
Neuro-transmetteurs
Synapse
Le système nerveux périphérique rassemble tous les nerfs sensitifs et moteurs reliés au système nerveux central.

Les neurones

Les cellules nerveuses, ou neurones, reçoivent des signaux électriques par les dendrites, puis les acheminent grâce aux axones.

Les synapses

Ce sont des points de passage entre l'axone d'un neurone et la dendrite d'un autre neurone.

Le saviez-vous ?

- Le cerveau contient 15 billions de cellules nerveuses, reliées chacune à 25 000 autres.
- Les signaux nerveux peuvent se déplacer à plus de 400 km/h.
- Le cerveau reçoit 25 % du débit sanguin total.

LA VUE

Les lentilles de l'œil projettent une image sur la rétine. Les millions de cellules photosensibles contenues dans la rétine (bâtonnets et cônes) réagissent à l'image et envoient des signaux au cerveau *via* le nerf optique.

Conduit lacrymal
Glande lacrymale

LES LARMES

Les glandes lacrymales fixées derrière la paupière supérieure de l'œil produisent des larmes en permanence. Les larmes lavent les yeux et les humidifient. L'excès de liquide est acheminé par des conduits lacrymaux vers le nez.

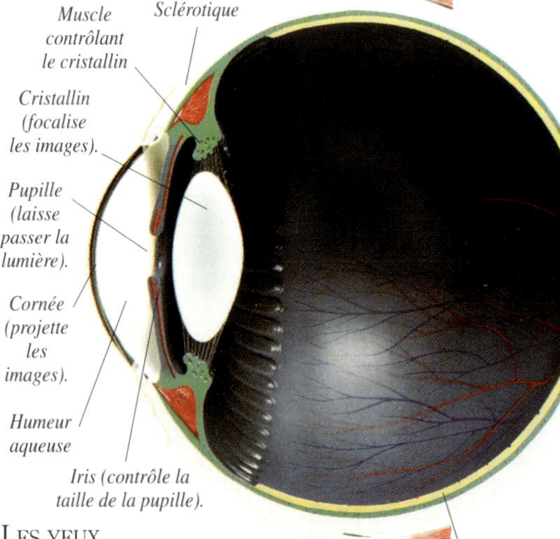
Muscle contrôlant le cristallin
Sclérotique
Cristallin (focalise les images).
Pupille (laisse passer la lumière).
Cornée (projette les images).
Humeur aqueuse
Iris (contrôle la taille de la pupille).
Rétine (contient les bâtonnets et les cônes).
Humeur vitrée
Nerf optique (mène au cerveau).
Choroïde (riche en vaisseaux sanguins)

LES YEUX

Le globe oculaire est divisé en deux chambres de chaque côté du cristallin. Une des chambres est remplie d'une humeur aqueuse, l'autre d'une humeur vitrée. La paroi de l'œil est constituée de trois membranes : la sclérotique (le "blanc" de l'œil), la choroïde et la rétine.

LE SAVIEZ-VOUS ?

- Les bâtonnets détectent la lumière, mais pas les couleurs.
- Les cônes voient les couleurs à la lumière.
- Nous clignons des yeux en moyenne 15 fois par minute.

L'OUÏE

Les sons consistent en des vibrations de l'air, amplifiées par l'oreille externe. Acheminées dans l'oreille interne, ces vibrations stimulent les cellules ciliées auditives, qui les transforment en signaux nerveux transmis au cerveau.

LE SAVIEZ-VOUS ?

- Le conduit auditif mesure 2,5 cm.
- L'être humain peut détecter 1 500 sonorités différentes.
- L'oreille n'est pas seulement l'organe du sens de l'ouïe, mais aussi celui de l'équilibre.

LES OREILLES

L'oreille se décompose en trois parties : l'oreille externe (le pavillon et le conduit auditif), l'oreille moyenne (le tympan et les osselets) et l'oreille interne (la cochlée).

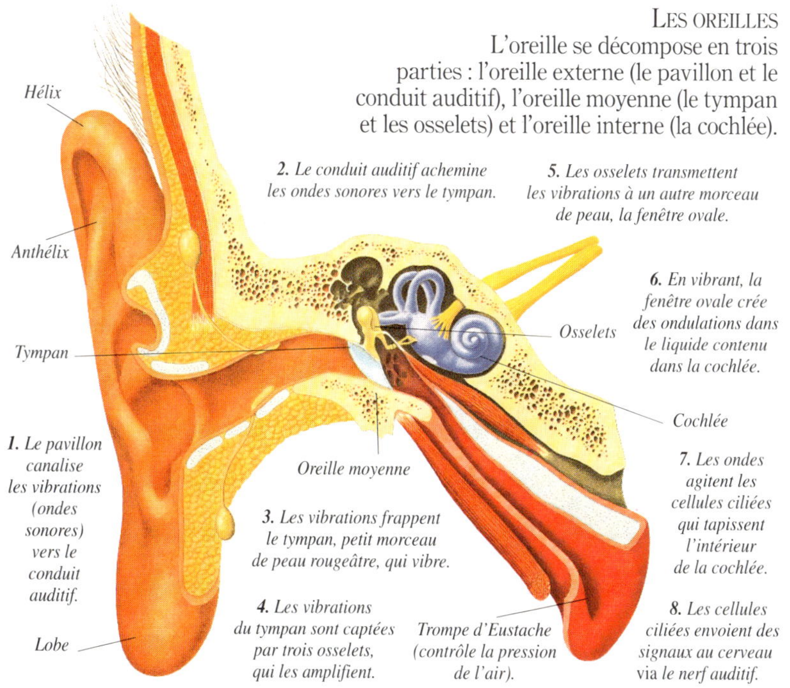
Hélix
Anthélix
Tympan
Lobe
Oreille moyenne
Osselets
Cochlée
Trompe d'Eustache (contrôle la pression de l'air).

1. *Le pavillon canalise les vibrations (ondes sonores) vers le conduit auditif.*

2. *Le conduit auditif achemine les ondes sonores vers le tympan.*

3. *Les vibrations frappent le tympan, petit morceau de peau rougeâtre, qui vibre.*

4. *Les vibrations du tympan sont captées par trois osselets, qui les amplifient.*

5. *Les osselets transmettent les vibrations à un autre morceau de peau, la fenêtre ovale.*

6. *En vibrant, la fenêtre ovale crée des ondulations dans le liquide contenu dans la cochlée.*

7. *Les ondes agitent les cellules ciliées qui tapissent l'intérieur de la cochlée.*

8. *Les cellules ciliées envoient des signaux au cerveau* via *le nerf auditif.*

LE GOÛT

Le goût et l'odorat sont étroitement liés et opèrent ensemble pour nous aider à identifier les saveurs. Les cellules sensorielles, ou papilles, disséminées à la surface de la langue, sont les principaux organes du goût.

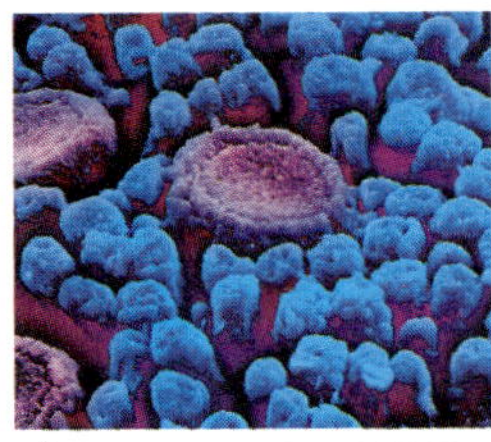

LA SURFACE DE LA LANGUE

Pore
Récepteur sensoriel
Tissu lingual
Fibres nerveuses

PAPILLES GUSTATIVES
Quelque 4 000 papilles gustatives sont dispersées à la surface de la langue. Chacune d'entre elles contient de 10 à 20 cellules du goût. Les molécules dissoutes dans la salive atteignent ces cellules *via* les pores.

LA LANGUE
Dispersées à la surface de ce muscle très mobile, des papilles nous aident à différencier quatre saveurs : le sucré, le salé, l'acide et l'amer.

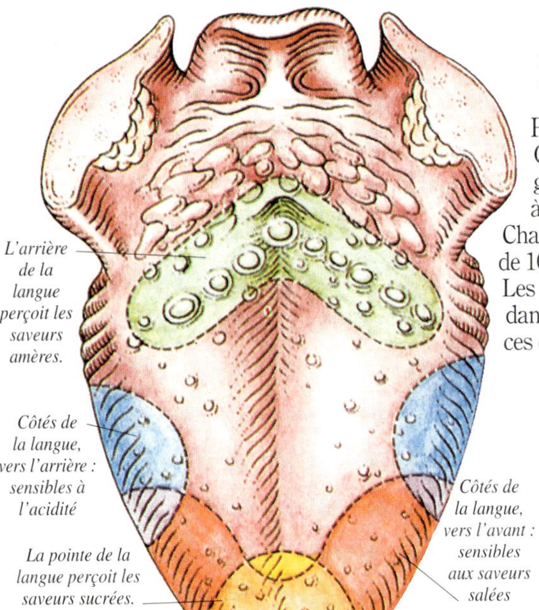

L'arrière de la langue perçoit les saveurs amères.
Côtés de la langue, vers l'arrière : sensibles à l'acidité
La pointe de la langue perçoit les saveurs sucrées.
Côtés de la langue, vers l'avant : sensibles aux saveurs salées

LE SAVIEZ-VOUS ?

- Le bébé a des papilles gustatives dans toute la bouche.
- Une cellule d'une papille gustative ne vit qu'une semaine.

L'ODORAT

L'odorat détecte la présence de molécules odorantes dans l'air. Ces molécules se dissolvent dans le mucus nasal, à l'intérieur du nez, et stimulent les cils du bulbe olfactif. Ces cils sont suffisamment sensibles pour déceler la moindre trace de molécule odorante.

LE NEZ

Le septum divise le nez en deux narines, tapissées chacune de poils et de membranes qui sécrètent un mucus visqueux. L'odorat se situe dans la zone olfactive au sommet du nez.

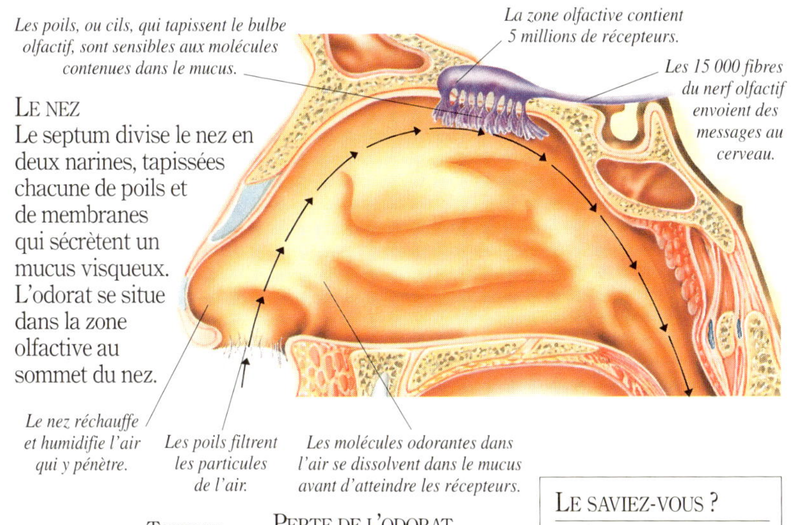

Les poils, ou cils, qui tapissent le bulbe olfactif, sont sensibles aux molécules contenues dans le mucus.

La zone olfactive contient 5 millions de récepteurs.

Les 15 000 fibres du nerf olfactif envoient des messages au cerveau.

Le nez réchauffe et humidifie l'air qui y pénètre.

Les poils filtrent les particules de l'air.

Les molécules odorantes dans l'air se dissolvent dans le mucus avant d'atteindre les récepteurs.

TABLEAU DE LA SENSIBILITÉ OLFACTIVE

Âge	Sensibilité
20 ANS	82 %
60 ANS	38 %
80 ANS	28 %

PERTE DE L'ODORAT

Les bébés sont très sensibles aux odeurs, ce qui leur permet notamment d'identifier leur mère. Mais, à mesure que nous vieillissons, notre sensibilité aux odeurs s'amenuise, comme le montre le tableau ci-contre.

LE SAVIEZ-VOUS ?

- L'être humain peut identifier quelque 3 000 odeurs différentes.
- L'odorat dépend de la zone du cerveau responsable aussi de la mémoire et des émotions.

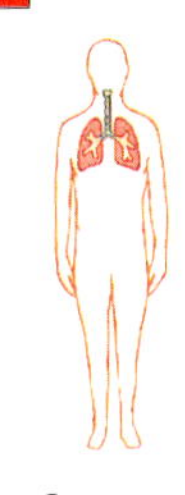
LES POUMONS

LA RESPIRATION

En inspirant de l'air, nous maintenons un apport continuel en oxygène nécessaire aux réactions chimiques du corps, ou respiration cellulaire. Privées d'oxygène, les cellules du cerveau meurent en quelques minutes.

Larynx (tunnel cartilagineux contenant les cordes vocales)

Trachée (amène l'air aux poumons).

Bronchioles

Poumon gauche (deux lobes)

Bronches

Poumon droit (trois lobes)

Chaque poumon repose sur le diaphragme.

Réseau d'artères capillaires et de veines

Chaque poumon contient 700 alvéoles microscopiques, ou sacs aériens.

STRUCTURE DES POUMONS
Les deux poumons sont protégés par la cage thoracique. Lorsque nous inspirons, l'air s'engouffre dans la trachée, puis pénètre dans les poumons par deux gros tubes, les bronches. De là, l'air se répand par les bronchioles qui se terminent chacune par un bouquet de sacs aériens, les alvéoles.

ÉCHANGE D'OXYGÈNE
En pénétrant dans les alvéoles, l'oxygène passe à travers leurs fines parois, pour infiltrer le sang. Simultanément, le gaz carbonique suit le chemin inverse, du sang dans les poumons.

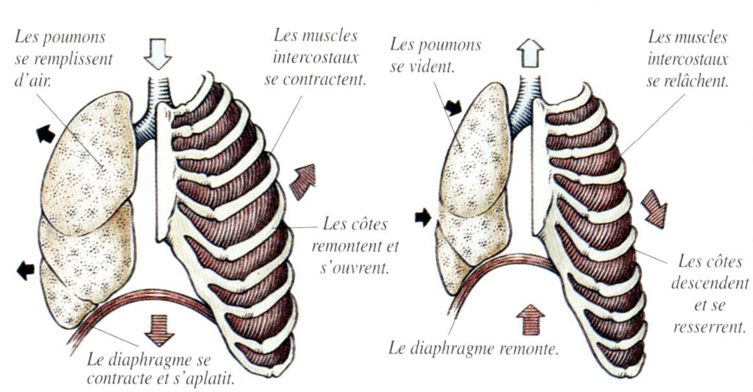
Les poumons se remplissent d'air.
Les muscles intercostaux se contractent.
Les côtes remontent et s'ouvrent.
Le diaphragme se contracte et s'aplatit.
Les poumons se vident.
Les muscles intercostaux se relâchent.
Les côtes descendent et se resserrent.
Le diaphragme remonte.

L'INSPIRATION
Le diaphragme se contracte, la cage thoracique se gonfle d'air, la pression dans la poitrine chute et l'air rentre dans les poumons.

L'EXPIRATION
Le diaphragme et la cage thoracique se relâchent, la pression emmagasinée dans la poitrine expulse l'air.

COMPOSITION DE L'AIR INSPIRÉ

Azote 78 % — *Gaz carbonique 0,03 %* — *Oxygène 21 %*

COMPOSITION DE L'AIR EXPIRÉ

Azote 79 % — *Gaz carbonique 5 %* — *Oxygène 16 %*

COMPOSITION DE L'AIR
Chaque minute, nous inspirons et expirons quelque 6 litres d'air composé d'oxygène, d'azote et de gaz carbonique. L'air que nous expirons contient environ 100 fois plus de gaz carbonique que l'air inspiré.

LE SAVIEZ-VOUS ?

- Un individu respire environ 600 millions de fois au cours de sa vie.
- La surface totale des alvéoles est équivalente à celle d'un court de tennis.
- Les poumons contiennent 2 400 km de voies aériennes.
- Un individu peut vivre avec un seul poumon.

LE CŒUR ET LE SANG

Vaste “réseau de transport”, le système cardio-vasculaire regroupe le cœur, le sang et les vaisseaux sanguins. Le sang achemine l’oxygène jusqu’aux cellules, transporte les nutriments et les hormones.

LES BATTEMENTS DU CŒUR

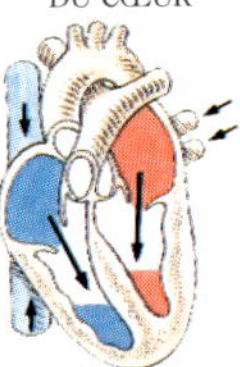

1. Durant la diastole, période de repos du cœur, le sang pénètre dans les 2 oreillettes avant de passer dans les ventricules.

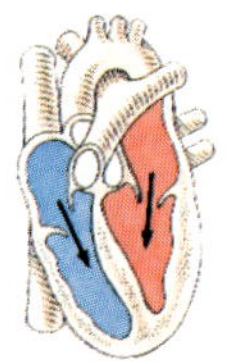

2. Durant la systole (pompage), les oreillettes sont les premières à se contracter, expulsant le sang dans les ventricules.

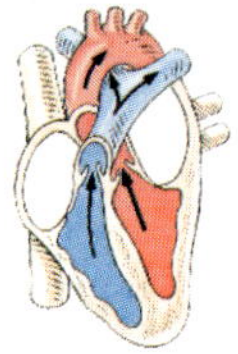

3. Les ventricules se contractent à leur tour, envoyant le sang dans les artères.

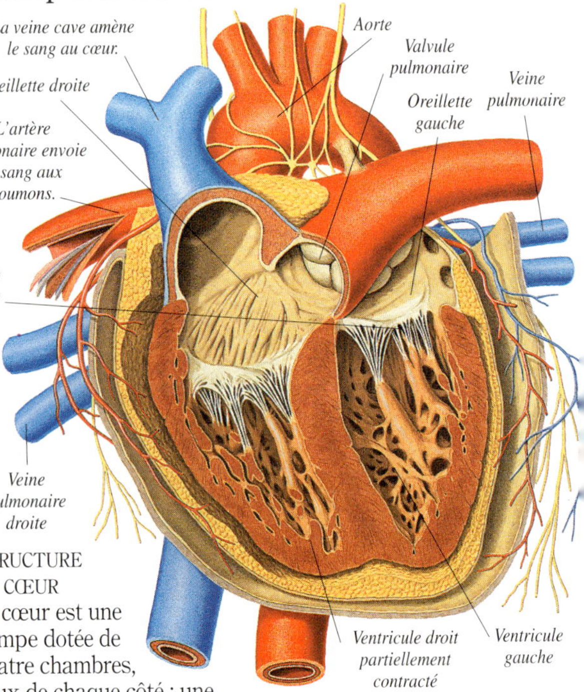

La veine cave amène le sang au cœur.

Aorte

Valvule pulmonaire

Oreillette droite

Veine pulmonaire

Oreillette gauche

L’artère pulmonaire envoie le sang aux poumons.

Valvule mitrale

Veine pulmonaire droite

Ventricule droit partiellement contracté

Ventricule gauche

STRUCTURE DU CŒUR

Le cœur est une pompe dotée de quatre chambres, deux de chaque côté : une oreillette en haut, un ventricule en bas, qui se contractent et se relâchent tous les 8/10 de seconde pour acheminer le sang dans le corps.

Les valvules empêchent le reflux du sang.

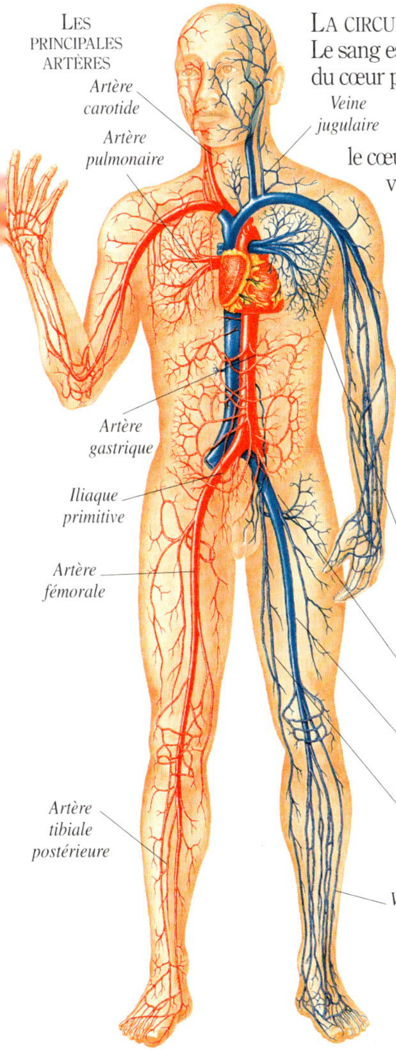

LES PRINCIPALES ARTÈRES
Artère carotide
Artère pulmonaire
Veine jugulaire
Artère gastrique
Iliaque primitive
Artère fémorale
Artère tibiale postérieure
Veines pulmonaires
Veine iliaque primitive
Veine fémorale
Veine saphène interne
Veine saphène courte
LES PRINCIPALES VEINES

LA CIRCULATION

Le sang est pulsé du cœur par les artères (en rouge) et regagne le cœur par les veines (en bleu). Les artères se divisent en artérioles, subdivisées à leur tour en très fins capillaires. Nutriments et oxygène s'infiltrent par leurs fines parois.

LE SAVIEZ-VOUS ?

- Le cœur bat plus de 30 millions de fois par an.
- Lors d'un exercice physique, le rythme cardiaque s'accélère pour fournir aux muscles davantage d'oxygène.
- Chez l'adulte, le cœur bat entre 60 et 80 pulsations par minute.

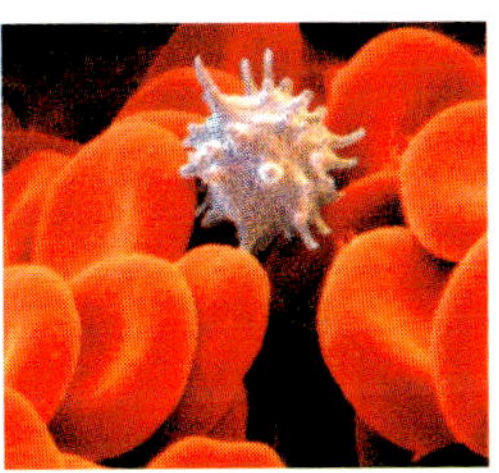

LE SANG

Il est constitué de plasma contenant des éléments en suspension : globules rouges (érythrocytes ou hématies), globules blancs (leucocytes) et fragments cellulaires (plaquettes). Il contient également des sels minéraux, des lipides, du glucose, des protéines et des hormones.

LE SYSTÈME DIGESTIF

La nourriture doit être transformée en infimes particules pour être assimilée par l'organisme. Ce processus de digestion commence par la salivation. Lors de sa progression dans le corps, la nourriture est réduite en bouillie par les sucs digestifs. Les résidus non digérés forment les selles, qui transitent dans le côlon et sont évacuées.

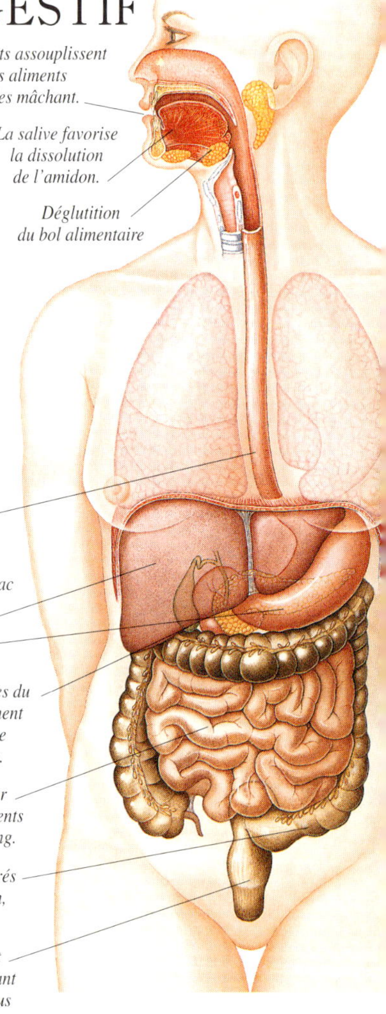
Les dents assouplissent les aliments en les mâchant.
La salive favorise la dissolution de l'amidon.
Déglutition du bol alimentaire
Contractions musculaires conduisant le bol alimentaire dans l'œsophage, puis dans l'estomac
Foie
Estomac
Les enzymes digestives du duodénum transforment les aliments en une bouillie, le chyme.
L'iléon fait passer minéraux et nutriments digérés dans le sang.
Les aliments non digérés passent dans le côlon, qui absorbe l'eau.
Rectum, segment musculaire expulsant les selles par l'anus

LE PARCOURS DIGESTIF

Le tube digestif, qui va de la bouche à l'anus, mesure environ 9 m de longueur. La nourriture descend dans l'œsophage jusqu'à l'estomac, puis s'introduit dans l'intestin grêle, constitué du duodénum, du jéjunum et de l'iléon, et dans le côlon (gros intestin), que termine le rectum. Plusieurs organes et glandes participent à la digestion.

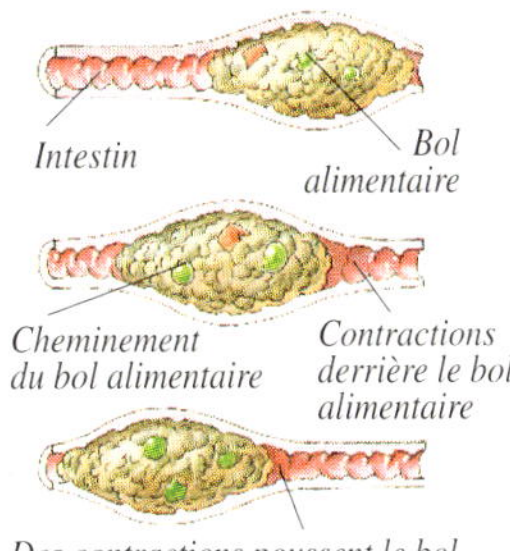
Intestin
Bol alimentaire
Cheminement du bol alimentaire
Contractions derrière le bol alimentaire

Des contractions poussent le bol.

Le péristaltisme

La paroi du tube digestif est formée de fibres longitudinales et circulaires dont l'onde de contraction, le péristaltisme, fait progresser le bol alimentaire.

L'estomac

L'estomac est une poche extensible qui stocke les aliments. Ses muscles puissants malaxent la nourriture, tandis que les sucs gastriques réduisent les aliments en bouillie pour qu'ils puissent être digérés. De là, cette bouillie est évacuée dans le duodénum.

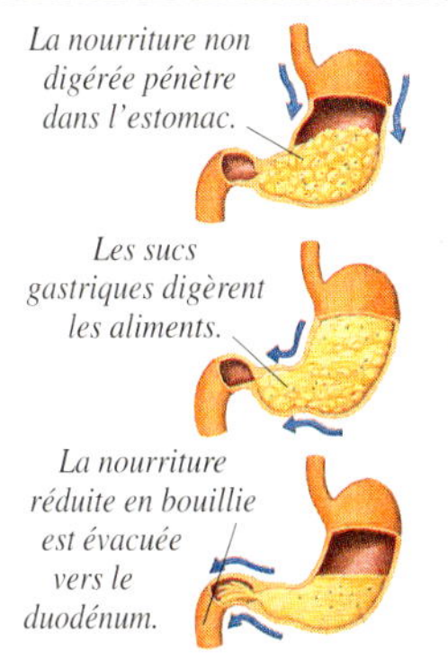
La nourriture non digérée pénètre dans l'estomac.
Les sucs gastriques digèrent les aliments.
La nourriture réduite en bouillie est évacuée vers le duodénum.

Les villosités

La paroi de l'intestin grêle est tapissée de millions de structures microscopiques en forme de doigts, les villosités, qui absorbent la nourriture.

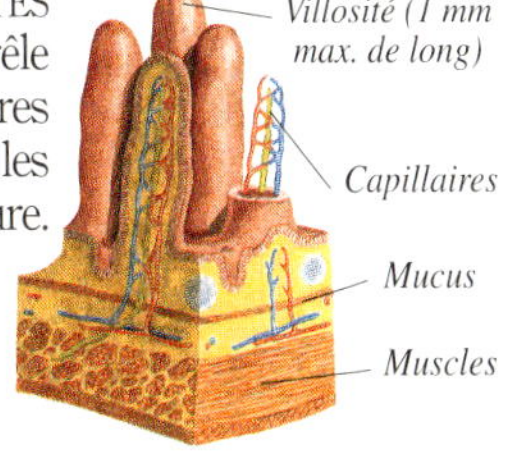
Villosité (1 mm max. de long)
Capillaires
Mucus
Muscles

Le foie

Le foie a plusieurs fonctions : il stocke les vitamines, transforme la nourriture digérée en protéines sanguines et fabrique la bile, qui transforme les graisses en fines gouttelettes.

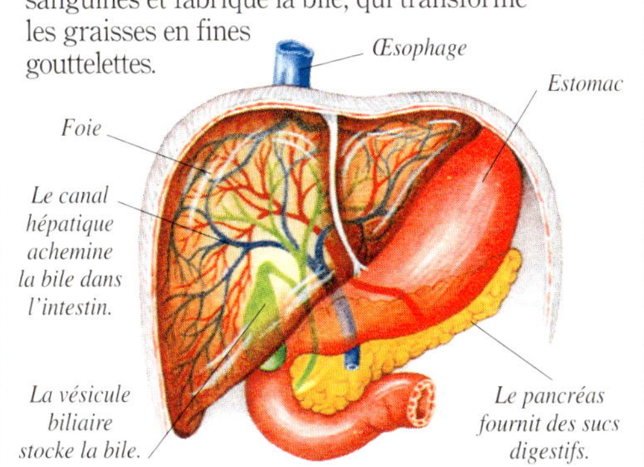
Œsophage
Estomac
Foie
Le canal hépatique achemine la bile dans l'intestin.
La vésicule biliaire stocke la bile.
Le pancréas fournit des sucs digestifs.

Le saviez-vous ?

- Les aliments restent jusqu'à 5 heures dans l'estomac, puis jusqu'à 20 heures dans le côlon.
- La paroi de l'estomac est protégée par un mucus épais afin qu'il ne se digère pas lui-même.
- La digestion s'amorce dès que l'on absorbe le moindre aliment.

LE SYSTÈME URINAIRE

L'APPAREIL URINAIRE

Les reins épurent les déchets produits par les cellules de l'organisme, qui sont déversés dans le sang. Ces déchets sont transformés en urine qui est évacuée *via* l'uretère, la vessie et l'urètre. Le système urinaire se charge ainsi de purifier le sang et de réguler la quantité d'eau contenue dans le corps.

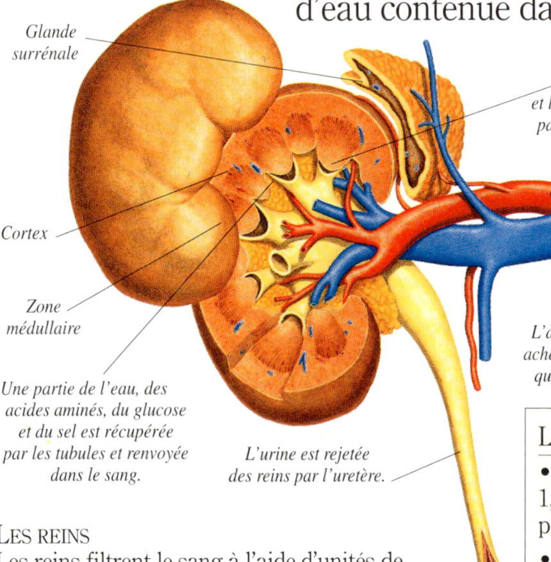
Glande surrénale
Le surplus d'eau et les déchets sont évacués par des tubes collecteurs sous forme d'urine.
Cortex
Veine rénale transportant le sang épuré
Zone médullaire
L'artère rénale achemine le sang qui sera filtré.
Une partie de l'eau, des acides aminés, du glucose et du sel est récupérée par les tubules et renvoyée dans le sang.
L'urine est rejetée des reins par l'uretère.

LES REINS

Les reins filtrent le sang à l'aide d'unités de filtration, les néphrons. Dans chaque néphron, l'eau et les molécules microscopiques sont canalisées par de petits tubes, les tubules. À l'intérieur, les molécules utiles et la plus grande partie de l'eau sont renvoyées dans le sang. Le reste est évacué sous forme d'urine.

LE SAVIEZ-VOUS ?

- Les reins nettoient 1,3 litre de sang par minute.
- L'urine est composée à 96 % d'eau. Les 4 % restant contiennent des déchets, telle l'urée fabriquée par le foie.

LES HORMONES

Sécrétées par les glandes endocrines, ce sont des messagers chimiques qui stimulent, régulent et coordonnent diverses fonctions du corps.

LA TESTOSTÉRONE

Les testicules fabriquent la testostérone, une hormone sexuelle contrôlant le développement de l'appareil génital masculin.

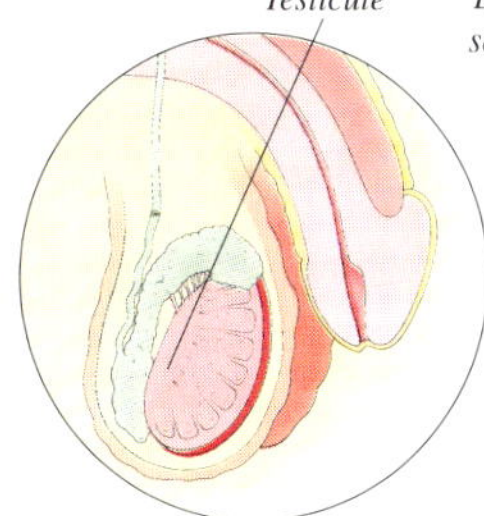
Testicule

LE SAVIEZ-VOUS ?

- Une sécrétion excessive d'hormone de croissance par l'hypophyse peut entraîner le gigantisme.
- L'hormone adrénaline peut décupler la force physique.

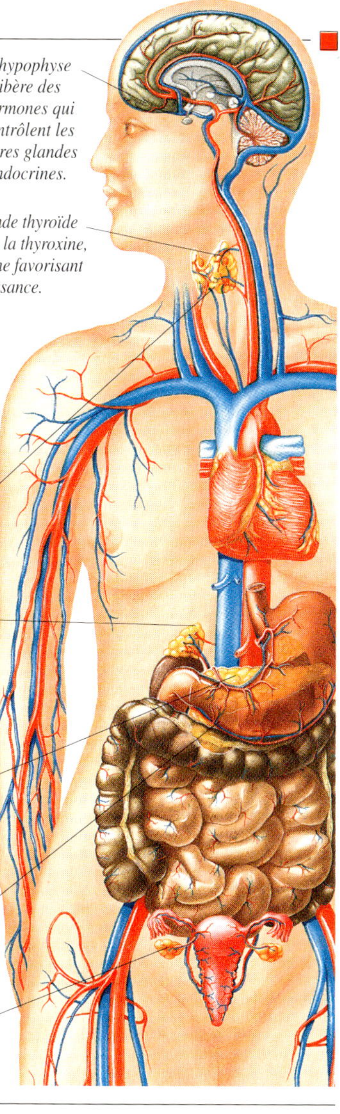

L'hypophyse libère des hormones qui contrôlent les autres glandes endocrines.

La glande thyroïde produit la thyroxine, hormone favorisant la croissance.

Les glandes parathyroïdes sécrètent la parathormone, qui augmente le taux de calcium dans le sang.

Les glandes surrénales produisent des corticostéroïdes qui accélèrent le métabolisme, et de l'adrénaline qui pousse le corps à réagir.

Le pancréas fabrique deux hormones, le glucagon et l'insuline, qui règlent le niveau de sucre dans le sang.

L'estomac et les intestins sécrètent des hormones qui facilitent la digestion.

Chez la femme, les ovaires produisent deux hormones, l'œstrogène et la progestérone.

LA REPRODUCTION

À partir de la puberté, les appareils génitaux de l'homme et de la femme sont suffisamment développés pour permettre des rapports sexuels et la fécondation. Toute vie nouvelle commence par la fécondation d'un ovule par un spermatozoïde.

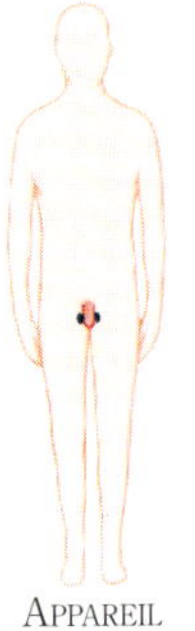
APPAREIL GÉNITAL MASCULIN

APPAREIL GÉNITAL MASCULIN
Les spermatozoïdes sont fabriqués par les testicules et stockés dans des canalicules séminifères, puis se développent dans l'épididyme. Au moment de l'éjaculation, les muscles chassent le sperme de l'épididyme dans le canal déférent, où il se mêle au liquide séminal.

UN SPERMATOZOÏDE

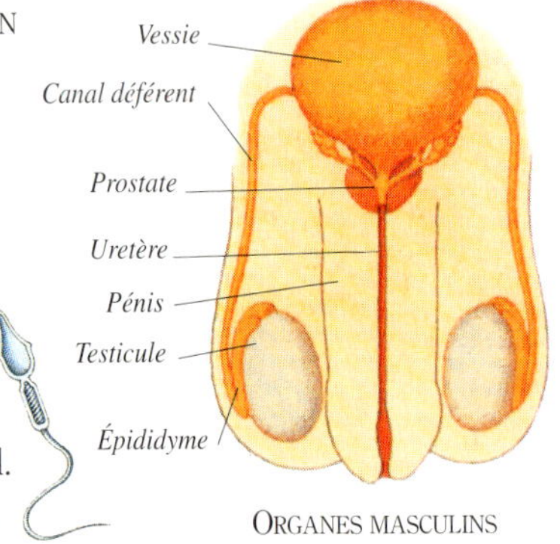
Vessie
Canal déférent
Prostate
Uretère
Pénis
Testicule
Épididyme
ORGANES MASCULINS

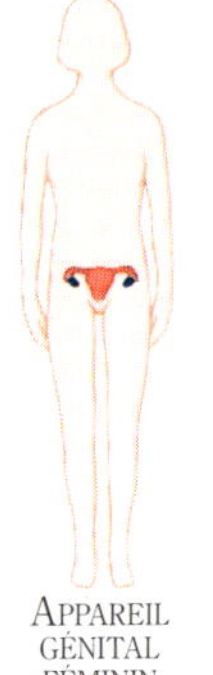
APPAREIL GÉNITAL FÉMININ

APPAREIL GÉNITAL FÉMININ
Les œufs sont stockés dans les ovaires. Tous les 28 jours environ, un œuf, ou ovule, est libéré au cours de l'ovulation. Cet ovule est évacué dans l'une des deux trompes de Fallope. Si l'ovule est fécondé, il se niche dans la paroi utérine. Sinon, il est éliminé, avec la paroi utérine, pendant les règles.

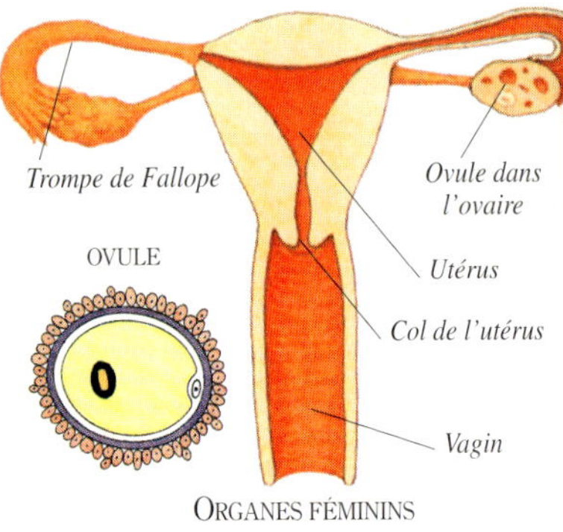
Trompe de Fallope
Ovule dans l'ovaire
Utérus
Col de l'utérus
Vagin
ORGANES FÉMININS

OVULE

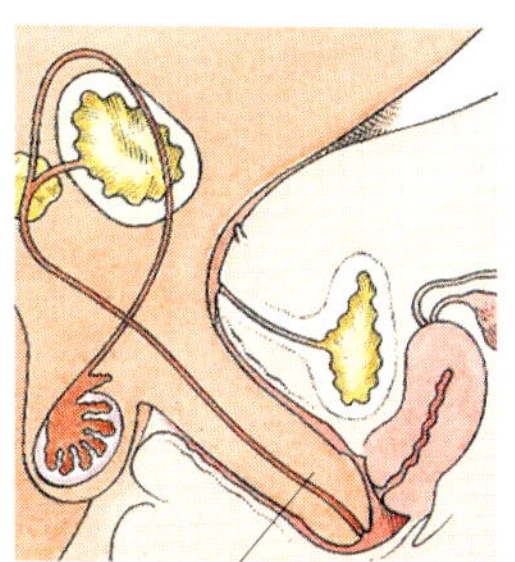

Pénis à l'intérieur du vagin

LES RAPPORTS SEXUELS
Pendant les rapports sexuels, le pénis se remplit de sang, entre en érection et pénètre dans le vagin. L'éjaculation du sperme entraîne la libération de quelque 300 millions de spermatozoïdes, dont un seul suffit à féconder un éventuel ovule.

Pilules contraceptives

Diaphragme

Préservatif

LA CONTRACEPTION
Les préservatifs et autres moyens de contraception sont utilisés pour éviter tout risque de conception.

Le cordon ombilical est constitué de trois vaisseaux sanguins entrecroisés.

Le liquide amniotique est contenu dans une poche.

Le placenta est un organe spongieux qui recouvre la paroi de l'utérus.

Le fœtus se retourne durant les dernières semaines de la grossesse.

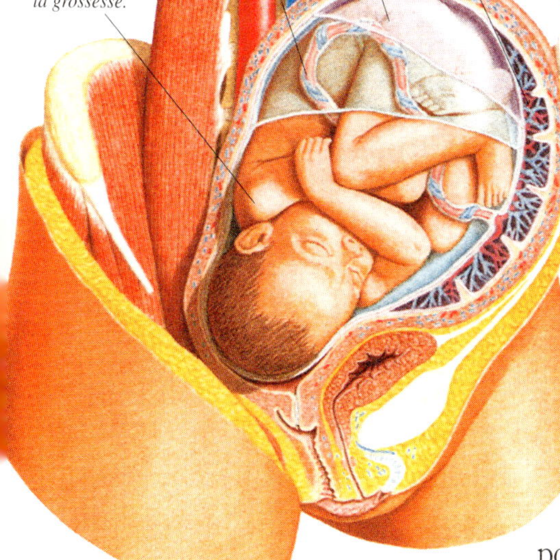

La grossesse

L'ovule fécondé se transforme en embryon dans l'utérus. Au bout de huit semaines, c'est un fœtus, dont les principaux organes sont formés. Il se développe en se nourrissant, grâce au cordon ombilical, de nutriments et d'oxygène fournis par le placenta. Quarante semaines après sa fécondation, les muscles de l'utérus se contractent et le poussent vers l'extérieur.

LES GÈNES ET L'HÉRÉDITÉ

Chaque noyau cellulaire contient plusieurs chromosomes, constitués eux-mêmes d'une molécule d'ADN, à structure spiralée. Chaque molécule d'ADN est composée de gènes responsables des caractéristiques physiologiques, comme la couleur des yeux.

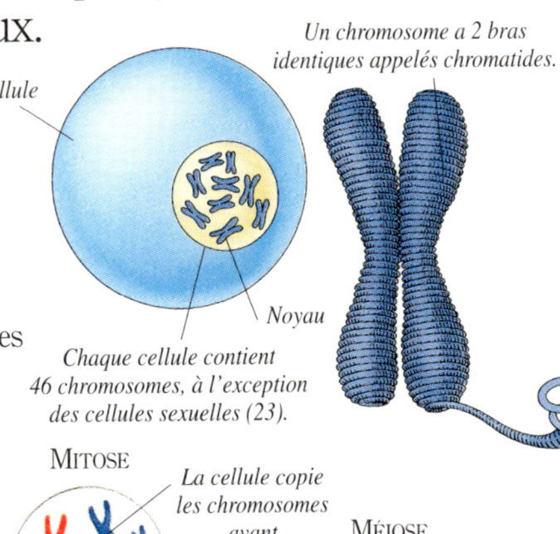
Un chromosome a 2 bras identiques appelés chromatides.
Cellule
Noyau
Chaque cellule contient 46 chromosomes, à l'exception des cellules sexuelles (23).

LES GÈNES

Chaque molécule d'ADN stocke plusieurs millions de gènes. Chaque gène fournit des instructions pour fabriquer une seule protéine, qui servira à la construction d'une nouvelle cellule ou au contrôle des activités d'une autre cellule. Les gènes sont transmis d'une génération à l'autre au cours de la conception.

LA MITOSE

Avec la croissance et le remplacement des cellules usées, les cellules se divisent en deux selon un processus appelé mitose. En se divisant, les cellules assurent un nombre constant de chromosomes (46) par nouvelle cellule.

MITOSE

La cellule copie les chromosomes avant de se diviser.

Chaque nouvelle cellule contient 46 chromosomes.

LA MÉIOSE

Les cellules sexuelles sont fabriquées durant la division cellulaire appelée méiose. Les gènes de la cellule originale sont combinés de manière que les nouvelles cellules soient génétiquement uniques.

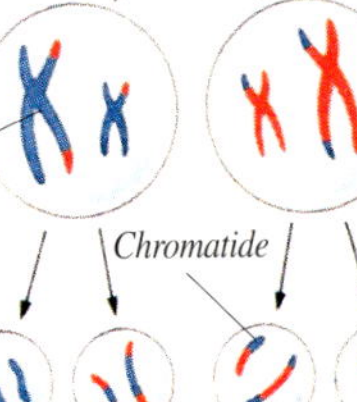
MÉIOSE
Les gènes sont remaniés dans la cellule originale.
Chaque paire de chromosomes se divise en 2. Chaque nouvelle cellule en reçoit la moitié.

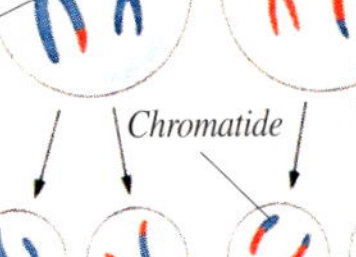
Chromatide

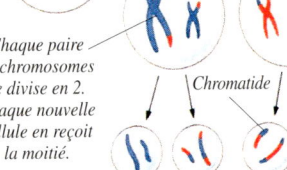

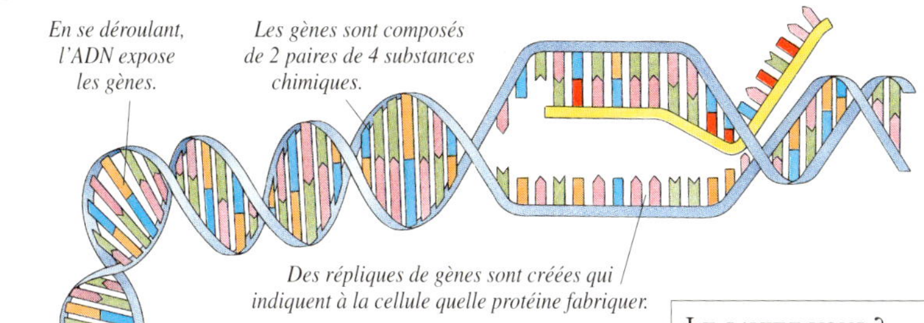

En se déroulant, l'ADN expose les gènes.

Les gènes sont composés de 2 paires de 4 substances chimiques.

Des répliques de gènes sont créées qui indiquent à la cellule quelle protéine fabriquer.

Chaque filament d'ADN est constitué de gènes.

Molécule d'ADN formée de 2 filaments

FILLE OU GARÇON
Le sexe de l'enfant dépend de la combinaison de chromosomes X et Y présents dans le spermatozoïde qui féconde l'ovule.

LE SAVIEZ-VOUS ?

- Les globules rouges n'ont pas de noyau cellulaire et ne contiennent pas de gènes.
- Chez la femme, tous les chromosomes ont la forme d'un X ; chez l'homme, deux d'entre eux ont celle d'un Y.

HÉRÉDITÉ
L'hérédité est la transmission de caractéristiques *via* les gènes. Un bébé hérite pour une moitié des gènes de sa mère, pour une autre de ceux de son père. Le remaniement des gènes explique que les frères et sœurs héritent de gènes différents, ce qui n'excluent pas certaines ressemblances.

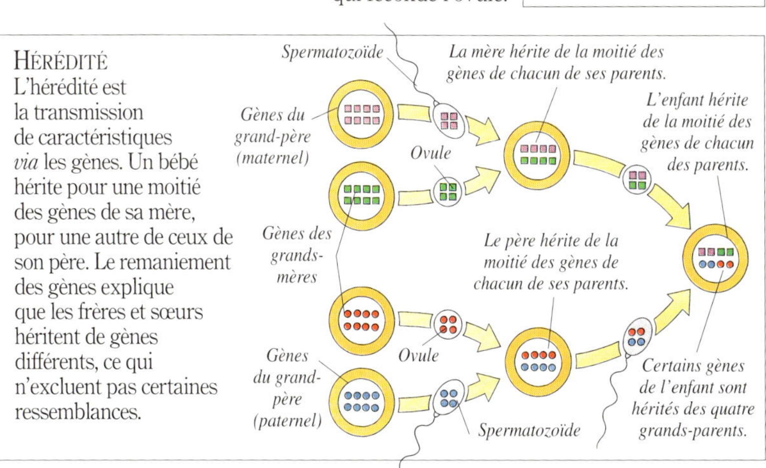
Spermatozoïde
La mère hérite de la moitié des gènes de chacun de ses parents.
Gènes du grand-père (maternel)
Ovule
L'enfant hérite de la moitié des gènes de chacun des parents.
Gènes des grands-mères
Le père hérite de la moitié des gènes de chacun de ses parents.
Ovule
Gènes du grand-père (paternel)
Spermatozoïde
Certains gènes de l'enfant sont hérités des quatre grands-parents.

LES INFECTIONS

Pour lutter contre les bactéries ou les virus à l'origine des maladies, notre corps dispose d'un mécanisme de défense, le système immunitaire.

Un seul macrophage peut phagocyter 100 bactéries.

MACROPHAGE (BLEU) NEUTRALISANT UNE CELLULE DE LEVURE (JAUNE)

LES CELLULES "CHAROGNARDES"

Les phagocytes et les macrocytes, plus grosses, circulent dans le sang, détruisant toutes les substances indésirables (saleté dans une coupure, par exemple).

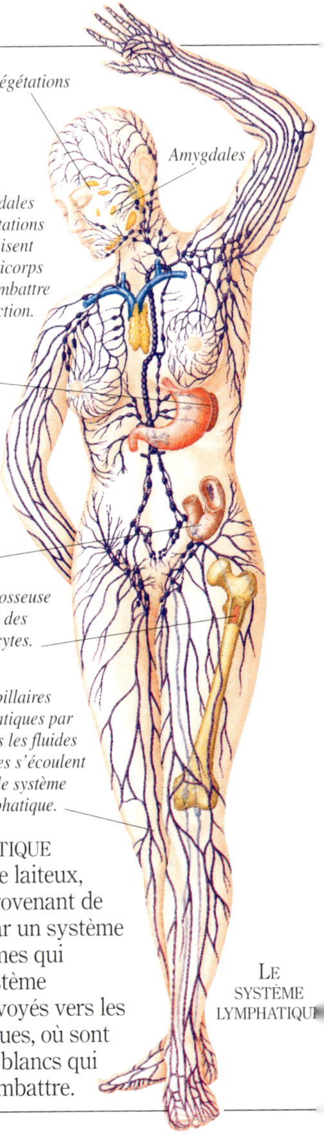

LE SAVIEZ-VOUS ?

- Des ganglions enflés sont un symptôme d'infection.
- La fièvre est due à l'évacuation de protéines (pyrogènes) par les globules blancs.

LE SYSTÈME LYMPHATIQUE

La lymphe, un liquide laiteux, évacue les déchets provenant de l'activité cellulaire par un système de conduits. Les germes qui pénètrent dans le système lymphatique sont envoyés vers les ganglions lymphatiques, où sont stockés des globules blancs qui se chargent de les combattre.

Végétations

Amygdales

Amygdales et végétations produisent des anticorps pour combattre l'infection.

La rate stocke certains globules blancs, les lymphocytes.

L'intestin grêle contient des tissus lymphatiques aidant à combattre les microbes.

La moelle osseuse produit des lymphocytes.

Capillaires lymphatiques par lesquels les fluides tissulaires s'écoulent dans le système lymphatique.

LE SYSTÈME LYMPHATIQUE

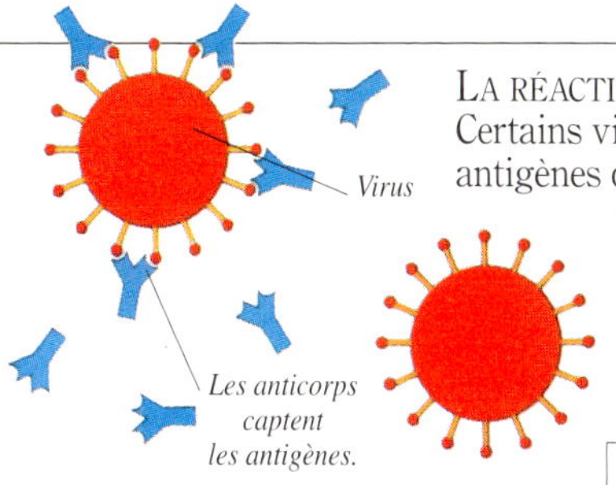
Virus
Les anticorps captent les antigènes.

LA RÉACTION IMMUNITAIRE
Certains virus et bactéries contiennent des antigènes qui poussent le système immunitaire à réagir. Lorsque ce dernier rencontre un antigène, il produit des anticorps pour le combattre. Les lymphocytes B sécrètent des anticorps qui se concentrent, chacun, sur un antigène spécifique.

La médecine

Le système immunitaire est remarquablement efficace pour lutter contre les maladies, mais parfois il échoue ou se montre trop lent. Médecine moderne et autres formes de thérapie traditionnelles aident l'organisme à combattre la maladie.

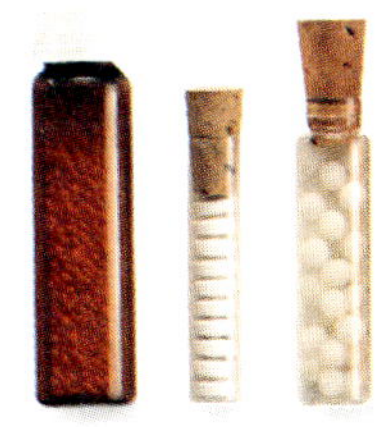

LES MÉDICAMENTS
Les médicaments pour lutter contre la maladie sont composés de produits chimiques ou de plantes. Ils sont généralement absorbés sous forme de cachets, de capsules ou de sirop.

IMMUNISATION
L'immunisation active ou passive par injection fournit au corps une protection contre certaines maladies.

IMMUNISATION ACTIVE

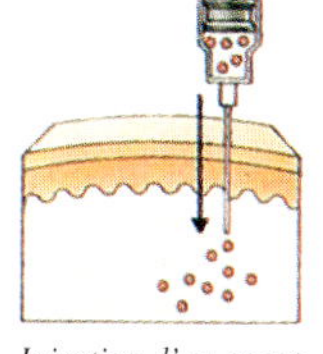

Injection d'un agent pathogène inactivé qui ne peut diffuser la maladie.

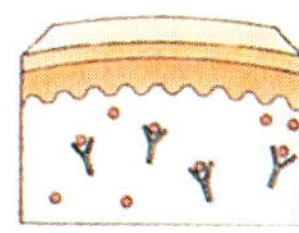

Le vaccin stimule les lymphocytes B à produire des anticorps.

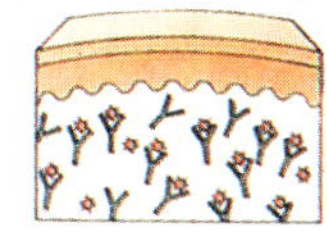

Le système immunitaire réagira en cas de risque.

IMMUNISATION PASSIVE

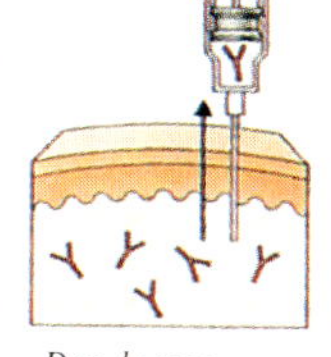

Don de sang contenant des anticorps

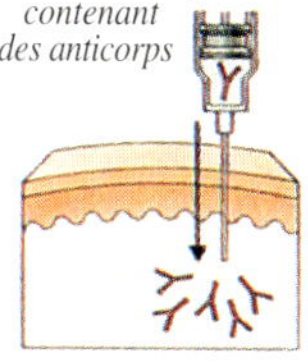

Des anticorps sont injectés au patient.

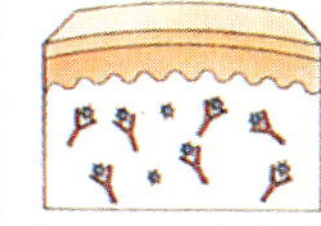

En cas de maladie, les anticorps interviendront.

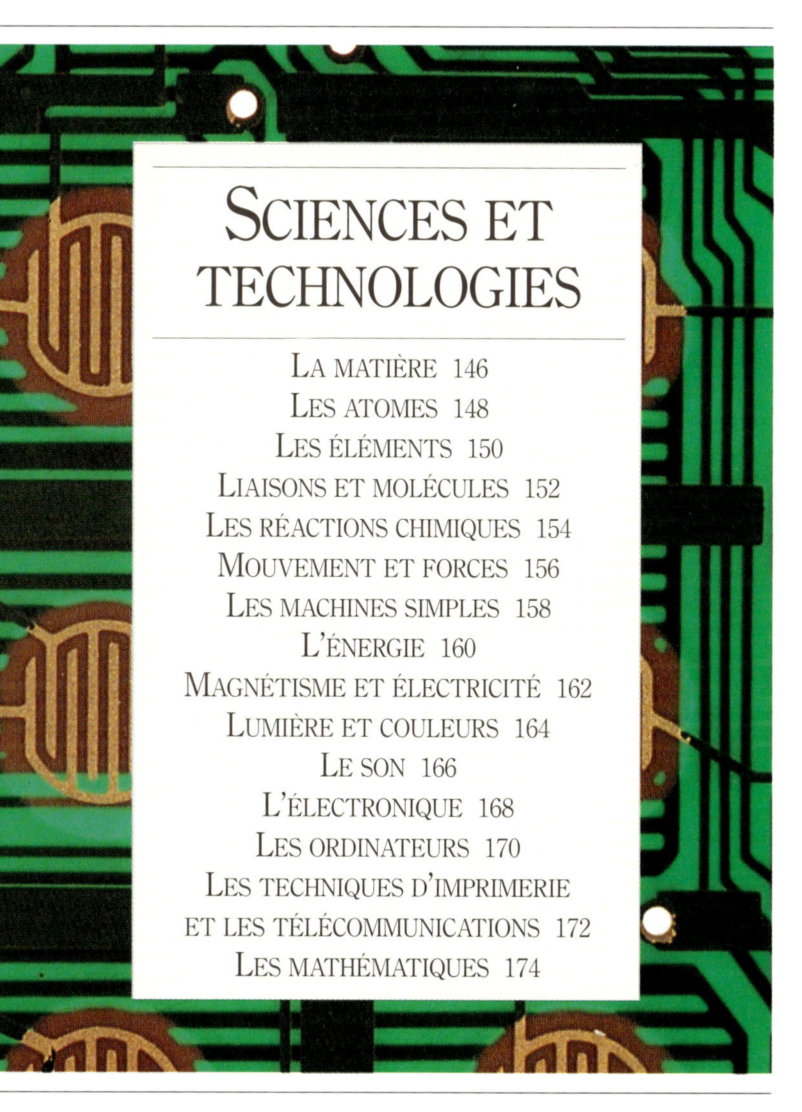

Sciences et technologies

LA MATIÈRE

Constituée de “grains” minuscules, (atomes, ions ou molécules), la matière compose chaque élément de l’Univers, du plus petit insecte à la plus lointaine des étoiles. Sur Terre, la matière se présente sous trois formes : solide, liquide et gazeuse.

Électrode

Traînées de plasma

LE PLASMA
Ce rare 4e état de la matière se forme quand des atomes laissent échapper des électrons sous l’effet d’une très haute température.

L’ÉTAT GAZEUX
Un gaz n’a ni forme ni volume propres ; il occupe tout le volume qui lui est offert. Ses “grains” sont largement espacés. Ils sont faiblement reliés entre eux et se déplacent librement.

Le gaz produit par la réaction chimique se disperse.

L’ÉTAT LIQUIDE
Un liquide a un volume défini mais pas de forme précise ; il épouse la forme du récipient qui le contient. Ses “grains” forment un ensemble condensé mais désordonné. Ils peuvent se déplacer les uns par rapport aux autres.

Le liquide épouse la forme du verre.

Les pièces sont rigides.

L’ÉTAT SOLIDE
Un solide a une forme et un volume propres. Ses grains, liés entre eux selon un schéma ordonné, peuvent vibrer mais sont fixes les uns par rapport aux autres.

Les changements d'état

Les liaisons unissant les "grains" sont affaiblies par la chaleur et consolidées par le froid. À haute température, les solides se transforment en liquides et les liquides, en gaz. À basse température, les gaz se transforment en liquides, et les liquides en solides.

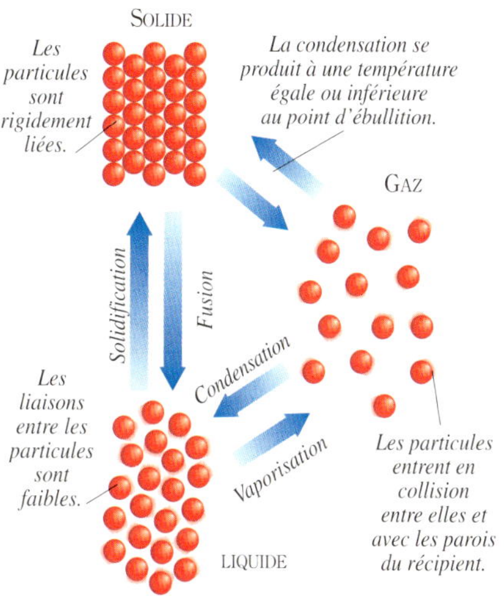

Solide
Les particules sont rigidement liées.
La condensation se produit à une température égale ou inférieure au point d'ébullition.
Gaz
Solidification
Fusion
Condensation
Vaporisation
Les liaisons entre les particules sont faibles.
Les particules entrent en collision entre elles et avec les parois du récipient.
Liquide

Masse, volume et densité

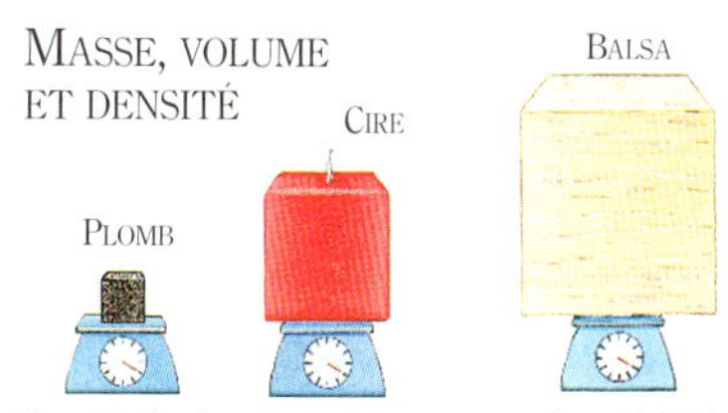

Plomb
Cire
Balsa

Densité élevée *Densité moyenne* *Densité faible*

La masse d'un corps est sa quantité de matière ; son volume, la quantité d'espace qu'il occupe ; et sa densité, le rapport de sa masse volumique à la masse volumique de l'eau.

Lois des gaz parfaits

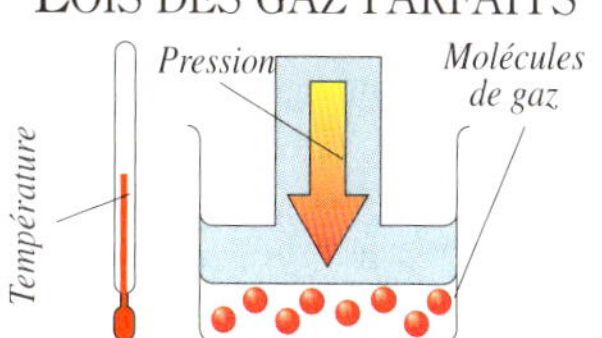

Pression
Molécules de gaz
Température

Loi de Mariotte : à température constante (T), le volume (V) d'un gaz est inversement proportionnel à sa pression (P) (le gaz se contracte si la pression augmente) : PV est une constante.

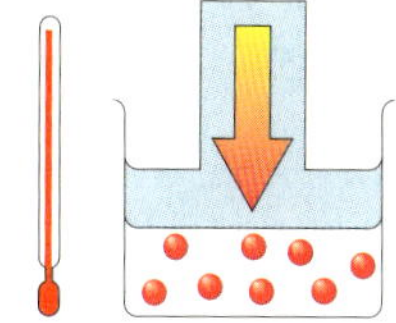

Loi de la variation de pression : pour un volume constant, la pression d'un gaz est proportionnelle à sa température (si la température augmente, la pression augmente) : P/T est une constante.

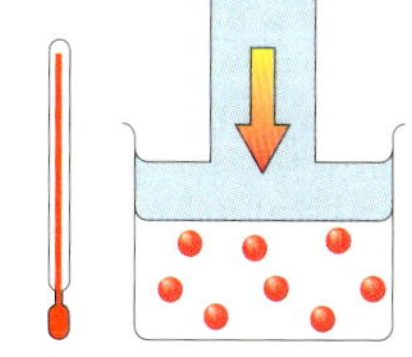

Loi de Charles : à pression constante, le volume d'un gaz est proportionnel à sa température (si la température augmente, le volume augmente) : V/T est une constante.

LES ATOMES

La matière est constituée de “grains” de taille infime appelés atomes. Structures le plus souvent stables, les atomes sont présents dans l’ensemble de l’Univers. On en compte plus de cent types, eux-mêmes constitués de “grains” encore plus petits : les particules élémentaires.

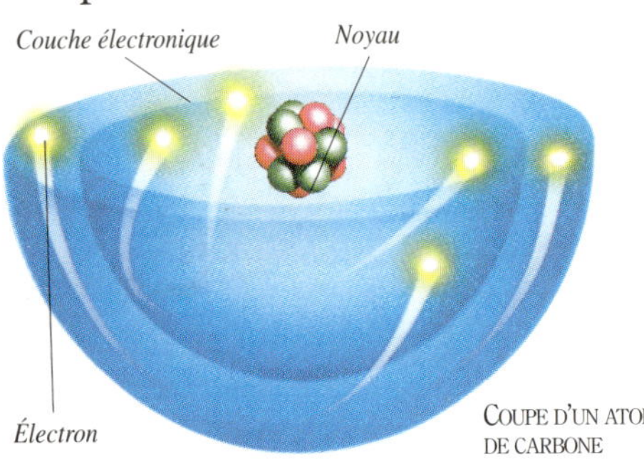

Couche électronique
Noyau
Électron

COUPE D’UN ATOME DE CARBONE

LA STRUCTURE D’UN ATOME

Le centre d’un atome, appelé noyau, est formé de protons de charge positive et de neutrons de charge nulle. Les électrons, particules de charge négative, tournent autour du noyau sur une ou plusieurs couches électroniques.

ATOME DE CARBONE 12

Proton

Neutron

Le noyau contient 6 protons et 6 neutrons.

LE NOMBRE DE MASSE

Le nombre total de protons et de neutrons contenus dans le noyau d’un atome est le nombre de masse. L’atome de carbone le plus répandu possède 6 protons et 6 neutrons ; c’est pourquoi il est appelé carbone 12.

ATOME DE CARBONE 14

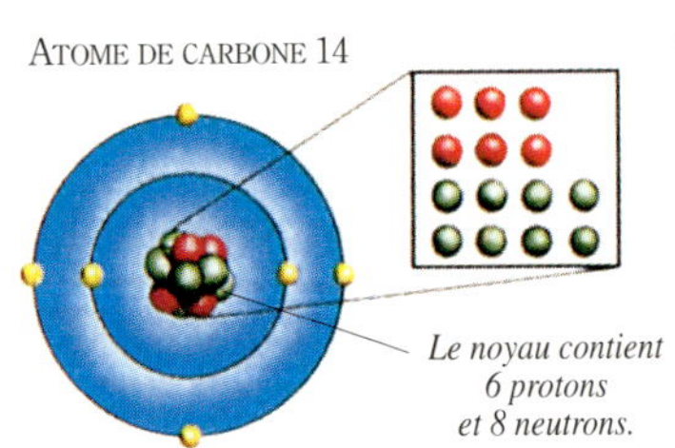

Le noyau contient 6 protons et 8 neutrons.

LES ISOTOPES

Lorsque 2 atomes d’un même élément possèdent un nombre identique de protons mais un nombre différent de neutrons, ce sont des isotopes. L’isotope carbone 14 possède 2 neutrons de plus que l’isotope carbone 12.

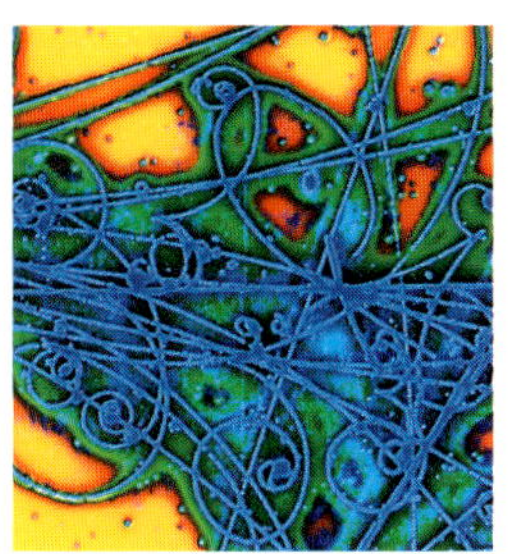

MOUVEMENTS DES PARTICULES ENGENDRÉES PAR LA COLLISION

LES COLLISIONS

Les collisions réalisées dans les accélérateurs de particules permettent aux scientifiques de découvrir des particules nouvelles. Leurs mouvements éphémères sont enregistrés par des ordinateurs.

LE SAVIEZ-VOUS ?

- Protons et neutrons sont 1 836 fois plus lourds que les électrons.
- Plus de 200 particules élémentaires ont été découvertes à ce jour.
- Un grain de poussière contient environ 1 000 milliards d'atomes.

LES QUARKS

Les protons et les neutrons sont des particules lourdes composées de 3 particules plus petites, les quarks, elles-mêmes liées entre elles par des “grains” minuscules appelés gluons. Les quarks d (*down*) ont une charge négative de – 1/3 ; les quarks u (*up*), une charge positive de + 2/3.

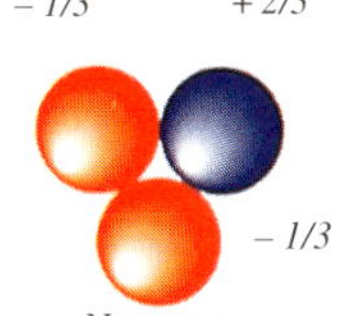

– 1/3
+ 2/3
– 1/3

NEUTRON

Un neutron se compose d'1 quark u et de 2 quarks d. Sa charge électrique est nulle.

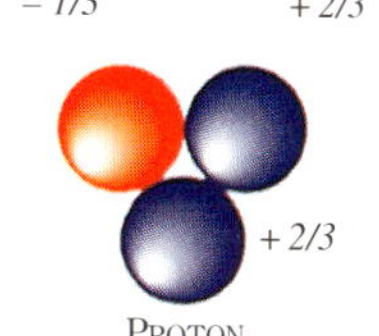

– 1/3
+ 2/3
+ 2/3

PROTON

Un proton se compose d'1 quark d et de 2 quarks u. Sa charge électrique est positive.

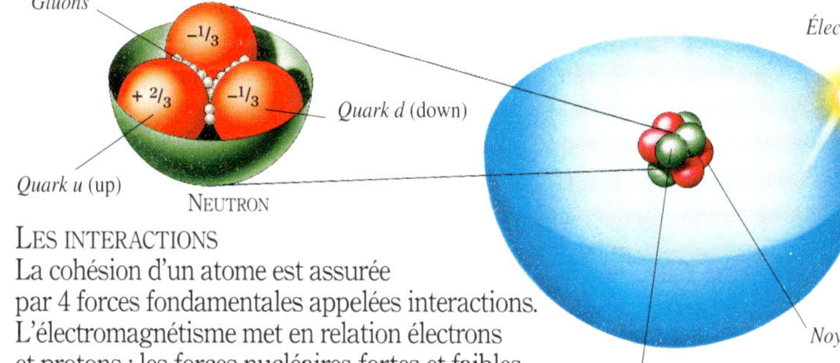

Gluons
–1/3
+ 2/3
–1/3
Quark d (down)
Quark u (up)
NEUTRON
Électron
Noyau
Neutron

LES INTERACTIONS

La cohésion d'un atome est assurée par 4 forces fondamentales appelées interactions. L'électromagnétisme met en relation électrons et protons ; les forces nucléaires fortes et faibles maintiennent en équilibre les particules du noyau. À ces 3 forces s'ajoute la gravitation.

LES ÉLÉMENTS

Un élément est une substance immuable constituée d'un seul atome. Le tableau périodique répertorie tous les éléments connus en les classant par familles (colonnes) et périodes (lignes).

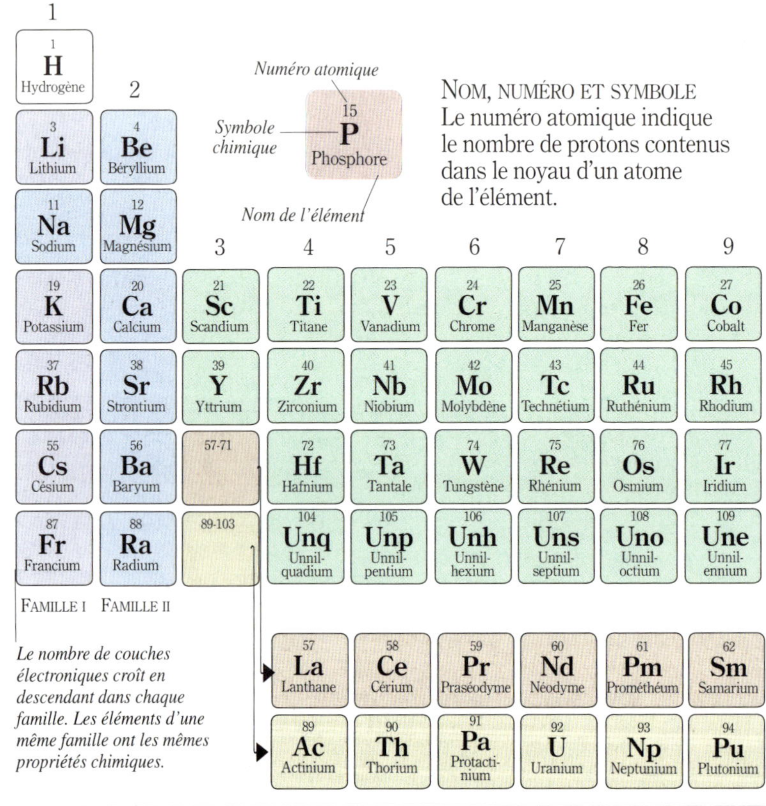

1
2
3
4
5
6
7
8
9
Numéro atomique
Symbole chimique
Nom de l'élément
15 P Phosphore
1 H Hydrogène
3 Li Lithium
4 Be Béryllium
11 Na Sodium
12 Mg Magnésium
19 K Potassium
20 Ca Calcium
21 Sc Scandium
22 Ti Titane
23 V Vanadium
24 Cr Chrome
25 Mn Manganèse
26 Fe Fer
27 Co Cobalt
37 Rb Rubidium
38 Sr Strontium
39 Y Yttrium
40 Zr Zirconium
41 Nb Niobium
42 Mo Molybdène
43 Tc Technétium
44 Ru Ruthénium
45 Rh Rhodium
55 Cs Césium
56 Ba Baryum
57-71
72 Hf Hafnium
73 Ta Tantale
74 W Tungstène
75 Re Rhénium
76 Os Osmium
77 Ir Iridium
87 Fr Francium
88 Ra Radium
89-103
104 Unq Unnil-quadium
105 Unp Unnil-pentium
106 Unh Unnil-hexium
107 Uns Unnil-septium
108 Uno Unnil-octium
109 Une Unnil-ennium
FAMILLE I
FAMILLE II
57 La Lanthane
58 Ce Cérium
59 Pr Praséodyme
60 Nd Néodyme
61 Pm Prométhéum
62 Sm Samarium
89 Ac Actinium
90 Th Thorium
91 Pa Protacti-nium
92 U Uranium
93 Np Neptunium
94 Pu Plutonium

NOM, NUMÉRO ET SYMBOLE Le numéro atomique indique le nombre de protons contenus dans le noyau d'un atome de l'élément.

Le nombre de couches électroniques croît en descendant dans chaque famille. Les éléments d'une même famille ont les mêmes propriétés chimiques.

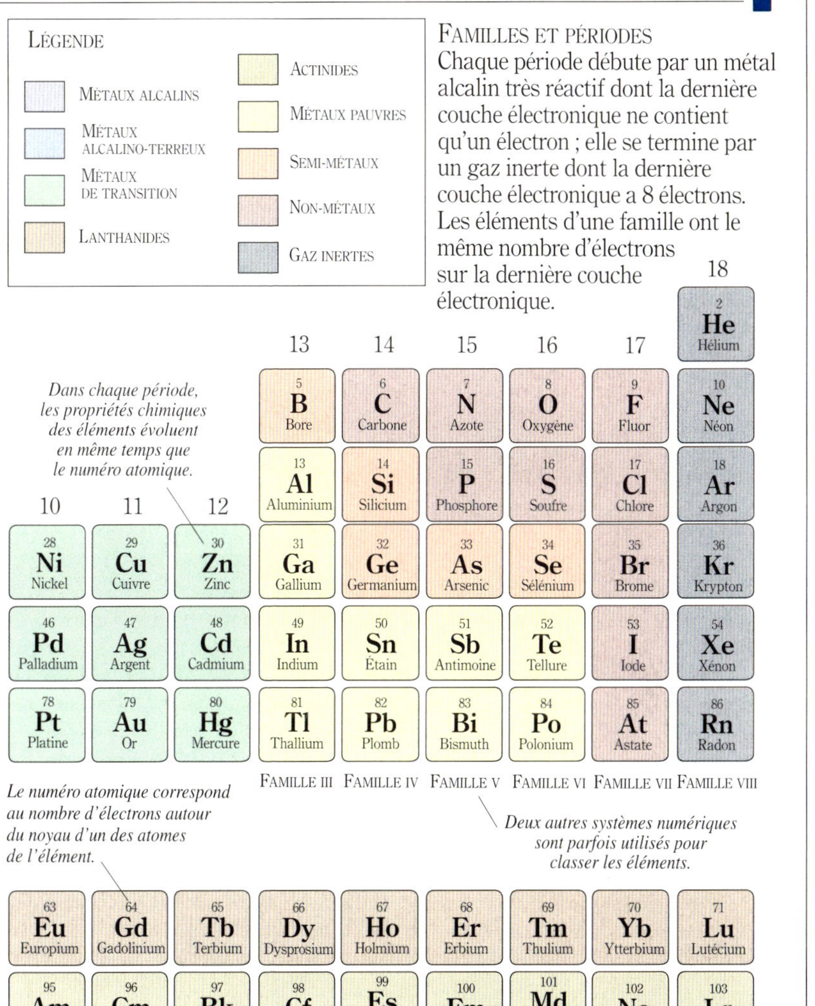
LÉGENDE
MÉTAUX ALCALINS
MÉTAUX ALCALINO-TERREUX
MÉTAUX DE TRANSITION
LANTHANIDES
ACTINIDES
MÉTAUX PAUVRES
SEMI-MÉTAUX
NON-MÉTAUX
GAZ INERTES
18
2 He Hélium
13
14
15
16
17
5 B Bore
6 C Carbone
7 N Azote
8 O Oxygène
9 F Fluor
10 Ne Néon
Dans chaque période, les propriétés chimiques des éléments évoluent en même temps que le numéro atomique.
13 Al Aluminium
14 Si Silicium
15 P Phosphore
16 S Soufre
17 Cl Chlore
18 Ar Argon
10
11
12
28 Ni Nickel
29 Cu Cuivre
30 Zn Zinc
31 Ga Gallium
32 Ge Germanium
33 As Arsenic
34 Se Sélénium
35 Br Brome
36 Kr Krypton
46 Pd Palladium
47 Ag Argent
48 Cd Cadmium
49 In Indium
50 Sn Étain
51 Sb Antimoine
52 Te Tellure
53 I Iode
54 Xe Xénon
78 Pt Platine
79 Au Or
80 Hg Mercure
81 Tl Thallium
82 Pb Plomb
83 Bi Bismuth
84 Po Polonium
85 At Astate
86 Rn Radon
FAMILLE III
FAMILLE IV
FAMILLE V
FAMILLE VI
FAMILLE VII
FAMILLE VIII
Le numéro atomique correspond au nombre d'électrons autour du noyau d'un des atomes de l'élément.
Deux autres systèmes numériques sont parfois utilisés pour classer les éléments.
63 Eu Europium
64 Gd Gadolinium
65 Tb Terbium
66 Dy Dysprosium
67 Ho Holmium
68 Er Erbium
69 Tm Thulium
70 Yb Ytterbium
71 Lu Lutécium
95 Am Américium
96 Cm Curium
97 Bk Berkélium
98 Cf Californium
99 Es Einstei-nium
100 Fm Fermium
101 Md Mendé-lévium
102 No Nobélium
103 Lr Lawrencium

FAMILLES ET PÉRIODES
Chaque période débute par un métal alcalin très réactif dont la dernière couche électronique ne contient qu'un électron ; elle se termine par un gaz inerte dont la dernière couche électronique a 8 électrons. Les éléments d'une famille ont le même nombre d'électrons sur la dernière couche électronique.

LIAISONS ET MOLÉCULES

L'association de plusieurs atomes donne naissance à une molécule. Les liaisons moléculaires sont des forces électromagnétiques générées par les mouvements d'électrons. Les transferts d'électrons permettent de compléter les dernières couches électroniques des atomes associés.

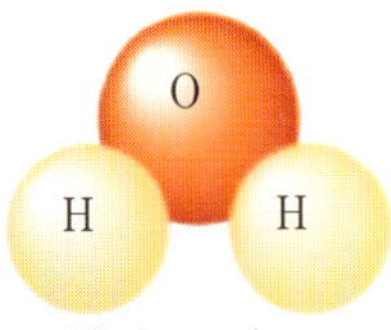
O
H
H
MOLÉCULE D'EAU

LA FORMULE CHIMIQUE

Elle décrit à l'aide de chiffres et de symboles la combinaison des éléments dans un corps composé. La formule chimique de l'eau, H_2O, indique qu'une molécule d'eau est constituée de 2 atomes d'hydrogène et de 1 atome d'oxygène.

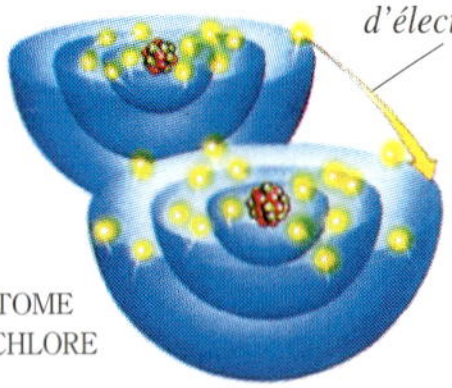

ATOME DE SODIUM

Transfert d'électrons

ATOME DE CHLORE

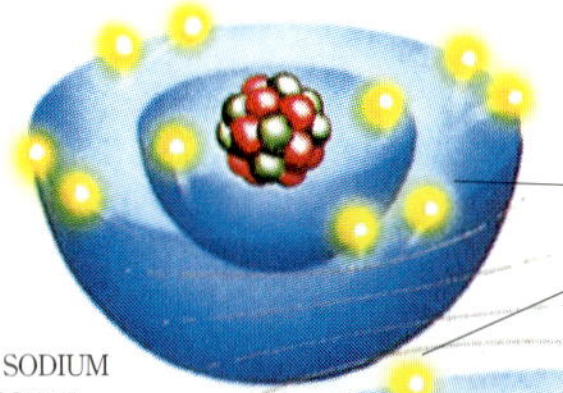

ION SODIUM POSITIF

La dernière couche électronique de chacun des 2 ions compte 8 électrons.

Liaison ionique

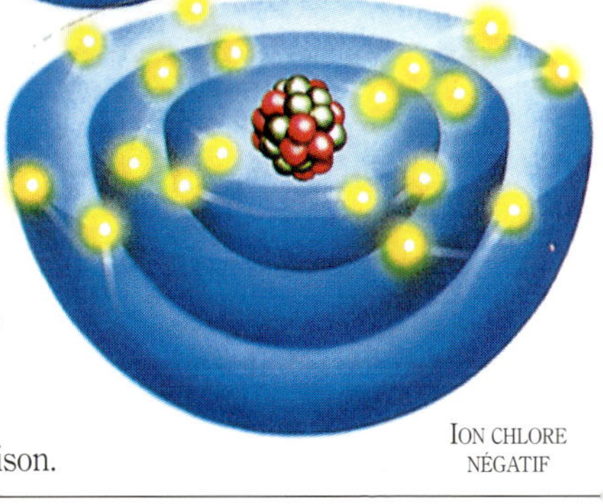

ION CHLORE NÉGATIF

LES LIAISONS IONIQUES

Une liaison ionique est un transfert d'électrons entre 2 atomes générant des particules appelées ions. L'atome donneur d'électrons se transforme en ion positif, ou cation, l'atome receveur se transforme en ion négatif, ou anion. Les forces d'attraction entre ces ions de charges contraires assurent la solidité de la liaison.

LES STRUCTURES CRISTALLINES

La disposition ordonnée et répétitive des ions chlore et sodium dans un cristal de sel (chlorure de sodium) crée un cristal. Le motif de base du cristal est appelé la maille.

Ion sodium positif (Na^+)

Ion chlore négatif (Cl^-)

CHLORURE DE SODIUM

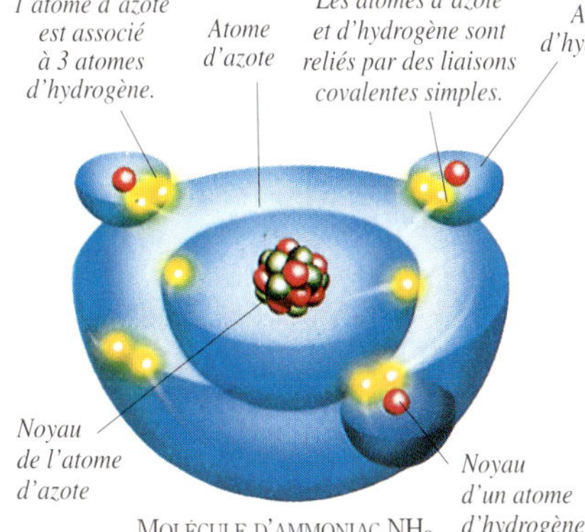
1 atome d'azote est associé à 3 atomes d'hydrogène.
Atome d'azote
Les atomes d'azote et d'hydrogène sont reliés par des liaisons covalentes simples.
Atome d'hydrogène
Noyau de l'atome d'azote
Noyau d'un atome d'hydrogène

MOLÉCULE D'AMMONIAC NH_3

LES LIAISONS COVALENTES

Les liaisons covalentes associent entre eux les non-métaux. Les atomes associés par une liaison covalente simple mettent en commun chacun un électron. Ces 2 électrons forment un doublet de liaison qui gravite autour des 2 noyaux, formant ainsi une molécule. Dans une liaison covalente double, chaque atome donne 2 électrons.

LA CHIMIE ORGANIQUE

Les atomes de carbone forment entre eux des liens stables et s'associent aisément avec les atomes de beaucoup d'autres éléments ; c'est pourquoi les composés du carbone sont extrêmement nombreux et présents chez tous les êtres vivants. L'étude des substances contenant majoritairement du carbone et de l'hydrogène est appelée chimie organique.

Atome d'hydrogène
Atome de carbone
Aliments
Terre cuite
Tissus
Éponge naturelle
Matières plastiques
Savons
Plantes vertes
Combustibles

MOLÉCULE DE BUTANE (C_4H_{10})

SUBSTANCES CONTENANT DU CARBONE

LES RÉACTIONS CHIMIQUES

Lors d'une réaction chimique, les substances mises en présence (réactifs) disparaissent pour donner naissance à des produits. Les atomes des réactifs se combinent pour former les molécules des produits.

Électron

TRANSFERT D'ÉLECTRONS

Durant l'oxydation, les atomes perdent des électrons ; ils sont oxydés. Durant la réduction, les atomes gagnent des électrons ; ils sont réduits.

RÉACTIONS EXOTHERMIQUES

Une réaction qui libère de la chaleur est dite exothermique. L'oxydation (combinaison d'une substance avec l'oxygène) et la réduction (perte de son oxygène par une substance) sont deux réactions exothermiques.

La chaleur produite réchauffe l'air ambiant.

La bûche brûle ; elle se combine avec l'oxygène ambiant en une relation d'oxydation.

La chaleur est absorbée pendant la cuisson.

LES ACIDES

En solution dans l'eau, un corps composé acide produit des ions hydronium (H^+). Une forte concentration en ions H^+ correspond à une forte acidité. L'échelle numérique de pH permet de comparer l'acidité ou la basicité des solutions : une solution de pH 1 est très acide, une solution de pH 7 est neutre et une solution de pH 14 a une forte basicité.

RÉACTIONS ENDOTHERMIQUES

Elles absorbent plus de chaleur qu'elles n'en libèrent (ex. : cuisson).

INDICATEUR COLORÉ UNIVERSEL/PH DES ACIDES

Sucs digestifs	Liquide de batterie automobile	Jus de citron	Vinaigre	Pluie acide	Eau du robinet	Eau pure

Mélanges et composés

La plupart des substances sont formées de deux ou plusieurs éléments, simplement mélangés ou étroitement combinés par une réaction chimique.

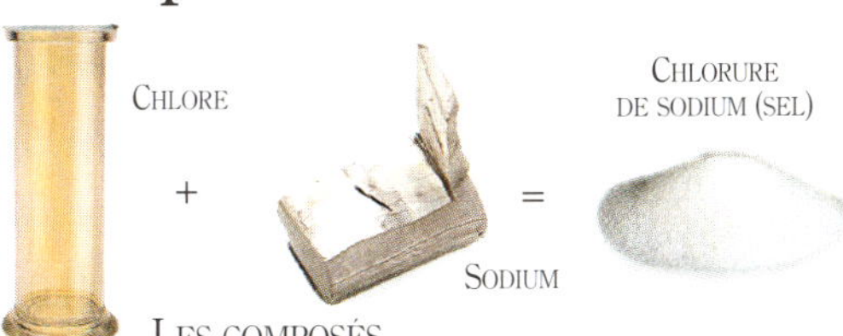
Chlore
+
Sodium
=
Chlorure
de sodium (sel)

Les composés

Ce sont des substances formées par la combinaison d'atomes de plusieurs éléments. Le sel (chlorure de sodium) est un composé de chlore et de sodium.

Le permanganate de potassium est soluble dans l'eau.

Solution colloïdale

Une solution colloïdale est la dispersion régulière de "grains" de matière (micelles) dans un solide, un liquide ou un gaz. Dans le gel capillaire, les "grains" de graisse sont en suspension dans de l'eau.

Gel capillaire

Solution

C'est le résultat de la dissolution d'une ou plusieurs substances (soluté) dans une autre (solvant). Les composés solubles dans l'eau se brisent en ions qui établissent des liaisons avec les molécules d'eau.

Bases et alcalins

Une base est une substance capable de neutraliser l'acidité. Les alcalins sont des bases solubles dans l'eau. L'échelle de pH chiffre la basicité de 8 à 14.

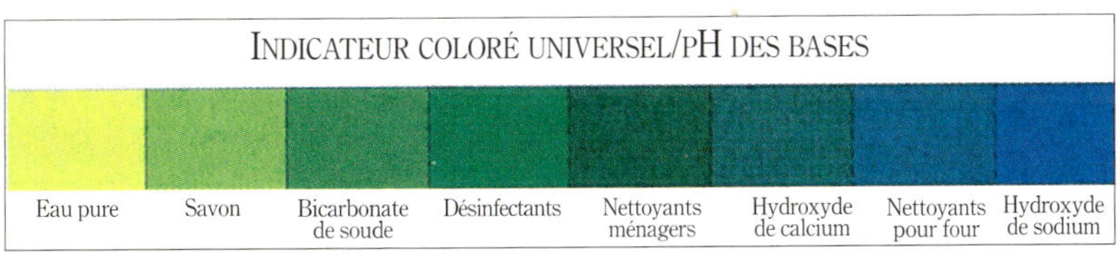
Indicateur coloré universel/pH des bases
Eau pure
Savon
Bicarbonate de soude
Désinfectants
Nettoyants ménagers
Hydroxyde de calcium
Nettoyants pour four
Hydroxyde de sodium

MOUVEMENT ET FORCES

Tout mouvement résulte de l'action d'une ou plusieurs forces. Les forces sont invisibles. Elles poussent, tractent, freinent, accélèrent ou dévient les corps et sont capables de modifier leurs formes.

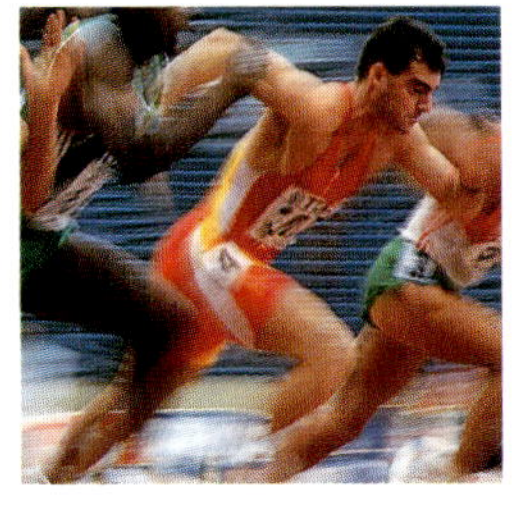
ACCÉLÉRATION

La boule blanche frappée par la queue acquiert une quantité de mouvement.

La boule blanche se déplace.

La boule blanche frappe la boule rouge et lui transmet une partie de sa quantité de mouvement.

La boule blanche perd une partie de sa quantité de mouvement et décélère.

La boule rouge acquiert une quantité de mouvement et se déplace.

INERTIE ET QUANTITÉ DE MOUVEMENT

Qu'ils soient inertes ou mobiles, tous les objets tendent à s'opposer à une modification de leur mouvement. Ce phénomène est appelé l'inertie. On calcule la quantité de mouvement d'un corps, force supérieure à son inertie, en multipliant sa masse par sa vitesse.

VITESSE ET ACCÉLÉRATION

La vitesse d'un objet selon une direction particulière est appelée vitesse linéaire. La vitesse linéaire d'une motocyclette décrivant un cercle est constamment modifiée bien que sa vitesse moyenne demeure constante. Un corps dont la vitesse croît accélère ; un corps dont la vitesse diminue décélère.

LOIS DE NEWTON

- **Première loi :** un objet non soumis à une force reste immobile ou conserve un mouvement constant.
- **Deuxième loi :** l'accélération d'un objet est égale à l'intensité de la force qui lui est appliquée divisée par sa masse.
- **Troisième loi :** lorsqu'un objet exerce une force sur un autre objet, celui-ci exerce en retour sur le premier une force opposée d'intensité égale.

L'action de l'athlète sur le marteau produit des forces centripètes.
Les forces centripètes s'opposent à l'inertie du marteau.
Le marteau décrit un mouvement circulaire.
Le marteau est poussé vers l'extérieur.
Lâché par l'athlète, le marteau part en ligne droite.

MOUVEMENT CIRCULAIRE
Le marteau suit une trajectoire rectiligne dès qu'il est lâché. Il est maintenu à égale distance du centre du cercle de rotation par les forces centripètes de la corde, qui modifient de manière constante sa trajectoire.

La gravitation

C'est le phénomène qui provoque des forces d'attraction s'exerçant entre tous les corps. L'attraction exercée par un corps croît avec sa masse. C'est à la forte attraction terrestre que nous devons d'avoir les pieds solidement ancrés au sol.

SUR LA LUNE
SUR LA TERRE
La masse reste la même, mais le poids varie.

POIDS ET MASSE
Le poids d'un corps est la force que l'attraction terrestre exerce sur lui. À masse constante, un corps est moins lourd sur la Lune que sur la Terre.

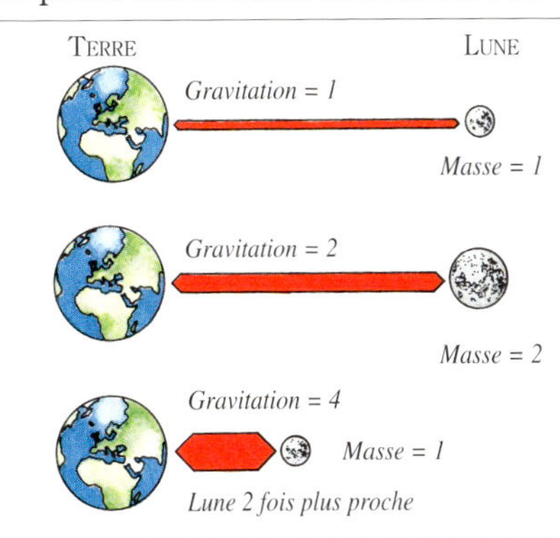
TERRE
LUNE
Gravitation = 1
Masse = 1
Gravitation = 2
Masse = 2
Gravitation = 4
Masse = 1
Lune 2 fois plus proche

LOIS DE LA GRAVITATION
Selon les lois de Newton, l'intensité de la force de gravité qui s'exerce entre deux corps est proportionnelle au produit de leurs masses divisé par le carré de la distance qui les sépare. Ainsi, si la distance entre la Lune et la Terre était réduite de moitié, la gravitation s'exerçant entre ces deux planètes serait 4 fois plus élevée. De même, si la masse de la Lune était doublée, la gravitation serait 2 fois plus importante.

LES MACHINES SIMPLES

Elles permettent de modifier l'intensité ou la direction d'une force, pour la plupart en réduisant l'effort, c'est-à-dire la force nécessaire pour contrer les forces de résistance et de gravité.

L'arbre produit une force supérieure.

L'effort exercé sur la roue est amplifié par l'arbre.

ARBRE ET ROUE

À une force exercée sur la roue correspond une force d'intensité plus importante produite par l'arbre. À une force exercée sur l'arbre correspond une force de développement linéaire supérieure produite par la roue.

PLAN INCLINÉ

Il réduit l'intensité de la force nécessaire au déplacement d'un objet. Il est plus facile de tracter cette automobile le long d'un plan incliné que de la soulever verticalement. La distance parcourue par l'automobile est plus grande, mais l'intensité de la force nécessaire est moindre.

La traction exercée par le câble fait monter la voiture.

Le treuil amplifie la force exercée sur la manivelle.

Le poids de la voiture entraîne celle-ci vers le bas.

Plan incliné

Un treuil utilise le principe de l'arbre et de la roue.

Les forces imprimées à la hache sont amplifiées.

COIN

La forme en coin de la cognée amplifie les forces imprimées à la hache ; lorsque la hache s'abat sur la bûche, la cognée pénètre facilement le bois.

Tête

Filets

VIS

Les filets d'une vis agissent comme des coins miniatures. La force exercée par la vis pour pénétrer un matériau est supérieure à celle exercée sur le tournevis.

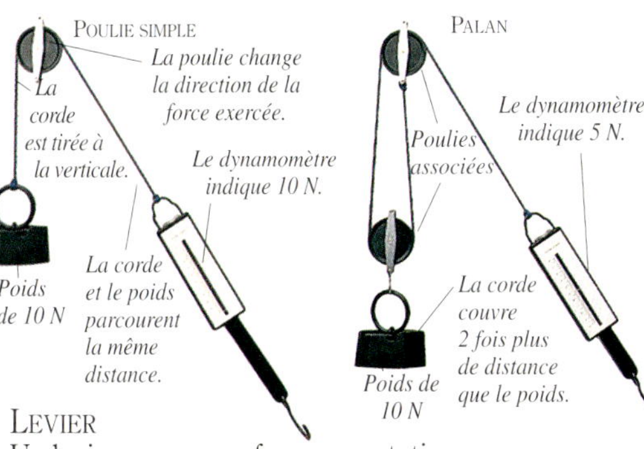
POULIE SIMPLE
La poulie change la direction de la force exercée.
La corde est tirée à la verticale.
Le dynamomètre indique 10 N.
Poids de 10 N
La corde et le poids parcourent la même distance.
PALAN
Le dynamomètre indique 5 N.
Poulies associées
La corde couvre 2 fois plus de distance que le poids.
Poids de 10 N

POULIE ET PALAN

Une poulie est une roue libre à gorge autour de laquelle peut être passée une corde. Une poulie simple modifie la direction de la force à exercer pour soulever une charge. Un palan (poulies associées) en réduit de moitié l'intensité.

LEVIER

Un levier exerce une force par rotation autour d'un point d'appui. Une force appliquée à une plus grande distance du point d'appui permet de soulever une charge plus importante.

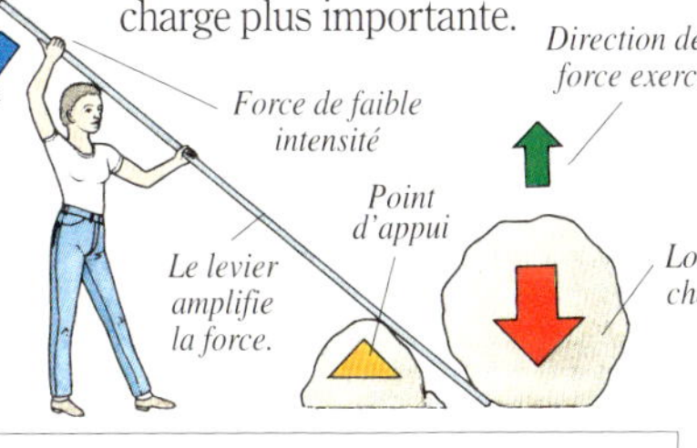
Force de faible intensité
Direction de la force exercée
Point d'appui
Le levier amplifie la force.
Lourde charge

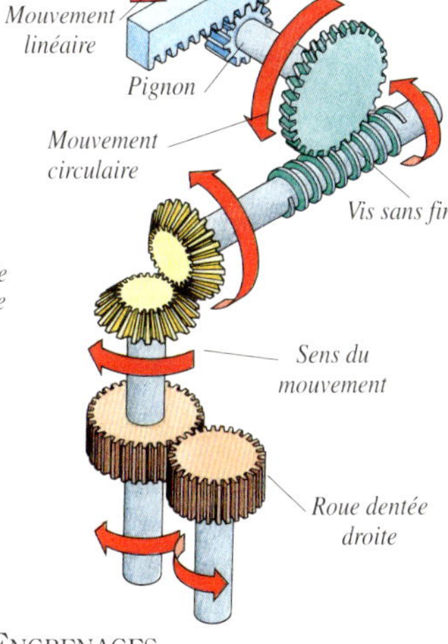
Crémaillère
Mouvement linéaire
Pignon
Mouvement circulaire
Vis sans fin
Sens du mouvement
Roue dentée droite

LE SAVIEZ-VOUS ?

- Le rendement mécanique d'une machine simple indique son aptitude à amplifier les forces qui lui sont imprimées. Il est égal à la force produite divisée par la force exercée.
- Le rapport de démultiplication d'une machine simple évalue son rendement rapporté à la distance. Il est égal au déplacement de la force exercée divisé par le déplacement de la force produite.
- L'unité de force est le **newton** (N).

ENGRENAGES

Les engrenages sont des assemblages complexes d'arbres et de roues dentées de différentes tailles. Ils permettent de modifier l'intensité d'une force et d'agir sur la vitesse et la direction d'un mouvement.

L'ÉNERGIE

Pour effectuer un travail, il faut disposer d'énergie. Lumière, son, chaleur et électricité sont diverses formes d'énergie. L'homme puise son énergie dans ses aliments. Le mouvement implique une énergie cinétique.

Le clown saute : énergie cinétique.

Le ressort est compressé : énergie potentielle.

L'ÉNERGIE POTENTIELLE

Un corps étiré ou compressé acquiert une énergie potentielle qui est libérée lorsqu'il revient à sa forme initiale. Un objet tombant d'une certaine hauteur convertit son énergie potentielle de pesanteur en énergie cinétique.

200 N

200 N

Les poids ont une énergie potentielle de pesanteur.

La charge totale est de 400 N.

La barre supporte 2 poids de 200 N.

La barre est soulevée à 1,50 m du sol.

Le mouvement est effectué en 2 secondes.

HALTÉROPHILE

TRAVAIL ET PUISSANCE

Une force déplaçant un objet effectue un travail. Pour cela, il faut de l'énergie. Le travail transforme parfois l'énergie qu'il consomme en une autre forme d'énergie. La puissance d'une force dépend de la durée du travail.

LE SAVIEZ-VOUS ?

- Le **joule** (J) est l'unité SI (système international) d'énergie et de travail. Un joule représente le travail d'une force de 1 newton (N) se déplaçant de 1 mètre dans sa propre direction.
- Le **watt** (W) est l'unité SI de puissance. Un watt équivaut à la puissance d'un système transférant uniformément une énergie de 1 joule en 1 seconde.

Chaleur et température

Les particules en mouvement d'un corps génèrent de la chaleur. La température chiffre la quantité de chaleur dégagée par un corps.

Les thermomètres

La température mesure l'énergie cinétique moyenne des particules d'un corps. Les thermomètres, à liquide ou électroniques, expriment le plus souvent les températures en degrés Celsius (°C) ou Fahrenheit (°F).

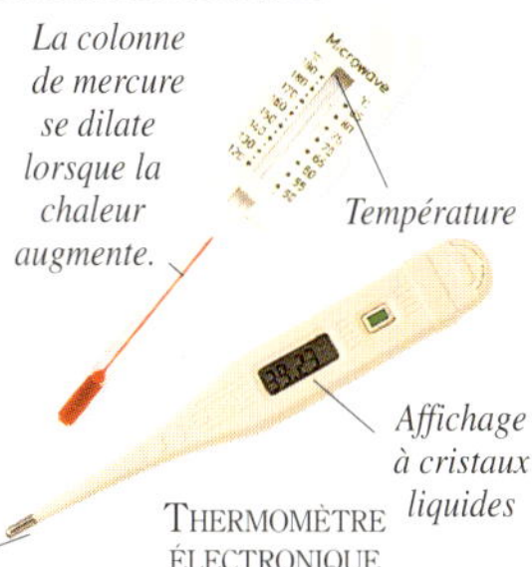

THERMOMÈTRE À LIQUIDE

La colonne de mercure se dilate lorsque la chaleur augmente.

Température

Affichage à cristaux liquides

THERMOMÈTRE ÉLECTRONIQUE

Résistance thermosensible

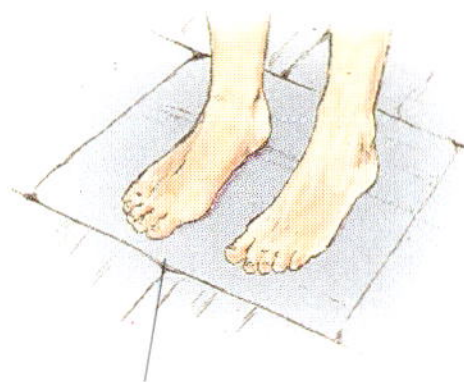

La chaleur des pieds est transmise par conduction au carrelage ; ils se refroidissent.

La conduction

La chaleur va toujours du chaud vers le froid. Entre deux solides, elle se transmet par conduction. Les particules en mouvement du corps chaud excitent les particules du corps froid adjacent.

La convection

Au sein des fluides, liquides et gaz, la chaleur se propage par convection. L'eau chaude monte à la surface du récipient, se refroidit au contact de l'air et redescend en diffusant sa chaleur.

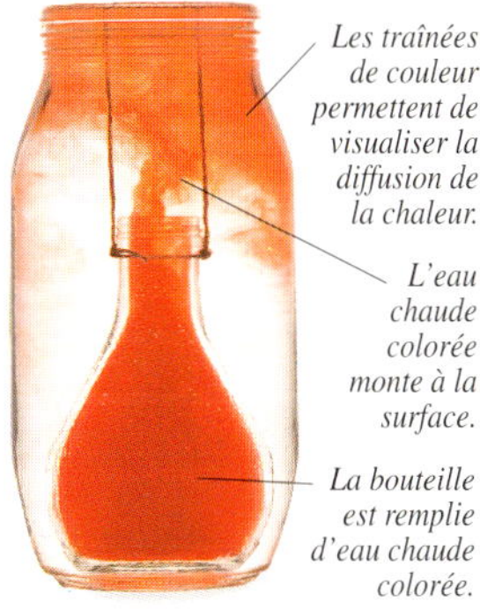

Les traînées de couleur permettent de visualiser la diffusion de la chaleur.

L'eau chaude colorée monte à la surface.

La bouteille est remplie d'eau chaude colorée.

Quelques températures

Une température s'exprime en degrés Celsius (°C), Fahrenheit (°F) ou Kelvin (K).

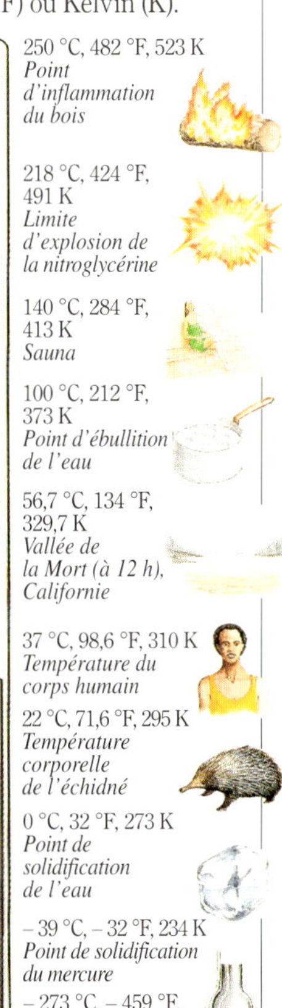

250 °C, 482 °F, 523 K
Point d'inflammation du bois

218 °C, 424 °F, 491 K
Limite d'explosion de la nitroglycérine

140 °C, 284 °F, 413 K
Sauna

100 °C, 212 °F, 373 K
Point d'ébullition de l'eau

56,7 °C, 134 °F, 329,7 K
Vallée de la Mort (à 12 h), Californie

37 °C, 98,6 °F, 310 K
Température du corps humain

22 °C, 71,6 °F, 295 K
Température corporelle de l'échidné

0 °C, 32 °F, 273 K
Point de solidification de l'eau

– 39 °C, – 32 °F, 234 K
Point de solidification du mercure

– 273 °C, – 459 °F, 0 K
Zéro absolu

MAGNÉTISME ET ÉLECTRICITÉ

L'énergie électrique est liée aux échanges d'électrons entre atomes ; un courant électrique est un flux d'électrons. Le magnétisme est l'ensemble des forces exercées par les aimants et les flux électriques.

BALLON CHARGÉ PAR FROTTEMENT

L'INDUCTION ÉLECTROSTATIQUE

L'électricité statique est une charge électrique localisée. Elle peut être produite en frottant un ballon de baudruche sur un pull-over de laine. Par transfert d'électrons le ballon acquiert une charge négative, c'est-à-dire un excès d'électrons, le pull-over, une charge positive qui correspond à un défaut d'électrons. Le ballon peut ensuite induire une charge électrique sur d'autres objets.

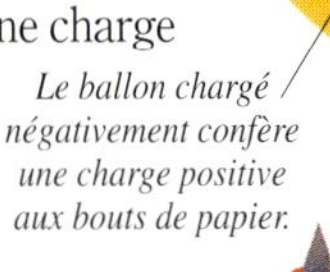

Le ballon chargé négativement confère une charge positive aux bouts de papier.

Les bouts de papier sont attirés vers le ballon.

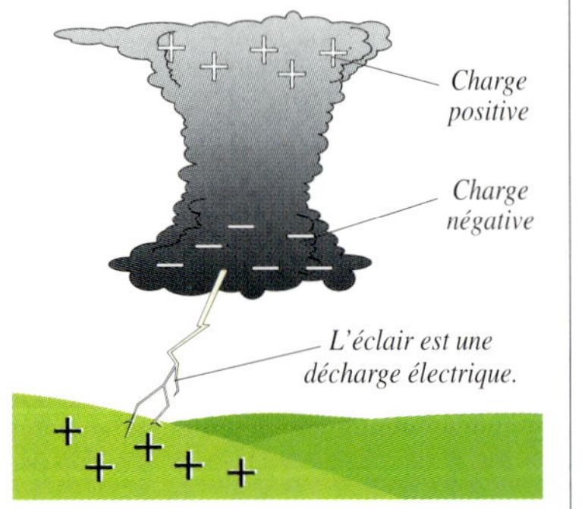
+ + + + + +
– – – – – –
+ + + + +

Charge positive

Charge négative

L'éclair est une décharge électrique.

LA FOUDRE

La partie haute d'un nuage d'orage est chargée positivement, sa partie basse négativement. La forte charge négative induit un chargement positif du sol par attraction entre charges de signes opposés. La foudre est une forte et soudaine décharge électrique qui court de la base du nuage vers le sol ou du sol vers le nuage. Les éclairs en nappe sont des décharges se produisant entre les nuages.

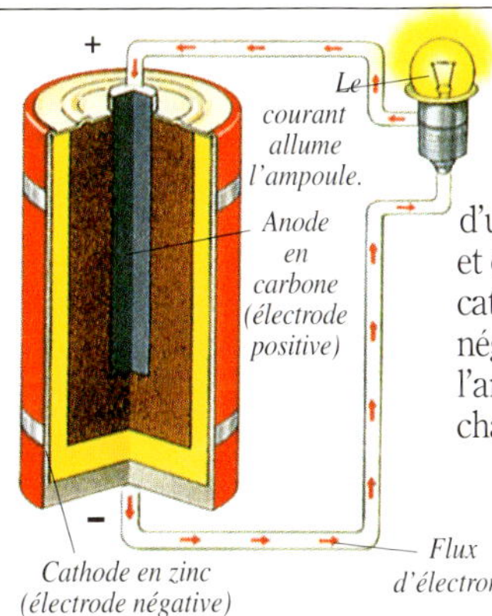
+
Le courant allume l'ampoule.
Anode en carbone (électrode positive)
–
Cathode en zinc (électrode négative)
Flux d'électrons

Les piles

Elles permettent le fonctionnement d'appareils électriques portables en distribuant l'électricité qu'elles contiennent. La plupart sont constituées d'une enveloppe en zinc, d'une électrode en carbone et d'un gel électrolyte. Le courant circule de la cathode (zinc) chargée négativement, vers l'anode (carbone) chargée positivement.

Pile

Le courant fait tourner la bobine.

Contacteurs électriques

Le courant court le long des fils.

La bobine peut être reliée à un arbre de transmission.

Les moteurs électriques

Ils fonctionnent par l'interaction des champs magnétiques d'une bobine traversée par un courant électrique et d'un aimant. Cette interaction provoque la rotation de la bobine.

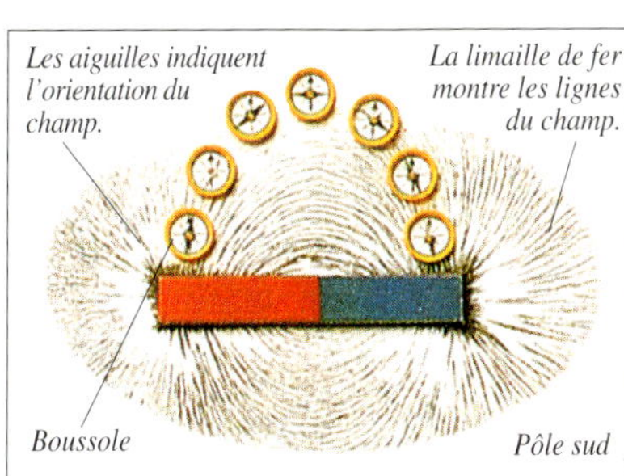
Les aiguilles indiquent l'orientation du champ.
La limaille de fer montre les lignes du champ.
Boussole

Les aimants

Un aimant génère des forces électromagnétiques invisibles capables d'attirer des métaux tels que le fer. Chaque aimant possède deux pôles, pôle nord et pôle sud, où les forces qu'il exerce sont les plus intenses. Un électroaimant produit un champ magnétique sous l'influence d'un courant électrique.

Les pôles opposés (nord et sud) s'attirent. La disposition de la limaille de fer autour de ces deux aimants matérialise les lignes de champ qui relient leurs pôles.

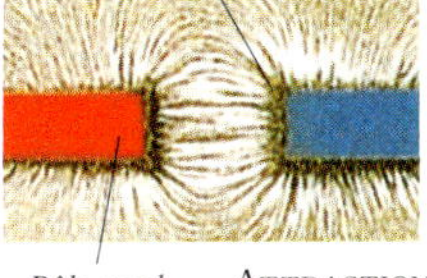
Pôle sud
Pôle nord

Attraction

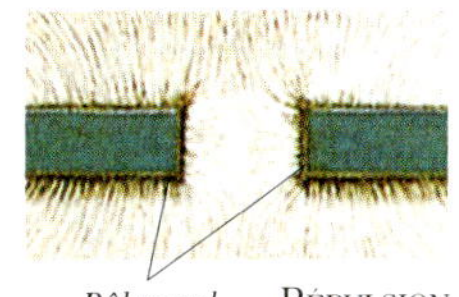
Pôles sud

Répulsion

Lumière et couleurs

Les ondes lumineuses font partie des rayonnements constituant le spectre électromagnétique. La lumière blanche est l'ensemble des rayons de couleurs, de fréquences et de longueurs d'ondes distinctes qui forment le spectre visible.

Soleil

Les électrons d'un atome absorbant un photon – soit de l'énergie – prennent une orbite plus large.

L'électron libère un photon – soit de l'énergie – et reprend son orbite originale.

Orbite d'origine

Orbite plus large

Les champs sont orthogonaux et perpendiculaires au sens de l'onde.

Champ électrique

Longueur d'onde

Sens du déplacement

Champ magnétique

Le Soleil

La Terre est éclairée par le Soleil. Une lumière émise par un corps brûlant, tel le Soleil, est appelée lumière incandescente. Une lumière luminescente est émise par contre sans dégagement de chaleur.

Les photons

Ils interviennent dans la formation de la lumière visible, des rayons X et des ondes radioélectriques.

Les ondes

Le rayonnement correspond au déplacement d'un champ magnétique et d'un champ électrique, sous forme d'onde oscillatoire.

Radio

Télévision

Four à micro-ondes

Plaques de cuisson

Spectre électromagnétique

Ondes radio

Micro-ondes

Rayons infrarouges (IR)

Lumière visible

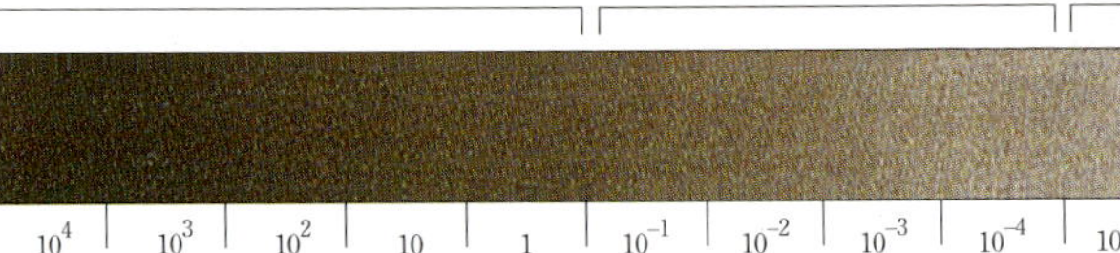

10^5 10^4 10^3 10^2 10 1 10^{-1} 10^{-2} 10^{-3} 10^{-4} 10^{-5} 10^{-6}

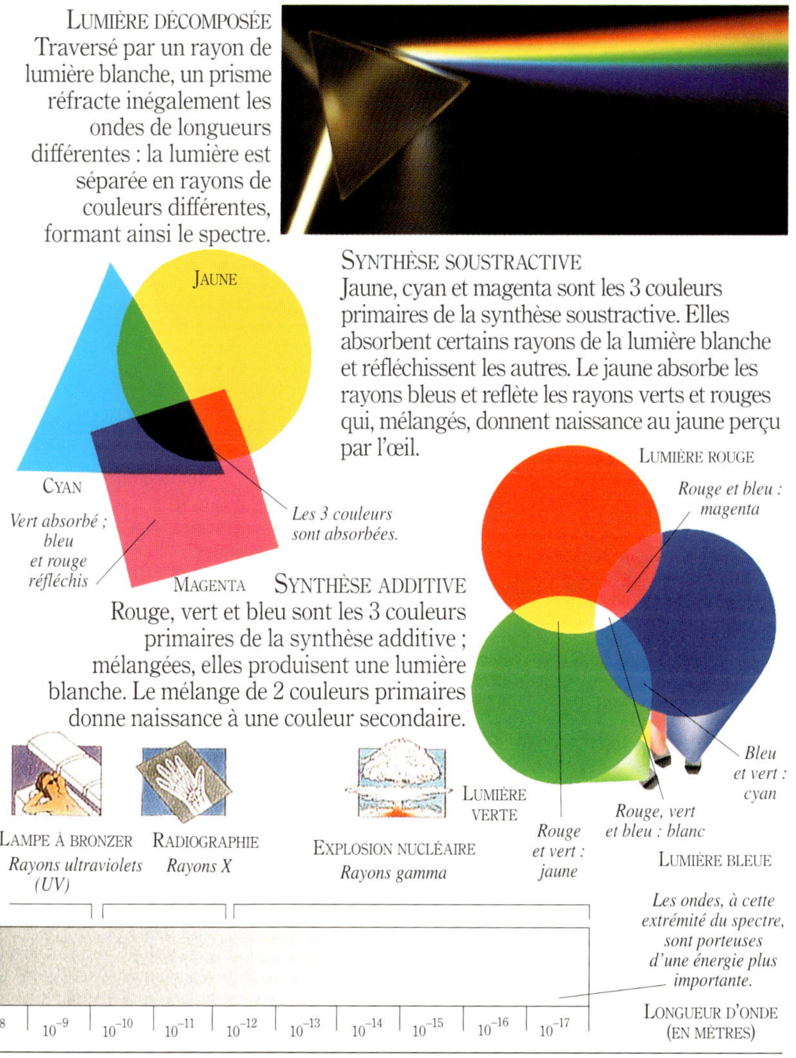
JAUNE
CYAN
Vert absorbé ; bleu et rouge réfléchis
MAGENTA
Les 3 couleurs sont absorbées.
LUMIÈRE ROUGE
Rouge et bleu : magenta
Bleu et vert : cyan
LUMIÈRE VERTE
Rouge et vert : jaune
Rouge, vert et bleu : blanc
LUMIÈRE BLEUE
LAMPE À BRONZER
Rayons ultraviolets (UV)
RADIOGRAPHIE
Rayons X
EXPLOSION NUCLÉAIRE
Rayons gamma
Les ondes, à cette extrémité du spectre, sont porteuses d'une énergie plus importante.
LONGUEUR D'ONDE (EN MÈTRES)
-8
10^{-9}
10^{-10}
10^{-11}
10^{-12}
10^{-13}
10^{-14}
10^{-15}
10^{-16}
10^{-17}

LUMIÈRE DÉCOMPOSÉE
Traversé par un rayon de lumière blanche, un prisme réfracte inégalement les ondes de longueurs différentes : la lumière est séparée en rayons de couleurs différentes, formant ainsi le spectre.

SYNTHÈSE SOUSTRACTIVE
Jaune, cyan et magenta sont les 3 couleurs primaires de la synthèse soustractive. Elles absorbent certains rayons de la lumière blanche et réfléchissent les autres. Le jaune absorbe les rayons bleus et reflète les rayons verts et rouges qui, mélangés, donnent naissance au jaune perçu par l'œil.

SYNTHÈSE ADDITIVE
Rouge, vert et bleu sont les 3 couleurs primaires de la synthèse additive ; mélangées, elles produisent une lumière blanche. Le mélange de 2 couleurs primaires donne naissance à une couleur secondaire.

LE SON

Les sons sont des ondes produites par des corps en vibration. Les ondes sonores peuvent traverser les solides, les liquides et les gaz, mais pas le vide ; elles ont besoin de "grains" de matière pour se propager. Nos oreilles perçoivent les sons qui les entourent.

DÉCIBELS	
140	FUSÉE AU DÉCOLLAGE *Dommage irréversible*
120	DÉCOLLAGE D'UN AVION À RÉACTION *Seuil de la douleur*
100	CONCERT DE ROCK
80	MARTEAU-PIQUEUR
60	CONVERSATION NORMALE
30	CHUCHOTEMENTS
10	CHUTE D'UNE FEUILLE D'ARBRE
0	SEUIL DE L'AUDITION HUMAINE

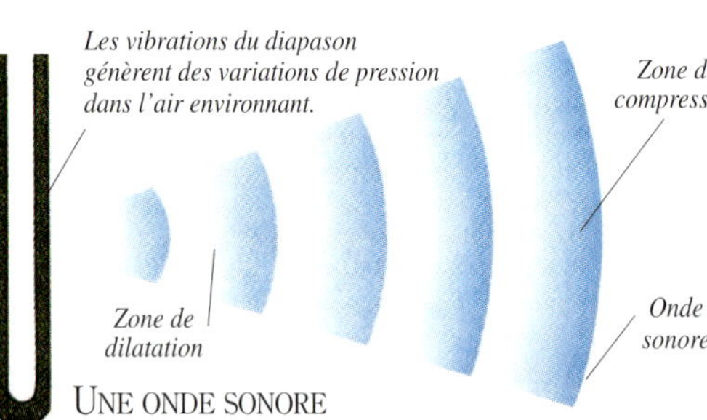
Les vibrations du diapason génèrent des variations de pression dans l'air environnant.
Zone de compression
Zone de dilatation
Onde sonore

UNE ONDE SONORE

En se déplaçant, une onde sonore crée des variations de pression dans l'air environnant. Les couches d'air sont tantôt comprimées (zones de compression), tantôt dilatées (zones de dilatation). C'est cette alternance qui permet à l'onde de se propager.

L'INTENSITÉ DU SON

L'intensité d'un son, qui se mesure en décibels (dB), croît avec l'amplitude de son onde sonore. Une augmentation de 10 dB correspond à une intensité multipliée par 10.

HOMME
Fréquences perçues : 20-20 000 Hz
Fréquences émises : 85-1 100 Hz

HAUTEUR DU SON

La hauteur décrit le caractère grave ou aigu d'un son ; elle croît avec la fréquence de son onde sonore.

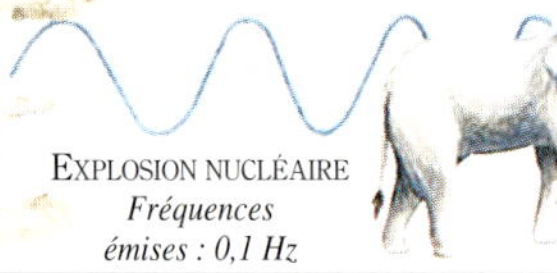

EXPLOSION NUCLÉAIRE
Fréquences émises : 0,1 Hz

ÉLÉPHANT
Fréquences perçues : 1-20 Hz
Fréquences émises : 12 Hz

L'ENREGISTREMENT DU SON

Les ondes sonores peuvent être transcrites sous forme de signes magnétiques (bande magnétique), de microsillon (disque en vinyle) et de suites de micro-perforations (disque compact).

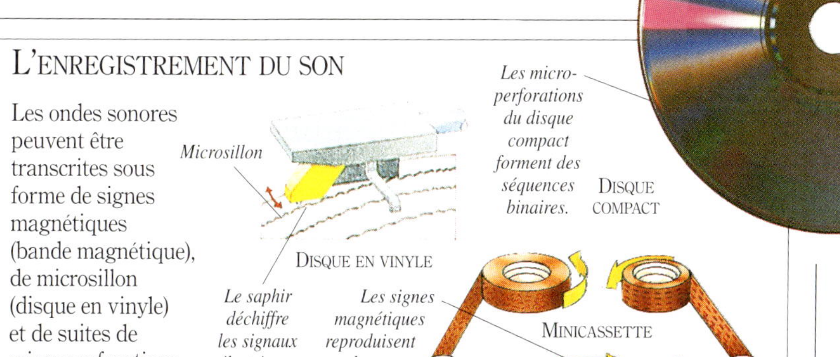

Microsillon
Le saphir déchiffre les signaux électriques du microsillon.
DISQUE EN VINYLE
Les micro-perforations du disque compact forment des séquences binaires.
DISQUE COMPACT
Les signes magnétiques reproduisent les sons. 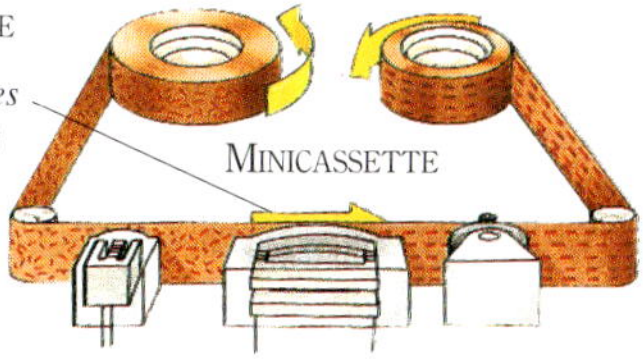
MINICASSETTE

LE MICROPHONE

Captées par un microphone électrodynamique, les ondes sonores provoquent la vibration d'une bobine placée dans un aimant, produisant ainsi un courant électrique d'intensité variable. Chaque onde sonore est transcrite par une impulsion électrique.

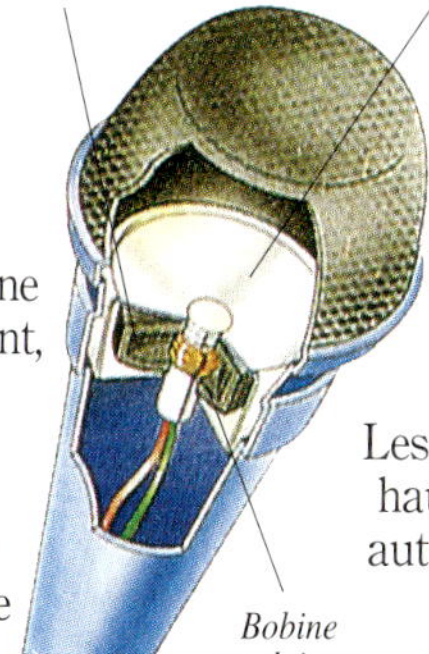

Aimant

Diaphragme de plastique ou de métal

Bobine produisant le courant

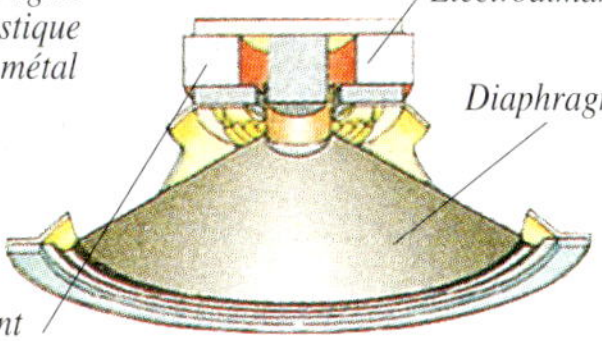

Électroaimant

Diaphragme

Aimant

LE HAUT-PARLEUR

Les impulsions électriques transmises à un haut-parleur créent un champ magnétique autour d'un électroaimant. Celui-ci est relié à un diaphragme dont les vibrations produisent des ondes sonores.

CHIEN
Fréquences perçues : 15-50 000 Hz
Fréquences émises : 450-1 000 Hz

SCANNEUR À ULTRASONS
Fréquences perçues et émises : 3,5 MHz-7,5 MHz

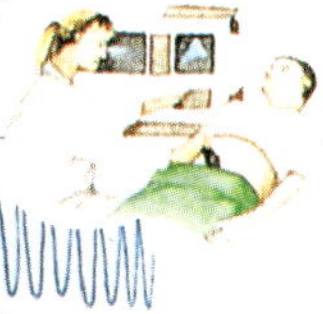

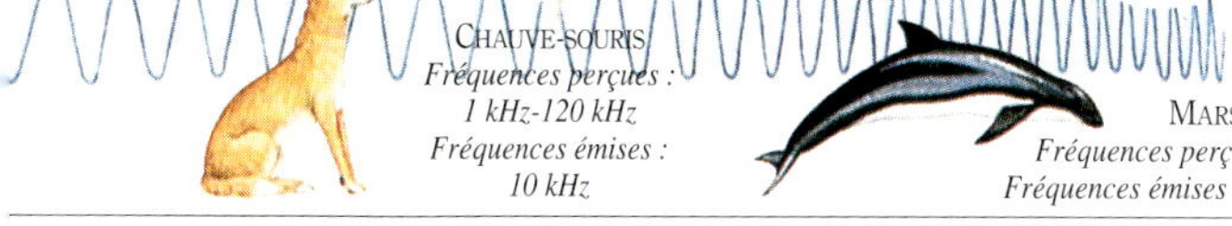

CHAUVE-SOURIS
Fréquences perçues : 1 kHz-120 kHz
Fréquences émises : 10 kHz

MARSOUIN
Fréquences perçues : 150 000 Hz
Fréquences émises : 7 000-120 000 Hz

L'ÉLECTRONIQUE

L'électronique a pour objet le contrôle de flux d'électrons dans des circuits. Nombre de machines complexes, tels les ordinateurs ou les avions de ligne, fonctionnent grâce à l'électronique.

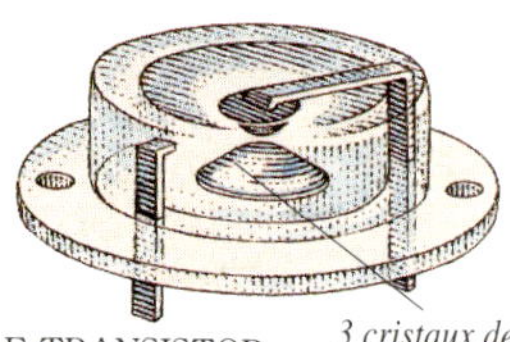

3 cristaux de silicium de types n et p

LE TRANSISTOR
C'est un composant électronique qui peut conduire ou stopper le courant. Les calculs d'un ordinateur sont effectués par le biais de transistors activés et désactivés un très grand nombre de fois par seconde.

LES SEMI-CONDUCTEURS
La plupart des composants électroniques sont constitués de matériaux dont la conductivité électrique peut être modifiée : les semi-conducteurs. Un apport de bore appauvrit le silicium de type p en électrons et entraîne l'apparition de vides. Un apport d'arsenic enrichit le silicium de type n et permet l'apparition d'électrons libres qui transportent la charge.

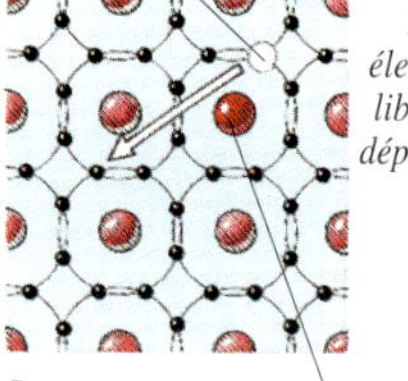

Les vides se déplacent.
Atome de bore

SILICIUM DE TYPE P (SEMI-CONDUCTEUR)

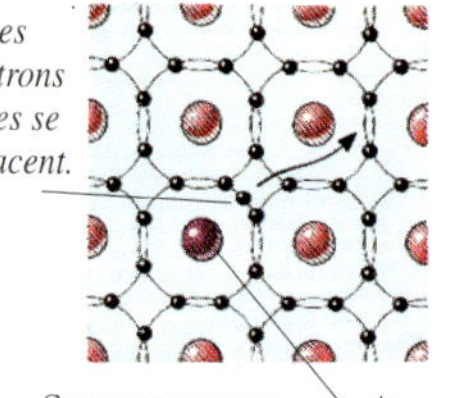

Les électrons libres se déplacent.
Atome d'arsenic

SILICIUM DE TYPE N (SEMI-CONDUCTEUR)

QUELQUES COMPOSANTS ÉLECTRONIQUES

COMPOSANT	FONCTION	SYMBOLE
Condensateur	Emmagasine une charge électrique.	
Diode	Ne laisse passer le courant que dans un seul sens. Redresse le courant alternatif.	
Diode électroluminescente	Émet une lumière lorsqu'elle est traversée par un courant.	
Microphone	Convertit des ondes sonores en impulsions électriques.	
Haut-parleur	Convertit des impulsions électriques en ondes sonores.	
Transistor npn	Amplifie ou interrompt le courant électrique.	
Transistor pnp	Amplifie ou interrompt le courant électrique.	

Le circuit intégré

Un circuit intégré est un circuit électrique composé de milliers de composants fixés sur une "pastille" de silicium. Semi-conducteurs de type n et p et autres composants chimiques sont placés en couches successives sur la pastille et reliés entre eux par de minuscules fils conducteurs.

Plans d'un circuit intégré

Chaque couche fait l'objet d'un plan détaillé.

Le circuit est déposé sur la pastille à l'aide d'un masque.

Chaque plan est de couleur différente.

(1) (1) (0) (1)

2^3 2^2 2 1

$(1 \times 8) + (1 \times 4) + (0 \times 2) + (1 \times 1) = 13$

Le code binaire

Les puces enregistrent les informations sous forme de séquences binaires de haute (1) et basse tensions (0). En code binaire, le nombre 13 est transcrit 1101.

Puce électronique

La puce est enserrée dans le boîtier.

Les broches de connexion peuvent être soudées ou branchées sur le support.

La puce

C'est un circuit intégré inséré sur un boîtier doté de broches de connexion. La plupart des puces traitent les informations à travers des systèmes de portes logiques. Un microprocesseur est un circuit intégré doté d'une mémoire active.

Les portes logiques

Ce sont les principaux constituants des puces. Elles s'ouvrent ou se ferment en fonction des signaux binaires, (0) ou (1), qui leur sont transmis.

Sortie / A B

Porte ET : transmet un signal haute tension lorsqu'un signal haute tension est transmis à l'une ET à l'autre des entrées.

Sortie / A B

Porte OU : transmet un signal haute tension lorsqu'un signal haute tension est transmis à l'une OU l'autre des entrées, OU aux 2.

Sortie / Entrée

Porte NON : transmet un signal haute tension lorsque aucun signal haute tension n'est transmis à son entrée.

Les ordinateurs

Un ordinateur utilise des milliers de circuits électroniques pour exécuter très rapidement une grande variété de tâches. Il décompose chacune d'elles en un ensemble de calculs mathématiques simples.

Micro-ordinateurs

Outil individuel, le micro-ordinateur est très largement répandu. Il est généralement constitué d'un disque dur, d'un écran, d'un clavier et d'une souris. Ce matériel informatique est souvent désigné sous le nom anglais de *hardware*.

L'écran affiche les informations.

Clavier et souris pour l'exploitation des logiciels

L'unité centrale abrite un disque dur et un lecteur de CDrom

Les logiciels

Un logiciel est un ensemble de données permettant à un ordinateur d'exécuter une tâche spécifique. Ces données peuvent être transcrites en un code binaire ou en un langage informatique plus élaboré tel que le BASIC ou le C++. Les logiciels sont souvent désignés sous le nom anglais de *software*.

L'unité de contrôle

Ce composant essentiel de l'ordinateur, microprocesseur aux nombreux circuits, coordonne les informations du clavier, de la mémoire vive et de la mémoire morte. L'unité de contrôle envoie également les données vers l'écran et l'imprimante.

La mémoire morte (ROM ou Read-Only Memory) contient toutes les informations permettant le fonctionnement de l'ordinateur.

La mémoire vive (RAM ou Random Access Memory) stocke momentanément fichiers et logiciels.

Sortie vers l'écran et l'imprimante

Unité de contrôle

Entrée des données

Clavier

INTERNET

Le réseau Internet est composé de plus de 100 millions d'ordinateurs dans plus de 100 pays. Lancé en 1969 par la Défense américaine (projet Arpanet), Internet s'est imposé comme le moyen de communication privilégié de la recherche scientifique avant de conquérir au cours des années 1990 le monde des entreprises. Internet a d'abord permis l'échange de courriers électroniques. Aujourd'hui, le Web, ou le Net comme on l'appelle aussi, a pris une importance considérable, car toutes sortes de documents, textes, images et sons, transitent par son biais à une vitesse de plus en plus importante.

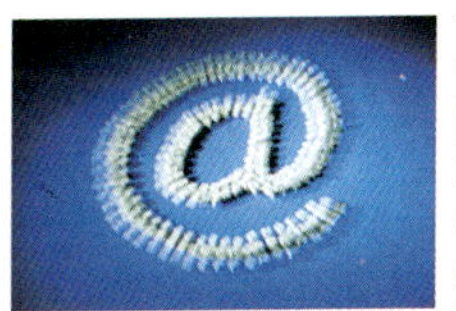

Ce sigle, qui se lit "arobase" en français ou "at" en anglais, est utilisé comme séparateur entre le nom et le fournisseur d'accés dans les adresses e-mail.

LE CD-ROM

Disque compact conçu pour ordinateurs, le CD-ROM peut contenir 450 fois plus d'informations qu'une disquette classique. Il peut restituer textes, photographies, sons et images vidéo.

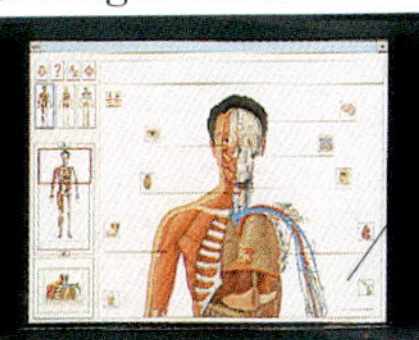

"Page" d'un CD-ROM

CONCEPTION ASSISTÉE PAR ORDINATEUR (CAO)

Graphistes et architectes utilisent couramment les logiciels de CAO pour tester de nouvelles idées et visualiser leurs projets sur écran.

LE SAVIEZ-VOUS ?

- Les systèmes informatiques sont conçus à l'image du cerveau humain.
- Premier constructeur mondial d'ordinateurs, la société américaine IBM emploie 220 000 personnes.

RÉALITÉ VIRTUELLE

L'utilisateur évolue dans un monde entièrement créé par un ordinateur. Les images en trois dimensions sont transmises par un casque de vision binoculaire, relié à des gants spéciaux.

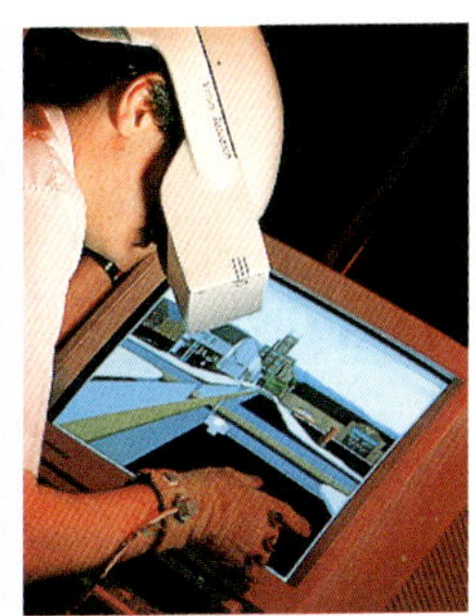

Les techniques d'imprimerie

L'imprimerie est la reproduction de textes et d'images sur un support au moyen d'encre. Les presses d'imprimerie modernes travaillent à des cadences très rapides et sont souvent commandées par des ordinateurs.

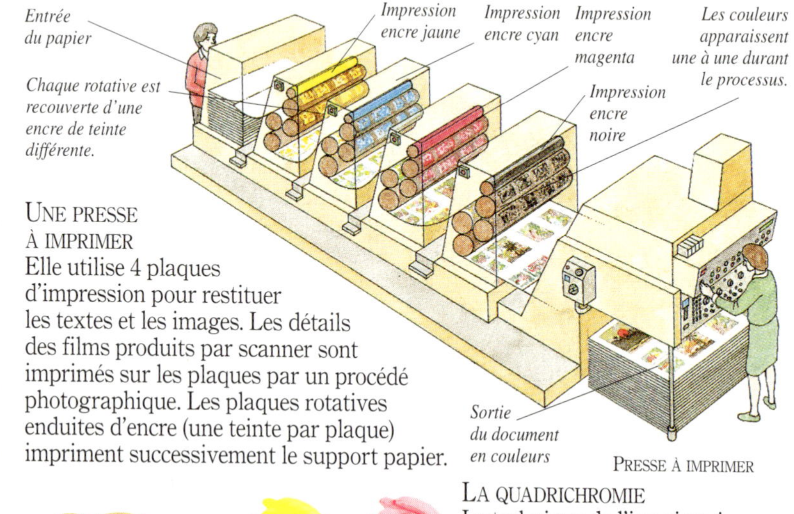
Entrée du papier
Chaque rotative est recouverte d'une encre de teinte différente.
Impression encre jaune
Impression encre cyan
Impression encre magenta
Impression encre noire
Les couleurs apparaissent une à une durant le processus.
Sortie du document en couleurs

Presse à imprimer

Une presse à imprimer
Elle utilise 4 plaques d'impression pour restituer les textes et les images. Les détails des films produits par scanner sont imprimés sur les plaques par un procédé photographique. Les plaques rotatives enduites d'encre (une teinte par plaque) impriment successivement le support papier.

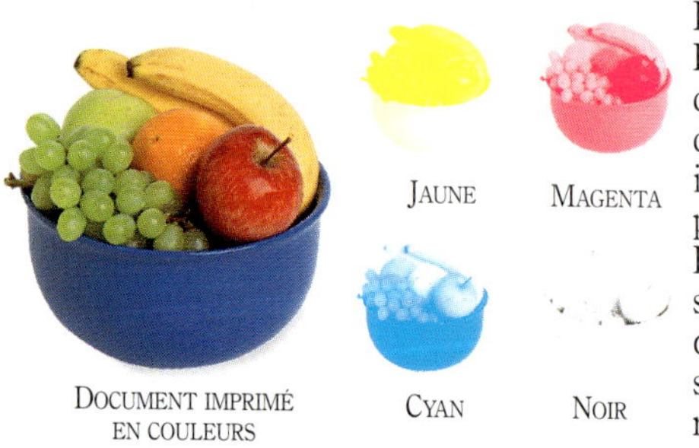

Document imprimé en couleurs

Jaune — Magenta — Cyan — Noir

La quadrichromie
La technique de l'imprimerie couleur n'utilise que le jaune, le cyan, le magenta et le noir. Chaque image à reproduire est décomposée par scanner en 4 films.
Les films sont ensuite transférés sur les 4 plaques couleur de la presse. L'impression successive en superposition restitue les couleurs originales.

LES TÉLÉCOMMUNICATIONS

La transmission de sons et d'images sur de très grandes distances fait appel à des réseaux de télécommunications.

LA MODULATION

Les programmes de radio et de télévision sont transmis par des ondes radioélectriques. Afin qu'elles puissent être déchiffrées par les appareils de réception, on leur superpose des signaux son et image. Une onde radio peut être modulée en amplitude (AM) ou en fréquence (FM).

ONDE RADIO AM (MODULATION D'AMPLITUDE)

L'amplitude du signal est modulée.

ONDE RADIO FM (MODULATION DE FRÉQUENCE)

La fréquence du signal est modulée.

LA TÉLÉVISION

L'antenne d'une télévision reçoit des ondes porteuses de signaux son et image. Ces ondes sont démodulées et converties en signaux électriques qui sont envoyés vers le tube cathodique de l'appareil. À l'intérieur du tube, 3 canons à électrons "bombardent" l'écran recouvert de pastilles de couleur appelées luminophores. Les pastilles activées par les électrons composent l'image visible.

Triple canon à électrons (rouge, vert et bleu)

Électroaimants

Circuits amplificateurs

Faisceaux d'électrons

Le câble de télévision transmet les signaux.

Les luminophores de couleur sont activés par les électrons.

TÉLÉVISEUR

LONGUES DISTANCES

Canalisées entre le sol terrestre et la ionosphère (couche de l'atmosphère), les ondes radio à basse fréquence voyagent sur de très longues distances. Les ondes à haute fréquence sont relayées vers des récepteurs terrestres par des satellites.

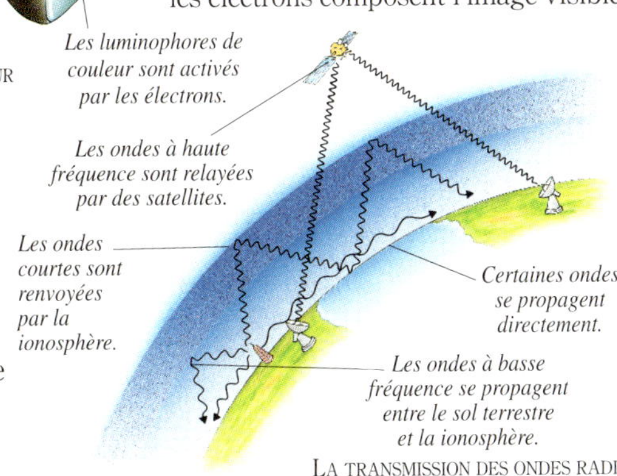
Les ondes à haute fréquence sont relayées par des satellites.
Les ondes courtes sont renvoyées par la ionosphère.
Certaines ondes se propagent directement.
Les ondes à basse fréquence se propagent entre le sol terrestre et la ionosphère.

LA TRANSMISSION DES ONDES RADIO

LES MATHÉMATIQUES

Les différentes branches des mathématiques, dont l'arithmétique et la géométrie, sont à la base de l'architecture, de la mécanique ou de l'économie. L'arithmétique est l'étude des chiffres, la géométrie celle des formes dans l'espace.

NOMBRES ET CHIFFRES

Un nombre se compose de plusieurs chiffres ; 313 est constitué des chiffres 3, 1 et 3. Un nombre supérieur à 0, tel 16, est un nombre positif ; un nombre inférieur à 0, tel –16, est un nombre négatif. Un nombre premier n'est divisible que par 1 et par lui-même ; 2, 3, 5, 7, 11, 13 sont des nombres premiers.

LES SYMBOLES MATHÉMATIQUES

=
ÉGAL

–
MOINS

+
PLUS

÷
DIVISÉ PAR

x
MULTIPLIÉ PAR

RAYONS ET ANGLES

SEGMENTS, COURBES ET SURFACES

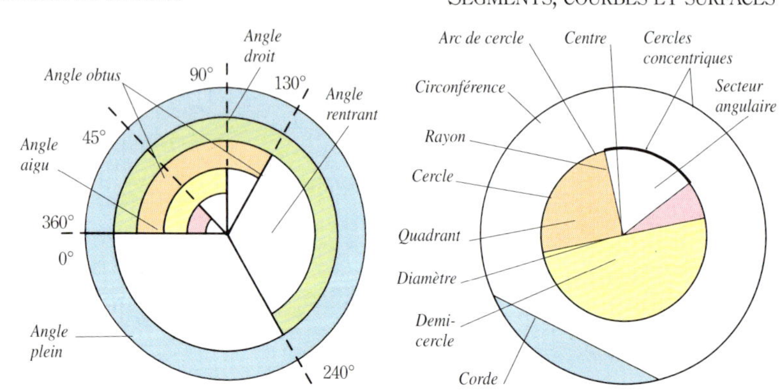
Angle droit
Angle obtus
90°
130°
Angle rentrant
45°
Angle aigu
360°
0°
Angle plein
240°
Arc de cercle
Centre
Cercles concentriques
Circonférence
Secteur angulaire
Rayon
Cercle
Quadrant
Diamètre
Demi-cercle
Corde

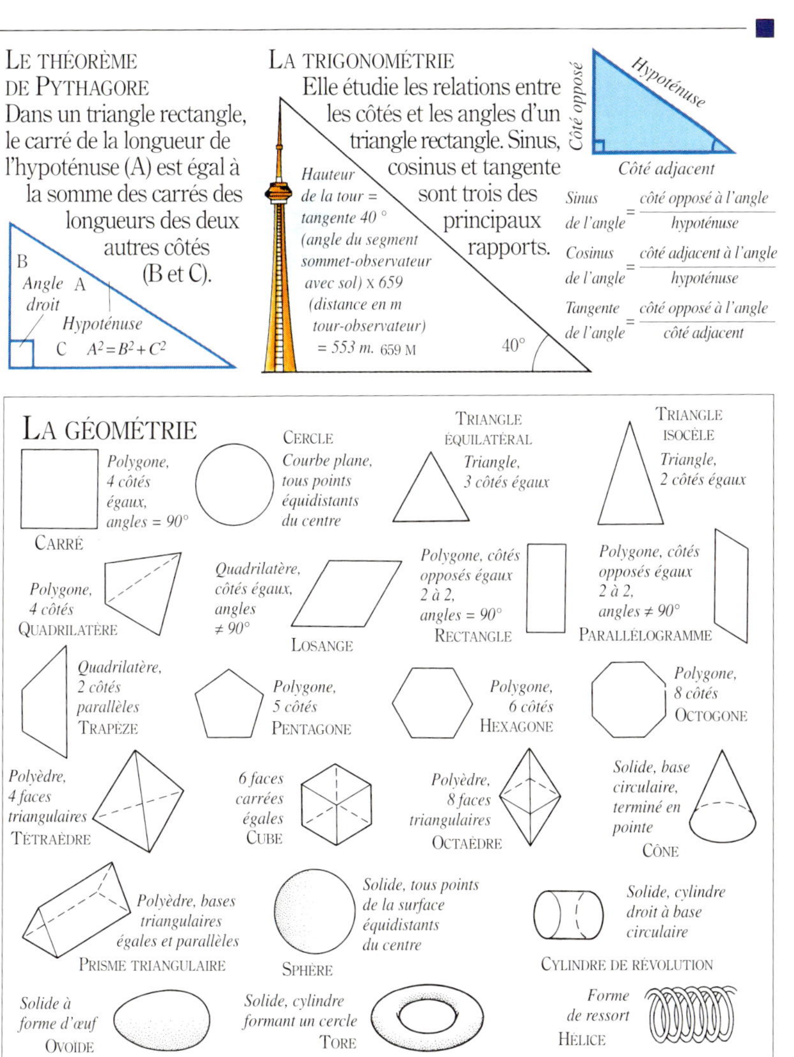
LE THÉORÈME DE PYTHAGORE
Dans un triangle rectangle, le carré de la longueur de l'hypoténuse (A) est égal à la somme des carrés des longueurs des deux autres côtés (B et C).
B
Angle droit
A
Hypoténuse
C
$A^2 = B^2 + C^2$
LA TRIGONOMÉTRIE
Elle étudie les relations entre les côtés et les angles d'un triangle rectangle. Sinus, cosinus et tangente sont trois des principaux rapports.
Hauteur de la tour = tangente 40 ° (angle du segment sommet-observateur avec sol) x 659 (distance en m tour-observateur) = 553 m. 659 M
40°
Côté opposé
Hypoténuse
Côté adjacent
Sinus de l'angle = côté opposé à l'angle / hypoténuse
Cosinus de l'angle = côté adjacent à l'angle / hypoténuse
Tangente de l'angle = côté opposé à l'angle / côté adjacent
LA GÉOMÉTRIE
Polygone, 4 côtés égaux, angles = 90°
CARRÉ
CERCLE
Courbe plane, tous points équidistants du centre
TRIANGLE ÉQUILATÉRAL
Triangle, 3 côtés égaux
TRIANGLE ISOCÈLE
Triangle, 2 côtés égaux
Polygone, 4 côtés
QUADRILATÈRE
Quadrilatère, côtés égaux, angles ≠ 90°
LOSANGE
Polygone, côtés opposés égaux 2 à 2, angles = 90°
RECTANGLE
Polygone, côtés opposés égaux 2 à 2, angles ≠ 90°
PARALLÉLOGRAMME
Quadrilatère, 2 côtés parallèles
TRAPÈZE
Polygone, 5 côtés
PENTAGONE
Polygone, 6 côtés
HEXAGONE
Polygone, 8 côtés
OCTOGONE
Polyèdre, 4 faces triangulaires
TÉTRAÈDRE
6 faces carrées égales
CUBE
Polyèdre, 8 faces triangulaires
OCTAÈDRE
Solide, base circulaire, terminé en pointe
CÔNE
Polyèdre, bases triangulaires égales et parallèles
PRISME TRIANGULAIRE
Solide, tous points de la surface équidistants du centre
SPHÈRE
Solide, cylindre droit à base circulaire
CYLINDRE DE RÉVOLUTION
Solide à forme d'œuf
OVOÏDE
Solide, cylindre formant un cercle
TORE
Forme de ressort
HÉLICE

LES TRANSPORTS

LES MOTEURS

Les moteurs convertissent une forme d'énergie quelconque en mouvement, ou énergie cinétique. Moulin à vent ou turboréacteur d'avion, les moteurs varient du plus simple au plus sophistiqué.

LE MOULIN À VENT
Tirant parti de l'énergie éolienne, les ailes du moulin à vent impriment un mouvement rotatif à l'axe central du dispositif de mouture.

LA COMBUSTION INTERNE
Le moteur à combustion interne exploite l'énergie produite par l'explosion d'un mélange air/essence pour actionner des pistons à l'intérieur de cylindres. Les quatre phases de la combustion sont appelées des temps.

Distributeur

La soupape est refermée par un ressort.

L'arbre à cames synchronise le mouvement des soupapes.

Le culbuteur commande la soupape.

Canalisation du circuit de refroidissement

Soupape

Piston

Bielle

La courroie actionne le ventilateur.

La jauge permet de contrôler le niveau d'huile.

Cylindre

Volant moteur

L'embrayage permet de désaccoupler la transmission lors des changements de vitesse.

Le vilebrequin est relié aux roues motrices par la transmission.

L'huile contenue dans le carter lubrifie les pièces du moteur.

Les coussinets protègent la course des bielles à l'intérieur du moteur.

MOTEUR À QUATRE CYLINDRES

LE CYCLE DU MOTEUR À QUATRE TEMPS

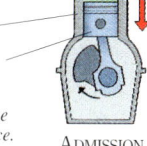

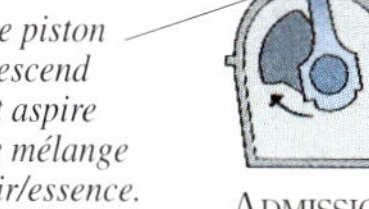

Soupape d'admission
Cylindre
Le piston descend et aspire le mélange air/essence.

ADMISSION

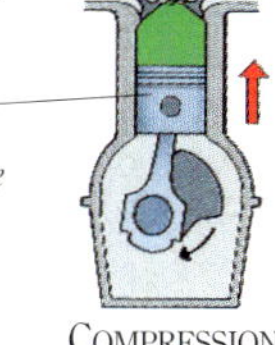

La soupape d'admission se ferme.
Le piston s'élève et comprime le mélange air/essence.

COMPRESSION

La bougie déclenche l'explosion du mélange comprimé.

Les gaz dilatés repoussent le piston vers le bas.

Le piston actionne le vilebrequin.

EXPLOSION

La soupape d'échappement s'ouvre.

Le piston remonte et expulse les gaz d'échappement.

Un nouveau cycle peut débuter.

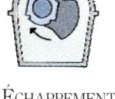

ÉCHAPPEMENT

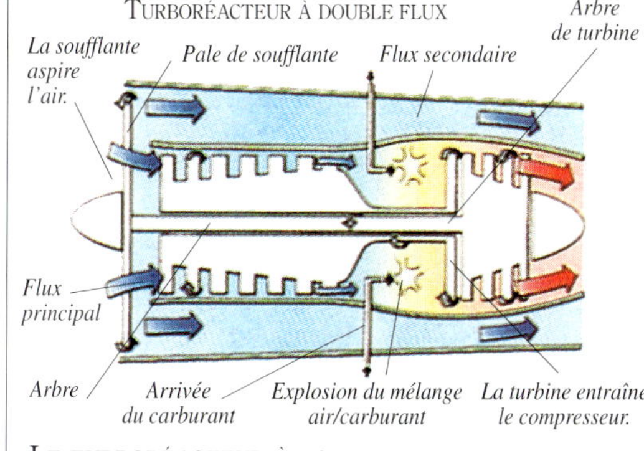

TURBORÉACTEUR À DOUBLE FLUX
La soufflante aspire l'air.
Pale de soufflante
Flux secondaire
Arbre de turbine
Flux principal
Arbre
Arrivée du carburant
Explosion du mélange air/carburant
La turbine entraîne le compresseur.

LE TURBORÉACTEUR À DOUBLE FLUX

Une partie de l'air admis par ce réacteur d'avion est comprimée puis chauffée par la combustion d'un carburant. Les gaz générés produisent une forte poussée en même temps qu'ils actionnent une turbine de refroidissement.

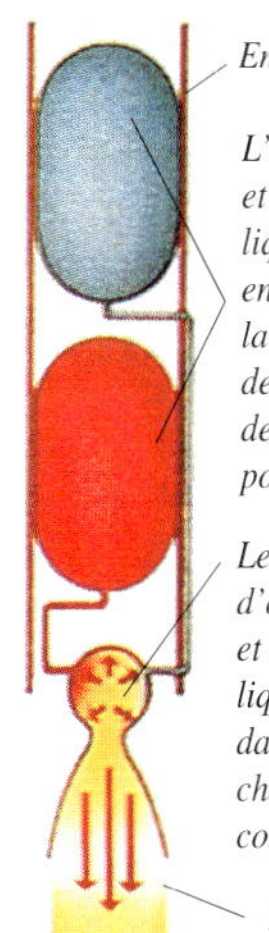

Enveloppe
L'oxygène et l'hydrogène liquides entrent dans la composition de la plupart des carburants pour fusées.
Le mélange d'oxygène et d'hydrogène liquides brûle dans la chambre de combustion.
La détente des gaz génère la poussée.

LE MOTEUR DE FUSÉE

Il brûle un carburant solide ou liquide dans une chambre de combustion. La détente des gaz produits propulse la fusée vers le ciel.

LE SAVIEZ-VOUS ?

- Le plus petit moteur à combustion interne est un moteur de modèle réduit d'avion de 0,1 cm^3.
- La température au cœur d'un moteur à combustion interne peut atteindre 1 700 °C.

LE TRAIN

Les trains sont de longs assemblages de wagons mus par de puissantes locomotives. Ils transportent marchandises et voyageurs sur des voies ferrées.

VOYAGE À LA VAPEUR

Chauffée par la combustion de charbon, l'eau contenue dans la chaudière de la locomotive se vaporise. La vapeur sous pression actionne un piston connecté aux roues par le biais d'un jeu de bielles et de manivelles. Les locomotives à vapeur ont tracté les premiers trains ; depuis les années 1960, elles ont été remplacées par des machines à moteur électrique ou diesel.

Les rails sont posés sur des poutrelles en béton ou en bois appelées traverses.

Rail

Aiguillage

Lorsque l'aiguillage est actionné, les deux segments de rail mobiles pivotent et guident le train sur la voie adjacente.

RAILS ET AIGUILLAGES

Les rails sont le plus souvent soudés bout à bout lors de leur pose pour assurer un confort de circulation optimal. Les trains changent de direction sur des segments de rail mobiles appelés aiguillages.

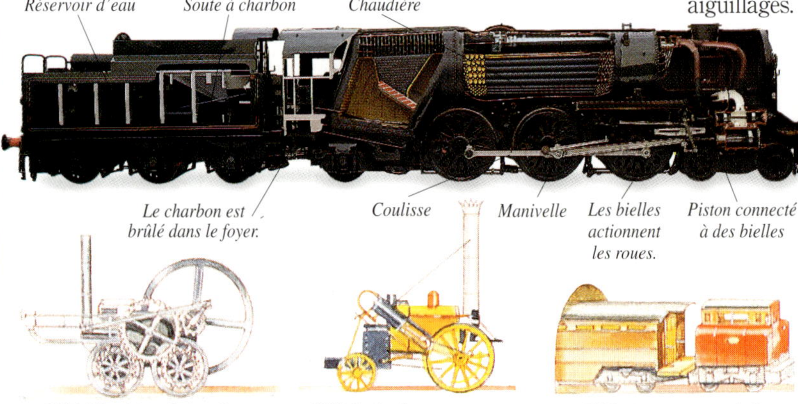
Réservoir d'eau
Soute à charbon
Chaudière
Le charbon est brûlé dans le foyer.
Coulisse
Manivelle
Les bielles actionnent les roues.
Piston connecté à des bielles

1803 *L'ingénieur britannique Richard Trevithick construit la première locomotive à vapeur.*

1829 *La Rocket, conçue par George Stephenson, préfigure l'ère du transport ferroviaire.*

1890 *Mise en service de la 1re ligne ferroviaire électrique en tube au Royaume-Uni.*

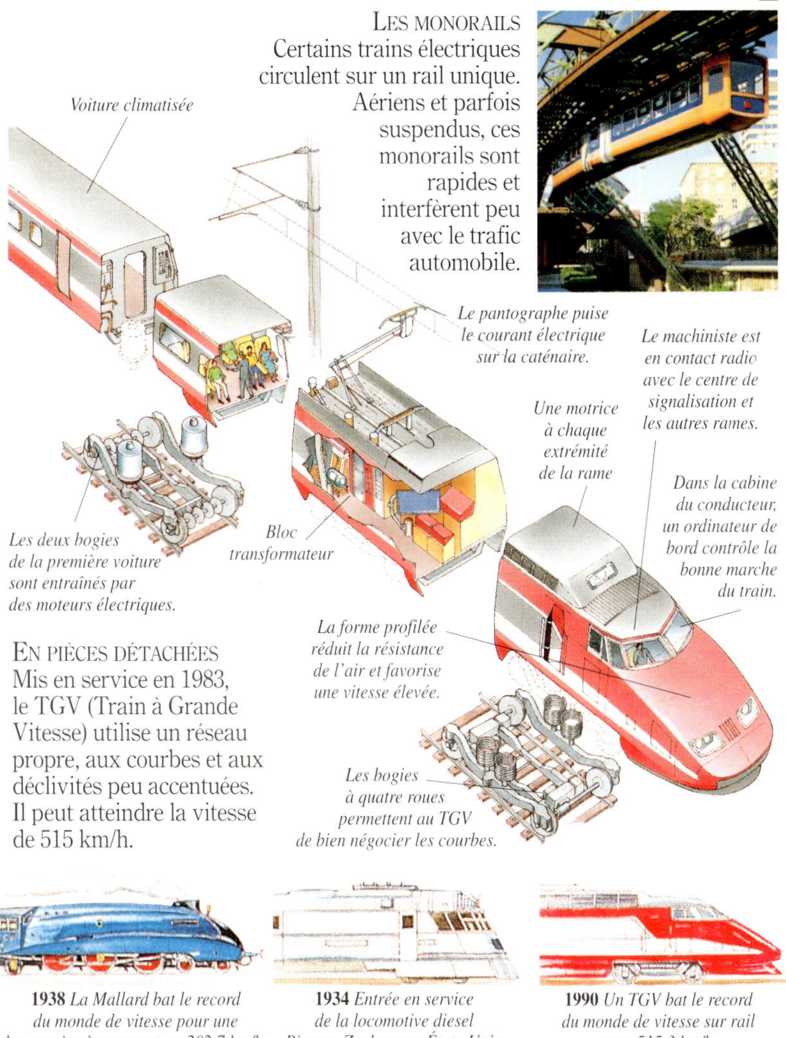
Voiture climatisée
Le pantographe puise le courant électrique sur la caténaire.
Le machiniste est en contact radio avec le centre de signalisation et les autres rames.
Une motrice à chaque extrémité de la rame
Dans la cabine du conducteur, un ordinateur de bord contrôle la bonne marche du train.
Bloc transformateur
Les deux bogies de la première voiture sont entraînés par des moteurs électriques.
La forme profilée réduit la résistance de l'air et favorise une vitesse élevée.
Les bogies à quatre roues permettent au TGV de bien négocier les courbes.

Les monorails
Certains trains électriques circulent sur un rail unique. Aériens et parfois suspendus, ces monorails sont rapides et interfèrent peu avec le trafic automobile.

En pièces détachées
Mis en service en 1983, le TGV (Train à Grande Vitesse) utilise un réseau propre, aux courbes et aux déclivités peu accentuées. Il peut atteindre la vitesse de 515 km/h.

1938 *La Mallard bat le record du monde de vitesse pour une locomotive à vapeur avec 202,7 km/h.*

1934 *Entrée en service de la locomotive diesel Pioneer Zephyr aux États-Unis.*

1990 *Un TGV bat le record du monde de vitesse sur rail avec 515,3 km/h.*

L'AUTOMOBILE

Assemblage savant de multiples dispositifs mécaniques et électriques, l'automobile est devenue une machine indispensable. Aujourd'hui, les constructeurs s'efforcent sans cesse de rendre leurs modèles plus économiques et plus sûrs.

LES POSITIONS DU MOTEUR

MOTEUR À L'AVANT, PROPULSION ARRIÈRE

Caractéristiques

Bon compromis entre adhérence et volume de l'habitacle.

MOTEUR À L'ARRIÈRE, PROPULSION ARRIÈRE

Bonne adhérence mais volume de l'habitacle réduit.

MOTEUR À L'AVANT, TRACTION AVANT

Bonne adhérence. Volume de l'habitacle optimal. Convient aux voitures familiales.

MOTEUR CENTRAL, PROPULSION ARRIÈRE

Bonne adhérence et tenue de route. Habitacle réduit. Convient aux voitures de sport.

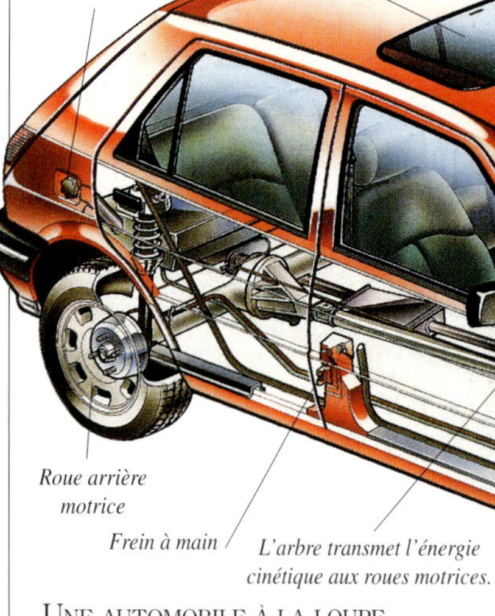
Levier de changement de vitesse pour conserver le moteur au régime adéquat quelle que soit l'allure
Toit ouvrant
Réservoir de carburant
Roue arrière motrice
Frein à main
L'arbre transmet l'énergie cinétique aux roues motrices.

UNE AUTOMOBILE À LA LOUPE

La plupart des voitures possèdent quatre roues, un moteur frontal et peuvent transporter au moins deux personnes. Cette illustration met en relief les principaux éléments d'une voiture urbaine à propulsion arrière.

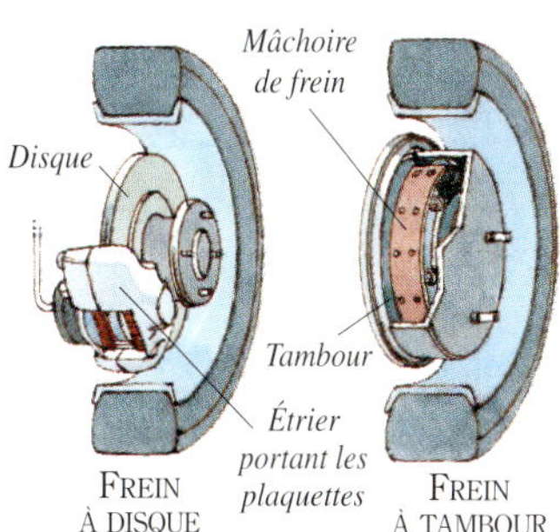
Mâchoire de frein
Disque
Tambour
Étrier portant les plaquettes
FREIN À DISQUE
FREIN À TAMBOUR

LES FREINS

Les plaquettes d'un frein à disque, actionnées par un système hydraulique, s'opposent à la rotation d'un disque solidaire de la roue. Plus ancien, le frein à tambour utilise des mâchoires courbes qui sont plaquées contre la face interne d'un tambour fixé à la roue par des boulons.

LA SUSPENSION

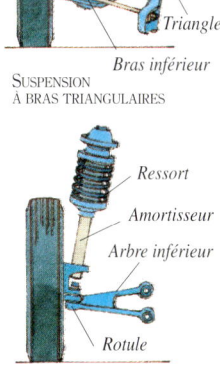

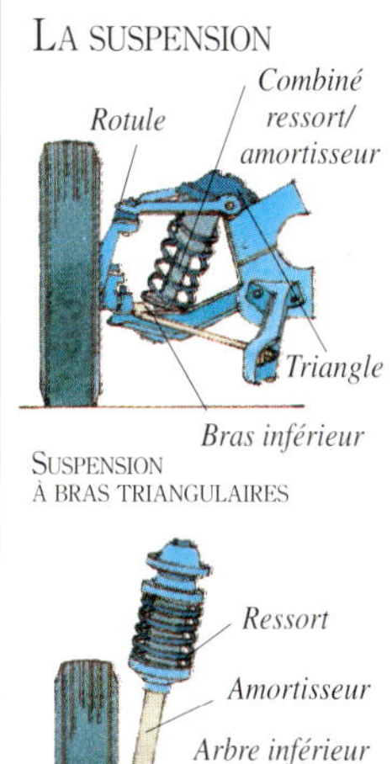
Combiné ressort/ amortisseur
Rotule
Triangle
Bras inférieur

SUSPENSION À BRAS TRIANGULAIRES

Ressort
Amortisseur
Arbre inférieur
Rotule

JAMBE MCPHERSON

La suspension désolidarise les roues du reste de la voiture, assurant ainsi un confort optimal. Le système à bras triangulaires permet aux roues directrices de se déplacer dans le plan vertical. La jambe McPherson est un ensemble ressort/amortisseur plus léger adapté aux trains avant et arrière.

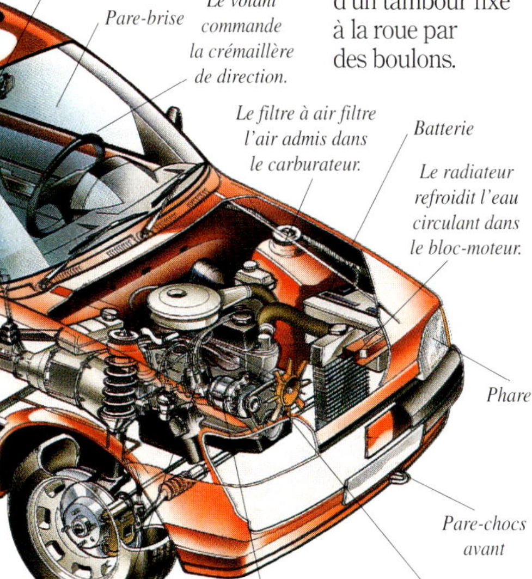
Rétroviseur
Pare-brise
Le volant commande la crémaillère de direction.
Le filtre à air filtre l'air admis dans le carburateur.
Batterie
Le radiateur refroidit l'eau circulant dans le bloc-moteur.
Phare
Pare-chocs avant
Le ventilateur aide à refroidir l'eau contenue dans le radiateur.
L'électricité produite par l'alternateur est stockée dans la batterie.
Le distributeur répartit les étincelles fournies par l'allumage.

Types de voiture

Depuis 1901, année de commercialisation de la première automobile de série, l'*Oldsmobile Curved Dash*, la conception et la forme des voitures ont radicalement changé. Il existe aujourd'hui des véhicules pour toutes sortes d'usages.

Suspension à ressorts à lame
Roue à rayons en bois
Pneu plein en caoutchouc
Arbre de transmission reliant la boîte de vitesses à l'essieu
Capote repliable
Pare-brise escamotable pour passagers arrière
La figurine "Spirit of Ecstasy" est apparue en 1911.
Pneu gonflable

BENZ VELO, 1898
En 1885, l'ingénieur allemand Karl Benz construit le premier véhicule destiné à la commercialisation. Lancée en 1894, la Benz Velo fut la première automobile digne de ce nom.

DE DION-BOUTON MODÈLE Q, 1903
Construit par la firme française De Dion-Bouton, ce modèle doté d'un moteur de 698 cm^3 est représentatif des robustes automobiles populaires du début du XXe siècle.

DE DION-BOUTON MODÈLE Q, 1903

ROLLS-ROYCE SILVER GHOST, 1906
La production d'automobiles de luxe telles que cette Rolls-Royce Silver Ghost répondait à une nouvelle demande.

ROLLS-ROYCE SILVER GHOST, 1906

MERCEDES-BENZ 300 SL, 1957
De conception futuriste, la Mercedes 300 SL était dotée de portières en élytres évoquant les ailes d'une mouette.

Portières en élytres

LE SAVIEZ-VOUS ?

- L'Aston Martin Lagonda a été la première voiture équipée d'instruments de bord électroniques.
- Richard Noble détient le record de vitesse depuis 1983, sur *Thrust 2* : 1 019,237 km/h.

L'aileron arrière plaque les roues motrices au sol.

Moteur boxer 12 cylindres

Coque légère en fibre de verre

Habitacle

FERRARI 312 T4, 1979
Grâce à leurs moteurs puissants et à leurs pneus lisses et larges, les bolides de Formule 1 dépassent les 300 km/h.

AUTOMOBILES D'AUJOURD'HUI
Différents types de voitures sont aujourd'hui conçus pour répondre à des besoins bien spécifiques.

VOITURE URBAINE SMART

VÉHICULE TOUT-TERRAIN, MERCEDES ML

MONOSPACE FIAT MULTIPLA

BERLINE BMW SÉRIE 7

La bicyclette

C'est sans doute, après la marche à pied, le moyen de locomotion le plus simple. La bicyclette fut inventée en Europe il y a près de deux siècles ; aujourd'hui, elle est populaire dans le monde entier, tant pour le transport que pour les loisirs.

Un vélo de course moderne
Pneus à chambre à air, dérailleurs sophistiqués et selle rembourrée rendent les vélos de course d'aujourd'hui bien plus performants et confortables que leurs homologues d'antan.

Selle
Câble de frein
Tube horizontal
Patin de frein
Rayon
Dérailleur avant
Pneu
Jante
Plateau
Dérailleur arrière
Pignon denté

Quelques bicyclettes
Vélo de course sur route
BMX-bicross
Vélo tout-terrain (VTT)
Tandem

1790 *Le comte de Sivrac construit la célérifère.*

1813 *Karl Drais met au point la draisienne.*

1839 *Invention du* boneshaker, *premier bicycle à roue arrière muée par pédales.*

1861 *Pédales adaptées à la roue avant d'une draisienne.*

LE SPORT CYCLISTE

Sprint de 1 000 m sur piste ou course à étapes de plusieurs semaines, les épreuves cyclistes sont multiples. Le Tour de France fait partie des courses à étapes les plus célèbres.

LE SAVIEZ-VOUS ?

- La plus longue bicyclette mesure 22,24 m et nécessite d'être conduite par 4 personnes.
- Il y a aujourd'hui 800 millions de bicyclettes en service dans le monde.

Guidon
Potence
Poignée de freins
Manettes de dérailleurs
Fourche
Pédale
Valve
Moyeu

Pédale

Grand pignon pour le plat et les descentes

Chaîne

Petit pignon pour grimper les côtes

PIGNONS ET PLATEAU

Les dérailleurs, qui équipent la plupart des bicyclettes, permettent au cycliste de varier sa vitesse en pédalant toujours à la même cadence. Pour faire passer la chaîne de pignon à pignon, il suffit d'actionner une manette.

1869 *L'horloger français Guilmet construit la première bicyclette.*

v. 1870 *Invention du vélocipède.*

1959 *La bicyclette Moulton a une forme révolutionnaire.*

1990 *Vélo de record HPV (Human Powered Vehicle).*

Les deux-roues à moteur

Simple cyclomoteur ou moto de course pouvant dépasser les 300 km/h, le deux-roues motorisé est, après la bicyclette, le plus petit et le plus maniable de tous les véhicules routiers.

QUELQUES DEUX-ROUES À MOTEUR
MOTO DE TRIAL POUR TOUT-TERRAIN
MOTO PERSONNALISÉE (CUSTOM)
CYCLOMOTEUR
SCOOTER

UNE MOTO À LA LOUPE

Une moto est un deux-roues doté d'un moteur performant dont la cylindrée varie de 125 à plus de 1 000 cm^3.

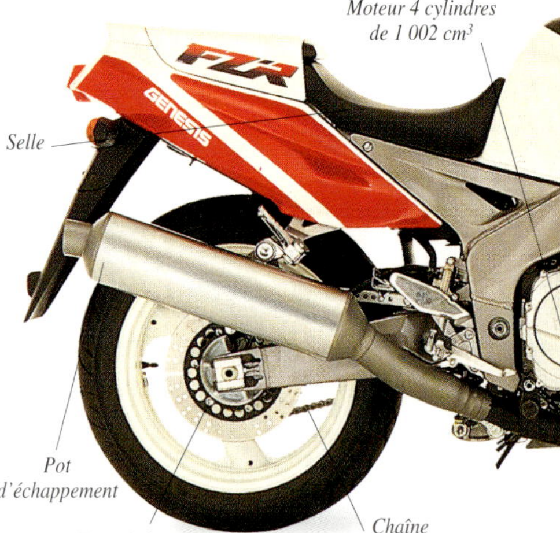
Moteur 4 cylindres de 1 002 cm³
Selle
Pot d'échappement
Frein à disque
Chaîne de transmission
FZR
GENESIS

1885 *Motocycle en bois de Maybach et Daimler*

1892 *Premier motocycle de série*

1901 *Le motocycle de la firme Werner préfigure la moto.*

1904 *Sortie de la* Silent Grey Fellow, *première Harley-Davidson.*

CASSE-COU
Pour négocier les virages, les pilotes moto font prendre à leur machine des angles impressionnants.

LE SAVIEZ-VOUS ?

- La moto de série laplus rapide est la Suzuki 1300 GSX-R Hayabusa. Elle atteint 311 km/h.
- La première moto, de marque Werner, date de 1901.

Poignée de freins
Réservoir d'essence
Rétroviseur
Pare-vent
Bulle de carénage
Poignée d'accélérateur
Fourche télescopique
Emplacement du carénage latéral
Radiateur
Jante en alliage léger
Lumière d'échappement

YAMAHA FZR EXUP, 1992

LE MOTEUR À DEUX TEMPS
Ce moteur dénué de soupapes équipe souvent les motos de taille moyenne. L'admission du mélange et l'échappement des gaz s'effectuent par des ouvertures du cylindre, appelées lumières, qui sont tour à tour ouvertes et fermées par les mouvements du piston.

1910 *Introduction du premier side-car.*

1959 *La firme Triumph lance la célèbre* Bonneville.

1978 *Donald Vesco établit un nouveau record de vitesse à moto avec 512 km/h.*

1990 *BMW lance la très sophistiquée R1100.*

LE BATEAU

Les bateaux sont utilisés depuis des millénaires pour transporter hommes et marchandises sur les rivières, les lacs et les océans. Petits canoës ou imposants transatlantiques, ils ont joué un rôle décisif dans le développement du commerce mondial.

Mât bipode

Voile en jonc tressé

LE RADEAU DU TITICACA
Ces élégantes embarcations faites de joncs sont l'œuvre des montagnards andins du lac Titicaca.

LE TRANSPORT ALGONQUIN
Les Algonquins, Indiens du Canada, traversaient la rivière Saint-Laurent à l'aide de canoës faits d'écorce de bouleau. Leur taille variait de 3 m jusqu'à 10,5 m pour les embarcations guerrières.

Traverses de renfort
Coque en écorce de bouleau

Vergue

Mât

Les lattes rigidifient la voile.

Voile quadrangulaire

UNE JONQUE CHINOISE
Les voiles quadrangulaires des jonques, les bateaux chinois traditionnels, sont supportées par des vergues transversales.

LES PAQUEBOTS
Du début du XXe siècle jusqu'aux années 1950, ces immenses et luxueux bateaux ont emmené leurs passagers sur tous les océans du monde.

LE *MAURETANIA*

Château

Les cheminées évacuent les fumées émises par les chaudières.

Pont-promenade

LE LOUVOIEMENT
Pour progresser face au vent, un voilier doit tirer des bords, c'est-à-dire décrire plusieurs diagonales successives. On dit alors qu'il louvoie. Par vent arrière, cette même opération est appelée l'empannage.

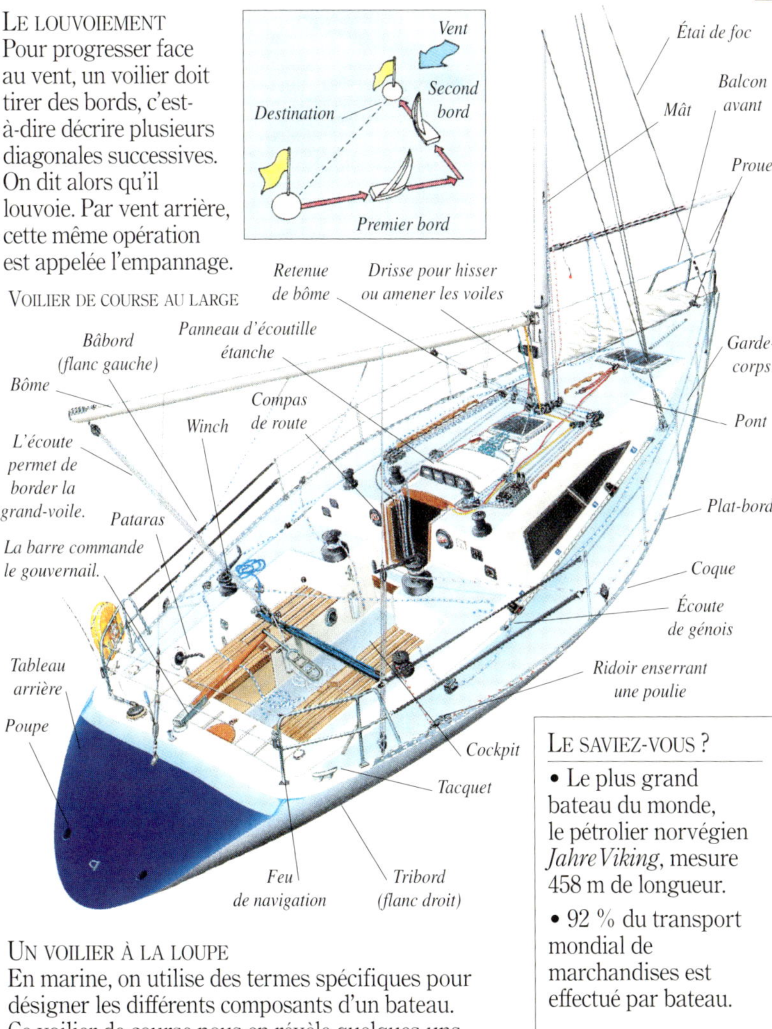
Vent
Second bord
Destination
Premier bord
Étai de foc
Balcon avant
Mât
Proue
Retenue de bôme
Drisse pour hisser ou amener les voiles
Panneau d'écoutille étanche
Bâbord (flanc gauche)
Bôme
Garde-corps
Pont
Compas de route
Winch
L'écoute permet de border la grand-voile.
Pataras
Plat-bord
La barre commande le gouvernail.
Coque
Écoute de génois
Ridoir enserrant une poulie
Tableau arrière
Poupe
Cockpit
Tacquet
Feu de navigation
Tribord (flanc droit)

VOILIER DE COURSE AU LARGE

UN VOILIER À LA LOUPE
En marine, on utilise des termes spécifiques pour désigner les différents composants d'un bateau. Ce voilier de course nous en révèle quelques-uns.

LE SAVIEZ-VOUS ?

- Le plus grand bateau du monde, le pétrolier norvégien *Jahre Viking*, mesure 458 m de longueur.
- 92 % du transport mondial de marchandises est effectué par bateau.

LES BÂTIMENTS DE GUERRE

La vedette rapide, l'immense porte-avions et le sous-marin nucléaire témoignent de la grande variété des bâtiments de guerre.

VAISSEAU DE 74 CANONS, XVIIIe SIÈCLE

Perruche
Grand perroquet
Petit perroquet
Petit hunier
Faux foc
Perroquet de fougue
Grand foc
Grand hunier
Sabords
Contre-civadière

VAISSEAUX ET CANONS

Au XVIIIe siècle, les navires militaires sont de véritables forteresses flottantes. Usant de ces vaisseaux lourdement armés, les grandes puissances d'Europe s'affrontent sur les mers du globe.

QUELQUES NAVIRES DE GUERRE

LE PORTE-AVIONS
Cet immense navire peut transporter 100 avions et 2 000 hommes d'équipage.

LE DESTROYER
Armé de missiles, le destroyer est le chien de garde de la flotte.

LE CHASSEUR DE MINES
Ce navire de petite taille a pour mission la recherche et la destruction des mines flottantes.

LE CROISEUR
C'est un navire robuste et rapide.

LE CUIRASSÉ
Il est aujourd'hui supplanté par le porte-avions.

UN NAVIRE DE GUERRE

Les navires de guerre modernes sont armés de canons et de missiles radioguidés adaptés à l'attaque comme à la défense. La plupart disposent également de dispositifs électroniques sophistiqués pour traquer et frapper les bâtiments ennemis.

LE SAVIEZ-VOUS ?

- Le premier navire de guerre en acier, le *Warrior*, fut construit en 1860.
- Les plus grands sous-marins sont les bâtiments russes de classe Typhon (170 m de longueur).

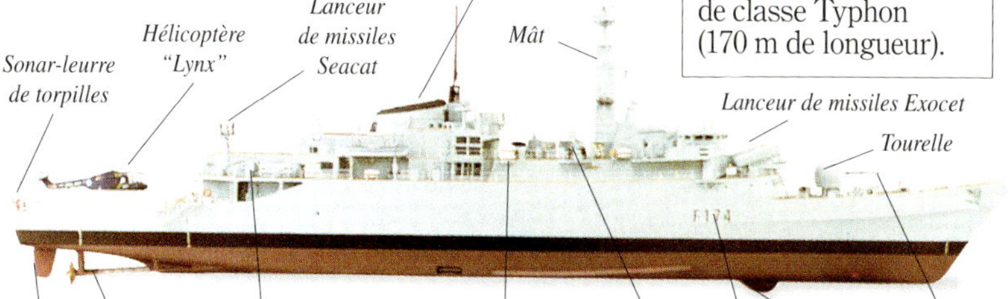

Radar de veille
Cheminée
Lanceur de missiles Seacat
Mât
Hélicoptère "Lynx"
Sonar-leurre de torpilles
Lanceur de missiles Exocet
Tourelle
Gouvernail
Hélice à pas variable
Tube lance-torpilles
Conteneur de radeau pneumatique
Lance-roquettes
Marque-numéro
Sonar
Canon de 110 mm

NAVIRE DE GUERRE MODERNE

LES SOUS-MARINS MILITAIRES

Ils se divisent en deux catégories. Les sous-marins d'attaque recherchent et détruisent les navires ennemis. Les sous-marins stratégiques porteurs de missiles nucléaires menacent des objectifs terrestres et font partie d'un dispositif de dissuasion.

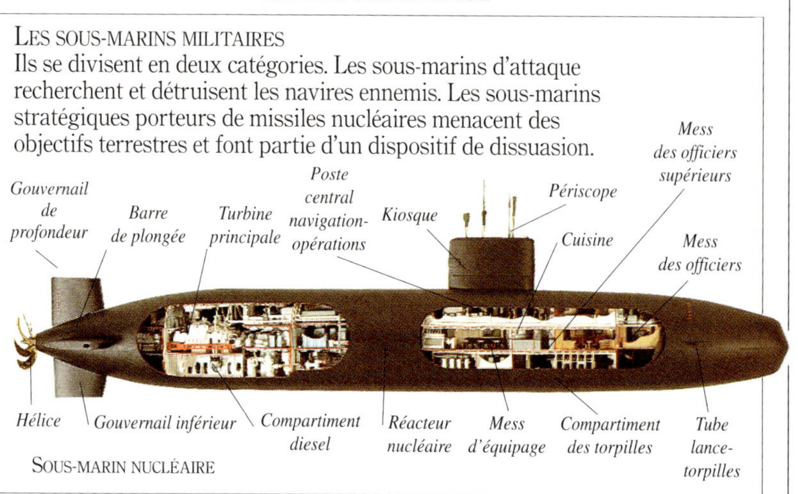
Gouvernail de profondeur
Barre de plongée
Turbine principale
Poste central navigation-opérations
Kiosque
Périscope
Mess des officiers supérieurs
Cuisine
Mess des officiers
Hélice
Gouvernail inférieur
Compartiment diesel
Réacteur nucléaire
Mess d'équipage
Compartiment des torpilles
Tube lance-torpilles

SOUS-MARIN NUCLÉAIRE

L'AVION

Chaque jour, des milliers de personnes prennent l'avion ; pourtant, le premier aéroplane n'a pris son envol qu'en 1903. Engin plus lourd que l'air, doté d'ailes fixes, un avion est le plus souvent propulsé par des réacteurs ou des moteurs à hélice.

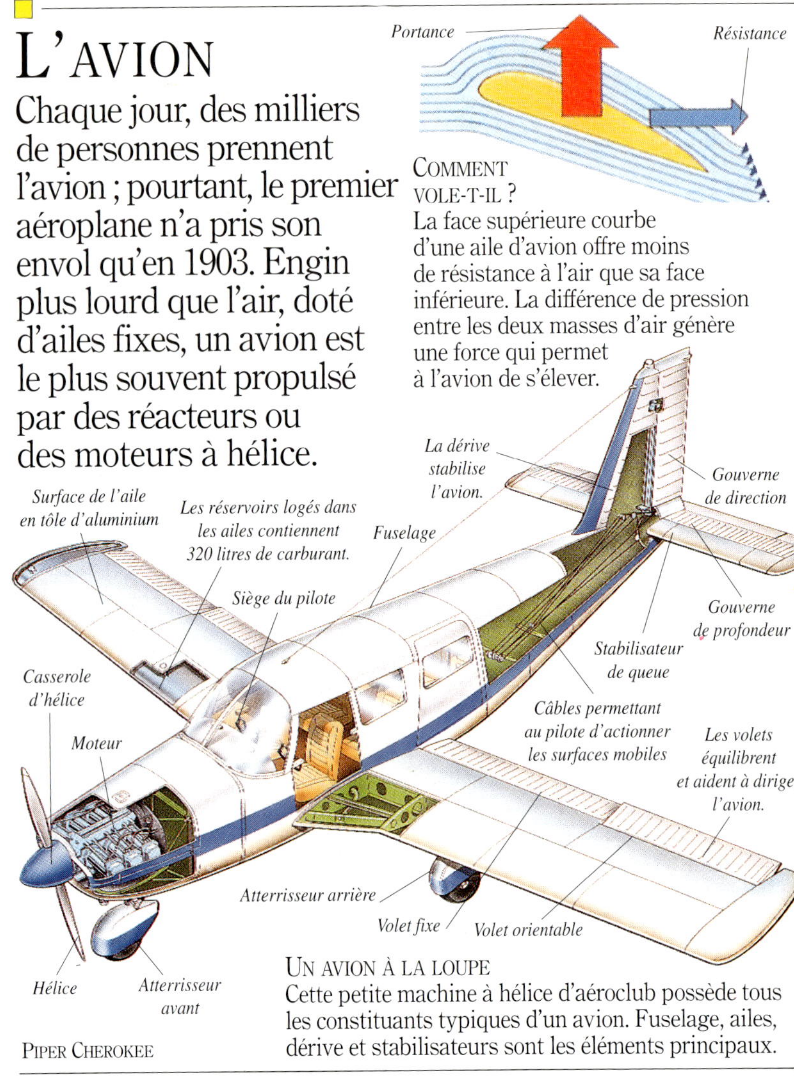

Portance
Résistance
La dérive stabilise l'avion.
Gouverne de direction
Surface de l'aile en tôle d'aluminium
Les réservoirs logés dans les ailes contiennent 320 litres de carburant.
Fuselage
Siège du pilote
Gouverne de profondeur
Stabilisateur de queue
Casserole d'hélice
Moteur
Câbles permettant au pilote d'actionner les surfaces mobiles
Les volets équilibrent et aident à diriger l'avion.
Atterrisseur arrière
Volet fixe
Volet orientable
Hélice
Atterrisseur avant

COMMENT VOLE-T-IL ?
La face supérieure courbe d'une aile d'avion offre moins de résistance à l'air que sa face inférieure. La différence de pression entre les deux masses d'air génère une force qui permet à l'avion de s'élever.

PIPER CHEROKEE

UN AVION À LA LOUPE
Cette petite machine à hélice d'aéroclub possède tous les constituants typiques d'un avion. Fuselage, ailes, dérive et stabilisateurs sont les éléments principaux.

LE FUSELAGE D'UN AVION DE LIGNE

La coque d'un avion de ligne moderne doit être capable de supporter les contraintes liées aux vitesses de vol élevées et à la pressurisation des compartiments passagers. Alliages d'aluminium, titane et fibre de carbone sont quelques-uns des matériaux, à la fois légers et résistants, aujourd'hui utilisés.

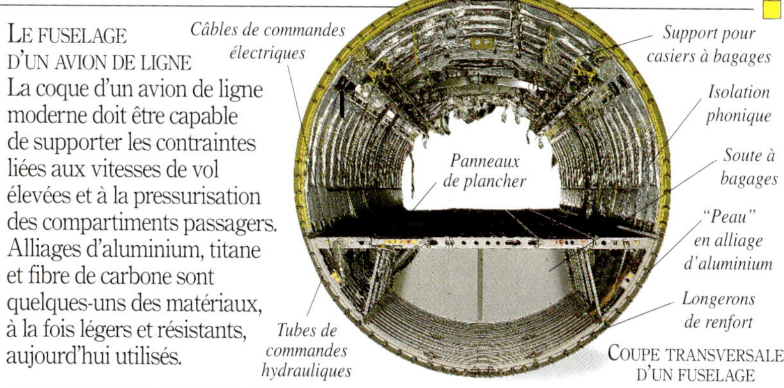

Câbles de commandes électriques
Support pour casiers à bagages
Isolation phonique
Panneaux de plancher
Soute à bagages
"Peau" en alliage d'aluminium
Longerons de renfort
Tubes de commandes hydrauliques

COUPE TRANSVERSALE D'UN FUSELAGE

AUX COMMANDES

Les ailes et la queue d'un avion sont dotées de volets orientables qui lui permettent de monter, descendre et virer. Lors des changements de direction, l'avion s'incline vers l'intérieur du virage.

Le nez s'élève.

L'angle d'attaque de l'aile est plus incliné, la portance augmente.

Les volets levés plaquent la queue vers le bas.

MONTÉE

Pour grimper, le pilote tire le manche à lui.

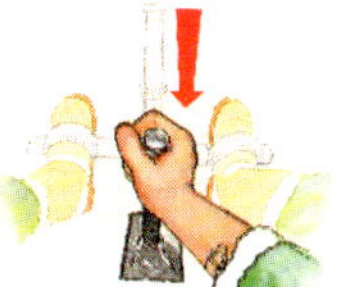

Le volet levé réduit la portance sur l'aile gauche.

Le volet baissé accroît la portance sur l'aile droite.

INCLINAISON

Le pilote actionne le manche vers la gauche.

La gouverne est orientée à gauche. L'avion vire à gauche.

L'avion s'incline dans le sens du virage.

Volet gauche levé

Volet droit baissé

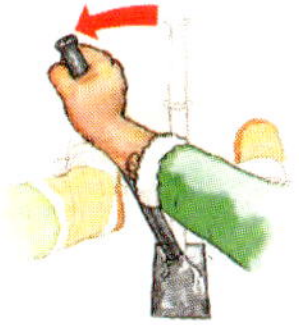

VIRAGE

Le pilote actionne le manche vers la gauche et pousse avec le pied gauche sur le palonnier.

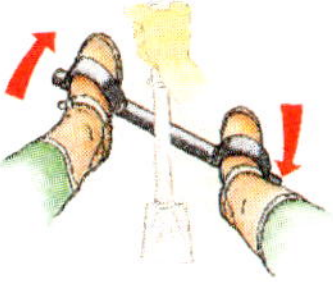

Machines volantes

Avions supersoniques, hélicoptères, dirigeables, ballons ou planeurs, les machines capables de nous emmener dans les airs sont multiples. La plupart de ces engins volants ont une vocation commerciale (transport), militaire ou sportive.

L'HÉLICOPTÈRE

Il décolle et se déplace dans toutes les directions grâce à l'action de son rotor. Du traitement des cultures aux opérations militaires, les utilisations de l'hélicoptère sont variées.

L'EUROFIGHTER TYPHOON

L'Eurofighter est un des avions de chasse les plus sophistiqués du monde. L'appareil est redoutable grâce à son extrême maniabilité due à un centre gravité placé très haut. Pour faciliter le pilotage, l'avion est équipé de puissants ordinateurs.

Pales du rotor
Rotule permettant de modifier l'incidence de la pale
Rotor anticouple
Plateau cyclique tournant contrôlant le pas du rotor.
Patins d'atterrissage
HÉLICOPTÈRE SCHWEIZER 500C
Radôme (protection d'antenne radar)
Ailes Delta aérodynamiques
Support de missile
Gouverne supérieure
Dérive
CONCORDE
Hublot
Poste de pilotage
Radôme
Nez en position basse

LE CONCORDE

Cet appareil franco-britannique était jusqu'en 2000, le seul avion de ligne supersonique en service. Il approchait les 2 500 km/h. Depuis qu'un Concorde s'est écrasé au décollage, ce modèle n'est plus autorisé à voler.

Cône en fibre de verre
DIRIGEABLE SKYSHIP 500HL
Gouverne de profondeur
Enveloppe gonflée de gaz
Nacelle passagers et équipage
Hélices
Gouverne de direction
L'enveloppe se remplit d'air chaud.
Sangle synthétique attachant la suspente à l'enveloppe
Les brûleurs créent de l'air chaud.
Suspente en acier inoxydable
Support des brûleurs
BALLON À AIR CHAUD
Nacelle
Crochet de remorquage
Cockpit profilé
Volet
Fuselage mince et effilé
Gouverne de direction
Queue aérodynamique en forme de T
EVW
PLANEUR SCHELICHER K25
L'aile de toile s'élève grâce aux courants thermiques.
DELTAPLANE
Le pilote est suspendu dans un harnais.

Ballons et dirigeables

Emprisonné dans une enveloppe, l'air chaud peut soulever une charge. Apparues à la fin du XVIIIe siècle, les montgolfières sont les premiers engins volants. Le dirigeable, gonflé d'un gaz plus léger que l'air et mû par des hélices, est un moyen de transport à la mode au début du XXe siècle. Aujourd'hui, il est parfois utilisé à des fins publicitaires.

Planeurs et deltaplanes

Le planeur est un avion dépourvu de moteur. Tracté jusqu'à une certaine altitude, il tire ensuite parti des courants ascensionnels (thermiques) pour se maintenir en l'air. Le deltaplane est une structure légère en forme d'aile habillée de toile tendue. Son pilote s'élance le plus souvent d'un relief montagneux.

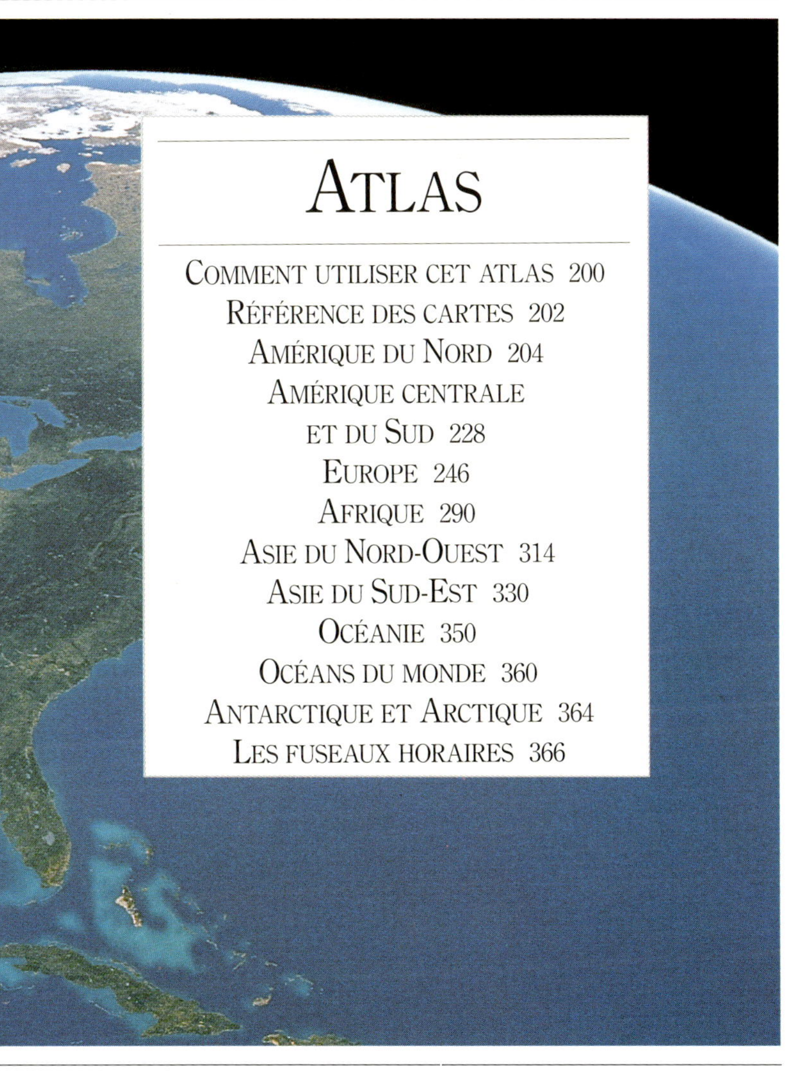

ATLAS

COMMENT UTILISER CET ATLAS

Les cartes sont regroupées selon les grandes entités géographiques : l'Amérique du Nord, l'Amérique centrale et l'Amérique du Sud, l'Europe, l'Afrique, l'Asie du Nord-Ouest, l'Asie du Sud-Est, l'Océanie et les grands océans. Les premières pages présentent la planète Terre et ses milieux naturels.

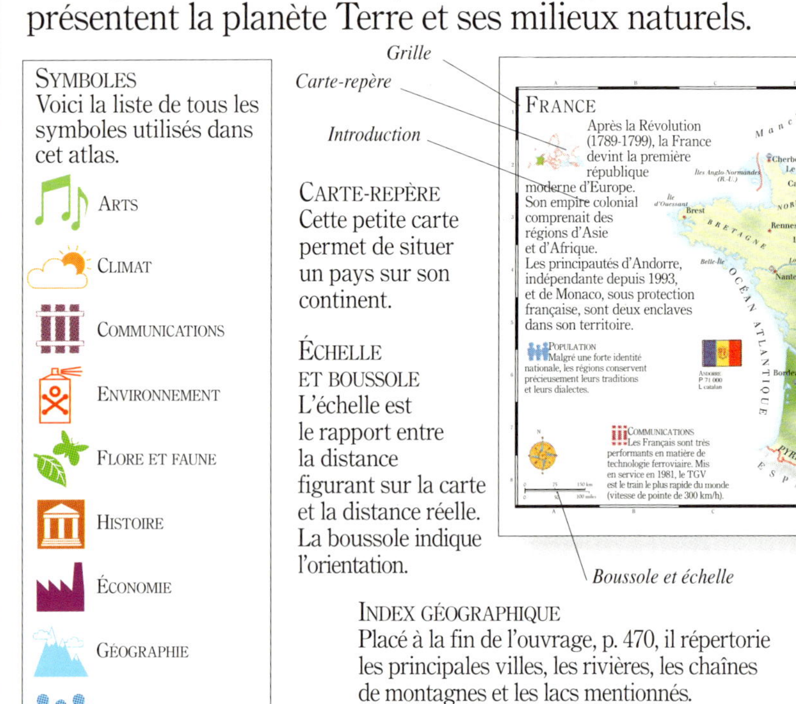

SYMBOLES
Voici la liste de tous les symboles utilisés dans cet atlas.
ARTS
CLIMAT
COMMUNICATIONS
ENVIRONNEMENT
FLORE ET FAUNE
HISTOIRE
ÉCONOMIE
GÉOGRAPHIE
POPULATION
Grille
Carte-repère
Introduction
CARTE-REPÈRE
Cette petite carte permet de situer un pays sur son continent.
ÉCHELLE ET BOUSSOLE
L'échelle est le rapport entre la distance figurant sur la carte et la distance réelle. La boussole indique l'orientation.
FRANCE
Après la Révolution (1789-1799), la France devint la première république moderne d'Europe. Son empire colonial comprenait des régions d'Asie et d'Afrique. Les principautés d'Andorre, indépendante depuis 1993, et de Monaco, sous protection française, sont deux enclaves dans son territoire.
POPULATION
Malgré une forte identité nationale, les régions conservent précieusement leurs traditions et leurs dialectes.
COMMUNICATIONS
Les Français sont très performants en matière de technologie ferroviaire. Mis en service en 1981, le TGV est le train le plus rapide du monde (vitesse de pointe de 300 km/h).
Manche
Cherbourg
Caen
Îles Anglo-Normandes (R.-U.)
Brest
BRETAGNE
Rennes
Belle-Île
Nantes
Loire
OCÉAN ATLANTIQUE
Bordeaux
Boussole et échelle

INDEX GÉOGRAPHIQUE
Placé à la fin de l'ouvrage, p. 470, il répertorie les principales villes, les rivières, les chaînes de montagnes et les lacs mentionnés. Vous y trouverez également la liste des abréviations, suivies de leur signification.

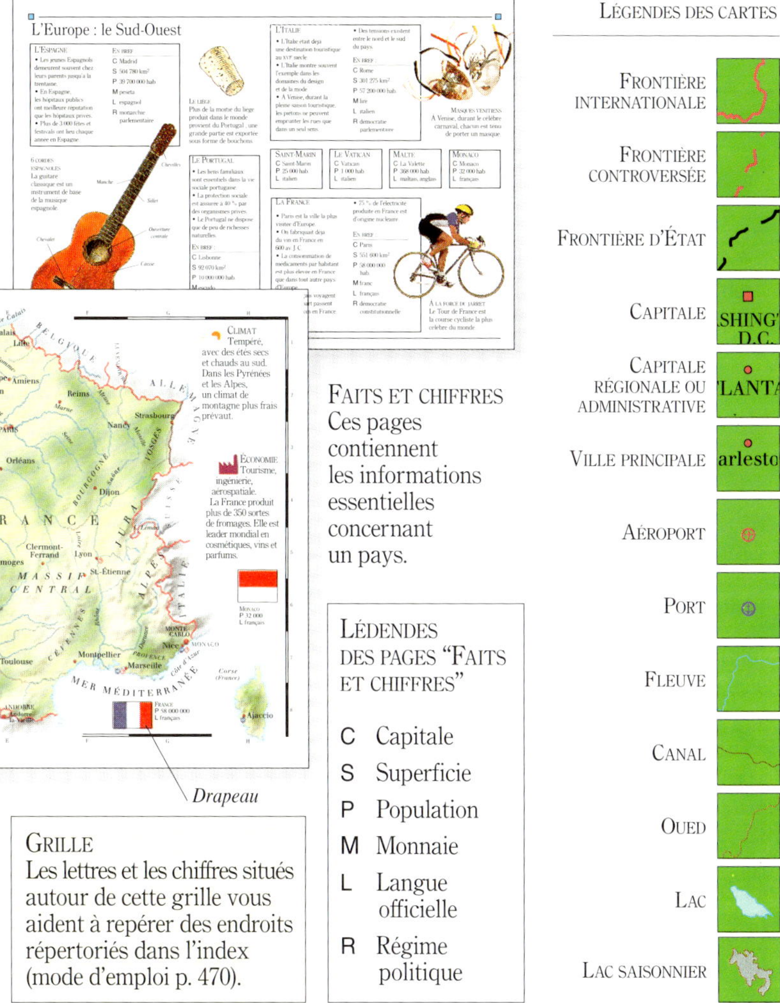
L'Europe : le Sud-Ouest
L'Espagne
Le Portugal
L'Italie
Saint-Marin
Le Vatican
Malte
Monaco
La France
Climat
Tempéré, avec des étés secs et chauds au sud. Dans les Pyrénées et les Alpes, un climat de montagne plus frais prévaut.
Économie
Tourisme, ingénierie, aérospatiale. La France produit plus de 350 sortes de fromages. Elle est leader mondial en cosmétiques, vins et parfums.
Lille
Amiens
Reims
Strasbourg
Paris
Nancy
Orléans
Dijon
Clermont-Ferrand
Lyon
Limoges
St-Étienne
Massif Central
Toulouse
Montpellier
Marseille
Nice
Monte-Carlo
Ajaccio
Mer Méditerranée

Drapeau

Grille

Les lettres et les chiffres situés autour de cette grille vous aident à repérer des endroits répertoriés dans l'index (mode d'emploi p. 470).

Faits et chiffres

Ces pages contiennent les informations essentielles concernant un pays.

Lédendes des pages "Faits et chiffres"

- **C** Capitale
- **S** Superficie
- **P** Population
- **M** Monnaie
- **L** Langue officielle
- **R** Régime politique

Légendes des cartes

- Frontière internationale
- Frontière controversée
- Frontière d'État
- Capitale
- Capitale régionale ou administrative
- Ville principale
- Aéroport
- Port
- Fleuve
- Canal
- Oued
- Lac
- Lac saisonnier

RÉFÉRENCE DES CARTES

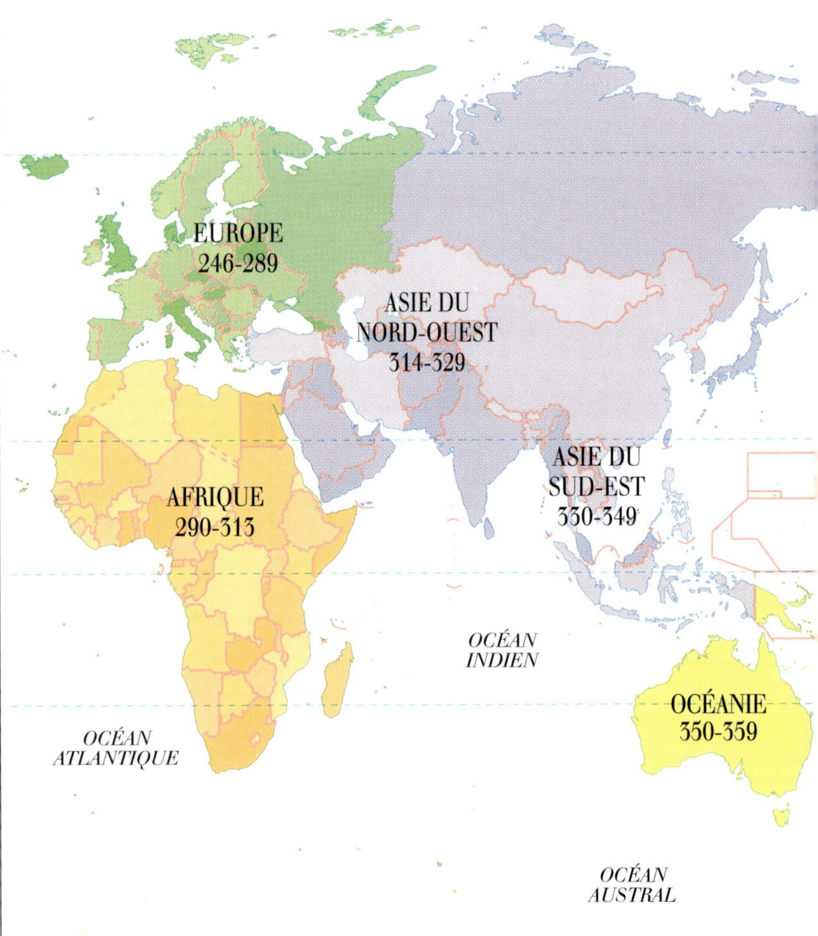
EUROPE
246-289
ASIE DU
NORD-OUEST
314-329
ASIE DU
SUD-EST
330-349
AFRIQUE
290-313
OCÉAN
INDIEN
OCÉANIE
350-359
OCÉAN
ATLANTIQUE
OCÉAN
AUSTRAL

OCÉAN
ARCTIQUE
Cercle polaire arctique
OCÉAN
ATLANTIQUE
AMÉRIQUE DU
NORD
204-227
OCÉAN
PACIFIQUE
Tropique du Cancer
Équateur
AMÉRIQUE CENTRALE
ET DU SUD
228-245
OCÉAN
PACIFIQUE
Tropique du Capricorne
OCÉAN
ATLANTIQUE

AMÉRIQUE DU NORD

OCÉAN ARCTIQUE

MER DE BEAUFORT

Alaska
(É.-U.)

CANADA

GOLFE D'ALASKA

OCÉAN PACIFIQUE

Hawaii
(É.-U.)

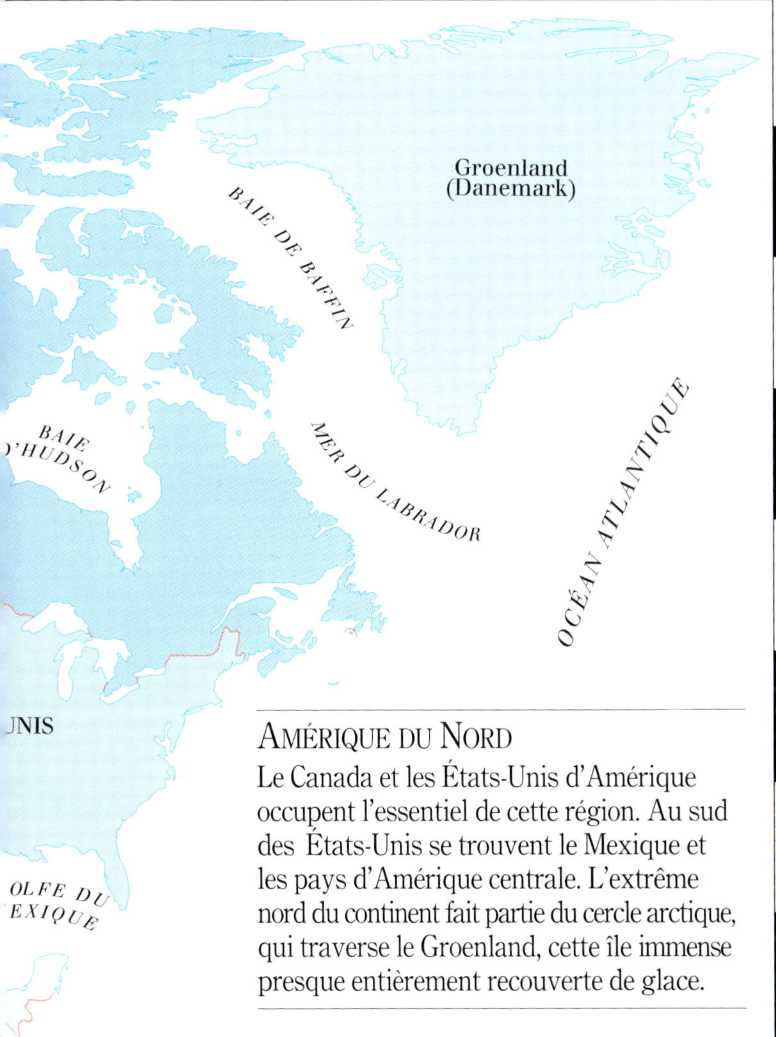
Groenland
(Danemark)
BAIE DE BAFFIN
BAIE
D'HUDSON
MER DU LABRADOR
OCÉAN ATLANTIQUE
UNIS
OLFE DU
EXIQUE

AMÉRIQUE DU NORD

Le Canada et les États-Unis d'Amérique occupent l'essentiel de cette région. Au sud des États-Unis se trouvent le Mexique et les pays d'Amérique centrale. L'extrême nord du continent fait partie du cercle arctique, qui traverse le Groenland, cette île immense presque entièrement recouverte de glace.

Alaska et Canada occidental

À la fin de la dernière glaciation, des populations venant d'Asie parvinrent en Amérique du Nord en traversant le détroit de Béring qui reliait alors le continent asiatique à l'Alaska.

OCÉAN ARCTIQUE
Détroit de Béring
CHAÎNE DE BROOKS
Prudhoe Bay
MER DE BEAUFORT
Î. St-Laurent
Îles Aléoutiennes
Î. Nunivak
Î. St-Mathieu
MER DE BÉRING
ALASKA (É.-U.)
Yukon
Porcupine
Fairbanks
CHAÎNE DE L'ALASKA
Î. Umnak
Î. Unalaska
Î. Unimak
Baie de Bristol
Dawson
Anchorage
MONTAGNES ROCHEUSES
YUKON TER
Î. Kodiak
Golfe d'Alaska
WHITEHORSE
JUNEAU
OCÉAN PACIFIQUE
Îs de la Reine-Charlotte
COLOMBIE BRITANNIQUE
Î. Vancouver
Vancouver
VICTORIA

ALASKA
P 648 818
L anglais

ÉCONOMIE
Pêche, pétrole, minerais, bois. Le chemin de fer a permis le développement de l'agriculture dans l'Ouest canadien. Le plus grand champ pétrolifère des É.-U. est situé à Prudhoe Bay, en Alaska.

CLIMAT
Polaire au nord, plus doux au sud. Sur la côte pacifique, dans la région de Vancouver, où les hivers sont les plus doux, il est rare que les températures descendent au-dessous de zéro.

HISTOIRE
Les É.-U. achetèrent l'Alaska à la Russie en 1867 pour 7,2 millions de dollars, ce que les Américains désapprouvèrent jusqu'à ce que l'on y découvre de l'or en 1896 et du pétrole en 1968.

E
F
G
H
1
2
3
4
5
6
7
8
Détroit de Nares
Î. Ellesmere
Î. Axel Heiberg
Îs de la Reine-Élisabeth
Baie de Baffin
Détroit de McClure
Î. Melville
Î. Devon
D. de Lancaster
Détroit du Vicomte-de-Melville
Î. Somerset
Détroit de Davis
Î. Banks
Î. du Prince-de-Galles
Golfe de Boothia
Île Baffin
Î. Victoria
de d'Amundsen
Bassin de Foxe
Î. du Roi-Guillaume
Détroit d'Hudson
NUNAVUT
Grand Lac de l'Ours
Î. Southampton
YELLOWKNIFE
Baie d'Hudson
Grand Lac des Esclaves
ANADA
L. Athabasca
Churchill
Fort McMurray
Athabasca
Nelson
Churchill
MANITOBA
ONTARIO
ALBERTA
EDMONTON
L. Winnipeg
SASKATCHEWAN
Saskatoon
L. Winnipegosis
Calgary
WINNIPEG
REGINA
ÉTATS - UNIS
N
0
400
800km
0
200
400miles

CANADA
P 32 200 000
L anglais, français

POPULATION

Les Inuits peuplèrent la région il y a environ 5 000 ans. En 1999, les territoires du Nord-Ouest sont devenus autonomes sous le nom de territoire Nunavut. Les Inuits ont ainsi été le premier peuple indigène nord-américain à accéder à l'indépendance.

FLORE ET FAUNE

Phoques à fourrure, élans et nombreuses espèces d'ours parmi lesquelles le kodiak, ou ours brun du Canada, le plus grand mammifère carnivore du monde.

CANADA ORIENTAL

Deuxième pays au monde par sa superficie, le Canada est peu peuplé. La population se concentre sur une bande de 160 km longeant la frontière avec les É.-U. La baie d'Hudson est une région sauvage, enneigée presque toute l'année.

POPULATION Les Vikings furent les premiers Européens à découvrir l'est du Canada (986 av. J.-C. environ). Rapidement chassés par les autochtones, leur installation fut de courte durée.

ÉCONOMIE Bois, pétrole, zinc, nickel, hydro-électricité, uranium. Au large de la côte Est, la zone de pêche "The Grand Banks" est une des plus riches de la planète. Le principal produit d'exportation des Provinces maritimes est le papier journal.

A
B
C
D
1
2
3
4
5
6
7
8
Î. Salisbury
Î. Nottingham
Î. Mansel
Inukjuak
Baie d'Hudson
Îles Belcher
MANITOBA
C. Henrietta Maria
Winisk
Severn
Baie James
Attawapiskat
Attawapiskat
ONTARIO
Albany
Lac des Bois
L. Nipigon
Thunder Bay
ÉTATS-UNIS
Lac Supérieur
Timmins
Sault Sainte Marie
Sudbury
Ottawa
Lac Huron
Lac Michigan
TORONTO
Hamilton
London
Chutes du Niagara
Windsor
Lac Érié

Détroit d'Hudson
Î. Akpatok
C. Chidley
Baie d'Ungava
LABRADOR
SE
Rivière aux Feuilles
Kuujjuaq
Caniapiscau
Nain
Grande Rivière de la Baleine
TERRE-NEUVE
Réservoir Smallwood
LABRADOR
L. Caniapiscau
Churchill Falls
Goosebay
La Grande Rivière
Eastmain
Rés. Manicouaga
Terre-Neuve
Île d'Anticosti
L. Mistassini
QUÉBEC
Golfe du St-Laurent
ST. JOHN'S
C. Race
St-Laurent
Détroit de Cabot
ST-PIERRE-ET-MIQUELON (France)
ÎLE DU PRINCE-ÉDOUARD
NOUVEAU-BRUNSWICK
OCÉAN ATLANTIQUE
QUÉBEC
CHARLOTTE-TOWN
FREDERICTON
NOUVELLE-ÉCOSSE
Laval
Montréal
OTTAWA
Baie de Fundy
HALIFAX
Canal du St-Laurent à la mer
C. Sable
N
CANADA
P 32 200 000
L anglais, français
0 200 400km
0 100 200miles

Climat

En janvier, il règne une température moyenne de –18 °C sur plus des deux tiers du territoire canadien. Les étés, courts et frais au nord, sont suffisamment doux au sud pour que l'on y pratique l'agriculture.

Histoire

Aux XVe et XVIe siècles, deux expéditions, anglaise et française, explorèrent le Canada, chacune réclamant la souveraineté pour son pays. Après la guerre de Sept Ans, la France dut abandonner ses territoires canadiens à la Grande-Bretagne en 1763.

Communications

En 1885, l'achèvement d'une ligne ferroviaire – la Canadian Pacific Railway – permit de relier pour la première fois les côtes Est et Ouest. Le pays est si vaste qu'il comprend six fuseaux horaires.

ÉTATS DU NORD-EST

Grâce à ses ressources minières et à ses ports abrités, le nord-est de l'Amérique fut la première région colonisée par les Européens. En 1620, des pèlerins anglais débarquant du *Mayflower* s'installèrent dans une région qui porte toujours le nom de Nouvelle-Angleterre. Au milieu du XIXe siècle, des immigrants européens s'établirent à New York ainsi que dans d'autres villes de la côte Est. Cette région est aujourd'hui la plus industrialisée et la plus peuplée de tous les É.-U.

CLIMAT

Cette région des États-Unis qui jouit d'un climat tempéré avec des étés tièdes et humides connaît néanmoins, en particulier au nord-est, d'importantes chutes de neige de novembre à avril.

ÉTATS DU NORD-EST
P 54 380 000
L anglais

POPULATION

Les tribus indigènes du Nord-Est américain – les Wampanoag, les Algonquins et les Iroquois – furent les premières à entrer en contact avec les explorateurs et colons européens.

ÉCONOMIE

Pétrole, fer, acier, produits chimiques, sirop d'érable, myrtilles et airelles, pêche, tourisme. Le Vermont est le premier producteur de sirop d'érable des États-Unis. Wall Street, à New York, est la plus grande Bourse du monde.

E
F
G
H
1
2
3
4
5
6
7
8
CANADA
MAINE
Lac Moosehead
Kennebec
Penobscot
L. Champlain
MONTS ADIRONDACK
MONTPELIER
MTGNES BLANCHES
AUGUSTA
Ontario
ochester
Syracuse
Mohawk
inger Lakes
NEW YORK
ALBANY
VERMONT
Connecticut
NEW HAMPSHIRE
CONCORD
MASSACHUSETTS
BOSTON
Cape Cod
MONTS CATSKILL
Hudson
Springfield
Worcester
Susquehanna
CONNECTICUT
PROVIDENCE
Waterbury
HARTFORD
RHODE ISLAND
Î. Nantucket
New Haven
Delaware
Bridgeport
Martha's Vineyard
Paterson
New York
Allentown
Newark
Long Island
HARRISBURG
TRENTON
OCÉAN ATLANTIQUE
Philadelphie
Wilmington
NEW JERSEY
ARYLAND
Newark
DOVER
DELAWARE
N
0
100
200km
0
50
100miles

GÉOGRAPHIE
À la frontière des États-Unis et du Canada, les chutes du Niagara, formées il y a prés de 10 000 ans, ont un débit d'environ 180 000 tonnes d'eau par minute.

HISTOIRE
En 1621, les pèlerins du *Mayflower* célébrèrent leur première récolte : depuis, Thanksgiving est une fête nationale que l'on observe le dernier mardi de novembre.

FLORE ET FAUNE
Le massif des Appalaches abrite l'oppossum, l'unique espèce de marsupial – mammifère pourvu d'une poche ventrale – d'Amérique du Nord.

ÉTATS DU SUD

Au XIXe siècle, le Sud devait sa richesse à la culture du coton effectuée sur de grandes plantations par des esclaves venus d'Afrique, mais aussi à celle du tabac, de l'indigotier et du riz. Le jazz de La Nouvelle-Orléans, le Disney World de Floride et le Derby du Kentucky ont contribué à la notoriété de cette région. La ville de Washington, dans le district de Columbia, devint la capitale des États-Unis en 1800.

Delta du Mississippi

CLIMAT

Les étés sont longs et chauds, les hivers doux, avec des températures plus élevées sur le littoral. Le sud de la Floride bénéficie d'un climat tropical.

ÉCONOMIE

Soja, charbon, arachide, coton, agrumes, tabac, pétrole, tourisme. La Géorgie assure la moitié de la production américaine d'arachide.

ARTS

Ce sont les Français qui introduisirent le Mardi gras en Amérique au début du XVIIIe siècle. Célébrée dans plusieurs États du Sud, cette fête revêt un éclat particulier à La Nouvelle-Orléans, où les parades ont lieu pendant une semaine avant le carême.

INDIANA
OHIO
PENNSYLVANIE
Baltimore
WASHINGTON D.C.
ANNAPOLIS
Louisville
Ohio
FRANKFORT
VIRGINIE-OCCID.
CHARLESTON
Kentucky
KENTUCKY
DELAWARE
MARYLAND
Chesapeake Bay
MONTS ALLEGHENY
Cumberland
VIRGINIE
RICHMOND
Roanoke
NASHVILLE
CUMBERLAND PLATEAU
MONTS APPALACHES
TENNESSEE
Tennessee
C. Charles
Norfolk
Durham
CAROLINE
RALEIGH
Huntsville
Chattanooga
Charlotte
C. Hatteras
Alabama
ATLANTA
Birmingham
COLUMBIA
ALABAMA
CAROLINE DU SUD
C. Fear
Savannah
Columbus
Charleston
Chattahoochee
GEORGIE
Savannah
Flint
Marais d'Okefenokee
Jacksonville
olfe du xique
FLORIDE
Orlando
Tampa
Cap Canaveral
St Petersburg
L. Okeechobee
Everglades
Hollywood
Miami
Florida Keys
Détroit de Floride
N
0 150 300km
0 75 150miles

Communications

Le Mississippi est la voie d'eau la plus longue et la plus fréquentée d'Amérique. Des péniches transportent de lourdes cargaisons provenant des régions industrielles et agricoles près des Grands Lacs jusqu'au golfe du Mexique.

ÉTATS DU SUD
P 74 578 000
L anglais

LES GRANDS LACS

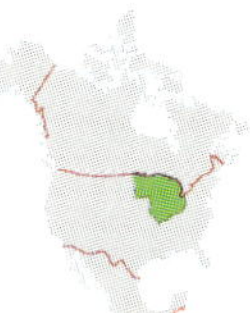

Les États d'Indiana, Illinois, Michigan, Ohio, Wisconsin et du Minnesota, que bordent au moins un des cinq Grands Lacs, forment un ensemble régional baptisé poumon industriel et agricole des États-Unis. Abondamment pourvue en ressources naturelles, la région possède aussi de grandes étendues de riches terres agricoles.

Lac des Bois
Red Lake sup.
Red Lake inf.
L. Leech
MINNESOTA
Mississippi
Minneapolis
DAKOTA DU NORD
DAKOTA DU SUD

CLIMAT

La région a des étés chauds mais aussi des hivers très rigoureux durant lesquels des portions de lacs sont prises par les glaces. Le Minnesota, en particulier, enregistre de fortes chutes de neige.

ÉTATS DES GRANDS LACS
P 50 100 000
L anglais

ENVIRONNEMENT

Les Grands Lacs – Ontario, Huron, Supérieur, Michigan, Érié – constituent la plus grande réserve d'eau douce de la planète. Mais en certains endroits la pollution industrielle est si grave qu'il est interdit d'y pêcher et de s'y baigner.

ÉCONOMIE

Automobiles, charbon, fer, céréales, maïs, cerises. Près de la moitié de la production mondiale de maïs et un tiers de celle de cerises proviennent de cette région. Detroit, "la ville de l'automobile", est au centre de l'industrie automobile américaine.

E
F
G
H
C A N A D A
Isle Royale
Lac Supérieur
Baie Keweenaw
Superior
Marquette
Sault Ste Marie
M I C H I G A N
W I S C O N S I N
Lac Huron
Lac Michigan
Green Bay
Baie Saginaw
Lac Ontario
L. Winnebago
Grand Rapids
Flint
Wisconsin
LANSING
MADISON
Milwaukee
Detroit
I O W A
Ann Arbor
Lac Érié
Rockford
Cleveland
PENNSYLVANIE
Chicago
Toledo
South Bend
Gary
Akron
Maumee
Fort Wayne
Peoria
O H I O
Wabash
Ohio
I L L I N O I S
I N D I A N A
COLUMBUS
SPRINGFIELD
Dayton
INDIANAPOLIS
Illinois
M I S S O U R I
Kaskaskia
Cincinnati
VIRGINIE-OCCID.
White
Ohio
N
Evansville
Mississippi
K E N T U C K Y
0
125
250km
0
75
150miles
1
2
3
6
7
8

ARTS
Michael Jordan, le célèbre basketteur aujourd'hui à la retraite, a longtemps joué dans l'équipe des Chicago bulls à Chicago.

ÉTATS DU CENTRE

Les Grandes Plaines, les Rocheuses et les Basses-Terres du Mississippi forment les traits marquants du paysage du Middle West.

Ce territoire peuplé jadis d'Indiens et de troupeaux de bisons a été colonisé au XIXe siècle par les Européens qui contraignirent les Indiens à vivre dans des réserves et les privèrent de leur principale ressource en exterminant les bisons.

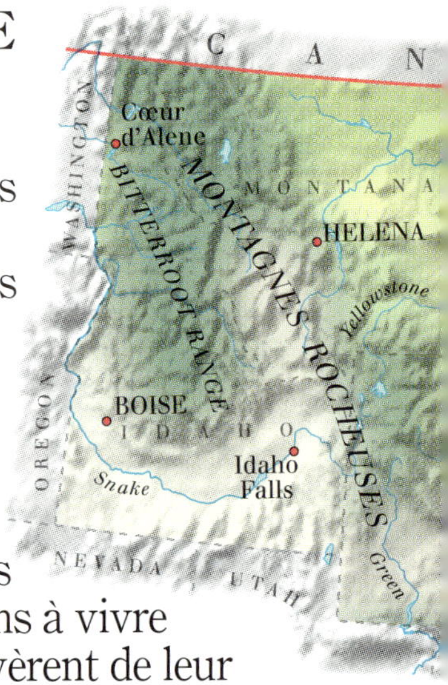

HISTOIRE

Durant leur avancée vers l'ouest, les pionniers traversèrent les Grandes Plaines que l'on appelait à l'époque "le grand désert américain". Cette région est devenue une riche terre agricole.

CLIMAT

Les États des Grandes Plaines connaissent des extrêmes climatiques avec des changements de temps rapides et violents ; blizzard, grêle, orages et tornades se produisent assez fréquemment.

ÉTATS DU CENTRE
P 20 460 000
L anglais

GÉOGRAPHIE

Les Rocheuses s'étendent au Canada et aux États-Unis sur plus de 4 800 km. Cette chaîne partage l'Amérique du Nord et détermine le cours des rivières : à l'ouest elles rejoignent le Pacifique et à l'est l'Atlantique.

E
F
G
H
1
2
3
4
7
8
A D A
Fort Peck
Missouri
Souris
L. Sakakawea
DAKOTA DU NORD
Fargo
BISMARCK
MINNESOTA
Powder
Little Missouri
BADLANDS
GRANDES PLAINES
DAKOTA DU SUD
Cheyenne
PIERRE
James
BLACK HILLS
Belle Fourche
White
Missouri
Sioux Falls
WISCONSIN
Cedar
Casper
WYOMING
Niobrara
NEBRASKA
Cedar Rapids
IOWA
DES MOINES
North Platte
CHEYENNE
Omaha
LINCOLN
Platte
Missouri
ILLINOIS
Mississippi
COLORADO
MISSOURI
Kansas City
St Louis
SMOKY HILLS
Smoky Hills
TOPEKA
JEFFERSON CITY
KANSAS
Wichita
Springfield
MONTS OZARK
KENTUCKY
Arkansas
TENNESSEE
NOUVEAU-MEXIQUE
Tulsa
ARKANSAS
OKLAHOMA
OKLAHOMA CITY
Canadian
Red
TEXAS
N
0
200
400km
0
100
200miles
E
F
G
H

FLORE ET FAUNE

Les grizzlis, ours gris des montagnes, abondaient autrefois à l'ouest des Black Hills dans le Dakota du Sud. Décimés par la chasse, les quelque 800 individus qui ont survécu errent dans les massifs de l'Idaho et du Wyoming.

ÉCONOMIE

Bétail, blé, maïs, pétrole, charbon, gaz naturel, or. L'agriculture des Grandes Plaines, mécanisée, se pratique à grande échelle. Plus près des Rocheuses, les pluies sont plus rares et l'agriculture cède la place à l'élevage du bétail.

ÉTATS DU SUD-OUEST

Les premiers colons européens furent les Espagnols, venus du Mexique. Cette colonisation engendra un mélange des cultures espagnole et indienne. L'or, l'argent, et l'élevage de bétail attirèrent d'autres colons à la fin du XIXe siècle, quand cette région passa sous souveraineté des États-Unis, à l'issue de la guerre avec le Mexique.

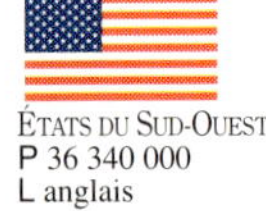

ÉTATS DU SUD-OUEST
P 36 340 000
L anglais

GÉOGRAPHIE

Le plateau du Colorado possède des reliefs étranges – des ponts et des arches naturels. Au cours du dernier million d'années, le fleuve Colorado a sculpté les plus grandes gorges du monde, le Grand Canyon.

HISTOIRE

La guerre contre le Mexique, menée par les É.-U. de 1846 à 1848, se solda par l'acquisition de l'Utah, du Nevada, de la Californie, d'une partie de l'Arizona, du Nouveau-Mexique, du Colorado et du Wyoming.

POPULATION

Des tribus indiennes très anciennes vivaient dans la région du Nevada. Des ossements et des cendres découverts près de Las Vegas remontent à plus de 20 000 ans. Aujourd'hui, le nombre d'Indiens y reste le plus important de tout le pays.

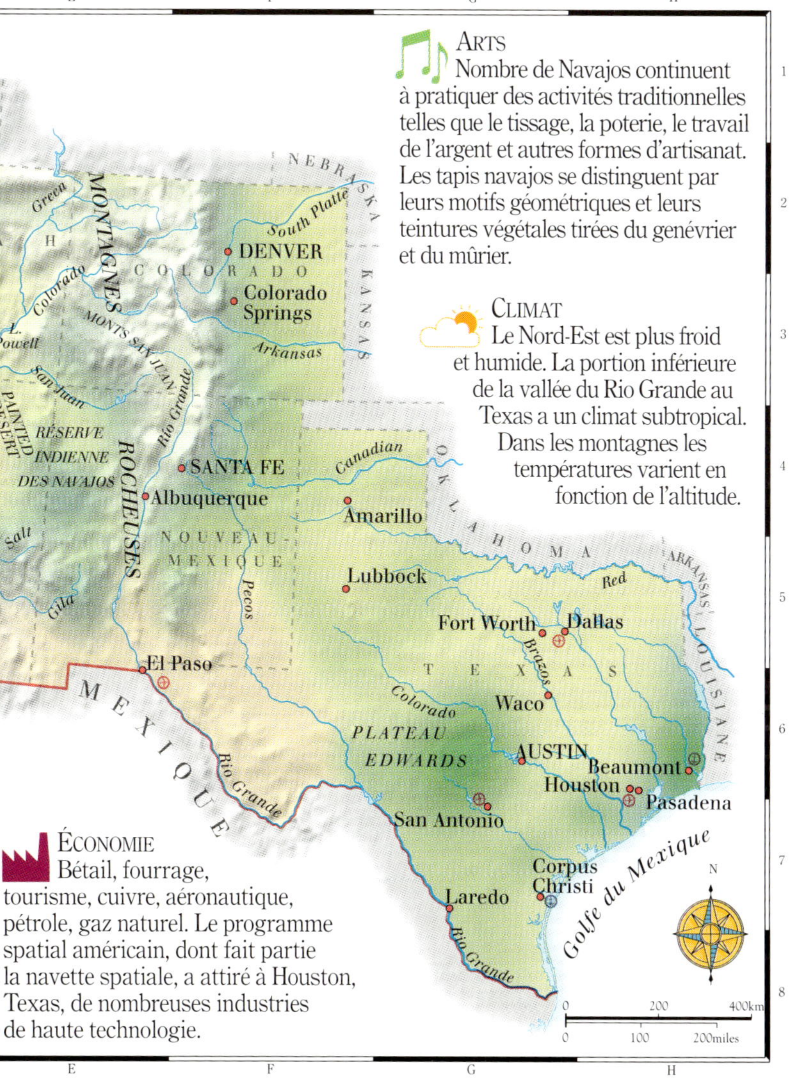
NEBRASKA
KANSAS
OKLAHOMA
ARKANSAS
LOUISIANE
COLORADO
NOUVEAU-MEXIQUE
TEXAS
MEXIQUE
MONTAGNES ROCHEUSES
MONTS SAN JUAN
RÉSERVE INDIENNE DES NAVAJOS
PAINTED DESERT
PLATEAU EDWARDS
DENVER
Colorado Springs
SANTA FE
Albuquerque
Amarillo
Lubbock
El Paso
Fort Worth
Dallas
Waco
AUSTIN
Beaumont
Houston
Pasadena
San Antonio
Corpus Christi
Laredo
Golfe du Mexique
Green
South Platte
Colorado
Arkansas
San Juan
Rio Grande
Canadian
Pecos
Salt
Gila
Red
Brazos
L. Powell
N
0 200 400km
0 100 200miles

ARTS

Nombre de Navajos continuent à pratiquer des activités traditionnelles telles que le tissage, la poterie, le travail de l'argent et autres formes d'artisanat. Les tapis navajos se distinguent par leurs motifs géométriques et leurs teintures végétales tirées du genévrier et du mûrier.

CLIMAT

Le Nord-Est est plus froid et humide. La portion inférieure de la vallée du Rio Grande au Texas a un climat subtropical. Dans les montagnes les températures varient en fonction de l'altitude.

ÉCONOMIE

Bétail, fourrage, tourisme, cuivre, aéronautique, pétrole, gaz naturel. Le programme spatial américain, dont fait partie la navette spatiale, a attiré à Houston, Texas, de nombreuses industries de haute technologie.

États du Pacifique

Les trois États de la côte Ouest sont des producteurs agricoles de premier plan. L'État de Washington et l'Oregon produisent le tiers des essences conifères et la Californie la moitié des fruits et légumes du pays. Située à cheval sur deux plaques tectoniques, la région est exposée aux séismes et aux éruptions volcaniques. Ainsi le volcan du mont Saint Helens, en sommeil depuis 1857, s'est brutalement réveillé en 1980.

CANADA
Détroit de Juan de Fuca
Îles San Juan
Everett
Bellevue
Seattle
OLYMPIA
Tacoma
WASHINGTON
CHAÎNE DES CASCADES
Columbia
L. Franklin D. Roosevelt
L. Banks
Spokane
Snake
Walla Walla
Yakima
Columbia
Portland
SALEM
Newport
Eugene
MONTAGNES BLEUES
Baker City
IDAHO
OREGON
Owyhee
PACIFIQUE
C. Blanco

Géographie
La vallée de la Mort, le point le plus bas (86 m au-dessous du niveau de la mer) est un des endroits les plus secs et chauds de la planète (à peine 38 mm de pluies annuelles). En 1913, on y a enregistré un record de chaleur de 57 °C.

OCÉAN
CHAÎNES CÔTIÈRES
Klamath Falls
L. Goose
Eureka
C. Mendocino
Redding
Sacramento
Chico
L. Tahoe
SIERRA NEVADA
NEVADA
CALIFORNIE
SACRAMENTO
Concord
San Francisco
Stockton
Oakland
San Joaquin
San Jose
Fresno
Vallée de la Mort
Bakersfield
DÉSERT MOJAVE
Santa Barbara
Glendale
Pasadena
San Bernardino
Oxnard
Los Angeles
Riverside
Long Beach
Santa Ana
Colorado
Mer de Salton
ARIZONA
San Diego
MEXIQUE
N
0 125 250km
0 75 150miles
5 6 7 8
A B C G H

Climat

Varie de la douceur du littoral aux neiges éternelles de la Sierra Nevada. La Californie est en partie un désert aride.

Économie

Bois, aérospatiale, vins. La vallée de Santa Clara, baptisée aujourd'hui Silicon Valley, est spécialisée dans les industries de haute technologie. Bien que de nombreux studios l'aient déserté, Hollywood demeure néanmoins le centre de l'industrie cinématographique américaine.

Flore et faune

Les séquoias figurent parmi les arbres les plus hauts et les plus vieux du monde. Nombreux sur la côte pacifique, du centre de la Californie à l'Oregon, on les trouve rarement à plus de 80 km à l'intérieur des terres.

États du Pacifique
P 43 190 000
L anglais

MEXIQUE

Les anciens Empires maya et aztèque prospérèrent durant des siècles jusqu'à ce que des Espagnols attirés par de fabuleux trésors d'or et d'argent envahissent le Mexique en 1519. Le pays devint indépendant en 1836 après 300 ans de domination espagnole. Aujourd'hui la plupart des Mexicains sont des métis d'Espagnols et d'Indiens. Bien que l'espagnol soit la langue officielle du pays, les langues indigènes, maya, nahuatl et zapotec, demeurent très utilisées.

Tijuana
Mexicali
ÉTATS
Nogales
BASSE CALIFORNIE
Î. Ángel de la Guarda
Hermosillo
Î. Cedros
Î. Tiburón
SIERRA
Golfe de Californie
Culiacá
La Paz

MEXIQUE
P 107 000 000
L espagnol

CLIMAT

Les montagnes et les plateaux mexicains connaissent des températures relativement élevées une grande partie de l'année. La côte pacifique a un climat tropical.

FLORE ET FAUNE

Le lézard perlé mexicain et le monstre de Gila sont les deux seuls lézards venimeux répertoriés. Le plus grand cactus, le saguaro géant, qui pousse dans le désert du Sonora, atteint une hauteur de 18 m.

GÉOGRAPHIE

Les hauts plateaux mexicains sont encadrés à l'ouest et à l'est par la Sierra Madre, qui occupe les trois quarts de la superficie totale du pays. Le relief et l'aridité du pays ne laissent que 12 % des sols cultivables.

E
F
G
H
1
2
3
4
8
NIS
Ciudad Juárez
Bravo del Norte
Chihuahua
Conchos
MEXIQUE
SIERRA MADRE ORIENTALE
OCCIDENTALE
Río Grande
Monterrey
San Luis Potosí
Aguascalientes
Ciudad Madero
Río Grande de Santiago
Îles
León
Guadalajara
L. Chapala
Poza Rica
MEXICO
L. Texcoco
Puebla
Balsas
SIERRA MADRE DU SUD
Golfe du Mexique
Baie de Campeche
Mérida
Campeche
Î. Cozumel
PÉNINSULE DU YUCATÁN
Villahermosa
Coatzacoalcos
Oaxaca
Tuxtla Gutiérrez
BELIZE
GUATEMALA
Acapulco
OCÉAN PACIFIQUE
Golfe de Tehuantepec
Tapachula
N
200
400km
100
200miles

Environnement

La pollution de l'air est un grave problème à Mexico : les montagnes environnantes emprisonnent les gaz polluants émis par les véhicules et les usines.

Histoire

Les vestiges des villes mayas et aztèques sont présents dans tout le pays ainsi qu'en Amérique centrale. Mexico a été construite sur l'emplacement de l'ancienne capitale aztèque, Tenochtitlán.

Économie

Pétrole, gaz naturel, tourisme, minerais, brasserie, agriculture. Le tourisme emploie 9 % de la population active. Le Mexique est l'un des grands producteurs de pétrole et exporte le sixième de l'argent mondial.

L'Amérique du Nord

Les États-Unis

- L'économie américaine est la première du monde.
- Le territoire américain est constitué de 50 États et du District of Columbia (D.C.).
- Les principales sociétés de logiciels informatiques sont américaines.

En bref :

C Washington
S 9 372 610 km²
P 296 500 000 hab.
M dollar
L anglais
R démocratie parlementaire

UN VIEUX SAGE
L'aigle à tête blanche est l'emblème national américain.

PAYSAGE DU WYOMING
Des déserts de l'Arizona aux lacs et montagnes du Wyoming : les paysages américains sont très variés.

Le Sud-Ouest

ARIZONA
C Phoenix
P 5 130 000 hab.

NEVADA
C Carson City
P 1 998 000 hab.

TEXAS
C Austin
P 20 852 000 hab.

COLORADO
C Denver
P 4 301 000 hab.

NOUVEAU-MEXIQUE
C Santa Fe
P 1 819 000 hab.

UTAH
C Salt Lake City
P 2 233 000 hab.

LES COW-BOYS
L'élevage de bétail est une activité majeure au Texas.

Le Nord-Est

Connecticut
C Hartford
P 3 405 000 hab.

Delaware
C Dover
P 783 000 hab.

Maine
C Augusta
P 1 275 000 hab.

Massachusetts
C Boston
P 6 350 000 hab.

New Hampshire
C Concord
P 1 236 000 hab.

New Jersey
C Trenton
P 8 414 000 hab.

New York
C Albany
P 18 977 000 hab.

Pennsylvanie
C Harrisburg
P 12 281 000 hab.

Rhode Island
C Providence
P 1 050 000 hab.

Vermont
C Montpelier
P 609 000 hab.

La côte Ouest

Californie
C Sacramento
P 33 872 000 hab.

Washington
C Olympia
P 5 894 000 hab.

Oregon
C Salem
P 3 421 000 hab.

Le base-ball est le sport préféré des Américains.

La statue de la Liberté
La célèbre statue new-yorkaise fut offerte aux États-Unis par la France en 1884.

Alaska et Hawaii

Alaska
C Juneau
P 627 000 hab.

Hawaii
C Honolulu
P 1 212 000 hab.

Orignal

Les Grands Lacs

Illinois
C Springfield
P 12 419 000 hab.

Michigan
C Lansing
P 9 940 000 hab.

Ohio
C Colombus
P 11 353 000 hab.

Indiana
C Indianapolis
P 6 080 000 hab.

Minnesota
C Saint Paul
P 4 920 000 hab.

Wisconsin
C Madison
P 5 365 000 hab.

Detroit, dans l'État du Michigan, est la capitale de l'industrie automobile américaine.

LE CENTRE

DAKOTA DU NORD
C Bismarck
P 660 000 hab.

DAKOTA DU SUD
C Pierre
P 755 000 hab.

IDAHO
C Boise
P 1 294 000 hab.

IOWA
C Des Moines
P 2 926 000 hab.

KANSAS
C Topeka
P 2 688 000 hab.

MISSOURI
C Jefferson City
P 5 595 000 hab.

MONTANA
C Héléna
P 902 000 hab.

NEBRASKA
C Lincoln
P 1 711 000 hab.

OKLAHOMA
C Oklahoma City
P 3 450 000 hab.

WYOMING
C Cheyenne
P 494 000 hab.

Les pop-corn sont des grains de maïs soufflés.

POP-CORN
Les États du Midwest exportent des produits dérivés du maïs.

LE SUD

ALABAMA
C Montgomery
P 4 447 000 hab.

ARKANSAS
C Little Rock
P 2 673 000 hab.

CAROLINE DU NORD
C Raleigh
P 8 050 000 hab.

CAROLINE DU SUD
C Columbia
P 4 120 000 hab.

FLORIDE
C Tallahassee
P 15 983 000 hab.

GÉORGIE
C Atlanta
P 8 186 000 hab.

KENTUCKY
C Frankfort
P 4 050 000 hab.

LOUISIANE
C Baton Rouge
P 4 469 000 hab.

MARYLAND
C Annapolis
P 5 296 000 hab.

MISSISSIPPI
C Jackson
P 2 845 000 hab.

TENNESSEE
C Nashville
P 5 689 000 hab.

VIRGINIE
C Richmond
P 7 080 000 hab.

VIRGINIE-OCCIDENTALE
C Charleston
P 1 808 000 hab.

Cacahuètes

Beurre de cacahuètes

L'État de Géorgie fournit la moitié de la production américaine de cacahuètes.

Le Canada

- La CN Tower, à Toronto, est l'édifice non haubané le plus haut du monde.
- La volonté d'indépendance du Québec, province francophone, est un thème clé de la politique canadienne.
- Lacs et forêts recouvrent 40 % du territoire canadien.

En bref :

C Ottawa
S 9 970 610 km²
P 32 200 000 hab.
M dollar canadien
L anglais, français
R démocratie parlementaire

Indiens du Canada
Sur ces totems sculptés par les Indiens Kwakiutls se côtoient formes animales et humaines.

Un emblème sirupeux
La feuille de l'érable à sucre est l'emblème national canadien.

Fête macabre
Au Mexique, lors de la fête des Morts, des squelettes sont promenés dans les rues.

Le Mexique

- Sommets enneigés et forêts tropicales font partie des paysages mexicains.
- Mexico est la plus grande ville du monde.
- Le Mexique est le pays du monde d'où part le plus grand nombre d'émigrants.

En bref :

C Mexico
S 1 958 200 km²
P 107 000 000 hab.
M peso mexicain
L espagnol
R régime présidentiel multipartite

Amérique centrale et du Sud

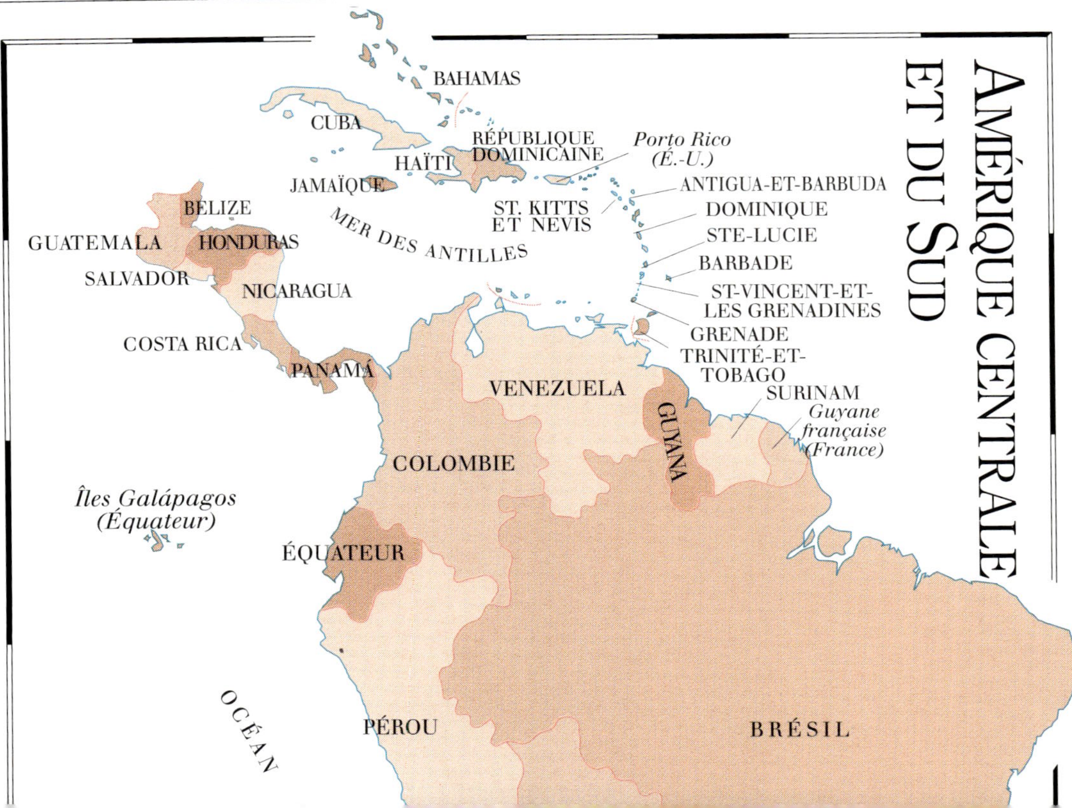
BAHAMAS
CUBA
RÉPUBLIQUE DOMINICAINE
HAÏTI
Porto Rico (É.-U.)
JAMAÏQUE
ANTIGUA-ET-BARBUDA
BELIZE
ST. KITTS ET NEVIS
DOMINIQUE
GUATEMALA
HONDURAS
MER DES ANTILLES
STE-LUCIE
BARBADE
SALVADOR
NICARAGUA
ST-VINCENT-ET-LES GRENADINES
GRENADE
COSTA RICA
TRINITÉ-ET-TOBAGO
PANAMÁ
VENEZUELA
SURINAM
GUYANA
Guyane française (France)
COLOMBIE
Îles Galápagos (Équateur)
ÉQUATEUR
OCÉAN
PÉROU
BRÉSIL

PACIFIQUE
BOLIVIE
PARAGUAY
URUGUAY
ARGENTINE
CHILI
OCÉAN ATLANTIQUE
Îles
Falkland
(R.-U.)

Amérique centrale et du Sud

Il y a 3 millions d'années, l'Amérique du Sud était encore une île dotée de ses propres flore et faune. L'étroit isthme de Panamá est son seul lien avec l'Amérique du Nord. La pointe la plus méridionale de l'Amérique du Sud, le cap Horn, n'est qu'à 970 km de l'Antarctique.

Amérique centrale et Caraïbes

L'Amérique centrale forme un pont étroit entre Amérique du Nord et du Sud. À l'est, les îles Caraïbes sont inhabitées pour nombre d'entre elles.

A
B
C
D
1
2
3
4
5
6
7
8
LA HAVANE
C
U
Î. des Pins
GRANDES
GEORGETOWN
ÎLES CAÏMANS
(R.-U.)
MER DES
MEXIQUE
GUATEMALA
Belize
BELMOPAN
BÉLIZE
Golfe du Honduras
GUATEMALA
HONDURAS
SAN SALVADOR
TEGUCIGALPA
Patuca
Lagune de Taratasca
Coco
SALVADOR
NICARAGUA
Río Grande
L. Managua
MANAGUA
L. Nicaragua
San Juan
OCÉAN PACIFIQUE
COSTA RICA
SAN JOSÉ
Golfe des Mosquitos
PANAMÁ
Canal de Panamá
PANAMÁ
Golfe de Chiriquí
Golfe de Panamá
COLOM
N
0
200
400km
0
100
200miles

Guatemala
P 12 700 000
L espagnol

Bélize
P 290 000
L anglais

Salvador
P 6900 000
L espagnol

Honduras
P 7 200 000
L espagnol

Nicaragua
P 5 800 000
L espagnol

Costa Rica
P 4 300 000
L espagnol

Panama
P 3 200 000
L espagnol

Communications

Achevé en 1914, le canal de Panama relie les océans Atlantique et Pacifique. 12 000 navires le franchissent chaque année, évitant ainsi le long et dangereux passage du cap Horn.

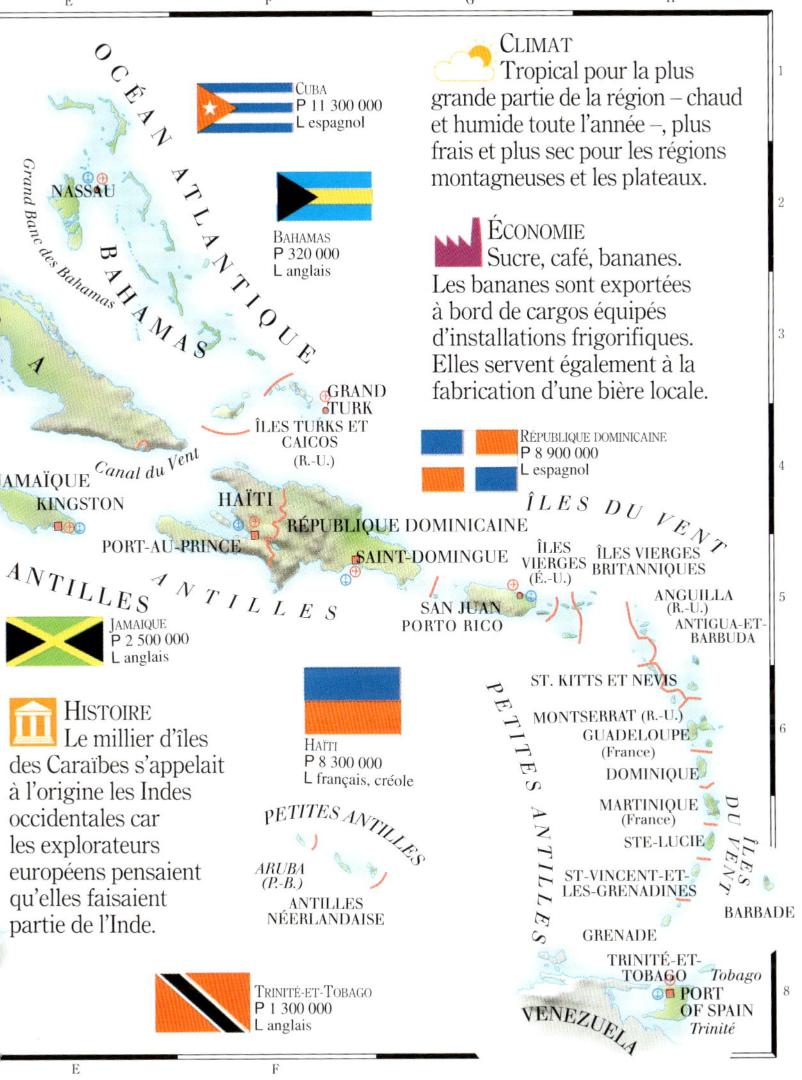
OCÉAN ATLANTIQUE
Grand Banc des Bahamas
BAHAMAS
NASSAU
CUBA
GRAND TURK
ÎLES TURKS ET CAICOS (R.-U.)
Canal du Vent
JAMAÏQUE
KINGSTON
HAÏTI
PORT-AU-PRINCE
RÉPUBLIQUE DOMINICAINE
SAINT-DOMINGUE
ANTILLES
ANTILLES
ÎLES DU VENT
ÎLES VIERGES (É.-U.)
ÎLES VIERGES BRITANNIQUES
SAN JUAN
PORTO RICO
ANGUILLA (R.-U.)
ANTIGUA-ET-BARBUDA
ST. KITTS ET NEVIS
MONTSERRAT (R.-U.)
GUADELOUPE (France)
DOMINIQUE
MARTINIQUE (France)
STE-LUCIE
ÎLES DU VENT
ST-VINCENT-ET-LES-GRENADINES
BARBADE
GRENADE
TRINITÉ-ET-TOBAGO
Tobago
PORT OF SPAIN
Trinité
VENEZUELA
PETITES ANTILLES
PETITES ANTILLES
ARUBA (P.-B.)
ANTILLES NÉERLANDAISE

CUBA
P 11 300 000
L espagnol

BAHAMAS
P 320 000
L anglais

RÉPUBLIQUE DOMINICAINE
P 8 900 000
L espagnol

JAMAÏQUE
P 2 500 000
L anglais

HAÏTI
P 8 300 000
L français, créole

TRINITÉ-ET-TOBAGO
P 1 300 000
L anglais

CLIMAT

Tropical pour la plus grande partie de la région – chaud et humide toute l'année –, plus frais et plus sec pour les régions montagneuses et les plateaux.

ÉCONOMIE

Sucre, café, bananes. Les bananes sont exportées à bord de cargos équipés d'installations frigorifiques. Elles servent également à la fabrication d'une bière locale.

HISTOIRE

Le millier d'îles des Caraïbes s'appelait à l'origine les Indes occidentales car les explorateurs européens pensaient qu'elles faisaient partie de l'Inde.

L'Amérique centrale

Le Nicaragua

• Le lac Nicaragua est la seule étendue d'eau douce au monde où survivent des espèces d'origine marine.

En bref :

C Managua

S 130 000 km²

P 5 800 000 hab.

M nouveau cordoba

L espagnol

R présidentiel

Le Honduras

• La marécageuse côte caraïbe du Honduras est appelée Mosquito Coast (côte des Moustiques).

En bref :

C Tegucigalpa

S 112 490 km²

P 7 200 000 hab.

M lempira

L espagnol

R présidentiel

Le quetzal
Les plumes caudales multicolores du quetzal ornaient les coiffures des Incas.

Coton
Avant la guerre civile, le Nicaragua était l'un des premiers producteurs de coton.

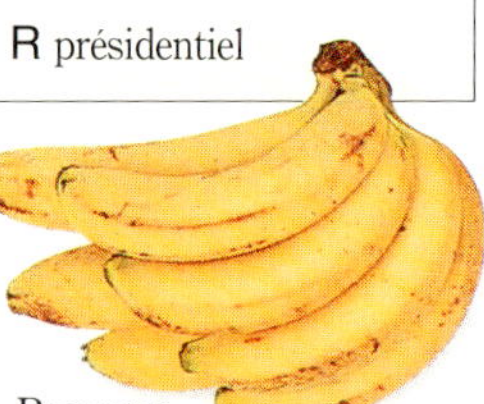

Bananes
Dans les immenses bananeraies du Honduras, le travail est pénible et le salaire dérisoire.

Le Guatemala

• Les vestiges des pyramides et des temples bâtis par les anciens Mayas sont encore visibles dans les forêts guatémaltèques.

En bref :

C Ciudad de Guatemala

S 108 885 km²

P 12 700 000 hab.

M quetzal

L espagnol

R présidentiel

Le Salvador

• Le café constitue 90 % des exportations du Salvador.
• Le nom El Salvador, “le Sauveur” en espagnol, fait référence au Christ.

En bref :

C San Salvador

S 20 720 km²

P 6 900 000 hab.

M colon salvadorien

L espagnol

Le Costa Rica

• La Constitution du Costa Rica interdit la formation d'une armée nationale.
• Le nom Costa Rica signifie "Côte riche" en espagnol.

En bref :

C San José
S 51 060 km^2
P 4 300 000 hab.
M colon costaricien
L espagnol
R présidentiel

L'ACAJOU
Le commerce abusif des bois d'acajou et de cèdre a longtemps menacé de destruction les forêts costariciennes. Aujourd'hui, la plupart d'entre elles sont protégées.

COLIBRI D'HÉLÈNE

Le Panamá

• Au Panamá, la déforestation est une menace pour de nombreuses espèces végétales et animales.

En bref :

C Panamá
S 75 510 km^2
P 3 200 000 hab.
M balboa
L espagnol
R présidentiel

Cuba

• À Cuba, le principal moyen de transport est la bicyclette ; la rareté des carburants y est sûrement pour beaucoup.
• Cuba est le seul pays communiste du continent américain.

En bref

C La Havane
S 110 920 km^2
P 11 300 000 hab.
M peso cubain
L espagnol

PAMPLEMOUSSES
Le Belize exporte des pamplemousses et du sucre produit grâce aux cannes cultivées à Panamá.

Le Belize

• La barrière de corail qui longe les côtes du Belize est la deuxième au monde par sa longueur.
• Territoire indépendant depuis 1981, le Belize était auparavant le Honduras britannique.

En bref :

C Belmopan
S 22 965 km^2
P 290 000 hab.
M dollar de Belize
L anglais

Les Antilles

La République dominicaine

• Santo Domingo est la plus vieille ville des Amériques. Elle fut fondée en 1496 par le frère de Christophe Colomb.

En bref :

C Santo Domingo (Saint-Domingue)
S 48 420 km^2
P 8 900 000 hab.
M peso dominicain
L espagnol
R présidentiel

Haïti

• De nombreux Haïtiens pratiquent encore le culte vaudou.
• Haïti fut le premier territoire noir déclaré république indépendante, en 1804.

En bref :

C Port-au-Prince
S 27 750 km^2
P 8 300 000 hab.
M gourde
L français, créole
R parlementaire

Mélasse

Rhum : eau-de-vie de canne à sucre

Canne à sucre

La canne à sucre
Le climat des Antilles convient parfaitement à la culture de la canne à sucre.

La Jamaïque

• Le reggae est une musique d'origine jamaïcaine.
• Les rastafaris vouent un culte à l'ex-empereur d'Éthiopie Hailé Sélassié.
• Certains quartiers de Kingstown sont tenus par des gangs.

En bref :

C Kingstown
S 10 990 km^2
P 2 700 000 hab.
M dollar jamaïcain
L anglais
R parlementaire

Guiro

Maracas en bois

Tambour plat confectionné à partir d'un fût de pétrole

Musique des îles
La musique antillaise, comme le calypso ou le reggae, montre une forte influence africaine.

Grenade

C Saint George's
P 100 000 hab.
L anglais, créole

Sainte-Lucie

C Castries
P 160 000 hab.
L anglais, français

Bahamas

C Nassau
P 320 000 hab.
L anglais

Dominique

C Roseau
P 71 000 hab.
L espagnol

L'ÎLE AUX ÉPICES
De nombreuses variétés d'épices sont cultivées sur l'île de Grenade.

Macis – enveloppes de noix muscade

Feuilles de laurier

Clous de girofle

Safran

Bâtons de cannelle

Cannelle pilée

La Barbade

C Bridgetown
P 263 000 hab.
L anglais

Porto Rico

(État libre associé aux États-Unis)
C San Juan
P 3 900 000 hab.
L espagnol

Saint-Vincent et Grenadines

C Kingstown
P 120 000 hab.
L anglais, créole

Trinité-et-Tobago

C Port of Spain
P 1 300 000 hab.
L anglais

Antigua-et-Barbuda

C Saint John's
P 85 000 hab.
L anglais, créole

VENTS VIOLENTS
Les îles des Antilles sont régulièrement balayées par des typhons et des cyclones d'une rare violence.

NORD DE L'AMÉRIQUE DU SUD

Au XVe siècle, les Incas régnaient sur la majeure partie de cette région. Leurs descendants vivent aujourd'hui au Pérou, en Équateur, et en Bolivie. En 1553, le dernier empereur inca fut exécuté par les colons espagnols. Français, Hollandais, et Anglais colonisèrent les pays à l'est du Venezuela, maintenant tous indépendants, à l'exception de la Guyane française.

VENEZUELA
P 26 600 000
L espagnol

GUYANA
P 800 000
L anglais

SURINAM
P 450 000
L néerlandais

MER DES ANTILLES
Golfe du Venezuela
Î. Margarita
Barranquilla
Santa Marta
Cartagena
Golfe de Darién
PANAMÁ
Maracaibo
CARACAS
Cumaná
Barquisimeto
L. Maracaibo
Valencia
Maturín
Barinas
Mérida
Apure
Ciudad Bolívar
Orénoque
Ciudad Guayana
Cauca
Magdalena
Arauca
VENEZUELA
Medellín
ANDES
GEORGETOWN
Nieuw Amsterdam
PARAMARIBO
GUYANA
Meta
BOGOT
Buenaventura
Villavicencio
CAYENNE
SURINAM
Cali
Guaviare
COLOMBIE
Essequibo
Berbice
Courantyne
Marowijne
GUYANE FRANÇAISE (France)

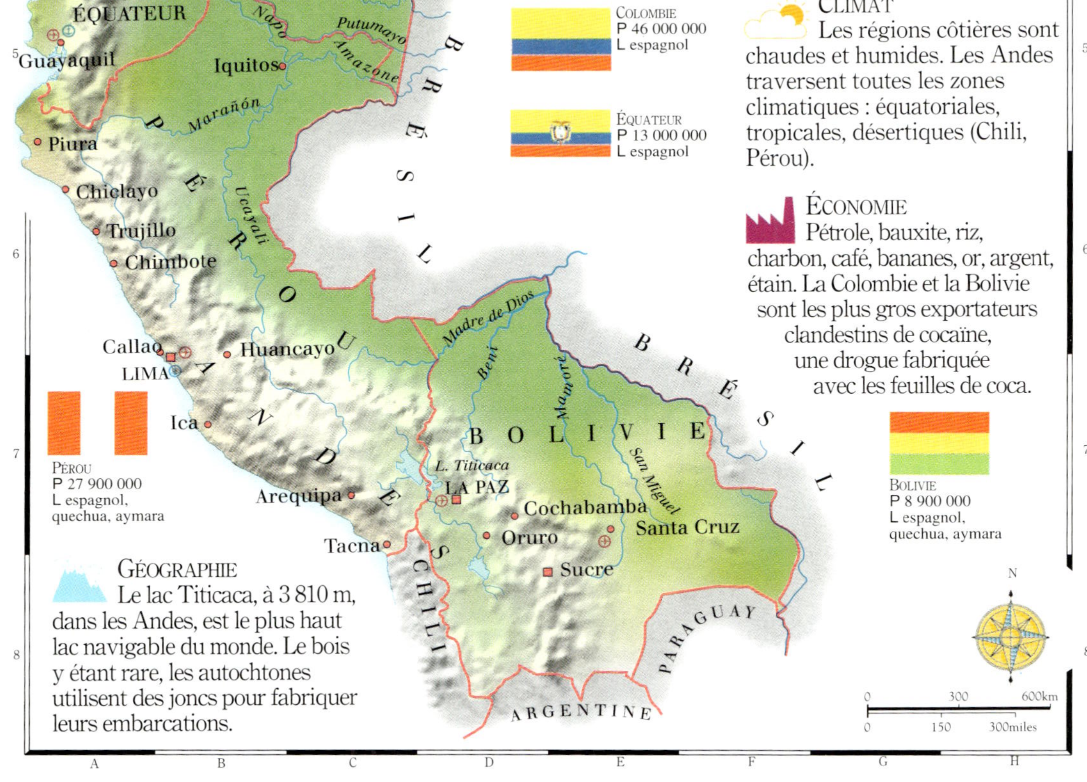
QUITO
ÉQUATEUR
Guayaquil
Iquitos
Piura
Chiclayo
Trujillo
Chimbote
Callao
LIMA
Huancayo
Ica
Arequipa
Tacna
PÉROU
ANDES
Napo
Putumayo
Amazone
Marañón
Ucayali
BRÉSIL
Madre de Dios
Beni
Mamoré
San Miguel
BOLIVIE
L. Titicaca
LA PAZ
Cochabamba
Santa Cruz
Oruro
Sucre
CHILI
PARAGUAY
ARGENTINE
N
0 300 600km
0 150 300miles
A B C D E F G H
5 6 7 8

Colombie
P 46 000 000
L espagnol

Équateur
P 13 000 000
L espagnol

Pérou
P 27 900 000
L espagnol, quechua, aymara

Bolivie
P 8 900 000
L espagnol, quechua, aymara

Climat

Les régions côtières sont chaudes et humides. Les Andes traversent toutes les zones climatiques : équatoriales, tropicales, désertiques (Chili, Pérou).

Économie

Pétrole, bauxite, riz, charbon, café, bananes, or, argent, étain. La Colombie et la Bolivie sont les plus gros exportateurs clandestins de cocaïne, une drogue fabriquée avec les feuilles de coca.

Géographie

Le lac Titicaca, à 3 810 m, dans les Andes, est le plus haut lac navigable du monde. Le bois y étant rare, les autochtones utilisent des joncs pour fabriquer leurs embarcations.

L’Amérique du Sud : États du Nord

Le Surinam

• Jaguars, pumas, ocelots et iguanes sont parmi les animaux sauvages rencontrés au Surinam.

En bref :

C Paramaribo
S 163 265 km^2
P 450 000 hab.
M florin de Surinam
L néerlandais

Gemme non taillée

Roche

Émeraude colombienne

La Colombie

• Les deux tiers des émeraudes produites dans le monde sont extraites en Colombie.
• 80 % de la drogue consommée aux États-Unis vient de Colombie.

En bref :

C Bogotá
S 1 141 740 km^2
P 46 000 000 hab.
M peso colombien
L espagnol
R république multipartite

Le Pérou

• La ligne de chemin de fer péruvienne de Morococha est la plus haute du monde.
• La société péruvienne est profondément patriarcale (dominée par les hommes).

En bref :

C Lima
S 1 285 215 km^2
P 27 900 000 hab.
M nouveau sol
L espagnol, quechua et aymara

L’Équateur et les îles Galápagos

• C’est à partir d’études conduites aux îles Galápagos que Darwin a formulé sa théorie sur l’évolution des espèces.
• Plaines côtières, sommets andins et jungles inextricables font partie des multiples paysages équatoriens.

En bref :

C Quito
S 283 560 km^2
P 13 000 000 hab.
M sucre
L espagnol, quechua
R république multipartite

Tortue des Galápagos

Les Galapágos
Ces îles sont situées à 970 km à l’ouest des côtes de l’Équateur. Elles abritent des espèces animales uniques au monde.

Chaque aile mesure plus de 3 m.

LE CONDOR
C'est le plus gros des oiseaux de proie ; il vit au cœur des sommets andins.

LE GUYANA

- Le Guyana est l'unique pays sud-américain de langue anglaise.
- Les Guyaniens sont en majorité originaires de l'Inde.

EN BREF :

C Georgetown

S 214 970 km²

P 800 000 hab.

M dollar du Guyana

L anglais

R parlementaire

LE VENEZUELA

- De nombreux Vénézuéliens mènent une existence précaire.
- Le Venezuela est le pays le plus urbanisé d'Amérique du Sud.
- Les chutes Salto del Ángel, les plus hautes du monde, sont situées dans le sud du Venezuela.

EN BREF :

C Caracas

S 916 050 km²

P 26 700 000 hab.

M bolivar

L espagnol

LA BOLIVIE

- La Paz est la plus haute capitale du monde.
- La plupart des paysans boliviens sont très pauvres ; leurs récoltes suffisent à peine à nourrir leurs familles.
- La Bolivie possède la piste de ski et le parcours de golf les plus hauts du monde.

EN BREF :

C La Paz

S 1 098 580 km²

P 8 900 000 hab.

M boliviano

L espagnol, quechua et aymara

R présidentiel

LA GUYANE FRANÇAISE

- L'Agence spatiale européenne procède à ses tirs de fusée depuis la base de Kourou, en Guyane française.
- La Guyane française est le dernier territoire colonial d'Amérique du Sud.

EN BREF :

C Cayenne

S 83 530 km²

P 200 000 hab.

M franc français

L français

ATCHOUM !
Le poivre de Cayenne est obtenu par le concassage de piments locaux.

Brésil

Il s'étend sur près de la moitié de l'Amérique du Sud et englobe le bassin du plus grand fleuve de la planète, l'Amazone. Les Brésiliens sont les descendants des Portugais qui colonisèrent le pays au XVIe siècle, ainsi que des Africains, esclaves dans les plantations de canne à sucre. Peu à peu, la population s'est concentrée dans les villes, à la recherche de travail. Aujourd'hui, 75 % des brésiliens vivent dans les villes. La crise du logement a mené plus de 25 millions de Brésiliens à vivre dans des bidonvilles, les *favelas*.

Population
Des deux millions d'Indiens d'Amazonie, il n'en reste plus guère que 500 000. La survie des tribus et de leur mode de vie est menacée par la destruction de la forêt tropicale amazonienne.

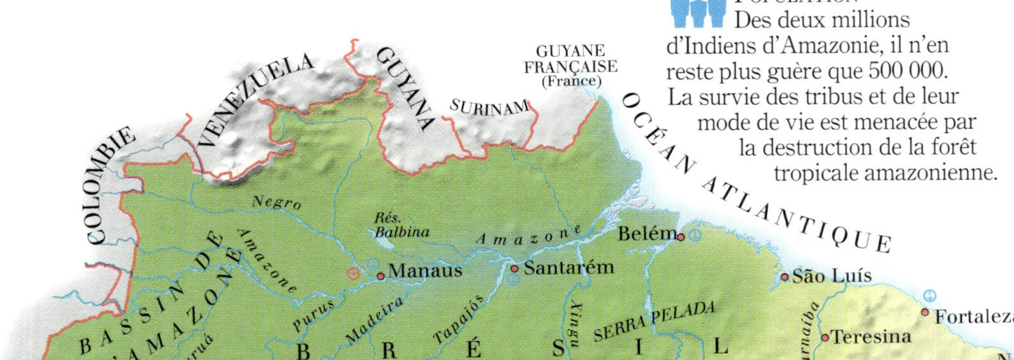

COLOMBIE
VENEZUELA
GUYANA
SURINAM
GUYANE FRANÇAISE (France)
OCÉAN ATLANTIQUE
Negro
Amazone
Rés. Balbina
Manaus
Santarém
Belém
São Luís
Fortaleza
Teresina
Natal
BASSIN DE L'AMAZONE
Juruá
Purus
Madeira
Tapajós
Xingu
SERRA PELADA
BRÉSIL

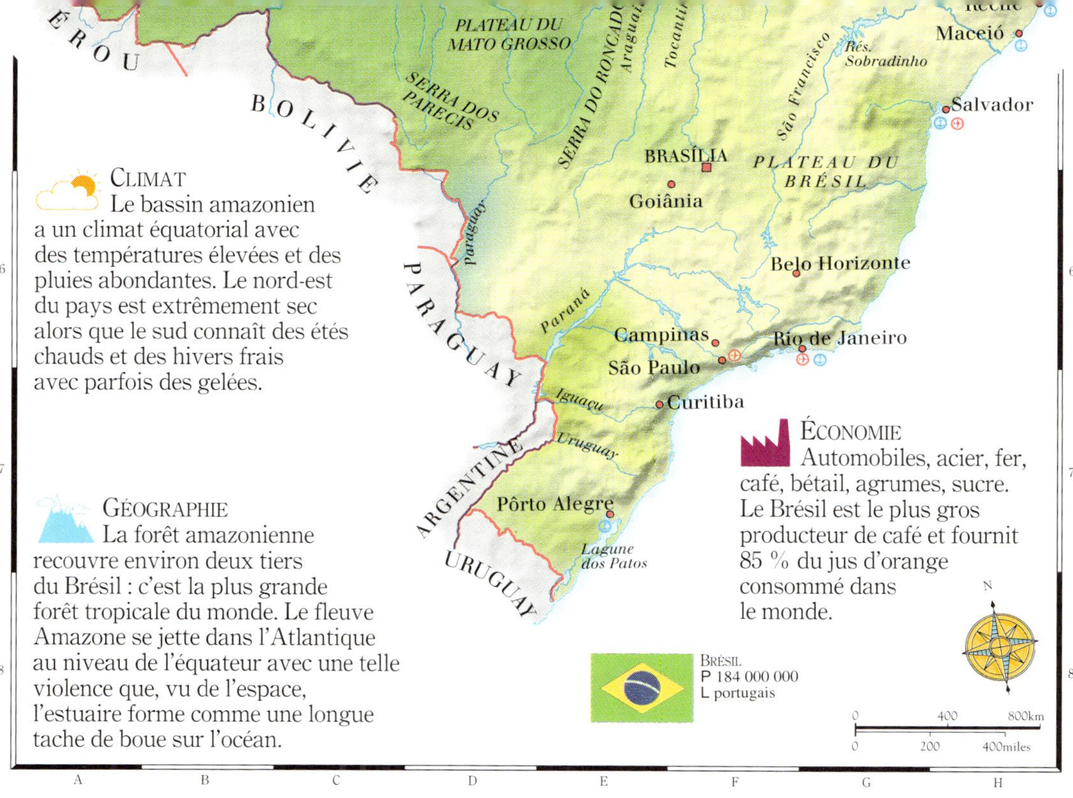
PÉROU
BOLIVIE
PARAGUAY
ARGENTINE
URUGUAY
PLATEAU DU MATO GROSSO
SERRA DOS PARECIS
SERRA DO RONCADOR
Araguaia
Tocantins
São Francisco
Rés. Sobradinho
Maceió
Salvador
BRASÍLIA
PLATEAU DU BRÉSIL
Goiânia
Paraguay
Belo Horizonte
Paraná
Campinas
Rio de Janeiro
São Paulo
Iguaçu
Curitiba
Uruguay
Pôrto Alegre
Lagune dos Patos
N
0 400 800km
0 200 400miles
A B C D E F G H
6 7 8

CLIMAT
Le bassin amazonien a un climat équatorial avec des températures élevées et des pluies abondantes. Le nord-est du pays est extrêmement sec alors que le sud connaît des étés chauds et des hivers frais avec parfois des gelées.

GÉOGRAPHIE
La forêt amazonienne recouvre environ deux tiers du Brésil : c'est la plus grande forêt tropicale du monde. Le fleuve Amazone se jette dans l'Atlantique au niveau de l'équateur avec une telle violence que, vu de l'espace, l'estuaire forme comme une longue tache de boue sur l'océan.

ÉCONOMIE
Automobiles, acier, fer, café, bétail, agrumes, sucre. Le Brésil est le plus gros producteur de café et fournit 85 % du jus d'orange consommé dans le monde.

BRÉSIL
P 184 000 000
L portugais

Sud de l'Amérique du Sud

Des volcans enneigés des Andes au désert de Patagonie, cette région d'Amérique du Sud est une terre de contrastes. Le centre de l'Argentine est la zone de la pampa, prairie fertile où paissent d'immenses troupeaux de bovins. En certains endroits l'herbe atteint 3 m de haut. Le Chili est isolé par les Andes, qui s'étirent sur toute la longueur du continent.

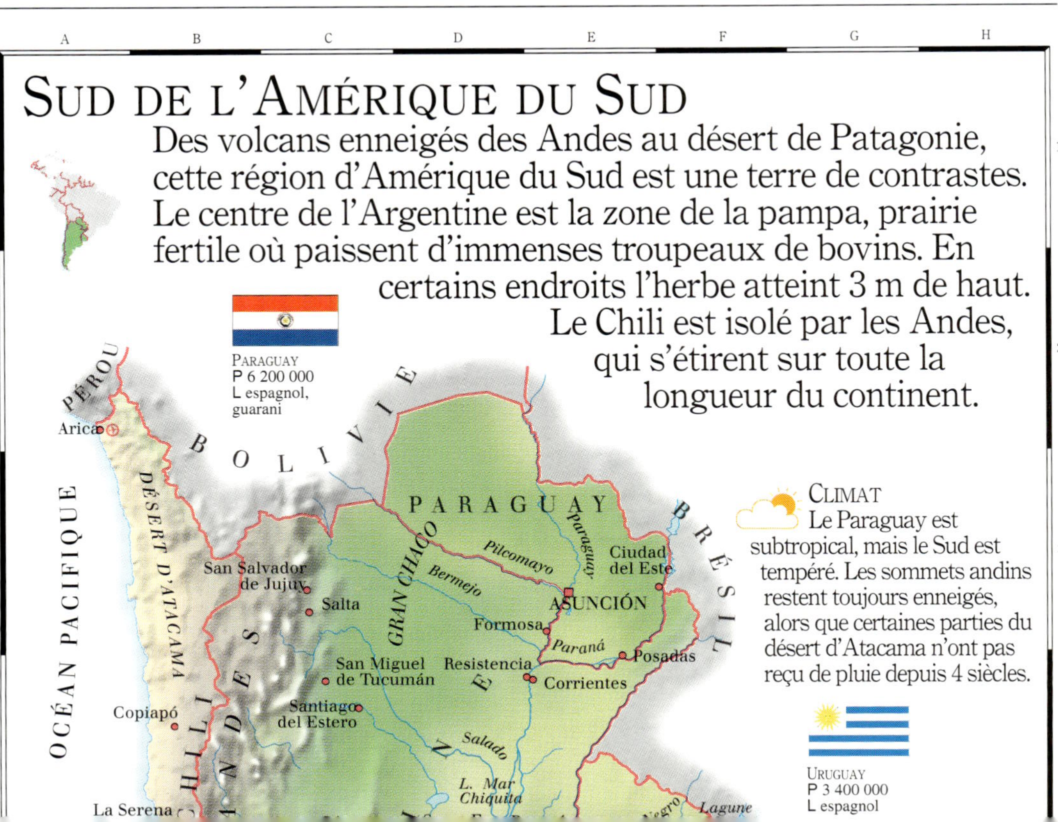
PÉROU
BOLIVIE
PARAGUAY
BRÉSIL
CHILI
ANDES
OCÉAN PACIFIQUE
DÉSERT D'ATACAMA
GRAN CHACO
Arica
Copiapó
La Serena
San Salvador de Jujuy
Salta
San Miguel de Tucumán
Santiago del Estero
Formosa
Resistencia
Corrientes
ASUNCIÓN
Ciudad del Este
Posadas
Pilcomayo
Bermejo
Paraguay
Paraná
Salado
L. Mar Chiquita
Negro
Lagune

Paraguay
P 6 200 000
L espagnol, guarani

Climat
Le Paraguay est subtropical, mais le Sud est tempéré. Les sommets andins restent toujours enneigés, alors que certaines parties du désert d'Atacama n'ont pas reçu de pluie depuis 4 siècles.

Uruguay
P 3 400 000
L espagnol

Viña del Mar
Valparaíso
Godoy Cruz
SANTIAGO
BUENOS AIRES
MONTEVIDEO
Plate
PAMPAS
Mar del Plata
Bahía Blanca
Bahía Blanca
Chillán
Talcahuano
Concepción
Los Ángeles
Bío-Bío
Colorado
Temuco
Negro
Valdivia
Golfe de San Matías
Osorno
L. Nahuel Huapí
Puerto Montt
Péninsule Valdés
Chubut
Î. Chiloé
PATAGONIE
CHILI
ANDES
L. Colhué Huapí
Comodoro Rivadavia
Coihaique
Deseado
L. Buenos Aires
Puerto Santa Cruz
L. Viedma
L. Argentino
Grande Baie
TORRES DEL PAINE
Détroit de Magellan
Punta Arenas
TERRE DE FEU
Cap Horn
OCÉAN ATLANTIQUE
N
0 300 600km
0 150 300miles
A B E F G H
5 6 7 8

CHILI
P 16 100 000
L espagnol

ARGENTINE
P 38 600 000
L espagnol

ÉCONOMIE
Cuivre, laine, bétail, blé. Le Chili est le plus gros producteur mondial de cuivre, et l'Uruguay le second exportateur de laine.

HISTOIRE
Avant la découverte en 1616 du cap Horn à la pointe du continent, les navires franchissaient le dangereux détroit de Magellan pour aller de l'Atlantique au Pacifique. Aujourd'hui, ils utilisent le canal de Panama.

GÉOGRAPHIE
La Cordillère des Andes, la plus longue chaîne de montagnes de la planète, s'étire sur 7 240 km. Ces reliefs, les plus récents du monde, connaissent une forte activité tellurique et volcanique. Glaciers, fjords, lacs et détroits profonds caractérisent les Andes méridionales.

L'Amérique du Sud : États du Sud

Le Chili

- Au Chili, la démocratie a été restaurée en 1989 après 12 années d'une dictature militaire sanglante sous la férule du général Pinochet.
- Le désert de l'Atacama, au nord du Chili, est la région la plus sèche du globe : il n'a pas plu pendant 400 ans.

En bref :

C Santiago

S 756 650 km²

P 16 100 000 hab.

M peso chilien

L espagnol

R république

Un conifère andin
L'araucaria, appelé aussi "désespoir du singe", pousse sur les contreforts des Andes, la chaîne de montagne la plus longue du monde.

L'Uruguay

- L'Uruguay est le plus petit des États sud-américains.
- La moitié de la population du pays vit à Montevideo.
- 86 % de l'électricité produite en Uruguay est hydraulique.
- L'Uruguay tolère toutes les formes de religion.

En bref :

C Montevideo

S 176 215 km²

P 3 400 000 hab.

M peso uruguayen

L espagnol

R république

Le Paraguay

- La plupart des Paraguayens sont des *mestizos* (métis) d'origines guarani et espagnole.
- Un travailleur paraguayen sur deux est employé dans l'agriculture.

En bref :

C Asunción

S 406 750 km²

P 6 200 000 hab.

M guarani

L espagnol, guarani

R république

Écharpe de laine

Textiles
L'Uruguay est un important exportateur d'étoffes de laine tissées à la main.

UN GAUCHO
Les gardiens de troupeaux argentins sont appelés des gauchos.

L'ARGENTINE

- L'agriculture et l'élevage génèrent les trois quarts du revenu national argentin.
- La boisson favorite des Argentins est une infusion appelée maté.
- Le tango, danse langoureuse, est né à Buenos Aires à la fin du XIXe siècle.
- Ushuaia est la ville la plus au sud du globe.

EN BREF :

C Buenos Aires
S 2 766 890 km²
P 38 600 000 hab.
M peso argentin
L espagnol
R régime présidentiel multipartite

LE PUDU
Le pudu est le plus petit des cervidés ; il vit en Patagonie, une région du sud de l'Argentine.

UNE PASSION
Au Brésil, le football est une véritable religion ; on y compte plus de 20 000 équipes.

LE BRÉSIL

- São Paulo compte 18 millions d'habitants ; c'est la deuxième ville du monde.
- Le carnaval de Rio attire des touristes du monde entier.
- Le Brésil possède de riches réserves naturelles d'or et de diamants.
- En dépit des richesses naturelles du pays, de nombreux Brésiliens vivent dans la pauvreté.
- Le nom Brésil provient d'un bois utilisé autrefois pour teindre les tissus.

EN BREF :

C Brasília
S 8 511 970 km²
P 184 200 000 hab.
M cruzado
L portugais
R démocratie parlementaire

Europe

Î. Jan Mayen
(Norvège)
MER DE NORVÈGE
ISLANDE
Îles Féroé
(Danemark)
NORVÈGE
ROYAUME-UNI
MER DU
NORD
DANEMARK
RÉPUBLIQUE
D'IRLANDE
1
2
3
4
5
6
7
8
9
FRANCE
ESPAGNE
PORTUGAL
Gibraltar
(R.-U.)
MER

Europe

Les Alpes et les Pyrénées divisent le continent en deux parties, le nord et le sud, et forment une barrière qui protège les pays méridionaux des vents froids du nord. Certaines régions sont tempérées par le Gulf Stream, courant marin qui charrie des eaux tièdes depuis les Caraïbes. Son influence se fait sentir jusque sur des bras de mer du cercle arctique qui ne gèlent pas en hiver.

MER DE BARENTS
FINLANDE
FÉDÉRATION DE RUSSIE
ESTONIE
LETTONIE
LITUANIE
BIÉLORUSSIE
LOGNE
UKRAINE
VAQUIE
NGRIE
16
ROUMANIE
13
BULGARIE
14
15
GRÈCE
MER NOIRE
GÉORGIE
AZERBAÏDJAN
ARMÉNIE
ERRANÉE
1 Pays-Bas
2 Belgique
3 Luxembourg
4 Liechtenstein
5 Suisse
6 Andorre
7 Monaco
8 Cité du Vatican
9 Saint-Marin
10 Slovénie
11 Croatie
12 Bosnie-Herzégovine
13 Rép. de Yougoslavie
14 Macédoine
15 Albanie
16 Moldavie

Scandinavie et Finlande

Durant la dernière glaciation, la plus grande partie de la Scandinavie et de la Finlande fut recouverte par des glaciers qui creusèrent de profondes vallées, des fjords et des lacs. Les Finlandais, peuple d'origine orientale arrivé par la Russie, se différencient des Scandinaves par la culture et la langue.

Climat
La côte ouest de la Norvège est adoucie par le Gulf Stream. Au nord les températures chutent à –30 °C durant les six mois d'hiver. Le Sud est plus clément.

Économie
Pêche, bois, pâte à papier, pétrole, gaz, automobiles. La Norvège est le plus gros producteur européen de pétrole.

Finlande
P 5 200 000
L finnois, suédois

Norvège
P 4 600 000
L norvégien

A
B
C
D
E
F
G
H
1
2
3
4
OCÉAN ARCTIQUE
Cap Nord
Hammerfest
Tromso
Lofoten Vesteralen
L. Inari
Tana
Muonio
Ounas
L. Torne
Torne
L. Uddjaur
Oulu
Oulu
Um
FINLANDE
FÉDÉRATION DE RUSSIE
MONTS KJÖLEN
MER DE NORVÈGE

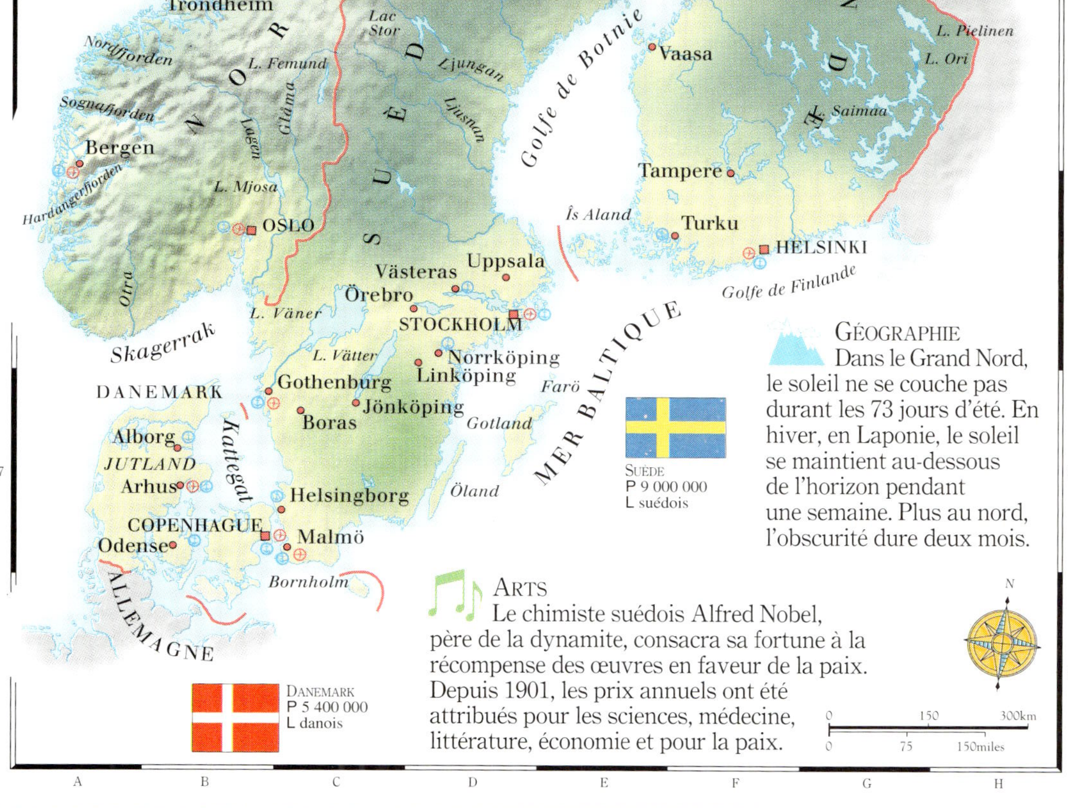
Trondheim
Nordfjorden
Sognafjorden
Bergen
Hardangerfjorden
N O R
L. Femund
Lagen
Glåma
L. Mjosa
OSLO
Otra
Skagerrak
DANEMARK
Alborg
JUTLAND
Arhus
Kattegat
COPENHAGUE
Odense
ALLEMAGNE
Bornholm
Malmö
Helsingborg
Gothenburg
Boras
Jönköping
L. Väner
L. Vätter
Lac Stor
S U È D E
Ljungan
Ljusnan
Örebro
Västeras
Uppsala
STOCKHOLM
Norrköping
Linköping
Farö
Gotland
Öland
MER BALTIQUE
Golfe de Botnie
Îs Aland
Vaasa
Tampere
Turku
HELSINKI
Golfe de Finlande
Saimaa
L. Pielinen
L. Ori
N
0 150 300km
0 75 150miles
A B C D E F G H
5 6 7 8

SUÈDE
P 9 000 000
L suédois

DANEMARK
P 5 400 000
L danois

GÉOGRAPHIE
Dans le Grand Nord, le soleil ne se couche pas durant les 73 jours d'été. En hiver, en Laponie, le soleil se maintient au-dessous de l'horizon pendant une semaine. Plus au nord, l'obscurité dure deux mois.

ARTS
Le chimiste suédois Alfred Nobel, père de la dynamite, consacra sa fortune à la récompense des œuvres en faveur de la paix. Depuis 1901, les prix annuels ont été attribués pour les sciences, médecine, littérature, économie et pour la paix.

L'Europe du Nord

L'Islande

• Pour accéder au centre de l'Islande, il faut avoir recours au cheval, au véhicule tout-terrain ou à l'avion de tourisme.
• L'Islande est le pays le moins peuplé d'Europe.
• En Islande, grâce à l'abondante énergie géothermique, le chauffage est gratuit.
• Il y a près de 800 sources d'eau chaude en Islande.

En bref :

C Reykjavik
S 102 950 km^2
P 300 000 hab.
M couronne islandaise
L islandais
R démocratie parlementaire

La morue islandaise
Plus d'un tiers de l'huile de foie de morue produite dans le monde provient d'Islande.

La Norvège

• Selon la Constitution norvégienne, le gouvernement doit assurer l'accès au travail à chaque individu.
• Hammerfest est la ville la plus au nord du monde.

En bref :

C Oslo
S 324 000 km^2
P 4 600 000 hab.
M couronne norvégienne
L norvégien
R monarchie parlementaire

Des toits en herbe
Au printemps, les toits de tourbe de certaines maisons rustiques norvégiennes se couvrent d'herbe.

Le pays du Lego
Les petites briques du Lego, connues de tous les enfants, ont été inventées au Danemark.

Le Danemark

• 40 % des enfants danois sont élevés par un parent unique ou par des concubins.
• La monarchie danoise est la plus ancienne d'Europe ; elle fut instituée au XIIe siècle.

En bref :

C Copenhague
S 43 090 km^2
P 5 400 000 hab.
M couronne danoise
L danois
R monarchie parlementaire

La Suède

- Plus de la moitié des femmes suédoises occupent un emploi.
- La Suède est un pays neutre depuis 1815.
- Le maréchal français Bernadotte fut choisi en 1810 comme successeur du roi Charles XIII par les Suédois. Il est le fondateur de l'actuelle dynastie des rois de Suède.
- L'Église luthérienne d'État est religion d'État.

En bref :

C Stockholm
S 449 960 km²
P 9 000 000 hab.
M couronne suédoise
L suédois
R monarchie constitutionnelle

Le *smörgasbord*
Le *smörgasbord* suédois est un assortiment de denrées locales servi froid.

Le Groenland

État autonome dépendant du Danemark
C Nuuk
P 56 900 hab.
L inuit, danois

Le bois finlandais
Une part importante du revenu national finlandais est générée par l'exportation de bois.

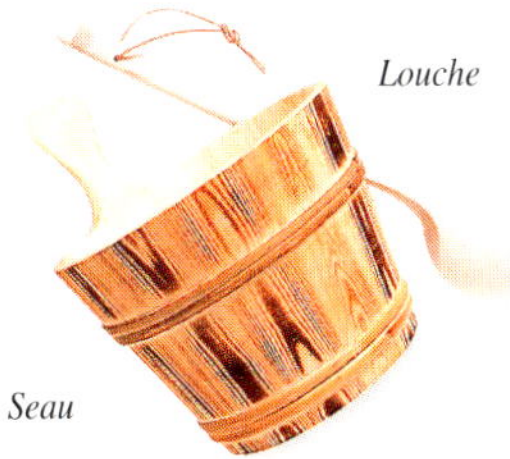

Louche

Seau

Bain de vapeur
Le sauna a été inventé par les Finlandais il y a près de 1 000 ans.

La Finlande

- Plus de la moitié de la population finlandaise est concentrée dans les cinq districts situés à proximité d'Helsinki.
- En 1906, la Finlande fut la 1ère en Europe à accorder le droit de vote aux femmes.
- Le réseau de voies d'eau navigables finlandais est le plus long d'Europe.
- Il y a 1 500 000 saunas en Finlande, soit un sauna pour quatre personnes.

En bref :

C Helsinki
S 338 145 km²
P 5 200 000 hab.
M euro
L finnois, suédois
R démocratie parlementaire

Îles Britanniques

Au large du continent européen, les Îles Britanniques sont composées de deux îles principales : l'Irlande et la Grande-Bretagne. Angleterre, Écosse, Pays de Galles et Irlande du Nord constituent le Royaume-Uni. La République d'Irlande devint indépendante en 1921.

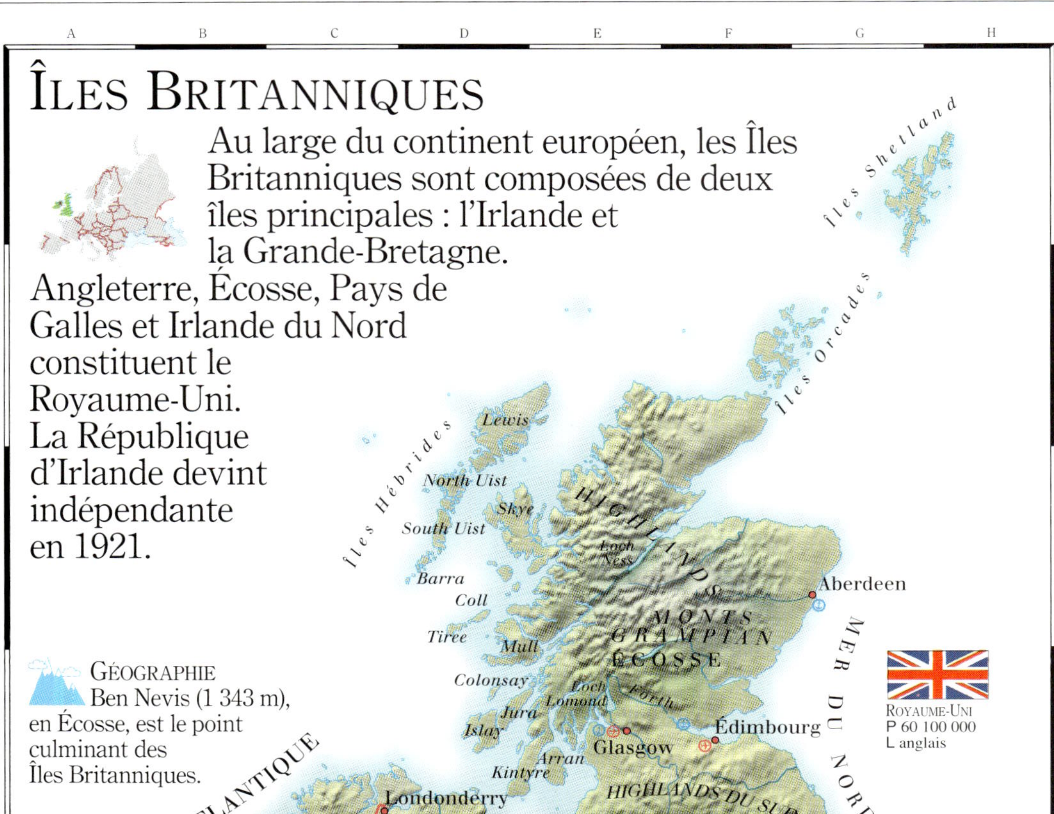
A
B
C
D
E
F
G
H
1
2
3
4
Îles Shetland
Îles Orcades
Îles Hébrides
Lewis
North Uist
Skye
South Uist
Barra
Coll
Tiree
Mull
Colonsay
Jura
Islay
Kintyre
Arran
HIGHLANDS
Loch Ness
MONTS GRAMPIAN
ÉCOSSE
Loch Lomond
Forth
Aberdeen
Glasgow
Édimbourg
HIGHLANDS DU SUD
Londonderry
MER DU NORD
ATLANTIQUE
Royaume-Uni
P 60 100 000
L anglais

Géographie
Ben Nevis (1 343 m), en Écosse, est le point culminant des Îles Britanniques.

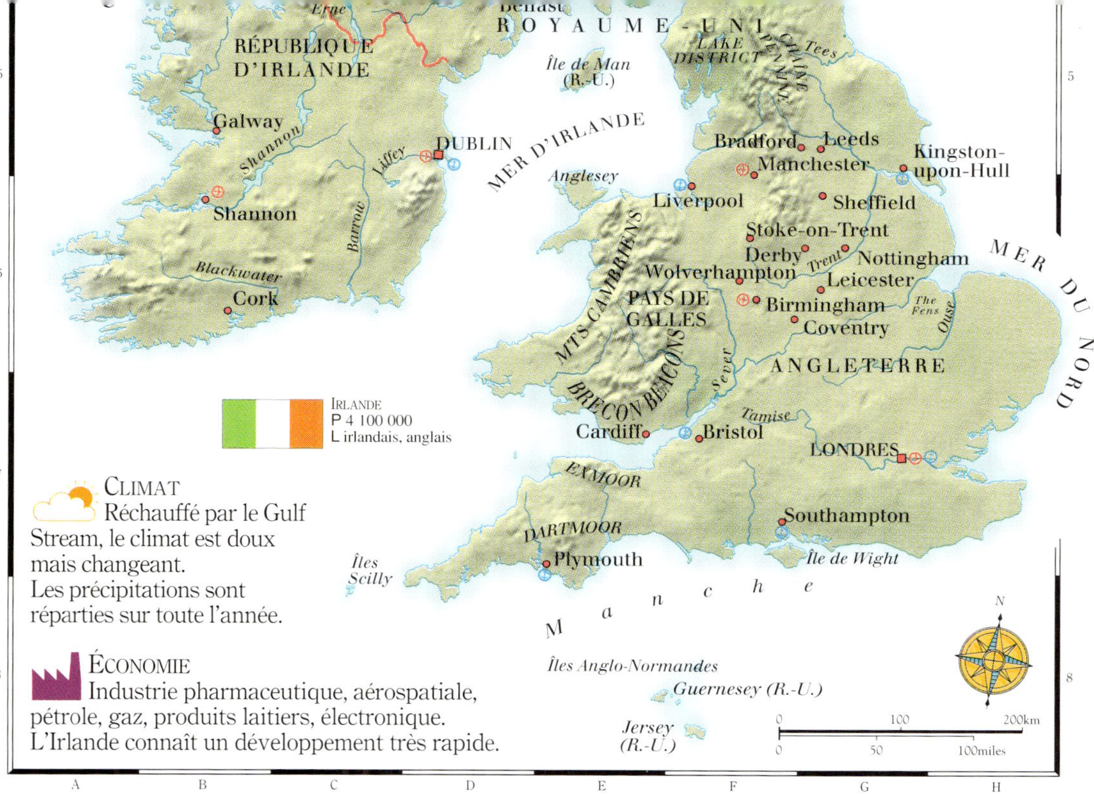
RÉPUBLIQUE D'IRLANDE
ROYAUME-UNI
Erne
Belfast
LAKE DISTRICT
CHAÎNE PENNINE
Tees
Île de Man (R.-U.)
Galway
Shannon
DUBLIN
Liffey
MER D'IRLANDE
Anglesey
Bradford
Leeds
Manchester
Kingston-upon-Hull
Liverpool
Sheffield
Shannon
Barrow
Stoke-on-Trent
Derby
Trent
Nottingham
MER DU NORD
Blackwater
Cork
Wolverhampton
Leicester
MTS CAMBRIENS
PAYS DE GALLES
Birmingham
The Fens
Coventry
Ouse
BRECON BEACONS
Sever
ANGLETERRE
Tamise
Cardiff
Bristol
LONDRES
EXMOOR
Southampton
DARTMOOR
Îles Scilly
Plymouth
Île de Wight
Manche
N
Îles Anglo-Normandes
Guernesey (R.-U.)
Jersey (R.-U.)
0 100 200km
0 50 100miles
A B C D E F G H
5 6 7 8

IRLANDE
P 4 100 000
L irlandais, anglais

CLIMAT
Réchauffé par le Gulf Stream, le climat est doux mais changeant.
Les précipitations sont réparties sur toute l'année.

ÉCONOMIE
Industrie pharmaceutique, aérospatiale, pétrole, gaz, produits laitiers, électronique.
L'Irlande connaît un développement très rapide.

Benelux

Belgique, Hollande et Luxembourg ont un relief plat et une très faible altitude. La plus grande partie de la Hollande, au-dessous du niveau de la mer, est constituée de terres qui ont été gagnées sur la mer. La densité de population du Benelux est la plus forte d'Europe.

A
B
C
D
E
F
G
H
1
2
3
4
Îles de la Frise-Occid.
Mer des Wadden
Lac d'Ijssel
MER DU NORD
ALLEMAGNE
PAYS BAS
Leeuwarden
Groningue
Assen
Zwolle
Ijsse
Flevoland
Haarlem
AMSTERDAM
Enschede
Apeldoorn
La Haye
Utrecht
Arnhem
Rhin
Rotterdam
Dordrecht
Nimègue
Breda
Bois-le-Duc
Middelburg
Bergen op Zoom
Pays-Bas
P 16 300 000
L néerlandais

Climat
La région est surtout tempérée. Le littoral est plus doux, réchauffé par le Gulf Stream. Les hivers du Luxembourg sont froids et

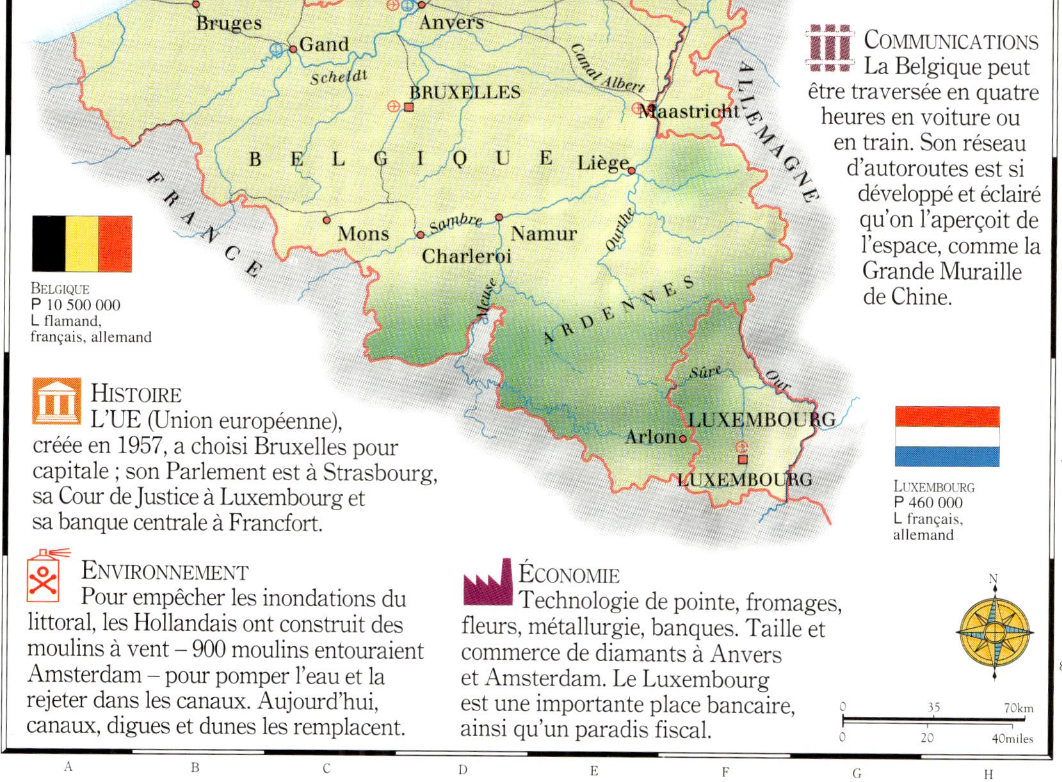
Bruges
Gand
Anvers
Scheldt
BRUXELLES
Canal Albert
Maastricht
ALLEMAGNE
B E L G I Q U E
Liège
FRANCE
Mons
Sambre
Namur
Charleroi
Ourthe
Meuse
ARDENNES
Sûre
Our
LUXEMBOURG
Arlon
LUXEMBOURG
N
0 35 70km
0 20 40miles
A B C D E F G H
5 6 7 8

BELGIQUE
P 10 500 000
L flamand, français, allemand

LUXEMBOURG
P 460 000
L français, allemand

COMMUNICATIONS

La Belgique peut être traversée en quatre heures en voiture ou en train. Son réseau d'autoroutes est si développé et éclairé qu'on l'aperçoit de l'espace, comme la Grande Muraille de Chine.

HISTOIRE

L'UE (Union européenne), créée en 1957, a choisi Bruxelles pour capitale ; son Parlement est à Strasbourg, sa Cour de Justice à Luxembourg et sa banque centrale à Francfort.

ENVIRONNEMENT

Pour empêcher les inondations du littoral, les Hollandais ont construit des moulins à vent – 900 moulins entouraient Amsterdam – pour pomper l'eau et la rejeter dans les canaux. Aujourd'hui, canaux, digues et dunes les remplacent.

ÉCONOMIE

Technologie de pointe, fromages, fleurs, métallurgie, banques. Taille et commerce de diamants à Anvers et Amsterdam. Le Luxembourg est une importante place bancaire, ainsi qu'un paradis fiscal.

L'Europe de l'Ouest

Le Royaume-Uni

- Les théâtres, musées et monuments londoniens attirent de nombreux touristes.
- Le Royaume-Uni est le pays le plus urbanisé d'Europe.
- Les systèmes éducatif et juridique écossais diffèrent de ceux en vigueur dans le reste du Royaume-Uni.

En bref :

C Londres
S 244 880 km²
P 60 100 000 hab.
M livre sterling
L anglais
R monarchie parlementaire

Big Ben
La cloche du palais de Westminster est célèbre dans le monde entier.

Les racines du sport
De nombreux sports pratiqués aujourd'hui dans le monde entier sont nés au Royaume-Uni.

Ballon de rugby

Balle de cricket

Ballon de football

La harpe irlandaise
C'est un instrument typique de la musique gaélique. La harpe est jouée en Irlande depuis le XIIe siècle.

L'Irlande

- Anciennement incluse dans le Royaume-Uni, l'Irlande a obtenu son indépendance en 1921.
- La capitale, Dublin, concentre à elle seule plus d'un tiers de la population irlandaise.
- Le gaélique irlandais est encore parlé de façon courante par près de 20 000 habitants du pays.
- L'Irlande revendique toujours les 6 comtés d'Irlande du Nord.

En bref :

C Dublin
S 70 280 km²
P 4 100 000 hab.
M euro
L gaélique, anglais
R démocratie parlementaire

La Belgique

- La Belgique rassemble deux groupes culturels : les Wallons, qui parlent français, et les Flamands.
- Le gouvernement belge doit toujours compter un nombre égal de ministres de langue wallone et de langue flamande.
- La Belgique est le troisième producteur mondial de chocolat.

En bref :

C Bruxelles

S 30 525 km²

P 10 500 000 hab.

M euro

L français, néerlandais, flamand

R monarchie parlementaire

Un édifice futuriste
L'Atomium, à Bruxelles, a été inspiré par la structure moléculaire du cristal de fer.

Fleurs hollandaises
Les Pays-Bas sont le premier producteur de fleurs coupées en Europe ; jonquilles et tulipes y sont cultivées en abondance.

Les Pays-Bas

- Les lois hollandaises concernant la drogue et la sexualité sont les moins sévères d'Europe.
- Rotterdam est le premier port du monde.
- 50 % des Pays-Bas sont des polders, terres gagnées sur la mer.

En bref :

C Amsterdam, La Haye

S 41 525 km²

P 16 300 000 hab.

M euro

L néerlandais

R monarchie parlementaire

Le Luxembourg

C Luxembourg

S 3000 km²

P 410 000 hab.

M euro

Banque et finance
Le Luxembourg, où l'on parle allemand, français, et luxembourgeois, est un grand centre financier.

ESPAGNE ET PORTUGAL

Une extraordinaire maîtrise des techniques de construction navale et de navigation fit de ces deux pays les plus puissants empires du XVIe siècle. Christophe Colomb leva l'ancre pour l'Amérique en 1492, et Vasco de Gama, explorateur portugais, fut le premier, en 1497, à atteindre l'Inde par l'Afrique.

OCÉAN ATLANTIQUE
Oviedo
St-Jacques-de-Compostelle
Galice
Minho
Rés. d'Esla
Porto
Douro
Coimbra
PORTUGAL
Tage
Rés. d'Alcántara
LISBONNE
Setúbal
Guadiana
Beja
Séville
Lagos
Faro

ÉCONOMIE

Pêche, automobiles, olives, liège, constructions navales, agrumes, tourisme. Les vins cuits espagnols et portugais sont réputés : xérès espagnol de Jerez de la Frontera, et le porto portugais de la ville de Porto.

CLIMAT

Les côtes espagnoles sont plus douces que le plateau central qui enregistre d'importants écarts de températures. Le seul désert d'Europe se trouve au sud de la Sierra Nevada en Espagne. Le climat portugais est tempéré par l'Atlantique.

PORTUGAL
P 10 600 000
L portugais

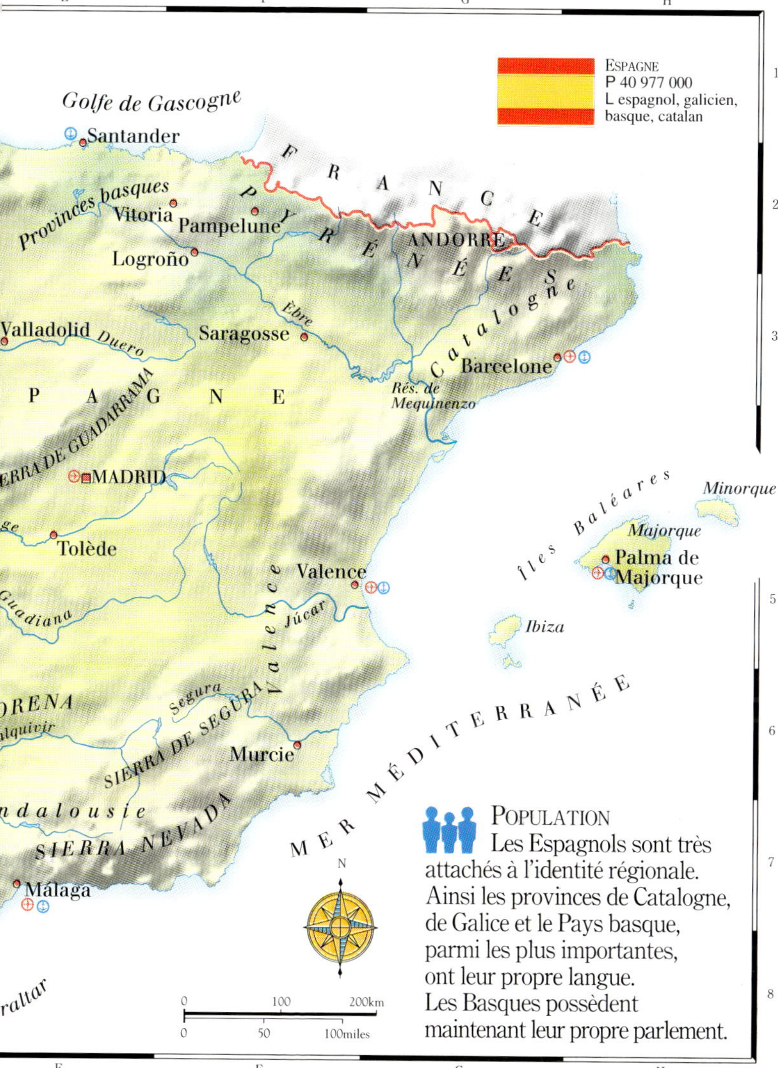
E
F
G
H
1
2
3
5
6
7
8
Golfe de Gascogne
Santander
Provinces basques
Vitoria
Pampelune
Logroño
FRANCE
PYRÉNÉES
ANDORRE
Catalogne
Èbre
Valladolid
Duero
Saragosse
Barcelone
Rés. de Mequinenzo
PAGNE
SIERRA DE GUADARRAMA
MADRID
Tolède
Guadiana
Valence
Valence
Júcar
Îles Baléares
Minorque
Majorque
Palma de Majorque
Ibiza
Segura
SIERRA DE SEGURA
Murcie
MER MÉDITERRANÉE
ndalousie
SIERRA NEVADA
Málaga
N
0
100
200km
50
100miles

ESPAGNE
P 40 977 000
L espagnol, galicien, basque, catalan

POPULATION

Les Espagnols sont très attachés à l'identité régionale. Ainsi les provinces de Catalogne, de Galice et le Pays basque, parmi les plus importantes, ont leur propre langue. Les Basques possèdent maintenant leur propre parlement.

FRANCE

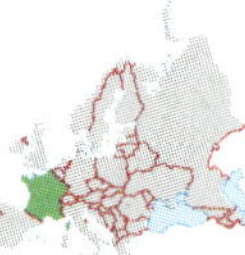

Après la Révolution (1789-1799), la France devint la première république moderne d'Europe. Son empire colonial comprenait des régions d'Asie et d'Afrique. La principauté d'Andorre, indépendante depuis 1993, et celle de Monaco, sous protection française, sont deux enclaves dans son territoire.

POPULATION

Malgré une forte identité nationale, les régions conservent précieusement leurs traditions et leurs dialectes.

ANDORRE
P 71 000
L catalan

COMMUNICATIONS

Les Français sont très performants en matière de technologie ferroviaire. Mis en service en 1981, le TGV est le train le plus rapide du monde (vitesse de pointe de 300 km/h).

N

0 75 150km
0 50 100miles

Manche
Cherbourg
Le Havre
Îles Anglo-Normandes (R.-U.)
Caen
NORMANDIE
Île d'Ouessant
Brest
BRETAGNE
Rennes
Le Mans
Belle-Île
Loire
Nantes
OCÉAN ATLANTIQUE
Poitiers
Bordeaux
Garonne
PYRÉNÉES
ESPAGNE

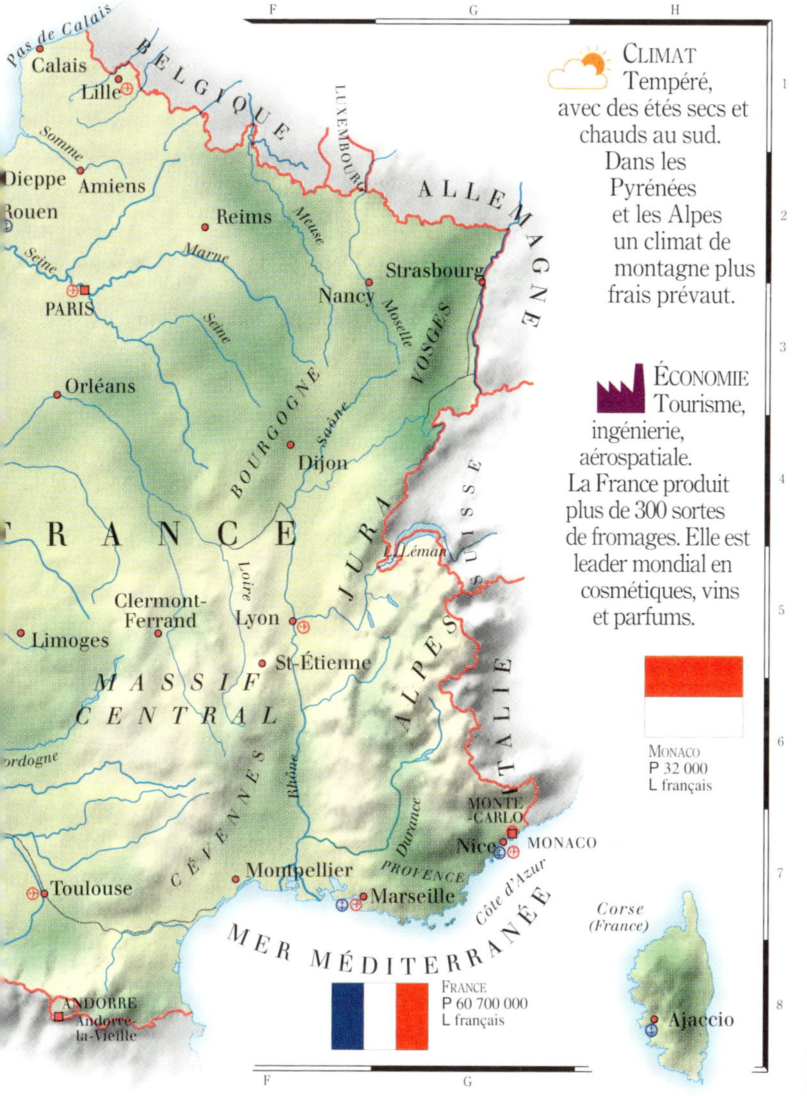

F
G
H
1
2
3
4
5
6
7
8
Pas de Calais
Calais
Lille
BELGIQUE
LUXEMBOURG
ALLEMAGNE
Somme
Dieppe
Amiens
Rouen
Reims
Meuse
Seine
Marne
PARIS
Strasbourg
Nancy
Moselle
VOSGES
Seine
Orléans
BOURGOGNE
Saône
Dijon
FRANCE
JURA
SUISSE
L. Léman
Loire
Clermont-Ferrand
Lyon
Limoges
St-Étienne
MASSIF CENTRAL
ALPES
ITALIE
Dordogne
CÉVENNES
Rhône
Durance
MONTE-CARLO
MONACO
Nice
Toulouse
Montpellier
PROVENCE
Marseille
Côte d'Azur
MER MÉDITERRANÉE
Corse (France)
Ajaccio
ANDORRE
Andorre-la-Vieille
F
G

CLIMAT
Tempéré, avec des étés secs et chauds au sud. Dans les Pyrénées et les Alpes un climat de montagne plus frais prévaut.

ÉCONOMIE
Tourisme, ingénierie, aérospatiale. La France produit plus de 300 sortes de fromages. Elle est leader mondial en cosmétiques, vins et parfums.

MONACO
P 32 000
L français

FRANCE
P 60 700 000
L français

ITALIE ET MALTE

L'Italie comprend la péninsule en forme de botte, qui s'étend des Alpes à la mer Ionienne, plus la Sardaigne, la Sicile et plusieurs autres petites îles. La cité du Vatican et la république de Saint-Marin, deux enclaves dans son territoire, sont indépendantes. Successivement occupée par les Romains, les Arabes, les Français, les Turcs, les Espagnols et les Britanniques, l'île de Malte est indépendante depuis 1964.

AUTRICHE
SUISSE
ALPES
SLOVÉNIE
FRANCE
DOLOMITES
LOMBARDIE
L. de Come
L. Majeur
L.deGarde
Piave
Trieste
Mestre
Venise
Milan
Véron
Padoue
Turin
Pô
Golfe de Venise
Lagunede Comácchio
Gênes
APENNIN
Reno
Bologne
SAINT-MARIN
ST-MARIN
Golfe de Gênes
Florence
Arno
MER LIGURIENNE
MER ADRI

POPULATION

Les Vénitiens étaient un peuple de marins ; leurs navires transportaient la soie et les épices d'Asie. On dit que c'est Marco Polo qui rapporta de Chine la recette des pâtes.

HISTOIRE

Autrefois, la péninsule italienne était composée d'une multitude de petits royaumes et cités-États, vulnérables aux guerres internes. Elle fut unifiée en 1870, grâce à Giuseppe Garibaldi et au comte Camille de Cavour.

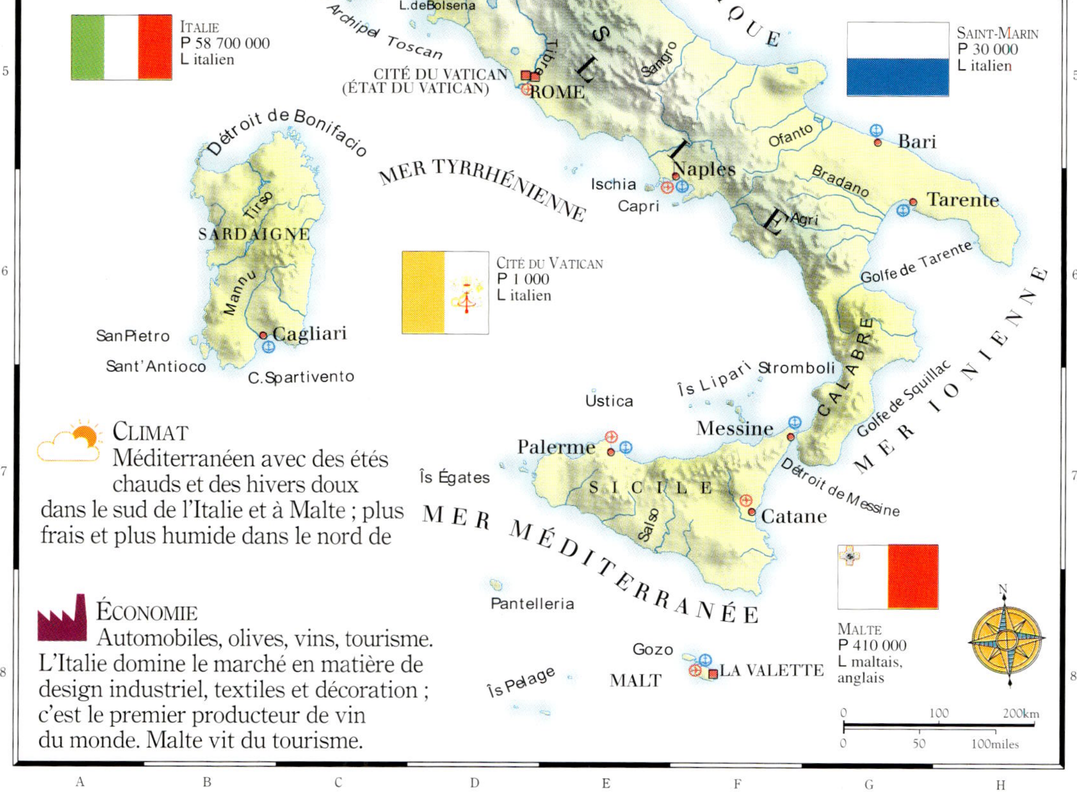
ITALIE
P 58 700 000
L italien
SAINT-MARIN
P 30 000
L italien
CITÉ DU VATICAN
P 1 000
L italien
MALTE
P 410 000
L maltais, anglais
L.deBolsena
Archipel Toscan
CITÉ DU VATICAN
(ÉTAT DU VATICAN)
ROME
Tibre
Sangro
Ofanto
Bari
Bradano
Tarente
Agri
Naples
Ischia
Capri
Golfe de Tarente
CALABRE
Stromboli
Îs Lipari
Ustica
Messine
Palerme
Golfe de Squillac
MER IONIENNE
Détroit de Messine
SICILE
Salso
Catane
Îs Égates
MER MÉDITERRANÉE
Pantelleria
Gozo
LA VALETTE
MALT
Îs Pelage
Détroit de Bonifacio
MER TYRRHÉNIENNE
SARDAIGNE
Tirso
Mannu
Cagliari
SanPietro
Sant'Antioco
C.Spartivento
N
0 100 200km
0 50 100miles
A B C D E F G H
5 6 7 8

CLIMAT

Méditerranéen avec des étés chauds et des hivers doux dans le sud de l'Italie et à Malte ; plus frais et plus humide dans le nord de

ÉCONOMIE

Automobiles, olives, vins, tourisme. L'Italie domine le marché en matière de design industriel, textiles et décoration ; c'est le premier producteur de vin du monde. Malte vit du tourisme.

L'Europe : le Sud-Ouest

L'Espagne

• Les jeunes Espagnols demeurent souvent chez leurs parents jusqu'à la trentaine.
• En Espagne, les hôpitaux publics ont meilleure réputation que les hôpitaux privés.
• Plus de 3 000 fêtes et festivals ont lieu chaque année en Espagne.

En bref :

C Madrid
S 504 780 km²
P 43 500 000 hab.
M euro
L espagnol
R monarchie parlementaire

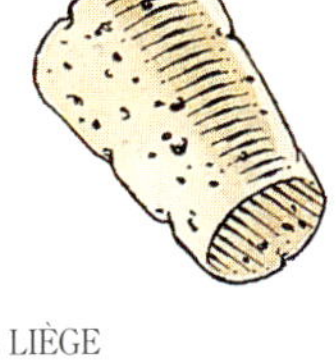

Le liège
Plus de la moitié du liège produit dans le monde provient du Portugal ; une grande partie est exportée sous forme de bouchons.

Chevilles
Manche
Sillet
Ouverture centrale
Chevalet
Caisse

6 cordes espagnoles
La guitare classique est un instrument de base de la musique espagnole.

Le Portugal

• Les liens familiaux sont essentiels dans la vie sociale portugaise.
• La protection sociale est assurée à 40 % par des organismes privés.
• Le Portugal ne dispose que de peu de richesses naturelles.

En bref :

C Lisbonne
S 92 070 km²
P 10 600 000 hab.
M euro
L portugais
R démocratie parlementaire

L'Andorre

C Andorre-la-Vieille
P 71 000 hab.
L catalan

L'Italie

- L'Italie était déjà une destination touristique au XVIe siècle.
- L'Italie montre souvent l'exemple dans les domaines du design et de la mode.
- À Venise, durant la pleine saison touristique, les piétons ne peuvent emprunter les rues que dans un seul sens.
- Des tensions existent entre le nord et le sud du pays.

En bref :

C Rome
S 301 275 km²
P 58 700 000 hab.
M euro
L italien
R démocratie parlementaire

Masques vénitiens
À Venise, durant le célèbre carnaval, chacun est tenu de porter un masque.

Saint-Marin

C Saint-Marin
P 30 000 hab.
L italien

Le Vatican

C Vatican
P 1 000 hab.
L italien

Malte

C La Valette
P 410 000 hab.
L maltais, anglais

Monaco

C Monaco
P 32 000 hab.
L français

La France

- Paris est la ville la plus visitée d'Europe.
- On fabriquait déjà du vin en France en 600 av. J.-C.
- La consommation de médicaments par habitant est plus élevée en France que dans tout autre pays d'Europe.
- Les Français voyagent peu ; la plupart passent leurs vacances en France.
- 75 % de l'électricité produite en France est d'origine nucléaire.

En bref :

C Paris
S 551 600 km²
P 60 700 000 hab.
M euro
L français
R démocratie constitutionnelle

À la force du jarret
Le Tour de France est la course cycliste la plus célèbre du monde.

EUROPE CENTRALE

Historiquement, cette région était la moins stable du continent. Elle fut intégrée au bloc de l'Est après la Seconde Guerre mondiale. La Tchécoslovaquie, la Pologne et la Hongrie communistes entretenaient des liens étroits avec l'ex-URSS. En 1989, elles sortirent du système communiste et en 1993, la Tchécoslovaquie se divisa pour devenir la République tchèque et la Slovaquie.

Baie de Poméranie
POMÉRANIE
Oder
Warta
Poznan
Oder
ALLEMAGNE
SUDÈTES
SILÉSIE
Ohre
Elbe
PRAGUE
Plzen
RÉPUBLIQUE TCHÈQUE
L. Vitava
BOHÊME
Uhlava
Luznice
MORAVIE
Jihlava
Brno
AUTRICHE
BRATISLAVA
N
0
75
150km
0
50
100miles

RÉPUBLIQUE TCHÈQUE
P 10 300 000
L tchèque

CLIMAT
Continental avec des printemps pluvieux, des étés tardifs et des hivers rigoureux. La Pologne orientale peut être recouverte de neige pendant près de trois mois.

FÉDÉRATION DE RUSSIE
LITUANIE
BIELORUSSIE
UKRAINE
Gdansk
L. Mamry
L. Sniadrwy
L. Jeziorak
Bydgoszcz
Narew
POLOGNE
Bug
L. Wloclawek
PODLASIE
VARSOVIE
Krzna
Vistule
Lodz
Warta
Lublin
Sosnowiec
Vistule
San
Katowice
MALOPOLSKA
Wistok
Cracovie
WYZYNA
GALICIE
strava
MONTS BESKIDES
CARPATES
Váh
Torysa
SLOVAQUIE
Kosice
Banská Bystrica
Hron
Slaná
Danube
HONGRIE

Pologne
P 38 400 000
L polonais

Économie

Bois, charbon, soufre, fer, acier, cuivre, fruits. La bière à base d'orge est l'un des produits les plus connus de la République tchèque. L'exploitation minière et la métallurgie sont présents de longue date en Slovaquie. La Pologne est un important producteur de charbon.

Environnement

Après 1945, l'essor industriel a été très rapide. Aujourd'hui en Pologne, l'eau de 96 % des rivières est encore impropre à la consommation et la moitié des villes ne sont pas équipées de station d'épuration.

Slovaquie
P 5 400 000
L slovaque

ALLEMAGNE

Ce n'est qu'en 1871 que de nombreux petits États indépendants furent unifiés par la Prusse pour former l'Allemagne. En 1949, le pays fut divisé en deux États : l'Allemagne de l'Ouest démocratique (RFA), et l'Allemagne de l'Est communiste (RDA). Réunifiée en 1990, l'Allemagne est la première puissance économique européenne.

ÉCONOMIE Automobiles, chimie, électromécanique, ingénierie. Puissant pays industriel, premier producteur européen d'automobiles.

A
B
C
D
E
F
G
H
1
2
3
4
DANEMARK
MER BALTIQUE
MER DU NORD
Îles de la Frise-Sept.
Îles de la Frise-Orient.
Baie d Helgoland
Canal de Kiel
Kiel
Baie de Mecklembourg
Rügen
Rostock
Lübeck
Schwerin
Hambourg
L. Müritz
Oder
POLOGNE
Brême
SAXE
Elbe
PAYS-BAS
Ems
Canal Dortmund-Ems
Hanovre
Brunswick
BERLIN
Potsdam
Canal Mittelland
Magdeburg
Bielefeld
HARZ
Münster
Essen
Duisbourg
Dortmund
Weser

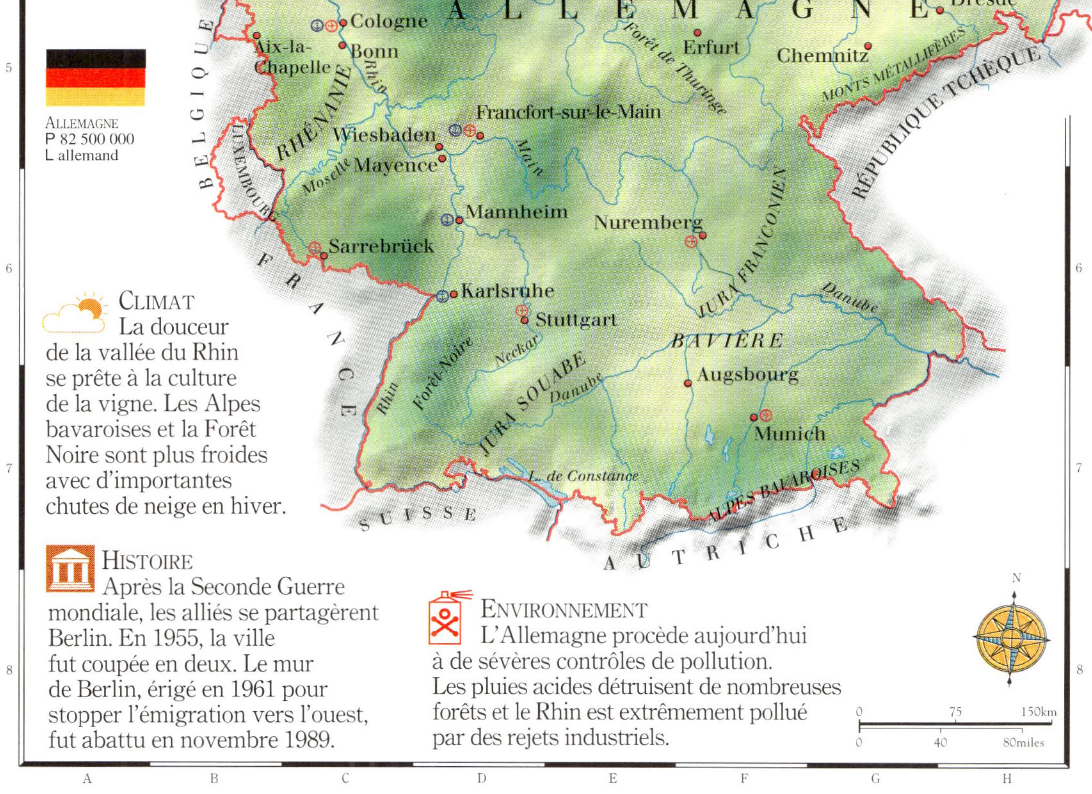
ALLEMAGNE
Dresde
Cologne
Aix-la-Chapelle
Bonn
Rhin
RHÉNANIE
Erfurt
Forêt de Thuringe
Chemnitz
MONTS MÉTALLIFÈRES
RÉPUBLIQUE TCHÈQUE
BELGIQUE
LUXEMBOURG
Francfort-sur-le-Main
Wiesbaden
Mayence
Moselle
Main
Mannheim
Nuremberg
JURA FRANCONIEN
Sarrebrück
FRANCE
Karlsruhe
Stuttgart
Danube
BAVIÈRE
Neckar
Forêt-Noire
JURA SOUABE
Augsbourg
Munich
L. de Constance
ALPES BAVAROISES
SUISSE
AUTRICHE
N
0 75 150km
0 40 80miles

ALLEMAGNE
P 82 500 000
L allemand

CLIMAT
La douceur de la vallée du Rhin se prête à la culture de la vigne. Les Alpes bavaroises et la Forêt Noire sont plus froides avec d'importantes chutes de neige en hiver.

HISTOIRE
Après la Seconde Guerre mondiale, les alliés se partagèrent Berlin. En 1955, la ville fut coupée en deux. Le mur de Berlin, érigé en 1961 pour stopper l'émigration vers l'ouest, fut abattu en novembre 1989.

ENVIRONNEMENT
L'Allemagne procède aujourd'hui à de sévères contrôles de pollution. Les pluies acides détruisent de nombreuses forêts et le Rhin est extrêmement pollué par des rejets industriels.

Suisse et Autriche

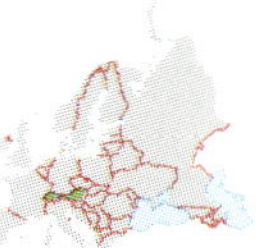

L'Autriche impériale des Habsbourg redevint indépendante en 1918. La Suisse, pays neutre depuis 1815, est le siège de nombreux organismes internationaux (Croix-Rouge). Le Liechtenstein est très lié à la Suisse, qui gère sa politique étrangère.

Liechtenstein
P 40 000
L allemand

Suisse
P 7 400 000
L allemand, français, italien

Communications
Le tunnel routier du Saint-Gothard, le plus long du monde, s'étire sous les Alpes suisses sur plus de 16 km.

CLIMAT
Déterminé par l'altitude. Les zones alpines sont les plus froides et les plus humides. Les Alpes du Sud sont moins froides et plus ensoleillées.

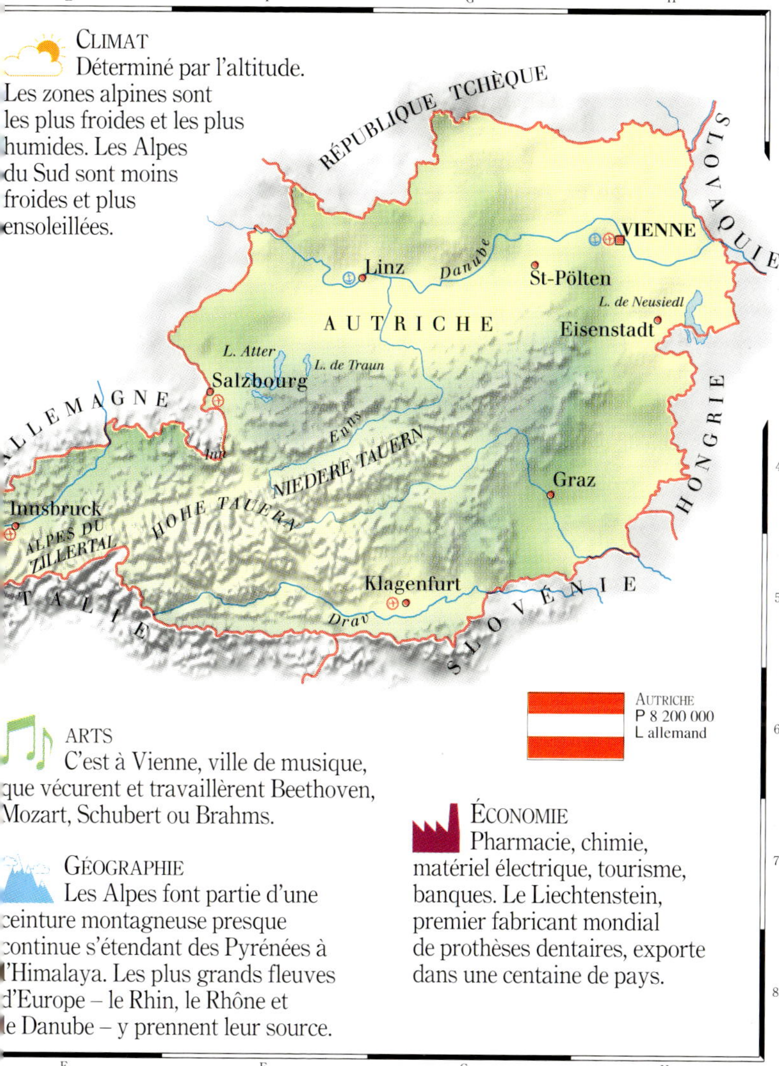
RÉPUBLIQUE TCHÈQUE
SLOVAQUIE
VIENNE
Linz
Danube
St-Pölten
L. de Neusiedl
AUTRICHE
Eisenstadt
L. Atter
L. de Traun
Salzbourg
LLEMAGNE
HONGRIE
Enns
Inn
NIEDERE TAUERN
HOHE TAUERN
Innsbruck
ALPES DU ZILLERTAL
Graz
Klagenfurt
Drav
SLOVÉNIE
TALIE

AUTRICHE
P 8 200 000
L allemand

ARTS
C'est à Vienne, ville de musique, que vécurent et travaillèrent Beethoven, Mozart, Schubert ou Brahms.

GÉOGRAPHIE
Les Alpes font partie d'une ceinture montagneuse presque continue s'étendant des Pyrénées à l'Himalaya. Les plus grands fleuves d'Europe – le Rhin, le Rhône et le Danube – y prennent leur source.

ÉCONOMIE
Pharmacie, chimie, matériel électrique, tourisme, banques. Le Liechtenstein, premier fabricant mondial de prothèses dentaires, exporte dans une centaine de pays.

L'Europe : le Centre

La Suisse

• Forêts, montagnes et glaciers recouvrent les trois quarts du territoire suisse.
• Les petits pots pour bébés et le lait concentré sont des inventions suisses.
• Les banques suisses attirent les investisseurs du monde entier.

En bref :

C Berne
S 41 290 km²
P 7 400 000 hab.
M franc suisse
L français, allemand, italien
R démocratie parlementaire

La qualité helvétique
Les montres suisses sont réputées pour leur solidité et leur précision.

L'Allemagne

• L'Oktoberfest, la célèbre fête de la bière, se déroule chaque année à Munich.
• Un morceau du mur de Berlin a été vendu 1 200 000 francs.
• En Allemagne, le réseau de voies navigables convoie autant de marchandises que le réseau routier.

En bref :

C Berlin
S 356 960 km²
P 82 500 000 hab.
M euro
L allemand
R démocratie parlementaire

Pot à bière allemand

L'Autriche

• En Autriche, six ans d'études sont au minimum nécessaires pour obtenir un diplôme universitaire.
• Le festival de musique de Salzbourg attire chaque année de nombreux touristes.

En bref :

C Vienne
S 83 860 km²
P 8 200 000 hab.
M euro
L allemand
R démocratie parlementaire

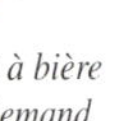

Valse viennoise
La célèbre valse *Le Beau Danube bleu* est l'œuvre du compositeur autrichien Johann Strauss.

La République tchèque

• La République tchèque était autrefois le royaume de Bohême.
• Prague est parfois appellée *zlata Praha* (Prague dorée) en référence aux clochers dorés de ses églises.
• La République tchèque est l'un des pays les plus pollués d'Europe.

En bref :

C Prague
S 78 865 km²
P 10 300 000 hab.
M couronne tchèque
L tchèque
R démocratie parlementaire

La Slovaquie

• La partition de la Tchécoslovaquie, en 1993, en République tchèque et en Slovaquie, a permis à celle-ci d'obtenir son indépendance pour la première fois de son histoire.

En bref :

C Bratislava
S 49 035 km²
P 5 400 000 hab.
M couronne slovaque
L slovaque
R parlementaire

Le Liechtenstein

C Vaduz
P 40 000 hab.
L allemand

La Pologne

• Les forêts de l'est de la Pologne abritent les dernières hardes de bisons d'Europe.
• La frontière polonaise jouxte celles de sept pays différents.
• De nombreuses femmes polonaises occupent des postes à responsabilité dans les secteurs politique et économique.

En bref :

C Varsovie
S 312 680 km²
P 38 400 000 hab.
M zloty
L polonais
R démocratie parlementaire

Prague
Déjà florissante au Moyen Âge, Prague, capitale de la République tchèque, est une destination trés prisée des touristes. La ville, parfois appelée “cité aux cent clochers” à cause de ses très nombreuses églises, se déploie sur les deux rives de la rivière Vltava.

Ouest des Balkans

Pendant des siècles, cette région a eu des liens étroits avec l'Europe. Au début des années 1990, la Slovénie, la Croatie et la Bosnie-Herzégovine déclarèrent leur indépendance de la Yougoslavie à laquelle elles avaient été annexées après la Grande Guerre. Dans cette région se côtoient les Alpes, la mer Adriatique au sud et la plaine fertile de Hongrie.

AUTRICHE
Zala
Maribor
Cakove
ITALIE
LJUBLJANA
Sava
SLOVENIE
ZAGREB
CROATI
Kupa
Prijedor
C. Kamenjak
Cres
Una
Pag
MER ADRIATIQUE
Zadar
DALMATIE
ALPES D
Split
C.Ploâa
Brac
Hvar

Slovénie
P 2 000 000
L slovène

Croatie
P 4 500 000
L croate

Climat

Le climat de cette région est aussi varié que sa géographie. Continental avec des étés chauds et des hivers rigoureux à l'intérieur des terres. Les régions côtières bénéficient d'un climat méditerranéen.

N

0 75 150km
0 50 100miles

SLOVAQUIE
UKRAINE
Miskolc
Tisza
Danube
BUDAPEST
Debrecen
HONGRIE
GRANDE PLAINE HONGROISE
Berettyóújfalu
L. Balaton
Danube
Sárviz
Körös
Kaposvar
Tisza
ROUMANIE
Pecs
Osijek
Danube
Vrbas
Bosna
anja Luka
Tuzla
Zenica
BOSNIE - HERZEGOVINE
SARAJEVO
Mostar
YOUGOSLAVIE
Dubrovnik
HONGRIE
P 10 100 000
L hongrois (magyar)
BOSNIE-HERZÉGOVINE
P 3 500 000
L serbo-croate basniaque

ÉCONOMIE
Mercure, bois, tourisme, paprika. Les Hongrois sont connus dans le domaine des sciences et techniques. Dans les autres pays, l'économie est très perturbée par les années de conflits, mais les touristes affluent vers les lacs et les côtes croates.

POPULATION
Historiquement, cette région fut le carrefour de nombreux empires qui chacun influencèrent la langue, la religion et les coutumes. Bien que cela ait créé des problèmes, les Slovènes, les Croates et les Musulmans ont conservé leurs traditions.

Roumanie et Bulgarie

Cette région est souvent appelée “Balkans” (du mot turc qui signifie “montagnes”). Les pays qui la constituent ont une longue histoire d’invasion et d’occupation. Depuis sa source dans les Alpes, le Danube s’écoule vers l’est à travers la Roumanie et la Bulgarie avant de se jeter dans la mer Noire.

A
B
C
D
E
F
G
H
1
2
3
4
Roumanie
P 23 300 000
L roumain
Serbie-
Monténégro
P 11 000 000
L serbe
UKRAINE
MOLDAVIE
HONGRIE
CROATIE
ROUMANIE
CARPATES
CARPATES
ALPES DE TRANSYLVANIE
Satu Mare
Baia Mare
Botosani
Suceava
Iasi
Cluj-Napoca
Tîrgu Mures
Arad
Piatra-Neamt
Bacau
Sibiu
Brasov
Focsani
Galati
Braila
Buzau
Ploiesti
Rîmnicu
Vîlcea
Tîrgoviste
Pitesti
BUCAREST
Drobeta-
Turnu-Severin
Craiova
Resita
Zrenjanin
Novi Sad
Pancevo
BELGRADE
Smederevo
Kraljevo
Serbie
Constanta
Delta du
Danube
L. Razim
L. Sinoe
Danube
Danube
Danube
Sava
Somes
Mures
Timis
Bistrita
Siret
Prut
Buzau
Ialomita
Arges
Jiu
Olt

BOS
Kosovska Mitrovica
Leskovac
Nis
KOPAONIK
MONTS BALKANS
Iskûr
Pleven
Ruse
Shumen
Dobrich
Varna
Montenegro
Pec
Pristina
SOFIA
BULGARIE
MONTS BALKANS
Sliven
Burgas
MER NOIRE
MER ADRIATIQUE
Podgorica
ALPES DU NORD
Prizren
Stara Zagora
Tundzha
Drin
ALBANIE
Tetovo
Kumanovo
SKOPJE
MONTS RHODOPE
Maritsa
Plovdiv
Drin Gulf
Bregalnica
Struma
TURQUIE
Gostivar
TIRANA
MACEDOINE
L. Ohrid
ALBANIE
Bitola
Vardar
L. Prespa
Vlorë
Vjosë
GRECE
Albanie
P 3 500 000
L albanais
Macédoine
P 2 200 000
L macédonien, albanais
Bulgarie
P 9 000 000
L bulgare
N
0
125
250km
0
75
150miles
A
B
C
D
E
F
G
H
5
6
7
8

Climat

Des vents chauds ou froids en provenance de Russie peuvent créer des températures extrêmes en Roumanie et en Bulgarie. Les sommets sont recouverts de neige jusqu'au milieu de l'été. La Serbie-Monténégro et la Macédoine ont des étés chauds.

Économie

Charbon, vins, tabac, minerai de fer, tourisme. La Roumanie tente de développer le tourisme sur la mer Noire. En Bulgarie, dans les avant-monts des Balkans, est produite la plus grande partie de l'essence de rose du monde.

Histoire

Durant la dernière décennie, les pays de cette région se sont détachés du bloc communiste de l'ex-URSS. Cela a conduit à l'éclatement de l'ex-Yougoslavie en 1991. Lorsque les États de Serbie et du Monténégro se sont réunis pour former l'union Serbie-Monténégro, une guerre éclata qui dura de 1991 à 1995.

Grèce

Bordée par les mers Égée et Ionienne et la mer de Crète, aucun endroit en Grèce n'est éloigné de plus de 137 km de la côte. Son territoire comprend le sud de la péninsule balkanique et plus de 1 400 îles. Le pays est montagneux et moins d'un tiers des terres est cultivé. La Grèce est devenue indépendante en 1832 après une longue guerre meurtrière mettant fin à 400 ans de domination turque.

Climat

Alpin au nord-ouest et subtropical dans certaines parties de la Crète. Les îles et la vaste plaine du centre de la Grèce continentale ont un climat méditerranéen, avec des étés très chauds et des hivers doux.

Grèce
P 11 100 000
L grec

Environnement

Le *nefos*, brouillard polluant ("smog") athénien, détériore les monuments antiques. Ces vingt dernières années, le Parthénon, sur l'Acropole, a davantage souffert de l'érosion qu'en 2 000 ans.

Histoire

Considérés comme les fondateurs de la démocratie, les Grecs anciens étaient en avance sur leur temps. Ils furent les premie à étudier la médecine, la géométrie et la physique. La Grèce fut la patr de grands philosophes, Platon, Aristote et Socrate.

BULGARIE
THRACE
TURQUIE
Vardar
Thasos
Thessalonique
Samothrace
Golfe de Thessalonique
Pinios
Lemnos
Larisa
MER ÉGÉE
Sporades
Skiros
Lesbos
Eubée
Chio
Golfe de Corinthe
ATHÈNES
Andros
Le Pirée
Samos
Kea
Kithnos
Cyclades
Dodécanèse
Serifos
Paros
Naxos
Sifnos
Kos
Ios
Milos
Rhodes
Golfe de Laconie
Thira
Cythère
Rhodes
MER DE CRÈTE
Karpathos
N
Iraklion
Crète
MER MÉDITERRANÉE
0
100
200km
0
50
100miles
E
F
G
H
1
2
3
4
5
6
7
8

ÉCONOMIE Tourisme, pêche, olives, agrumes, raisins secs, vins. Les olives et l'huile d'olive sont les principaux produits d'exportation. La Grèce possède la plus grande flotte marchande du monde.

COMMUNICATIONS Bateaux, ferries et hydrofoils sont utilisés pour circuler entre les îles et le continent. La Grèce possède 444 ports ; 123 d'entre eux ont un intense trafic de passagers et marchandise. Le Pirée est le plus important.

L'Europe : le Sud-Est

La Croatie

• La Croatie n'a retrouvé l'intégralité de son territoire qu'en 1995.

• Avant la guerre civile yougoslave, la frange côtière croate était une destination touristique très prisée.

En bref :

C Zagreb

S 56 540 km^2

P 4 500 000 hab.

M kuna

L croate

R parlementaire

Serbie et Monténégro

• Le site où s'élève Belgrade est occupé par l'homme depuis 7 000 ans.

En bref :

C Belgrade

S 102 170 km^2

P 11 000 000 hab.

M dinar yougoslave

L serbo-croate

Chiens croates

Le dalmatien doit son nom à sa terre d'origine, la Dalmatie, région montagneuse côtière de la Croatie.

La Slovénie

• De tous les pays qui constituaient l'ancienne Yougoslavie, c'est en Slovénie que le salaire moyen est le plus élevé.

En bref :

C Ljubljana

S 20 250 km^2

P 2 000 000 hab.

M tolar

L slovène

La Slovénie est l'un des premiers producteurs mondiaux de mercure.

La Bosnie-Herzégovine

• En 1995, au sortir de la guerre civile yougoslave, la Bosnie comptait 2 000 000 de sans-abri.

En bref :

C Sarajevo

S 51 130 km^2

P 3 800 000 hab.

M dinar bosniaque

L serbo-croate

L'Albanie

• L'Albanie est une république parlementaire.

• L'Albanie a connu un des régimes communistes les plus durs pendant quarante ans.

En bref :

C Tirana

S 28 745 km^2

P 3 500 000 hab.

M nouveau lek

L albanais

La Roumanie

• La Roumanie est le pays européen le plus touché par la tuberculose.
• Le delta du Danube sera bientôt aménagé en réserve naturelle pour la faune et la flore.

En bref :

C Bucarest
S 237 500 km^2
P 22 800 000 hab.
M leu
L roumain

La Bulgarie

• En Bulgarie, la satire et l'humour sont célébrés par un musée national.
• À l'inverse des autres Européens, les Bulgares secouent la tête verticalement pour dire non et latéralement pour dire oui.
• À l'inverse des autres Européens, les Bulgares secouent la tête verticalement pour dire non et latéralement pour dire oui.

En bref :

C Sofia
S 110 990 km^2
P 9 000 000 hab.
M lev
L bulgare
R démocratie parlementaire

La Grèce

• Les habitants des îles grecques utilisent les toits-terrasses de leurs maisons pour le séchage des fruits en été et la collecte de l'eau de pluie en hiver.
• La Grèce a refusé l'entrée de la Turquie dans l'union douanière européenne.

En bref :

C Athènes
S 131 955 km
P 11 100 000 hab.
M euro
L grec
R démocratie parlementaire

La Macédoine

• Le lac d'Ohrid, situé dans le sud-ouest du pays, est le plus profond d'Europe.

En bref :

C Skopje
S 25 710 km^2
P 2 200 000 hab.
M denar
L macédonien

La Hongrie

• Le hongrois n'est pas apparenté aux autres langues européennes, hormis le finnois.
• Budapest est formée par la réunion de Buda et Pest, bourgs situés de part et d'autre du Danube.
• Le vin de Hongrie appelé Tokay est souvent considéré comme un des meilleurs du monde.

En bref :

C Budapest
S 93 030 km^2
P 10 100 000 hab.
M forint
L hongrois
R dém. parlementaire

La musique grecque

Le son du bouzouki est souvent la base de la musique folklorique grecque.

ÉTATS BALTES ET BIÉLORUSSIE

Les trois États baltes – Lituanie, Estonie et Lettonie – furent les premières républiques à déclarer leur indépendance par rapport à l'Union soviétique en 1990-1991. La réforme économique est lente et des problèmes, comme la pénurie alimentaire, subsistent encore. Minsk, capitale de la Biélorussie, abrite le siège de la CEI, Communauté des États indépendants qui regroupe 15 anciennes républiques soviétiques.

POPULATION
Russes, Biélorusses et Ukrainiens s'installèrent en Lettonie quand elle était fédérée à l'URSS. Aujourd'hui, les Lettons ne représentent plus que la moitié de la population.

LITUANIE
P 3 700 000
L lituanien

Golfe de Finlande
TALLINN
ESTONIE
Narva
Hiiumaa
Saaremaa
Pärnu
L. Peïpous
L. Võrts
Tartou
Golfe de Riga
MER BALTIQUE
FÉDÉRATIO
Venta
RIGA
Dvina
LETTONIE
Liepaïa

ESTONIE
P 1 600 000
L estonien

LETTONIE
P 2 500 000
L lettonien

BIÉLORUSSIE
P 10 100 000
L biélorusse

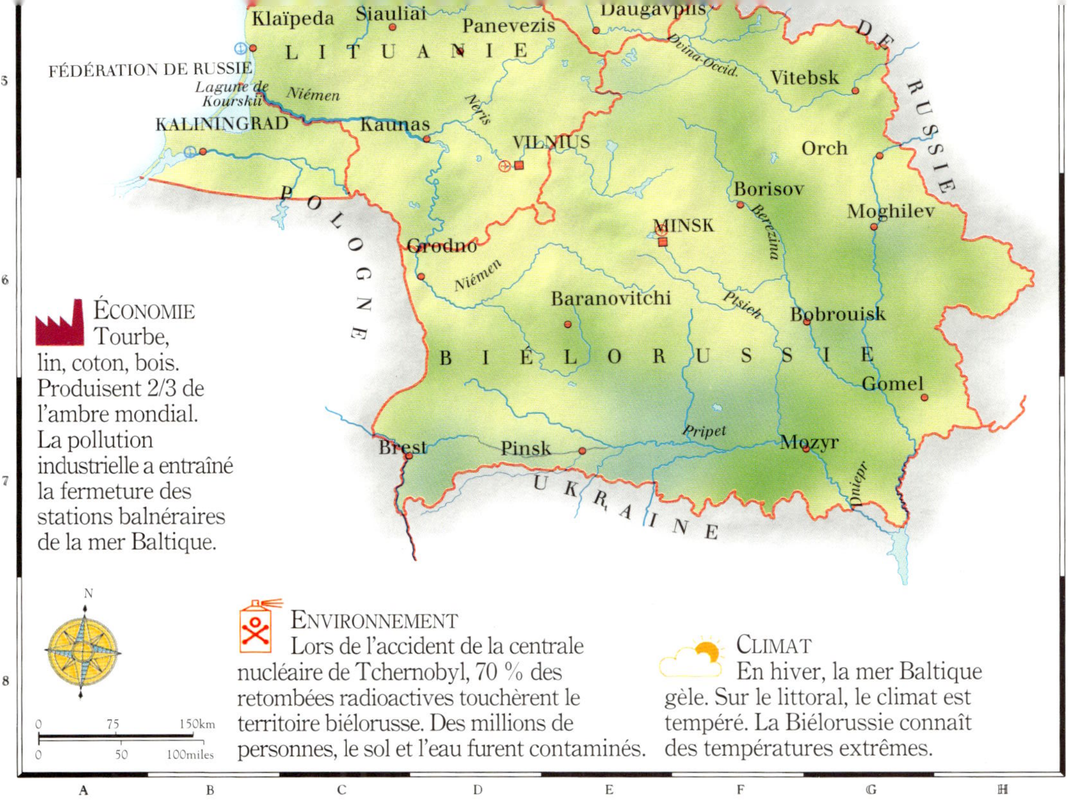
FÉDÉRATION DE RUSSIE
Klaïpeda
Siauliai
Panevezis
Daugavpils
LITUANIE
Lagune de Kourskiï
Niémen
KALININGRAD
Kaunas
Neris
VILNIUS
Dvina-Occid.
Vitebsk
DE RUSSIE
Orch
Borisov
Moghilev
MINSK
Berezina
Grodno
Niémen
POLOGNE
Baranovitchi
Ptsich
Bobrouisk
BIÉLORUSSIE
Gomel
Pripet
Brest
Pinsk
Mozyr
Dniepr
UKRAINE
N
0 75 150km
0 50 100miles
A B C D E F G H
5 6 7 8

Économie

Tourbe, lin, coton, bois. Produisent 2/3 de l'ambre mondial. La pollution industrielle a entraîné la fermeture des stations balnéaires de la mer Baltique.

Environnement

Lors de l'accident de la centrale nucléaire de Tchernobyl, 70 % des retombées radioactives touchèrent le territoire biélorusse. Des millions de personnes, le sol et l'eau furent contaminés.

Climat

En hiver, la mer Baltique gèle. Sur le littoral, le climat est tempéré. La Biélorussie connaît des températures extrêmes.

RUSSIE EUROPÉENNE

La Fédération de Russie relie les continents européen et asiatique. En 1917, le premier gouvernement communiste prend le pouvoir et, en 1922, naît l'URSS, intégrant les territoires de l'Empire russe. Les réformes économiques des années 1980 entraînèrent des changements qui aboutirent à la chute du communisme en 1991.

ÉCONOMIE
Pétrole, gaz, or, diamants, métaux précieux.
La Russie possède d'importantes réserves de fer, de charbon et de nickel. De gigantesques usines sont à l'origine de graves problèmes de pollution.

FINLANDE
Mourmansk
L. Imandra
MER DE BARENTS
L. Pia
PÉNINSULE DE KOLA
L. Top
MER BLANCHE
Î. Kolgouiev
Nouvelle-Zemble
MER DE KARA
Détroit de Kara
Î. Vaïgatch
L. Seg
L. Ladoga
Arkhangelsk
Petchora
Vorkhouta
L. Onega
Oneg
Ousa
OURAL
ESTONIE
LETTONIE
St-Pétersbourg

BIÉLORUS
UKRAINE
DE RUSSIE
MONTS
KAZAKHSTAN
MER NOIRE
CAUCASE
GÉORGIE
AZERBAIDJAN
MER CASPIENNE
Mer d'Azov
MOSCOU
Iaroslavl
Rybinsk
Dniepr
Vellouga
Kama
Rés. de la Kama
Volga
Nijni Novgorod
Toula
Riazan
Perm
Kazan
Ijevsk
Vyatka
Naberejnie Tchelny
Voronej
Penza
Simbirsk
Togliatt
Samara
Oufa
Saratov
Don
Orenbourg
Rostov-sur-le-Don
Volgograd
Rés. de Tsimliansk
Krasnodar
Kouban
Astrakhan
Kuma
Russie
P 150 000 000
L russe
0 300 600km
0 150 300miles
A B C D E F G H
5 6 7 8

Histoire
La Russie tient son nom des vikings *Varangian Russes*, venus de Scandinavie, qui créèrent en 882 la capitale de l'état russe naissant : Kiev.

Climat
Le climat continental froid subit l'influence arctique et atlantique. Pendant six mois, la neige recouvre plus de la moitié du pays.

Arts
Le musée de l'Ermitage à Saint-Pétersbourg possède 2,5 millions d'objets et peintures répartis dans 1 050 salles. Parmi ses bâtiments, le Palais d'hiver, fut pris d'assaut lors de la révolution de 1917.

Communications
Le Transsibérien, dont la construction démarra en 1881 et s'acheva an 1916, est la voie ferrée la plus longue du monde. Il faut sept jours pour accomplir les 9 300 km séparant Moscou de Vladivostok.

UKRAINE ET CAUCASE

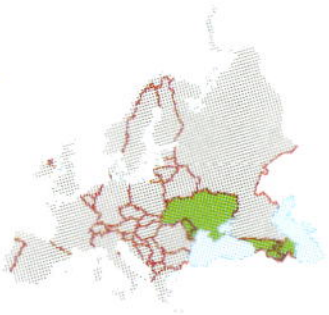

Séparées de la Fédération de Russie par la chaîne du Caucase, les républiques du Caucase récemment indépendantes – Arménie, Azerbaïdjan et Géorgie – possèdent d'importantes ressources naturelles. L'Ukraine, le plus vaste pays d'Europe, jouit d'une immense plaine au sol fertile.

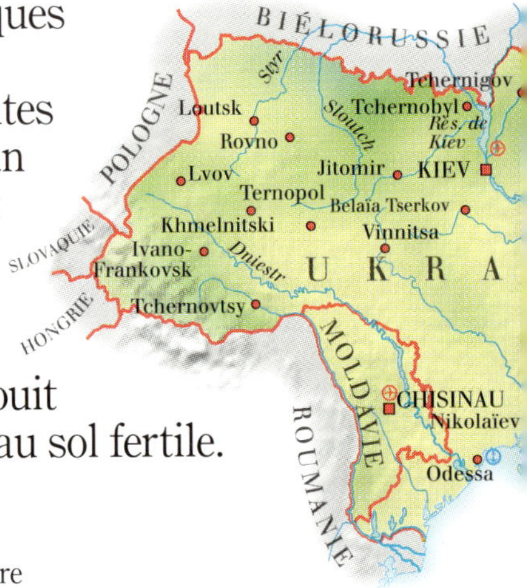

ENVIRONNEMENT

Depuis la catastrophe nucléaire de Tchernobyl de 1986, 4 millions d'Ukrainiens vivent dans des zones contaminées. L'explosion de cette centrale nucléaire a fait des centaines de milliers de victimes et continuent d'en faire.

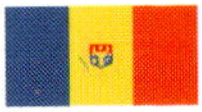

MOLDAVIE
P 4 400 000
L roumain

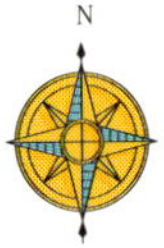

CLIMAT

L'Ukraine et la Moldavie ont un climat continental aux saisons marquées. L'Arménie, l'Azerbaïdjan et la Géorgie sont protégés du front froid venant du nord par le Caucase.

ÉCONOMIE

Charbon, fer, automobile, vin, agrumes, coton, minéraux. L'Ukraine, qui pratiquait la culture intensive, était le grenier de l'Union soviétique. Ses ressources en pétrole ne sont pas encore exploitées

FÉDÉRATION DE RUSSIE
oumy
Kharkov
. de
mentchoug
Donets
N E
Kramatorsk
iepropetrovsk
DONBASS
Lougansk
Horlivka
oï-Rog
Donetsk
Makeievka
niepr
Zaporojie
Rés. Kakhovka
Marioupol
son
MER D'AZOV
Détr. de
Kertch
IMÉE
Simferopol
ébastopol
MER NOIRE
FÉDÉRATION DE RUSSIE
CAUCASE
GÉORGIE
Koutaïss
TBILISSI
Rés. de
Minguetchaou
AZERBAÏDJAN
BAKOU
Koura
Gumri
Vanadzor
Gandja
ARMÉNIE
TURQUIE
EREVAN
IRAN
MER CASPIENNE

UKRAINE
P 51 000 000
L ukrainien

POPULATION

Les quelque 40 langues et 150 dialectes des républiques du Caucase restent un mystère quant à leur origine et à leur filiation.

GÉOGRAPHIE

La chaîne du Caucase, qui s'étire sur 1 200 km, forme une frontière naturelle entre l'Europe et l'Asie et sépare les zones climatiques tempérées des zones chaudes.

FLORE ET FAUNE

L'esturgeon russe peut atteindre 7 m de long, mais il se raréfie à cause de la pollution de l'eau. Ses œufs – le caviar – sont très recherchés.

GÉORGIE
P 5 500 000
L géorgien

AZERBAÏDJAN
P 8 400 000
L turc, russe

HISTOIRE

La position
ratégique de la péninsule
: Crimée lui a valu une
stoire mouvementée :
lonisée par les Grecs
squ'en 100 av. J.-C.,
rque à partir de 1475,
sse en 1783 ; guerre
: Crimée en 1853-56.

ARMÉNIE
P 3 700 000
L arménien

L'Europe : le Nord-Est

La Russie occidentale

• De nombreux Russes captent les chaînes de télévision occidentales grâce aux satellites.

• Les hôpitaux manquent cruellement de moyens ; il est courant que la nourriture des malades soit apportée par leurs familles.

En bref : voir Fédération de Russie p. 329

L'ÉGLISE BASILE-LE-BIENHEUREUX
Cet édifice du XVIe siècle coiffé de neuf coupoles multicolores est situé non loin du Kremlin.

La Lettonie

• Le drapeau national de la Lettonie symbolise une étoffe tachée du sang d'un héros letton du XIIIe siècle.

• La Lettonie est le plus urbanisé des trois pays baltes.

En bref :

C Riga

S 64 590 km^2

P 2 500 000 hab.

M lats

L letton

L'Estonie

• En Estonie, le niveau de vie est plus élevé que dans les autres pays de l'ancienne Union soviétique.

En bref :

C Tallinn

S 45 215 km^2

P 1 600 000 hab.

M couronne estonienne

L estonien

La Lituanie

• La plus grande partie de l'ambre produit par les pays baltes provient de la côte lituanienne.

En bref :

C Vilnius

S 65 200 km^2

P 3 800 000 hab.

M litas

L lituanien

La Biélorussie

• Les maladies cancéreuses sont plus nombreuses en Biélorussie depuis la catastrophe de Tchernobyl.

En bref :

C Minsk

S 207 600 km^2

P 10 100 000 hab.

M rouble biélorusse

L biélorusse

La Géorgie

- 80 % des Géorgiens vivent dans la pauvreté.
- Selon la mythologie grecque, c'est dans l'ouest de la Géorgie que fut dérobée la légendaire Toison d'or.

En bref :

C Tbilissi
S 69 700 km^2
P 5 500 000 hab.
M coupon
L géorgien

L'Arménie

- L'Arménie a été le premier pays du monde à adopter le christianisme comme religion d'État, et ce dès le IVe siècle.
- On estime à près de 7 millions le nombre d'Arméniens expatriés.

En bref :

C Erevan
S 29 800 km^2
P 3 500 000 hab.
M dram
L arménien

L'Azerbaïdjan

- L'Azerbaïdjan a été la première des républiques socialistes soviétiques à décréter son indépendance, en 1991.
- Il y a sept fois plus de cancers en Azerbaïdjan qu'ailleurs dans le monde.

En bref :

C Bakou
S 86 600 km^2
P 8 400 000 hab.
M rouble
L azéri

L'Ukraine

- Les relations russo-ukrainiennes sont un sujet de division parmi les Ukrainiens.
- Ukraine signifie "frontière".
- La presqu'île de Crimée conteste son appartenance à l'Ukraine et revendique son indépendance.

En bref :

C Kiev
S 603 700 km^2
P 51 000 000 hab.
M grivna
L ukrainien
R régime présidentiel

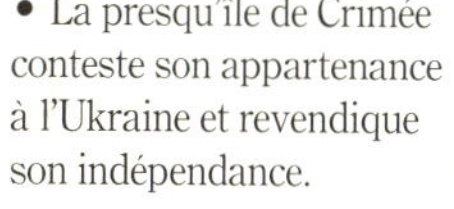

Crème aigre

Bortsch

Pirojki (gâteaux)

Le bortsch
La fameuse soupe russe à la betterave et au chou est originaire d'Ukraine.

La Moldavie

- Les producteurs de vins moldaves entreposent leurs bouteilles dans de longues caves voûtées creusées à même la roche.
- Avant d'être incorporée à l'URSS en 1940, la Moldavie était un territoire roumain.

En bref :

C Chisinau
S 33 700 km^2
P 4 400 000 hab.
M leu
L moldave

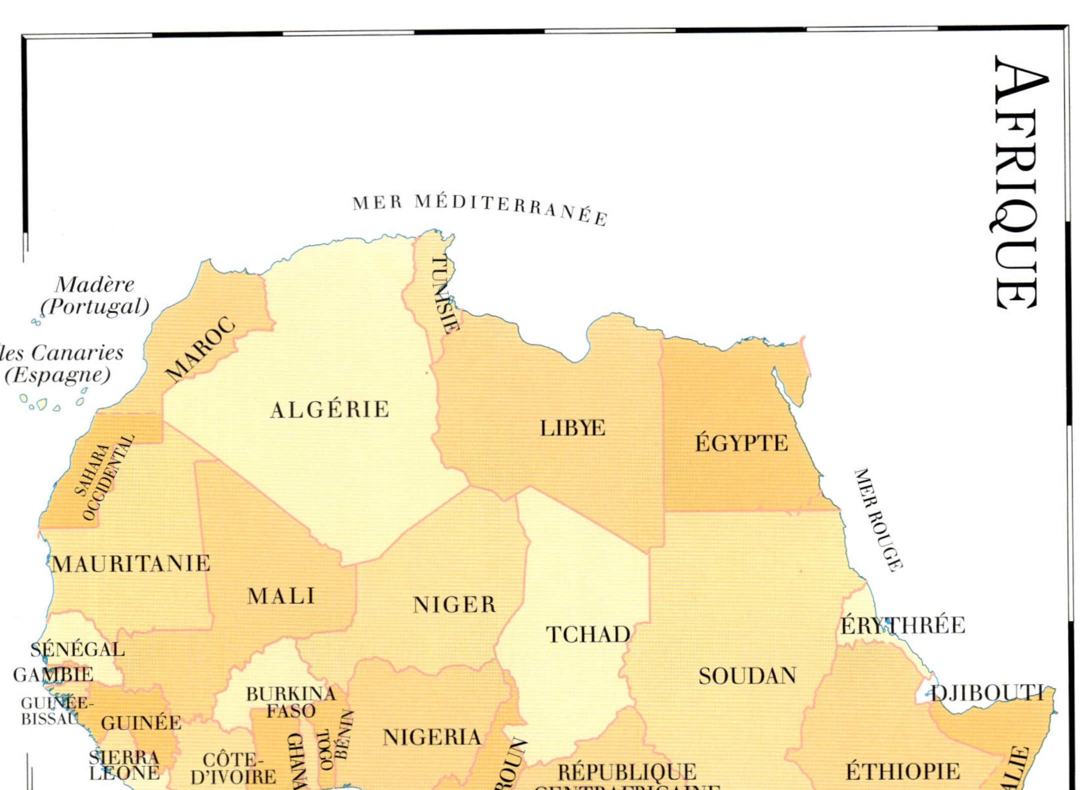
AFRIQUE
MER MÉDITERRANÉE
MER ROUGE
Madère (Portugal)
Îles Canaries (Espagne)
MAROC
ALGÉRIE
TUNISIE
LIBYE
ÉGYPTE
SAHARA OCCIDENTAL
MAURITANIE
MALI
NIGER
TCHAD
SOUDAN
ÉRYTHRÉE
DJIBOUTI
ÉTHIOPIE
SÉNÉGAL
GAMBIE
GUINÉE-BISSAU
GUINÉE
SIERRA LEONE
CÔTE-D'IVOIRE
BURKINA FASO
GHANA
TOGO
BÉNIN
NIGERIA
RÉPUBLIQUE

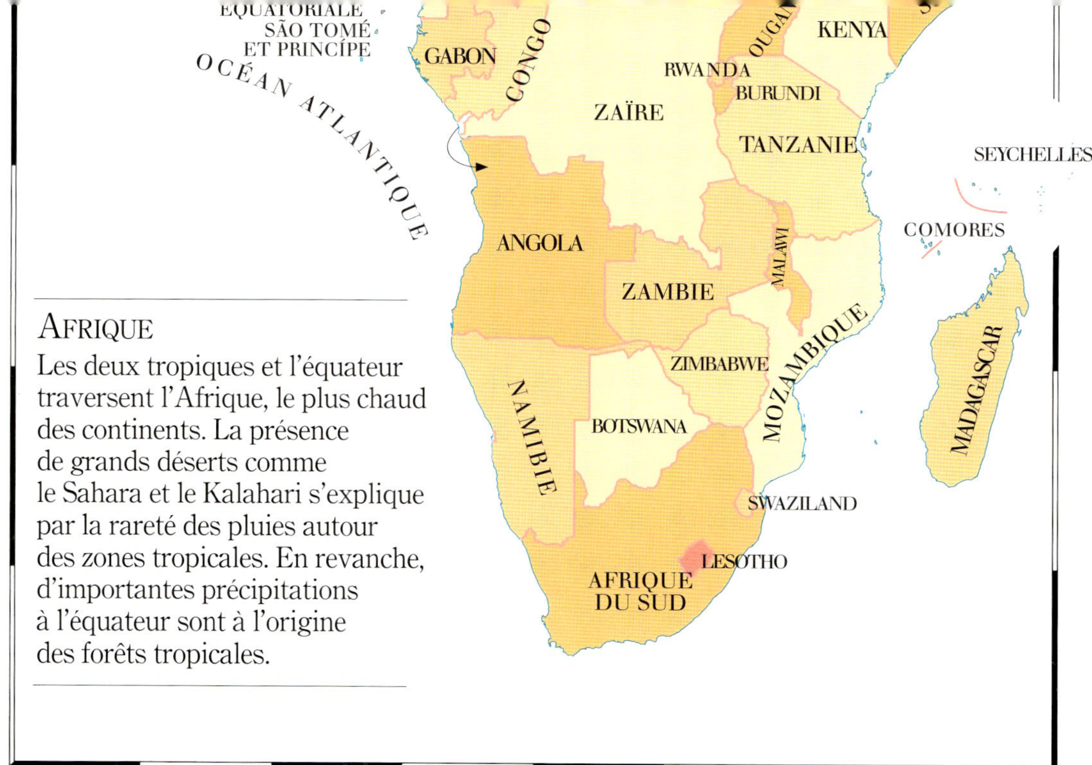
ÉQUATORIALE
SÃO TOMÉ ET PRINCIPE
OCÉAN ATLANTIQUE
GABON
CONGO
ZAÏRE
RWANDA
BURUNDI
KENYA
TANZANIE
SEYCHELLES
COMORES
ANGOLA
ZAMBIE
MALAWI
MOZAMBIQUE
MADAGASCAR
ZIMBABWE
BOTSWANA
NAMIBIE
SWAZILAND
LESOTHO
AFRIQUE DU SUD

Afrique

Les deux tropiques et l'équateur traversent l'Afrique, le plus chaud des continents. La présence de grands déserts comme le Sahara et le Kalahari s'explique par la rareté des pluies autour des zones tropicales. En revanche, d'importantes précipitations à l'équateur sont à l'origine des forêts tropicales.

Afrique occidentale

En 1914, la Grande-Bretagne, la France et le Portugal se partageaient la plupart des pays d'Afrique. Malgré l'indépendance, des compagnies étrangères sont encore propriétaires de nombreuses plantations de café et de cacao.

SAHARA OCCIDENTAL
C. Blanc
C. Timiris
MAURITANIE
NOUAKCHOTT
L. Rkiz
Sénégal
SÉNÉGAL
DAKAR
BANJUL
GAMBIE
BAMAKO
BISSAU
GUINÉE-BISSAU
Archipel des Bissagos
GUINÉE
Niger
CONAKRY
MONTS DU TOURA
OCÉAN ATLANTIQUE
FREETOWN
SIERRA LEONE
L. de Kossou
MONROVIA
YAMOUSSOUKR
LIBERIA
Cavally
Côte

Gambie
P 1 600 000
L anglais

Économie

Bauxite, pétrole, gypse, cacao, phosphates, arachides, pêche. Fournit la moitié de la production mondiale de cacao. La Mauritanie possède les plus grands gisements de gypse du monde.

Climat

Les zones côtières ont un climat tropical avec des températures élevées et une ou deux saisons des pluies. L'harmattan, vent sec et chaud, souffle sur le Sahel.

Guinée
P 9 500 000
L français

Guinée-Bissau
P 1 600 000
L portugais

Sierra Leone
P 5 500 000
L anglais

E
F
G
H
1
2
3
4
5
6
7
8
SÉNÉGAL
P 11 700 000
L français
MAURITANIE
P 3 100 000
L français, arabe
MALI
P 13 500 000
L français
BURKINA FASO
P 13 900 000
L français
NIGER
P 14 000 000
L français
NIGERIA
P 131 000 000
L anglais
BÉNIN
P 8 400 000
L français
TOGO
P 6 100 000
L français, kabré, éwé
LIBERIA
P 3 300 000
L anglais
CÔTE D'IVOIRE
P 18 200 000
L français
GHANA
P 22 000 000
L anglais
ALGÉRIE
LIBYE
PLATEAU DE MANGUENI
TÉNÉRÉ
TCHAD
SAHARA
TALAK
AÏR
MALI
Tombouctou
L. Faguibine
L. Niangay
Niger
NIGER
SAHEL
L. Tchad
BURKINA FASO
NIAMEY
OUAGADOUGOU
Bobo-Dioulasso
Sokoto
Kano
NIGERIA
BÉNIN
TOGO
GHANA
Volta Noire
Volta Blanche
Ouémé
PLATEAU DE JOS
Niger
ABUJA
Ilorin
Ogbomosho
Oshogbo
Abeokuta
Ibadan
Bénoué
L. Volta
Kumasi
LOMÉ
Lagos
Onitsha
ACCRA
PORTO-NOVO
CAMEROUN
Abidjan
Golfe de Bénin
Delta du Niger
Port Harcourt
N
0
250
500km
150
300miles
E
F
G
H

AFRIQUE DU NORD-OUEST

Le Sahara, le plus grand désert du monde (9 000 000 km²), s'étend de l'océan Atlantique à la mer Rouge. Sécheresse et surexploitation agricole ont entraîné la désertification croissante du Sahel (terres semi-arides). L'Algérie a été une colonie française, avant d'obtenir son indépendance, au prix de violents affrontements.

Détroit de Gibraltar
Ceuta (Espagne)
Tanger
RABAT
Casablanca
Fès
MAROC
Marrakech
Agadir
HAUT ATLAS
EL-AIUN
OCÉAN ATLANTIQUE
Dakhla
SAHARA-OCCID.
MAURITANIE

Occupation du Sahara-Occidental par le Maroc depuis 1979

ÉCONOMIE

Pétrole, gaz, phosphates, olives, dates, fruits. Le Maroc et la Tunisie attirent des millions de touristes chaque année et sont de grands producteurs de phosphates. L'Algérie et la Libye ont du pétrole et du gaz.

MAROC
P 30 700 000
L arabe

CLIMAT

Tempéré sur le littoral avec des étés secs et chauds et des hivers humides. Les zones montagneuses sont plus fraîches. De nombreuses régions sont touchées par les vents du Sahara, comme le sirocco.

GÉOGRAPHIE

Le massif de l'Atlas s'étire sur plus de 2 410 km de l'Atlantique à la Tunisie. Comme les Alpes, l'Atlas se forma quand les plaques continentales de l'Europe et de l'Afrique entrèrent en collision

E
F
G
H
1
2
3
4
5
6
7
8
TUNISIE
P 10 000 000
L arabe
MER MÉDITERRANÉE
ALGER
Annaba
TUNIS
Oran
Sétif
Constantine
Sidi-Bel-Abbes
Oujda
Chott-Melrhir
Chott- el-Djerid
TUNISIE
Sfax
Î. de Djerba
TRIPOLI
Benghazi
Golfe de Syrte
Marsa-el-Brega
Ouargla
GRAND ERG OCCIDENTAL
GRAND ERG ORIENTAL
TRIPOLITAINE
CYRÉNAÏQUE
ÉGYPTE
ALGÉRIE
LIBYE
Sebha
Grand projet d irrigation
TASSILI N'AJJER
FEZZAN
Ghát
SAHARA
HOGGAR
Tamanrasset
Bande d Aouzou
TCHAD
SOUDAN
NIGER
ALGÉRIE
P 32 800 000
L arabe
LIBYE
P 5 800 000
L arabe
N
0
300
600km
0
150
300miles

POPULATION

Les Berbères semblent avoir été les premiers habitants de la région. Les invasions arabes au VIIe siècle les chassèrent des littoraux fertiles. Les tribus berbères ont conservé leur culture.

FLORE ET FAUNE

Le dromadaire est particulièrement adapté à la vie dans le désert. Capable de transporter de lourdes charges sur de longs trajets, il produit le lait, la viande, la laine, et ses excréments, une fois séchés, sont utilisés comme combustible.

L'Afrique de l'Ouest

La Côte-d'Ivoire

- La basilique chrétienne de Yamoussoukro est le deuxième plus grand édifice religieux du monde.
- La Côte-d'Ivoire abrite 66 tribus ouest-africaines distinctes.
- La plupart des Ivoiriens vivent sur la frange côtière du pays.
- La Côte-d'Ivoire est le premier producteur de cacao du monde.

En bref :

C Yamoussoukro
S 322 460 km²
P 18 200 000 hab.
M franc CFA
L français

Le fruit de l'arachide mûrit sous terre.

L'arachide
La culture de l'arachide est très répandue en Afrique de l'Ouest.

Le Liberia

- Le nom Liberia vient de "liberté".
- Déclaré indépendant en 1847, le Liberia fut la première terre d'accueil des esclaves affranchis d'Amérique.
- Au Liberia, les droits de l'homme ont été souvent bafoués et les populations fréquemment massacrées ou déportées.

En bref :

C Monrovia
S 111 300 km²
P 3 300 000 hab.
M dollar libérien
L anglais

Peau d'animal

Lanières de cuir

On modifie le son de l'instrument en tendant plus ou moins la peau.

Un tambour ouest-africain

Le Sahara-Occidental

C Pas de capitale
P 340 000 hab.
L espagnol, arabe, hassaniya

Le Sénégal

- L'arachide occupe 40 % des terres cultivables du Sénégal.
- Le Sénégal doit son nom aux Zénètes, Berbères musulmans qui occupèrent cette région de l'Afrique au XIVe siècle.
- C'est au Sénégal qu'est né en 1978 le premier journal satirique africain : *Le Politicien*.

En bref :

C Dakar
S 196 720 km²
P 11 700 000 hab.
M franc CFA
L français

Le Ghana

- Les mines ghanéennes causent des dommages à l'environnement.
- Le Ghana fut la première des colonies britanniques africaines à gagner son indépendance en 1957.

En bref :

C Accra

S 239 460 km^2

P 22 000 000 hab.

M cedi

L anglais

La Sierra Leone

- La plupart des habitants de Freetown sont des descendants des esclaves affranchis de Grande-Bretagne et d'Amérique.
- La Sierra Leone est l'un des pays les plus pauvres de la planète.

En bref :

C Freetown

S 71 740 km^2

P 5 500 000 hab.

M leone

L anglais

Le Bénin

- Au Bénin, de nombreux emplois du commerce de détail sont occupés par des femmes.

En bref :

C Porto-Novo

S 112 620 km^2

P 8 400 000 hab.

M franc CFA

L français

La Mauritanie

- Bien qu'officiellement illégal, l'esclavage est encore pratiqué en Mauritanie.

En bref :

C Nouakchott

S 1 030 700 km^2

P 3 100 000 hab.

M ouguiya

L arabe

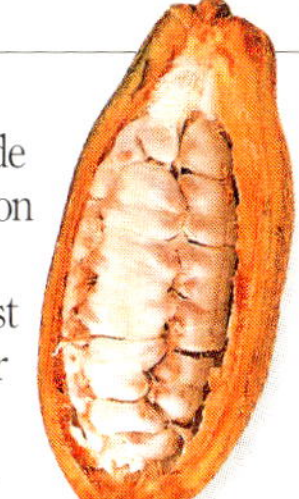

Le cacao
La moitié de la production mondiale de cacao est fournie par l'Afrique de l'Ouest.

Le Burkina Faso

- Burkina Faso signifie “Pays des hommes intègres”.
- La pauvreté du sol et les sécheresses contraignent les Burkinabés à aller travailler au Ghana ou en Côte-d'Ivoire.

En bref :

C Ouagadougou

S 274 200 km^2

P 13 900 000 hab.

M franc CFA

L français

Le Mali

- Tombouctou était au XIVe siècle la capitale de l'Empire malinké.
- Les Maliens réprouvent l'étalage individuel de richesses.
- Les terres cultivées ne représentent que 2 % du territoire malien.

En bref :

C Bamako

S 1 241 230 km^2

P 13 500 000 hab.

M franc CFA

L français

L'Afrique de l'Ouest

Le Niger

• Sécheresse et désertification croissantes sont les principales préoccupations des dirigeants nigériens.

En bref :

C Niamey

S 1 267 000 km²

P 14 000 000 hab.

M franc CFA

L français

Les îles du Cap-Vert

(Voir océan Atlantique, p. 360-361)

C Praia

P 480 000 hab.

L portugais, créole

La Gambie

C Banjul

P 1 600 000 hab.

L anglais

La Guinée

• Les trois couleurs du drapeau guinéen symbolisent les mots de la devise nationale : rouge pour le travail, jaune pour la justice, et vert pour la solidarité.

En bref :

C Conakry

S 245 855 km²

P 9 500 000 hab.

M franc guinéen

L français

Le Togo

• Le commerce de détail au Togo est dominé par les "Nana Benz", ou marchandes, de Lomé.

• La population du Togo est composée d'une soixantaine d'ethnies.

En bref :

C Lomé

S 56 785 km²

P 6 100 000 hab.

M franc CFA

L français

La Guinée-Bissau

C Bissau

P 1 600 000 hab.

L portugais

Le Nigeria

• Médicaments et médecins occidentaux n'ont pas encore atteint les régions rurales du Nigeria ; la médecine moderne n'est pratiquée que dans les villes.

• Le Nigeria est le pays le plus peuplé d'Afrique.

En bref :

C Abuja

S 923 700 km²

P 131 500 000 hab.

M naira

L anglais

R régime militaire

Jumeaux nigérians

Les jumeaux nigérians, filles ou garçons, portent toujours le même nom : le premier né est appelé Taiwo, le second Kehinde.

L'Afrique du Nord-Ouest

La Tunisie

• Le film américain *La Guerre des Étoiles*, de George Lucas, a été en partie tourné dans un village berbère tunisien.

• L'alfa cultivée dans les plaines tunisiennes sert à la fabrication de papier haut de gamme.

• Les chasseurs tunisiens utilisent encore des faucons pour traquer perdrix, cailles et lièvres.

En bref :

C Tunis
S 163 610 km^2
P 10 000 000 hab.
M dinar tunisien
L arabe

L'Algérie

• Une part importante de la population algérienne est constituée d'individus de moins de 30 ans vivant dans un centre urbain.

• Les plus hautes dunes de sable du monde sont situées dans le centre-est de l'Algérie.

• Le désert du Sahara occupe 80 % du territoire algérien.

En bref :

C Alger
S 2 381 740 km^2
P 32 800 000 hab.
M dinar
L arabe

Sac en cuir avec motifs

Le travail du cuir
Les objets et vêtements en cuir produits au Maroc et en Tunisie sont surtout destinés aux touristes.

La Libye

• Suspectée de liens avec des groupes terroristes, la Libye entretient des rapports difficiles avec les pays occidentaux.

• Le pétrole libyen est peu polluant durant sa combustion, car il ne contient pas de soufre.

• La Libye a entrepris en 1991 la fabrication d'un grand fleuve artificiel.

En bref :

C Tripoli
S 1 775 500 km^2
P 5 800 000 hab.
M dinar libyen
L arabe

Le Maroc

• Fondée en 859 av. J.-C., l'université coranique Al-Qarawiyin de Fès est la plus vieille institution scolaire du monde.

• La mosquée Hassan-II est la plus grande du monde après La Mecque.

En bref :

C Rabat
S 710 850 km^2
P 30 700 000 hab.
M dihram
L arabe

Afrique du Nord-Est

Le Nil, le plus long fleuve d'Afrique, dépose en Égypte le limon des montagnes soudanaises, et crée des sols extrêmement fertiles. La population égyptienne se concentre le long du fleuve. L'Éthiopie, la Somalie et le Soudan ont été ravagés par la sécheresse, la famine et la guerre, et environ la moitié des 4,5 millions de réfugiés africains viennent de ces pays.

Égypte
P 74 000 000
L arabe

Histoire
Les hiéroglyphes sont longtemps demeurés des symboles mystérieux. La découverte de la Pierre de Rosette en 1799, portant des inscriptions en grec, en démotique et en hiéroglyphes, permit à Champollion, 25 ans plus tard, de déchiffrer l'écriture pharaonique.

Érythrée
P 4 700 000
L tigrinya, arabe

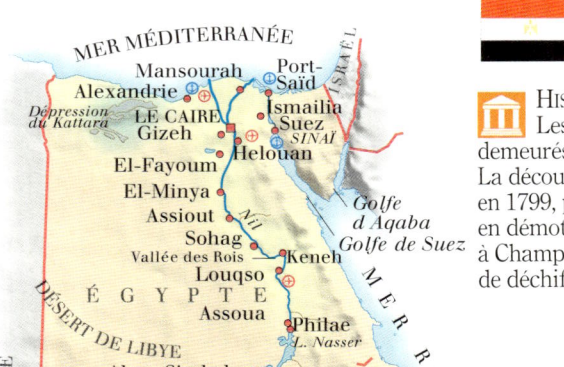

MER MÉDITERRANÉE
Mansourah
Port-Saïd
Alexandrie
Dépression du Kattara
LE CAIRE
Gizeh
Ismailia
Suez
SINAÏ
ISRAËL
Helouan
El-Fayoum
El-Minya
Assiout
Nil
Sohag
Vallée des Rois
Keneh
Golfe d'Aqaba
Golfe de Suez
Louqso
ÉGYPTE
Assoua
Philae
L. Nasser
DÉSERT DE LIBYE
Abou-Simbel
LIBYE

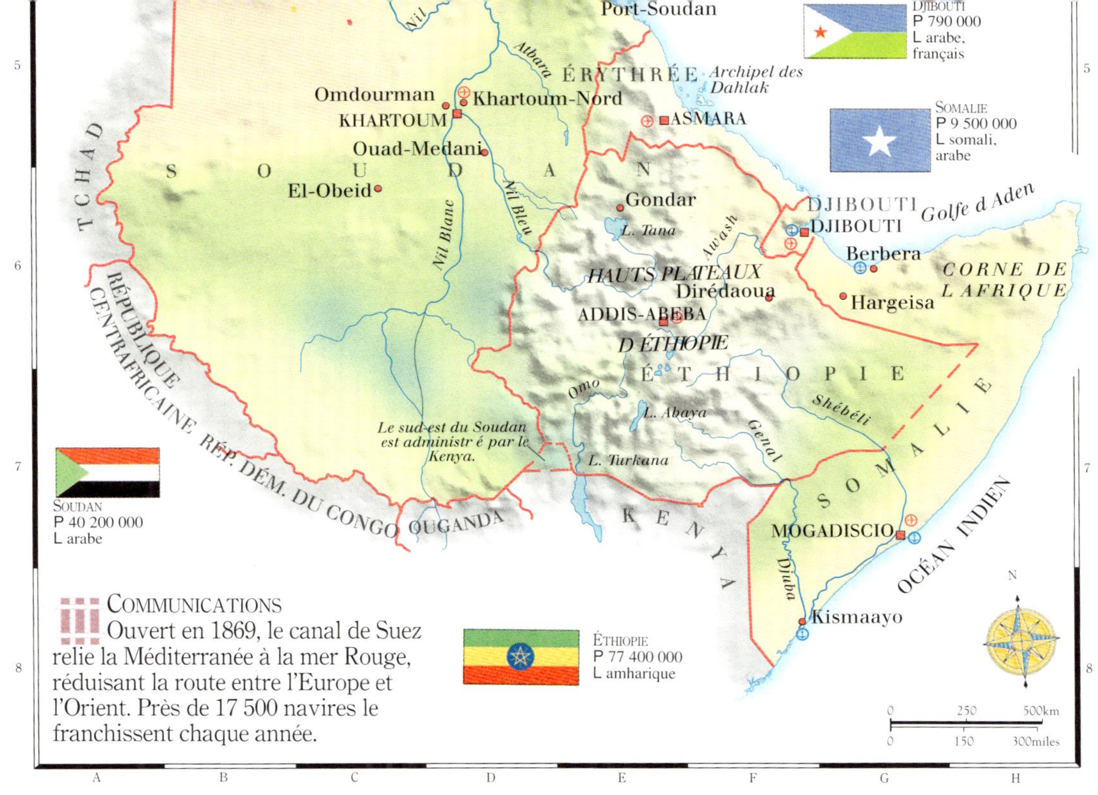
Port-Soudan
Archipel des Dahlak
ÉRYTHRÉE
ASMARA
Khartoum-Nord
Albara
Omdourman
KHARTOUM
Ouad-Medani
El-Obeid
Nil Bleu
Nil Blanc
Nil
S O U D A N
TCHAD
RÉPUBLIQUE CENTRAFRICAINE
RÉP. DÉM. DU CONGO
OUGANDA
K E N Y A
Le sud-est du Soudan est administré par le Kenya.
L. Turkana
Omo
L. Abaya
L. Tana
Gondar
Awash
HAUTS PLATEAUX D'ÉTHIOPIE
ADDIS-ABEBA
Dirédaoua
É T H I O P I E
Genal
Shébéli
Djuba
DJIBOUTI
DJIBOUTI
Golfe d'Aden
Berbera
Hargeisa
CORNE DE L'AFRIQUE
S O M A L I E
MOGADISCIO
Kismaayo
OCÉAN INDIEN
N
0 250 500km
0 150 300miles
DJIBOUTI
P 790 000
L arabe, français
SOMALIE
P 9 500 000
L somali, arabe
ÉTHIOPIE
P 77 400 000
L amharique
SOUDAN
P 40 200 000
L arabe
A B C D E F G H
5 6 7 8

COMMUNICATIONS

Ouvert en 1869, le canal de Suez relie la Méditerranée à la mer Rouge, réduisant la route entre l'Europe et l'Orient. Près de 17 500 navires le franchissent chaque année.

Afrique centrale

Une grande partie de cette région est recouverte d'une forêt tropicale humide très dense, drainée par le fleuve Congo (Zaïre), qui décrit un arc immense avant de se jeter dans l'Atlantique. Au XVIe siècle, le Portugal et l'Espagne ouvrirent des comptoirs commerciaux sur la côte occidentale, où se livrait le commerce des esclaves noirs. Des millions d'Africains furent ainsi envoyés au "Nouveau Monde".

Cameroun
P 16 400 000
L français, anglais

Guinée équatoriale
P 500 000
L espagnol

Tchad
P 9 700 000
L français

Économie
Bois, pétrole, fer, cacao, café, cuivre. Les mines de Bélinga, au Gabon, recèlent les plus grandes réserves de minerai de fer du monde. De nombreux gisements de pétrole et de gaz sont encore inexploités.

République centrafricaine
P 4 200 000
L français

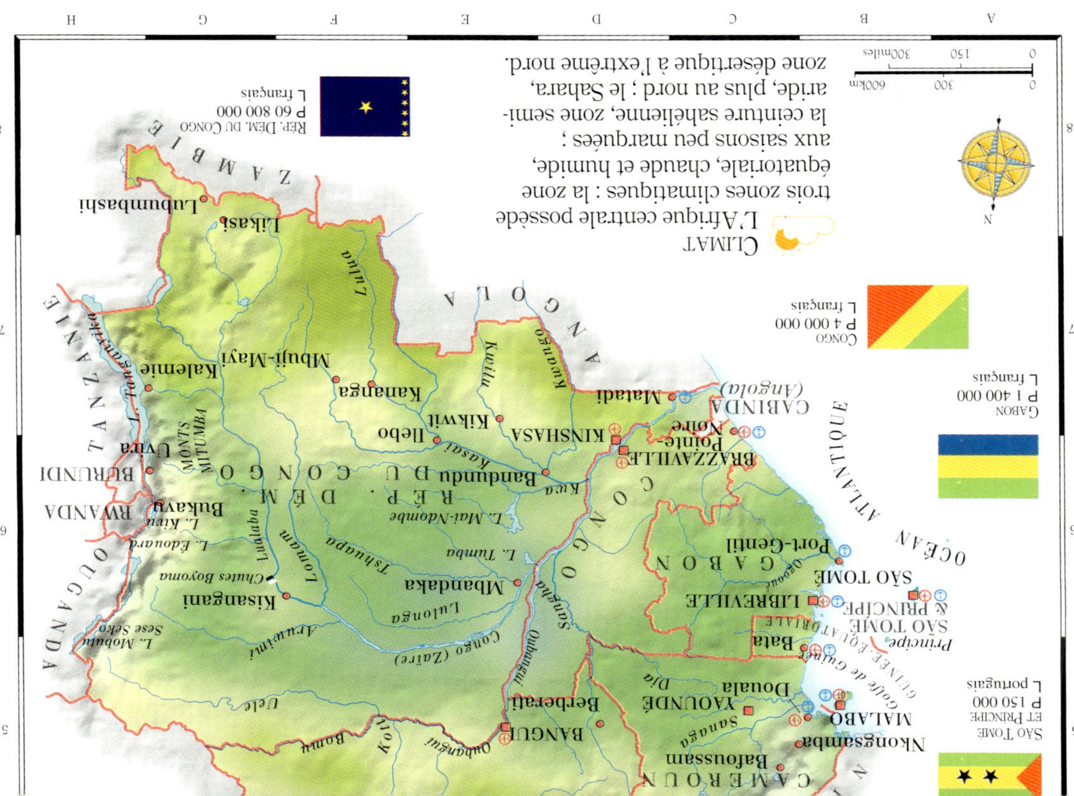
CAMEROUN
Bafoussam
Nkongsamba
MALABO
Douala
YAOUNDÉ
Sanaga
Dja
BANGUI
Berberati
Oubangui
Kotto
Bomu
Uele
Golfe de Guinée
GUINÉE-ÉQUATORIALE
Bata
Principe
SÃO TOMÉ & PRINCIPE
SÃO TOMÉ
LIBREVILLE
Ogooué
GABON
Port-Gentil
OCÉAN ATLANTIQUE
CONGO
Sangha
BRAZZAVILLE
Pointe-Noire
CABINDA (Angola)
KINSHASA
Matadi
Kwa
Bandundu
Kasai
Kikwit
Kwilu
Kwango
ANGOLA
Ilebo
Kananga
Mbuji-Mayi
Lulua
RÉP. DÉM. DU CONGO
L. Mai-Ndombe
L. Tumba
Mbandaka
Congo (Zaïre)
Lulonga
Tshuapa
Lomam
Lualaba
Aruwimi
Kisangani
Chutes Boyoma
L. Mobutu Sese Seko
OUGANDA
L. Édouard
L. Kivu
Bukavu
RWANDA
BURUNDI
Uvira
MONTS MITUMBA
TANZANIE
L. Tanganyika
Kalemie
Likasi
Lubumbashi
ZAMBIE
0 300 600km
0 150 300miles
N

São Tomé et Principe
P 150 000
L portugais

Gabon
P 1 400 000
L français

Congo
P 4 000 000
L français

Rép. Dém. du Congo
P 60 800 000
L français

Climat

L'Afrique centrale possède trois zones climatiques : la zone équatoriale, chaude et humide, aux saisons peu marquées ; la ceinture sahélienne, zone semi-aride, plus au nord ; le Sahara, zone désertique à l'extrême nord.

Centre de l'Afrique orientale

De vastes savanes fournissent les pâturages aux animaux sauvages et domestiques. Très peu industrialisés, la Zambie, le Rwanda, le Burundi et l'Ouganda souffrent d'un manque d'accès à la mer. Le lac Victoria, le plus grand d'Afrique, alimente le Nil.

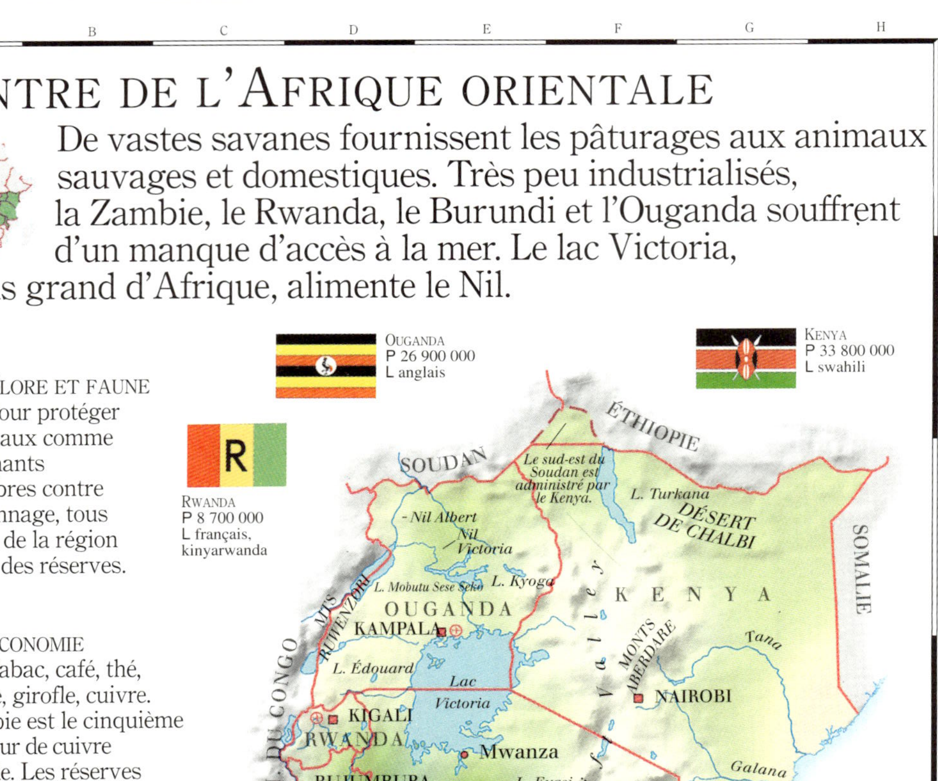
OUGANDA
P 26 900 000
L anglais
KENYA
P 33 800 000
L swahili
RWANDA
P 8 700 000
L français, kinyarwanda
ÉTHIOPIE
SOUDAN
Le sud-est du Soudan est administré par le Kenya.
L. Turkana
DÉSERT DE CHALBI
SOMALIE
Nil Albert
Nil Victoria
L. Mobutu Sese Seko
L. Kyoga
K E N Y A
OUGANDA
MTS RUWENZORI
KAMPALA
MONTS ABERDARE
Tana
L. Édouard
Lac Victoria
NAIROBI
KIGALI
RWANDA
Mwanza
M. DU CONGO
BUJUMBURA
L. Eyasi
Galana
Rift Valley

Flore et faune

Pour protéger les animaux comme les éléphants et les zèbres contre le braconnage, tous les pays de la région ont créé des réserves.

Économie

Tabac, café, thé, tourisme, girofle, cuivre. La Zambie est le cinquième producteur de cuivre du monde. Les réserves

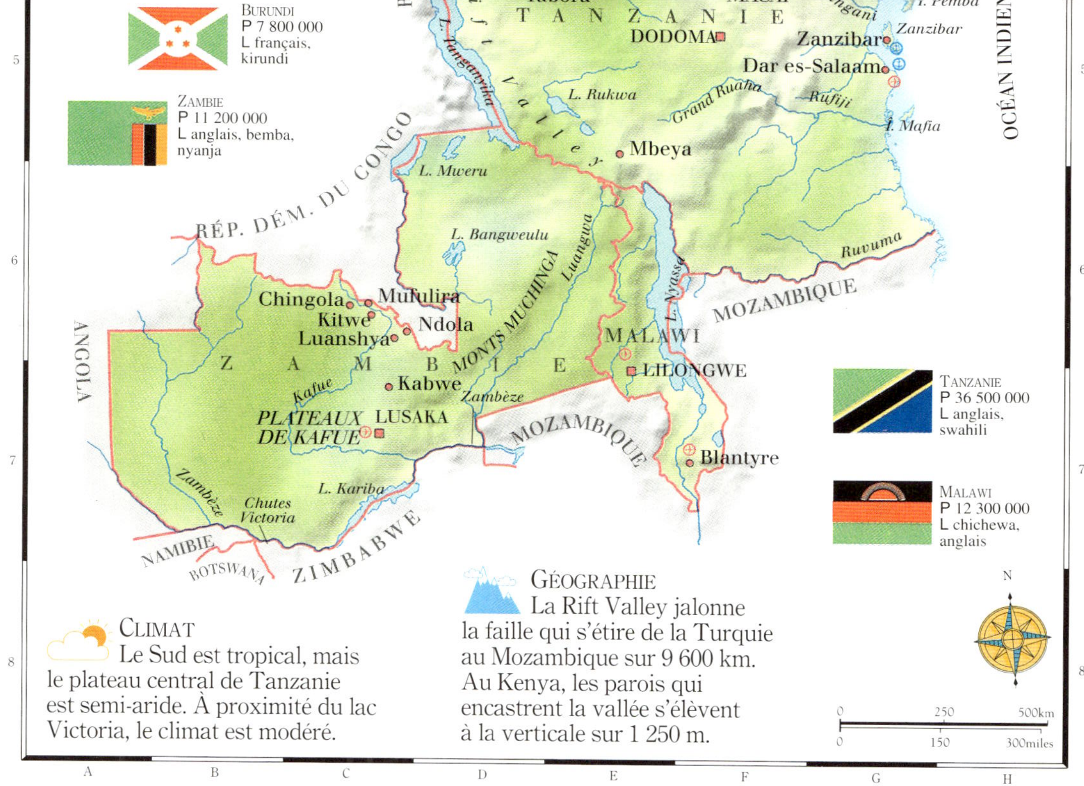
TANZANIE
DODOMA
Zanzibar
Zanzibar
Dar es-Salaam
L. Tanganyika
Rift Valley
L. Rukwa
Grand Ruaha
Rufiji
Î. Mafia
Mbeya
OCÉAN INDIEN
RÉP. DÉM. DU CONGO
L. Mweru
L. Bangweulu
Luangwa
MONTS MUCHINGA
L. Nyassa
Ruvuma
MOZAMBIQUE
Chingola
Mufulira
Kitwe
Ndola
Luanshya
ZAMBIE
ANGOLA
MALAWI
LILONGWE
Kabwe
Kafue
Zambèze
PLATEAUX DE KAFUE
LUSAKA
MOZAMBIQUE
Blantyre
L. Kariba
Zambèze
Chutes Victoria
NAMIBIE
BOTSWANA
ZIMBABWE
BURUNDI
P 7 800 000
L français, kirundi
ZAMBIE
P 11 200 000
L anglais, bemba, nyanja
TANZANIE
P 36 500 000
L anglais, swahili
MALAWI
P 12 300 000
L chichewa, anglais
N
0 250 500km
0 150 300miles
A B C D E F G H
5 6 7 8

CLIMAT
Le Sud est tropical, mais le plateau central de Tanzanie est semi-aride. À proximité du lac Victoria, le climat est modéré.

GÉOGRAPHIE
La Rift Valley jalonne la faille qui s'étire de la Turquie au Mozambique sur 9 600 km. Au Kenya, les parois qui encastrent la vallée s'élèvent à la verticale sur 1 250 m.

L'Afrique : le Nord-Est

L'Égypte

• L'Égypte est menacée de surpopulation ; il naît un bébé égyptien toutes les 24 secondes.
• Les célèbres pyramides égyptiennes furent édifiées afin d'abriter les corps momifiés des pharaons.

En bref :

C Le Caire
S 997 735 km^2
P 74 000 000 hab.
M livre égyptienne
L arabe
R régime présidentiel multipartite

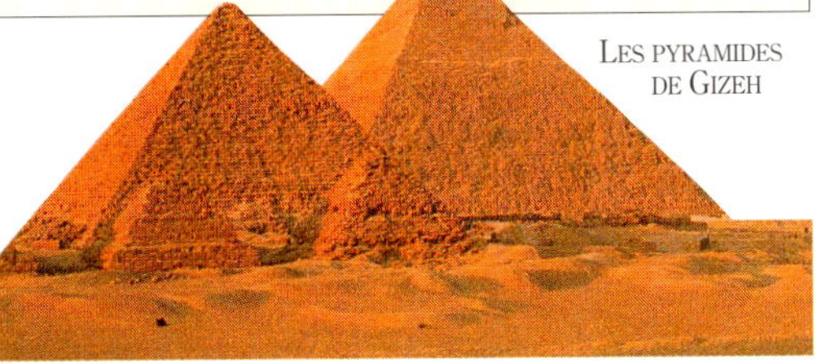

Les pyramides de Gizeh

L'Éthiopie

• En Éthiopie, les famines sont malheureusement fréquentes.

En bref :

C Addis-Abeba
S 1 221 900 km^2
P 77 400 000 hab.
M birr
L amharique

Djibouti

C Djibouti
P 790 000 hab.
L arabe, français

Le Soudan

• Le Soudan est le plus grand pays d'Afrique. Il abrite la plus vaste région marécageuse du monde.

En bref :

C Khartoum
S 2 505 810 km^2
P 40 200 000 hab.
M dinar soudanais
L arabe

L'Érythrée

• Les trois quarts des Érythréens sont tributaires de l'aide alimentaire internationale.

En bref :

C Asmara
S 118 000 km^2
P 4 700 000 hab.
M birr éthiopien
L tigrinia, arabe

La Somalie

• En 1992, la guerre civile somalienne a provoqué l'exode d'une partie de la population.

En bref :

C Mogadiscio
S 637 655 km^2
P 8 600 000 hab.
M shilling somalien
L somali, arabe

L'Afrique : le Centre-Est

Le Kenya

- Au Kenya, les violences ethniques sont un problème préoccupant.
- Le Kenya compte 42 réserves et parcs naturels, dont 2 réserves marines dans l'océan Indien.

En bref :

C Nairobi
S 582 645 km²
P 33 800 000 hab.
M shilling kenyan
L swahili
R république

Guerriers massaïs
Les Massaïs sont des pasteurs nomades vivant au Kenya et en Tanzanie.

Le Rwanda

C Kigali
P 8 700 000 hab.
L kinyarwanda, français

Gare aux gorilles
Le Rwanda est l'un des derniers territoires du gorille des montagnes.

Le Burundi

C Bujumbura
P 7 800 000 hab.
L kirundi, français

L'Ouganda

- Les sommets désolés du Ruwenzori, massif montagneux ougandais, étaient autrefois appelés “montagnes de la Lune”.

En bref :

C Kampala
S 236 000 km²
P 26 900 000 hab.
M nouveau shilling ougandais
L anglais
R régime militaire

La Tanzanie

- Réserves et parcs naturels occupent un tiers du territoire tanzanien.
- Le choix du swahili comme première langue nationale a permis de réduire les conflits tribaux.

En bref :

C Dodoma
S 945 085 km²
P 36 500 000 hab.
M shilling tanzanien
L swahili, anglais

L'Afrique centrale

La Zambie

• Les chutes Victoria, en Zambie, sont appelées par les Africains locaux Musi-o-Tunyi, ce qui signifie "la fumée qui gronde".

• La Zambie est régulièrement touchée par le choléra.

En bref :

C Lusaka

S 752 615 km²

P 11 200 000 hab.

M kwacha

L anglais, bemba, nyanja

Le Tchad

• Le sud tropical du pays, où l'on cultive le coton, est la région la plus peuplée du Tchad.

• Le plateau du Tibesti est un site d'art rupestre préhistorique.

• Le Tchad est actuellement en voie de démocratisation.

En bref :

C N'Djamena

S 1 284 200 km²

P 9 700 000 hab.

M franc CFA

L français

Repas de poisson
Les poissons du lac Tchad, tel ce tilapia, sont une source de nourriture essentielle pour les populations locales.

La Guinée-Équatoriale

C Malabo

P 500 000 hab.

L espagnol

Diamants alluviaux

Petits cailloux
Le Congo (Zaïre) est le premier producteur de diamants industriels du monde.

La République démocratique du Congo

• Les forêts tropicales de ce pays constituent la moitié des terres boisées africaines .

En bref :

C Kinshasa

S 2 344 885 km²

P 60 800 000 hab.

M zaïre

L français

La République centrafricaine

• La chasse aux éléphants est interdite en République centrafricaine depuis 1985.

En bref :

C Bangui

S 618 115 km²

P 4 200 000 hab.

M franc CFA

L français

Le Congo

- Le Congo est devenu en 1970 le premier pays de régime communiste en Afrique.
- Le territoire congolais a servi, par le passé, au stockage de déchets toxiques occidentaux.

En bref :

C Brazzaville
S 341 820 km²
P 4 000 000 hab.
M franc CFA
L français

Le Cameroun

- Le mot Cameroun est dérivé de *camaroes*, nom donné par les premiers explorateurs portugais aux crevettes locales.
- Le Cameroun est divisé en deux parties, l'une francophone, l'autre anglophone.

En bref :

C Yaoundé
S 475 440 km²
P 16 400 000 hab.
M franc CFA
L français, anglais

Respect pour les morts
Cette statuette camerounaise en bois symbolise un défunt.

São Tomé et Príncipe

C São Tomé
P 150 000 hab.
L portugais

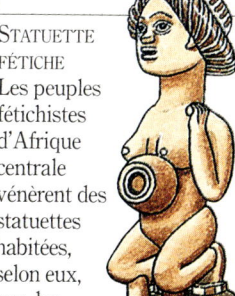

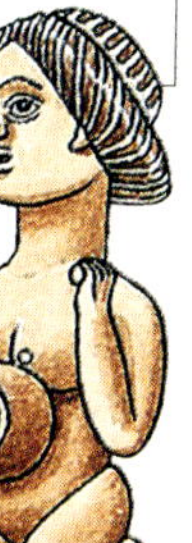

Statuette fétiche
Les peuples fétichistes d'Afrique centrale vénèrent des statuettes habitées, selon eux, par des esprits.

Le Gabon

- Libreville fut fondée en 1849 pour accueillir les esclaves libérés d'un navire négrier portugais.
- Au Gabon, les travaux pénibles sont souvent effectués par une main-d'œuvre étrangère.

En bref :

C Libreville
S 267 670 km²
P 1 400 000 hab.
M franc CFA
L français

Le Malawi

- Le lac Malawi abrite plus de 500 espèces de poissons.
- Dans la langue locale, Malawi signifie "la terre où le soleil se reflète dans l'eau comme une boule de feu".

En bref :

C Lilongwe
S 118 485 km²
P 12 300 000 hab.
M kwacha
L anglais, chichewa

Afrique australe

Les riches gisements de minéraux, tels l'or et les diamants, sont la principale source de revenus de cette région, dominée, tant du point de vue économique que politique, par l'Afrique du Sud. Les huit pays de cette zone sont des démocraties indépendantes et multiraciales. En 1994, les premières élections libres en Afrique du Sud firent de Nelson Mandela le premier président noir de ce pays. Plus au nord, l'Angola sort tout juste de 27 ans de guerre civile.

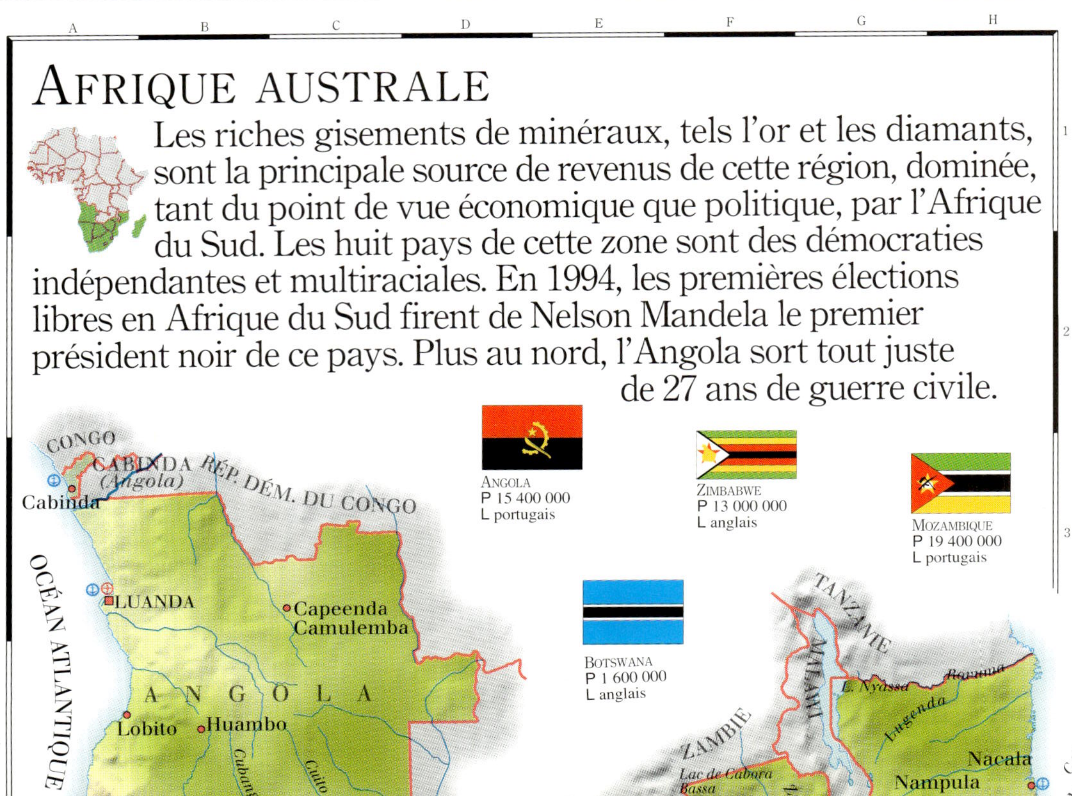
A
B
C
D
E
F
G
H
1
2
3
4
ANGOLA
P 15 400 000
L portugais
ZIMBABWE
P 13 000 000
L anglais
MOZAMBIQUE
P 19 400 000
L portugais
BOTSWANA
P 1 600 000
L anglais
CONGO
CABINDA
(Angola)
Cabinda
RÉP. DÉM. DU CONGO
OCÉAN ATLANTIQUE
LUANDA
Capeenda Camulemba
A N G O L A
Lobito
Huambo
Cuito
TANZANIE
MALAWI
ZAMBIE
Lac de Cabora Bassa
L. Nyassa
Lugenda
Nacala
Nampula
Canal du Mozambique

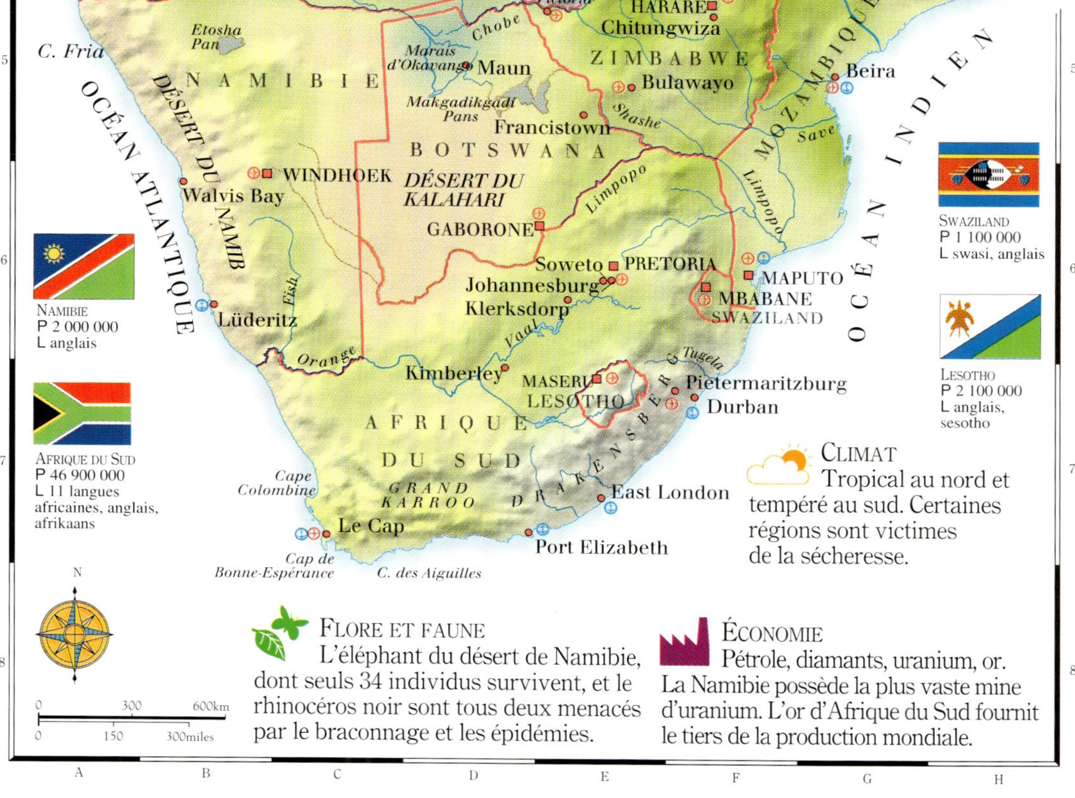
C. Fria
OCÉAN ATLANTIQUE
Etosha Pan
NAMIBIE
DÉSERT DU NAMIB
Walvis Bay
WINDHOEK
Lüderitz
Fish
Orange
Marais d'Okavango
Maun
Chobe
Victoria
Makgadikgadi Pans
Francistown
BOTSWANA
DÉSERT DU KALAHARI
GABORONE
Limpopo
HARARE
Chitungwiza
ZIMBABWE
Bulawayo
Shashe
MOZAMBIQUE
Beira
Save
OCÉAN INDIEN
Soweto
PRETORIA
Johannesburg
Klerksdorp
Vaal
MAPUTO
MBABANE
SWAZILAND
Kimberley
MASERU
LESOTHO
Tugela
Pietermaritzburg
Durban
AFRIQUE DU SUD
DRAKENSBERG
GRAND KARROO
Cape Colombine
Le Cap
East London
Port Elizabeth
Cap de Bonne-Espérance
C. des Aiguilles
N
0 300 600km
0 150 300miles
A B C D E F G H
5 6 7 8

NAMIBIE
P 2 000 000
L anglais

AFRIQUE DU SUD
P 46 900 000
L 11 langues africaines, anglais, afrikaans

SWAZILAND
P 1 100 000
L swasi, anglais

LESOTHO
P 2 100 000
L anglais, sesotho

CLIMAT
Tropical au nord et tempéré au sud. Certaines régions sont victimes de la sécheresse.

FLORE ET FAUNE
L'éléphant du désert de Namibie, dont seuls 34 individus survivent, et le rhinocéros noir sont tous deux menacés par le braconnage et les épidémies.

ÉCONOMIE
Pétrole, diamants, uranium, or. La Namibie possède la plus vaste mine d'uranium. L'or d'Afrique du Sud fournit le tiers de la production mondiale.

L'Afrique australe

Le Zimbabwe

• Les ethnies shona et ndébélé forment la plus grande partie de la population du Zimbabwe.
• Le Zimbabwe s'appelait auparavant Rhodésie du Sud.

En bref :

C Harare
S 390 245 km²
P 13 000 000 hab.
M dollar zimbabuéen
L anglais, meutaire

Maisons colorées
Les femmes ndébélé décorent leurs habitations de motifs géométriques multicolores.

Le Mozambique

• 90 % des habitants du Mozambique connaissent la pauvreté.
• La polygamie est une pratique courante chez les Mozambicains ayant les moyens d'entretenir plusieurs femmes.

En bref :

C Maputo
S 799 380 km²
P 19 400 000 hab.
M metical
L portugais

Le Botswana

• Le nom de la monnaie du Botswana, le pula, fait référence à la pluie, une denrée précieuse dans ce pays.
• Huit personnes sur dix vivent de l'élevage au Botswana.

En bref :

C Gaborone
S 581 730 km²
P 1 600 000 hab.
M pula
L anglais

Le Swaziland

C Mbabane
P 1 100 000 hab.
L anglais, swazi

L'Angola

• Les mines antipersonnel ont fait de l'Angola le pays qui compte le plus d'amputés.
• Le Cabinda, qui fait partie de l'Angola, est enclavé entre le Zaïre et le Congo.

En bref :

C Luanda
S 1 246 700 km²
P 15 400 000 hab.
M kwanza
L portugais

Le springbok
Cette petite antilope vit dans la savane sud-africaine.

Le bond du springbok est caractéristique.

Madagascar

(voir océan Indien p. 362-363)

• Madagascar est le premier producteur mondial de vanille.

• 80 % des espèces animales et végétales malgaches ne se rencontrent que sur cette île.

• Madagascar était autrefois appelée Lémurie.

En bref :

C Tananarive

S 587 040 km²

P 17 300 000 hab.

M franc malgache

L malgache, français

Le Lesotho

C Maseru

P 2 100 000 hab.

L anglais, sesotho

L'indri
Madagascar est la terre de l'indri, le plus grand des lémuriens.

Les Comores

C Moroni

P 680 000 hab.

L français, arabe

La Namibie

• Le désert du Namib est l'un des plus anciens et des plus arides du monde.

• Le nom Namibie signifie "Terre de personne".

En bref :

C Windhoek

S 825 580 km²

P 2 000 000 hab.

M rand, dollar namibien

L anglais

L'Afrique du Sud

• Le président Mandela et son prédécesseur F. W. De Klerk ont reçu conjointement le prix Nobel de la paix en 1994 pour avoir mis fin à l'apartheid en Afrique du Sud.

• L'État du Lesotho est entièrement enclavé dans le territoire de l'Afrique du Sud.

• L'Afrique du Sud est le premier pays producteur d'or du monde.

En bref :

C Pretoria, Le Cap

S 1 223 410 km²

P 46 900 000 hab.

M rand

L anglais, afrikaans

R régime présidentiel multipartite

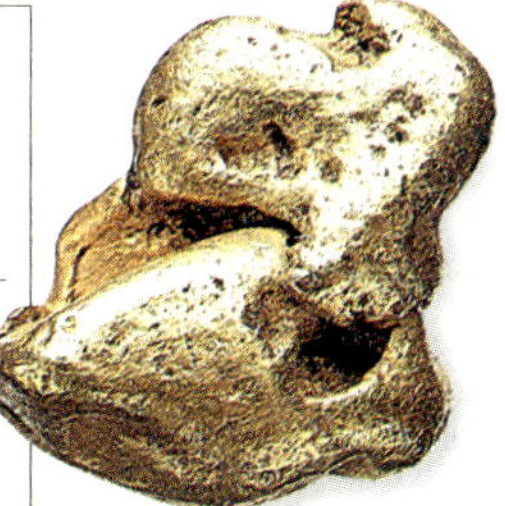

Un filon profond
L'Afrique du Sud abrite la mine d'or la plus profonde du monde ; celle-ci plonge jusqu'à 3 777 m sous terre.

Asie du Nord-Ouest

MER DE BARENTS
MER DE KARA
FÉDÉRATION DE RUSSIE
(RUSSIE EUROPÉENNE)
KAZAKHSTAN
MER CASPIENNE
MER NOIRE
GÉORGIE
ARMÉNIE
AZERBAÏDJAN
OUZBÉKISTAN
KIRGHIZISTAN
TURKMÉNISTAN
TADJIKISTAN
TURQUIE
CHYPRE
LIBAN
ISRAËL
SYRIE
JORDANIE
IRAK
IRAN
AFGHANISTAN
KOWEÏT
BAHREÏN
QATAR
ÉMIRATS ARABES UNIS
MER ROUGE
ARABIE SAOUDITE
OMAN
MER D'OMAN
YÉMEN

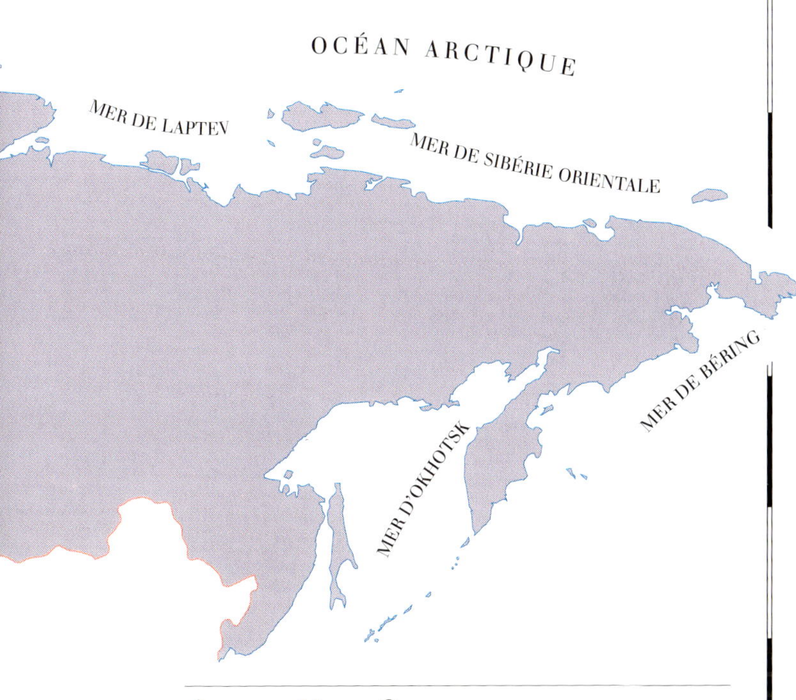
OCÉAN ARCTIQUE
MER DE LAPTEV
MER DE SIBÉRIE ORIENTALE
MER DE BÉRING
MER D'OKHOTSK

Asie du Nord-Ouest

Des cinq continents, l'Asie, qui occupe presque un tiers de la planète, est le plus vaste. Au sud, la péninsule arabique est principalement constituée d'un désert chaud et sec. Au nord, des déserts froids et les plus grandes forêts de résineux du monde s'étendent de la Sibérie jusqu'à l'Europe.

PROCHE-ORIENT

À la jonction de l'Afrique, de l'Asie et de l'Europe, le Proche-Orient est une mosaïque de déserts, de montagnes et de vallées fertiles. Après des siècles de conflits, la paix tente toujours de s'installer dans cette région du monde. Et si le Liban a émergé d'une guerre civile qui éclata en 1975, un climat de guerre perdure en Israël dans les territoires occupés, la Cisjordanie et la Bande de Gaza.

LIBAN
P 3 800 000
L arabe

ÉCONOMIE
Pétrole, potasse, coton, fruits. L'eau étant une denrée rare, des techniques d'irrigation ont été mises au point pour éviter le gaspillage. Le coton est la principale culture de rapport de la Syrie.

ISRAËL
P 7 100 000
L hébreu, arabe

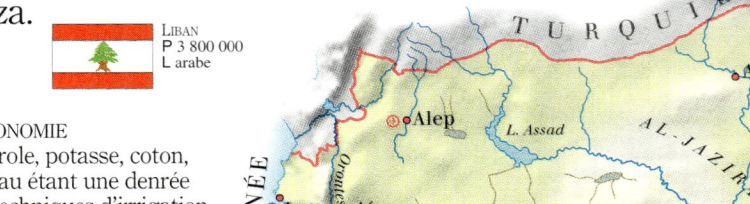

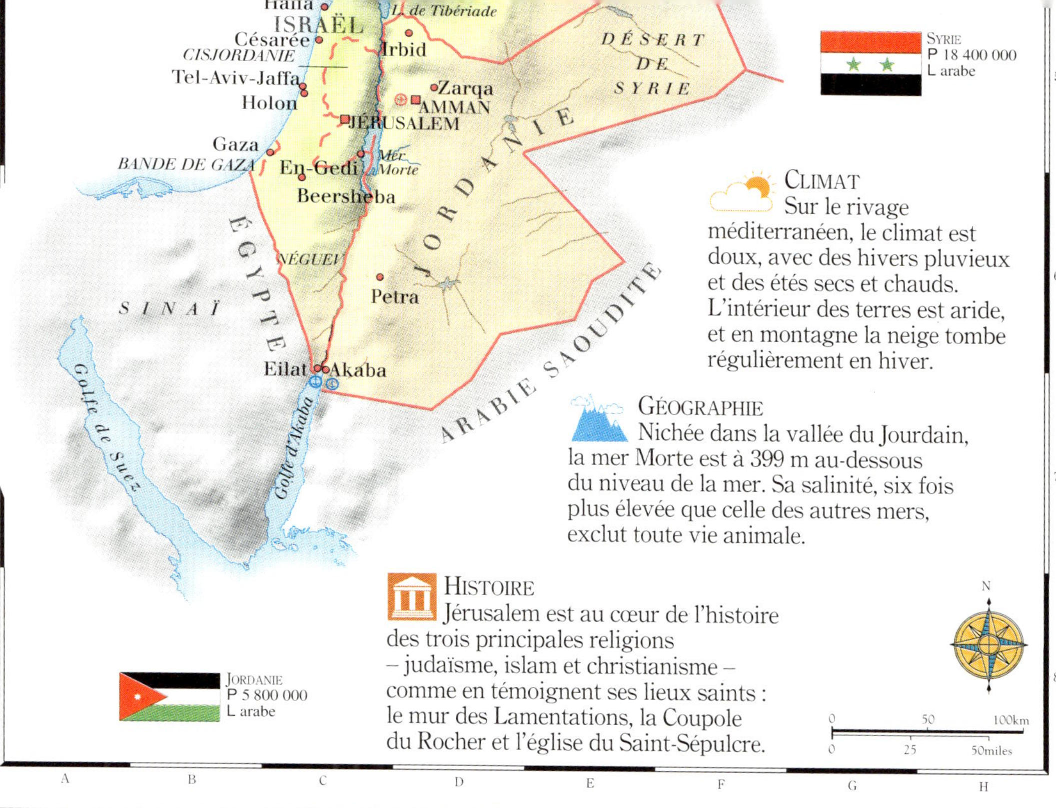
Haïfa
ISRAËL
Césarée
CISJORDANIE
Tel-Aviv-Jaffa
Holon
Gaza
BANDE DE GAZA
L. de Tibériade
Irbid
Zarqa
AMMAN
JÉRUSALEM
Mer Morte
En-Gedi
Beersheba
DÉSERT DE SYRIE
JORDANIE
ÉGYPTE
NÉGUEV
SINAÏ
Petra
Eilat
Akaba
ARABIE SAOUDITE
Golfe de Suez
Golfe d'Akaba
N
0 50 100km
0 25 50miles

SYRIE
P 18 400 000
L arabe

JORDANIE
P 5 800 000
L arabe

CLIMAT Sur le rivage méditerranéen, le climat est doux, avec des hivers pluvieux et des étés secs et chauds. L'intérieur des terres est aride, et en montagne la neige tombe régulièrement en hiver.

GÉOGRAPHIE Nichée dans la vallée du Jourdain, la mer Morte est à 399 m au-dessous du niveau de la mer. Sa salinité, six fois plus élevée que celle des autres mers, exclut toute vie animale.

HISTOIRE Jérusalem est au cœur de l'histoire des trois principales religions – judaïsme, islam et christianisme – comme en témoignent ses lieux saints : le mur des Lamentations, la Coupole du Rocher et l'église du Saint-Sépulcre.

TURQUIE

Lien entre l'Europe et l'Asie, la Turquie était autrefois le cœur de l'Empire ottoman, qui contrôlait un quart de l'Europe. En 1960, la Grande-Bretagne accorda l'indépendance à Chypre. En 1974, la Turquie y pénétra et en occupa la moitié nord. 200 000 Grecs se réfugièrent au Sud, partie grecque de l'île.

TURQUIE
P 72 900 000
L turc

ÉCONOMIE

Blé, maïs, betteraves, fruits,coton, tabac, tourisme. La fabrication des tapis est une tradition multi-séculaire. Les figues et les pêches sont cultivées sur le littoral méditerranéen.

ENVIRONNEMENT

La Syrie et l'Irak sont hostiles au projet turc de construction de barrages sur le Tigre et l'Euphrate, qui entraîneraient une baisse du débit des rivières de leurs pays.

POPULATION

Les Kurdes, la minorité la plus importante de Turquie et un des plus grands groupes apatrides du monde, luttent pour la reconnaissance de leurs droits en Turquie. Leur patrie, le Kurdistan, est à cheval sur trois pays : la Turquie, l'Irak et l'Iran.

MER NOIRE
GÉORGIE
ARMÉNIE
IRAN
IRAK
SYRIE
CHAÎNE PONTIQUE
MTS ILGAZ
Samsun
Trébizonde
Yesil
Kizil Irmak
Erzouroum
ANKARA
Sivas
MTS MUNZUR
QUIE
Murat
L. de Van
Van
CAPPADOCE
Elazig
Kaiseri
Tigre
Tuz
Göreme
Malatya
Diyarbakir
onya
Seyhan
Ceyhan
Kahramanmara
TAURUS
Gaziantep
Urfa
Adana
Euphrate
Mersin
Antakya
CHYPRE
NICOSIE
Famagouste
Larnaca
Limassol
N
0 150 300km
0 100 150miles

Géographie

La Turquie se situe au sein de la ceinture montagneuse allant des Alpes à l'Himalaya. Elle repose sur les plaques arabique, africaine, eurasienne, de la mer Egée et turque, et connaît une intense activité sismique.

Climat

Les zones littorales de Turquie et de Chypre bénéficient d'un climat méditerranéen. L'intérieur du pays a des hivers froids et neigeux et des étés chauds et secs.

Histoire

Les Grecs colonisèrent les côtes de la mer Égée en 700 av. J.-C. Le temple d'Artémis dans la ville d'Éphèse est l'une des sept merveilles du monde.

CHYPRE
P 970 000
L grec, turc

MOYEN-ORIENT

L'islam, fondé en 610 après J.-C. à La Mecque en Arabie Saoudite, s'étendit jusqu'au Moyen-Orient où il est aujourd'hui la première religion. Le pétrole fait la richesse de la région mais la guerre du Golfe y fit des ravages en 1991, comme le conflit porté en Irak par les États-Unis en 2003.

IRAK
P 28 800 000
L arabe

ÉCONOMIE

Pétrole, gaz naturel, pêche, tapis, banques à l'étranger. L'Arabie Saoudite possède les plus importantes réserves de pétrole du monde, et plus de 60 % des stations de dessalement des eaux.

ARABIE SAOUDITE
P 24 600 000
L arabe

KOWEIT
P 2 600 000
L arabe

BAHREIN
P 730 000
L arabe

CLIMAT

Principalement semi-aride avec de faibles précipitations. À l'intérieur des terres, les températures estivales peuvent atteindre 48 °C et il peut geler en hiver.

QATAR
P 770 000
L arabe

ÉMIRATS ARABES UNIS
P 4 600 000
L arabe

HISTOIRE

La Mésopotamie, entre le Tigre et l'Euphrate, fut un brillant foyer de civilisation il y a 5 500 ans. La civilisation de Sumer avait des méthodes d'irrigation élaborées, une architecture recherchée et une écriture cunéiforme.

YÉMEN
P 20 700 000
L arabe

IRAN
P 69 500 000
L persan
OMAN
P 2 400 000
L arabe
TURQUIE
ARMÉNIE
AZERBAÏDJAN
MER CASPIENNE
TURKMÉNISTAN
AFGHANISTAN
PAKISTAN
SYRIE
IRAK
IRAN
L. d'Ourmia
Mossoul
Irbil
Kirkouk
Sulamaniyah
Tigre
BAGDAD
Karbela
Hilla
Nadjaf
Euphrate
NÉFOUD
An-Nasiriyah
Bassorah
Ardabil
Rech
Zandjan
Sanandadj
MTS ELBOURZ
Sari
TÉHÉRAN
Semnan
Bakhtaran
Qom
Ilam
Arak
Mechhed
GRAND DÉSERT SALÉ
Dizfoul
Ispahan
Al'Amarah
Ahvaz
Yezd
Abadan
MTS ZAGROS
DÉSERT DE LOUT
KOWEÏT
Yasuj
Shiraz
Kerman
Golfe Persique
Buraydah
NEDJED
AD-DAHNA
Ad-Dammam
Zahedan
MANAMA
BAHREÏN
Bandar' Abbas
RIYAD
Al-Hufuf
DOHA
QATAR
Détroit d'Ormuz
Khasab (Oman)
Lac Saÿ Jaz Múrián
Dubaï
ABOU DHABI
ÉMIRATS ARABES UNIS
AD-DAFRAH
Golfe d'Oman
MASCATE
ARABIE SAOUDITE
RUB AL-KHALI
OMAN
Î. Masirah
Golfe de Masirah
RAMLAT AS SAB ATAYN
YÉMEN
HADRAMAOUT
MER D'OMAN
N
0 300 600km
0 150 300miles
E F G H
1 2 3 4 6 7 8

Le Proche-Orient

Israël

• En Israël, la moyenne d'âge est de seulement 26,6 ans.
• La nationalité israélienne est accessible aux Juifs du monde entier.

En bref :

C Jérusalem
S 21 945 km²
P 7 100 000 hab.
M shekel
L hébreu, arabe
R démocratie parlementaire

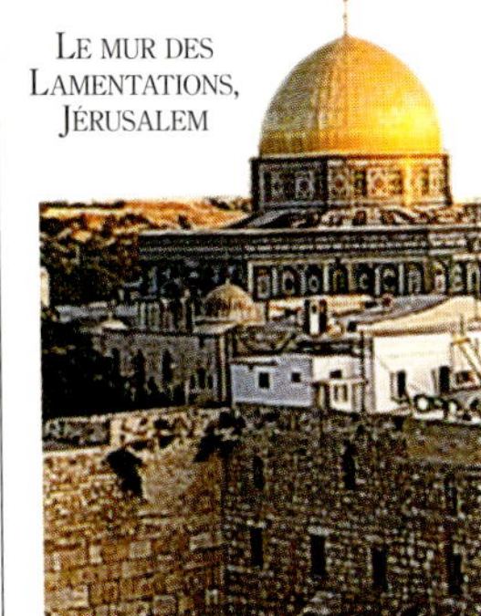

Le mur des Lamentations, Jérusalem

Chypre

C Nicosie
P 970 000 hab.
L grec, turc

La Jordanie

• Le roi Husayn a règné de 1952 à 1999. Son fils Abd Allah lui a succédé.
• Le pays a signé un traité de paix avec Israël en 1994.

En bref :

C Amman
S 97 740 km²
P 5 800 000 hab.
M dinar
L arabe

Le Liban

• La presse est plus libre au Liban que dans tout autre pays arabe.
• La religion est inscrite sur les cartes d'identité libanaises.

En bref :

C Beyrouth
S 10 400 km²
P 3 800 000 hab.
M livre libanaise
L arabe

La Syrie

• C'est parmi les vestiges de l'ancienne cité syrienne d'Ougarit qu'ont été retrouvées les traces du premier alphabet.

En bref :

C Damas
S 184 050 km²
P 18 400 000 hab.
M livre syrienne
L arabe

La Turquie

• La viticulture, activité agricole parmi les plus anciennes, est née dans la région turque d'Anatolie.
• Istanbul est la seule ville du monde construite sur 2 continents.

En bref :

C Ankara
S 779 450 km²
P 72 900 000 hab.
M livre turque
L turc
R démocratie parlementaire

Le Moyen-Orient

L'Iran

En bref :

C Téhéran

S 1 648 000 km^2

P 69 500 000 hab.

M rial

L farsi

R république islamique

L'Irak

En bref :

C Bagdad

S 438 615 km^2

P 28 800 000 hab.

M dinar

L arabe

R république

Le Koweït

En bref :

C Koweït

S 17 815 km^2

P 2 600 000 hab.

M dinar

L arabe

R monarchie constit.

L'Arabie Saoudite

• La Mecque est la capitale religieuse des musulmans du monde entier.

En bref :

C Riyad

S 2 149 690 km^2

P 24 600 000 hab.

M riyal

L arabe

R monarchie

Coiffures arabes
Hommes et femmes arabes portent un voile sur la tête pour se protéger du soleil.

Oman

En bref :

C Mascate

S 212 460 km^2

P 2 400 000 hab.

M rial omanais

L arabe

R monarchie

Qatar

C Doha

P 770 000 hab.

L arabe

Bahreïn

C Manama

P 730 000 hab.

L arabe

Les Émirats arabes unis

En bref :

C Abou Dhabi

S 83 600 km^2

P 4 600 000 hab.

M dirham

L arabe

R monarchie constit.

Le Yémen

En bref :

C Sanaa

S 527 970 km^2

P 20 700 000 hab.

M rial

L arabe

R république islamique

Asie centrale

Pendant des siècles, les nomades peuplèrent les montagnes. Puis la population se fixa en partie dans les villes qui naquirent le long de la Route de la Soie. Sous la férule soviétique, l'industrie et l'agriculture se développèrent.

PLATEAU D'OUST-OURT
MER D'ARAL
DÉPRESSION DE TOURAN
L. Sarykamysh
Noukous
OUZBÉ
Tashaouz
Ourgench
Golfe de Zaliv Kara-Bogaz-Gol
MER CASPIENNE
Krasnovodsk
Nebit Dag
TURKMÉNISTAN
ACHKHABA
Canal
Mourgab
Tedzhen
IRAN
Hara
AF

Économie

Coton, or, gaz, soufre, mercure, opium, hydroélectricité. L'Ouzbékistan possède la plus grande mine d'or, et le Tadjikistan 14 % des ressources d'uranium du monde.

Turkménistan
P 5 200 000
L turkmène, russe

Histoire

Au début du siècle, une grande partie de cette région, excepté l'Afghanistan, fut fédérée à l'Union soviétique. L'usage des langues locales et la pratique de l'islam étaient interdits. Ces pays ont aujourd'hui retrouvé leur autonomie.

Environnement

Exploitée intensément pour l'irrigation, la rivière Amou-Daria appauvrie n'alimente plus la mer d'Aral. Aujourd'hui la mer a perdu les deux tiers de sa superficie d'origine.

KAZAKHSTAN
STAN
TACHKENT
Tchirchik
L. Aydarkul
Angren
Almalyk
Kodjand
Namangan
Andijan
Och
Fergana
Navoi
Dzhizak
Zeravshan
Khudzhent
Boukhara
Samarkand
Tchardjou
Karchi
Amou-Daria
BICHKEK
L. Issyk-koul
MTS DE KIRGHIZIE
KIRGHIZISTAN
Naryn
TIAN SHAN
CHINE
Surkhob
TADJIKISTAN
DOUCHANBE
Bartang
PAMIR
Pamir
Panj
Mazar-e-Charif
MTS TURKESTAN
Mourghab
Qonduz
HINDOU KOUSH
Hari Rud
KABOUL
Passe de Khaybar
HANISTAN
Helmand
Arghandab
Kandahar
PAKISTAN
N
0 200 400km
0 100 200miles

OUZBÉKISTAN
P 26 400 000
L ouzbek

KIRGHIZISTAN
P 5 200 000
L kirghiz

TADJIKISTAN
P 6 800 000
L tadjik

AFGHANISTAN
P 29 900 000
L persan oriental, pachto

ARTS

Cette région est célèbre pour ses tapis au point noué fabriqués avec de la laine de caracul. Cette variété de moutons est élevée pour sa toison bouclée très particulière.

CLIMAT

Le climat continental rude et sec explique la présence de grandes zones désertiques. La rigueur des hivers s'accentue en altitude. L'écart des températures est très important : de 53 °C à – 50 °C.

Fédération de Russie et Kazakhstan

La chaîne de l'Oural sépare la partie européenne et la partie asiatique de la Russie, qui s'étend des glaces arctiques aux déserts de l'Asie centrale au sud. Indépendant depuis 1991, le Kazakhstan est une des régions les moins peuplées du monde.

FINLANDE
Mourmansk
MER DE BARENTS
ESTONIE
LETTONIE
St.-Pétersbourg
Arkhangelsk
Pskov
Novgorod
BIÉLORUSSIE
Smolensk
MOSCOU
Iaroslavl
MONTS OURAL
Toula
Riazan
Kirov
UKRAINE
Voronej
Penza
Kazan
Ijevsk
Perm
Rostov-s.-le-Don
Simbirsk
Naberezhnyye Chelny
Saratov
Samara
Togliatti
Iekaterinbourg
Krasnodar
Volgograd
Ourals
Oufa
Tcheliabinsk
Orenburg
GÉORGIE
Astrakhan
Omsk
Oural
Aktioubinsk
Kustanai
Atyrau
Grozny
Ichim
Emba
Akmola
L. Tenghiz
STEPPE KIRGHIZE
OUZBÉKISTAN
MER CASPIENNE
MER D'ARAL
Karaganda
KAZAKHSTAN
Kzyl-Orda
L. Balkhach
TURKMÉNISTAN
OUZBÉKISTAN
Syr Daria
Chu
Ili
Tchimken
ALMA-ATA
KIRGHIZSTAN

Climat

Le Kazakhstan a un climat continental. En Russie, les températures hivernales varient peu du nord au sud, mais chutent brutalement à l'est, particulièrement en Sibérie.

Population

57 nationalités dotées de leurs propres territoires, et 95 autres groupes ethniques, sans territoire, représentant seulement 6 % de la population, vivent au sein de la Fédération de Russie.

Kazakhstan
P 17 200 000
L kazakh

Histoire

Le Kazakhstan fut absorbé par la Russie à la fin du XIXe siècle, quand les Russes commencèrent à s'installer sur la terre des nomades kazakhs. La colonisation et le développement industriel s'intensifièrent après 1917.

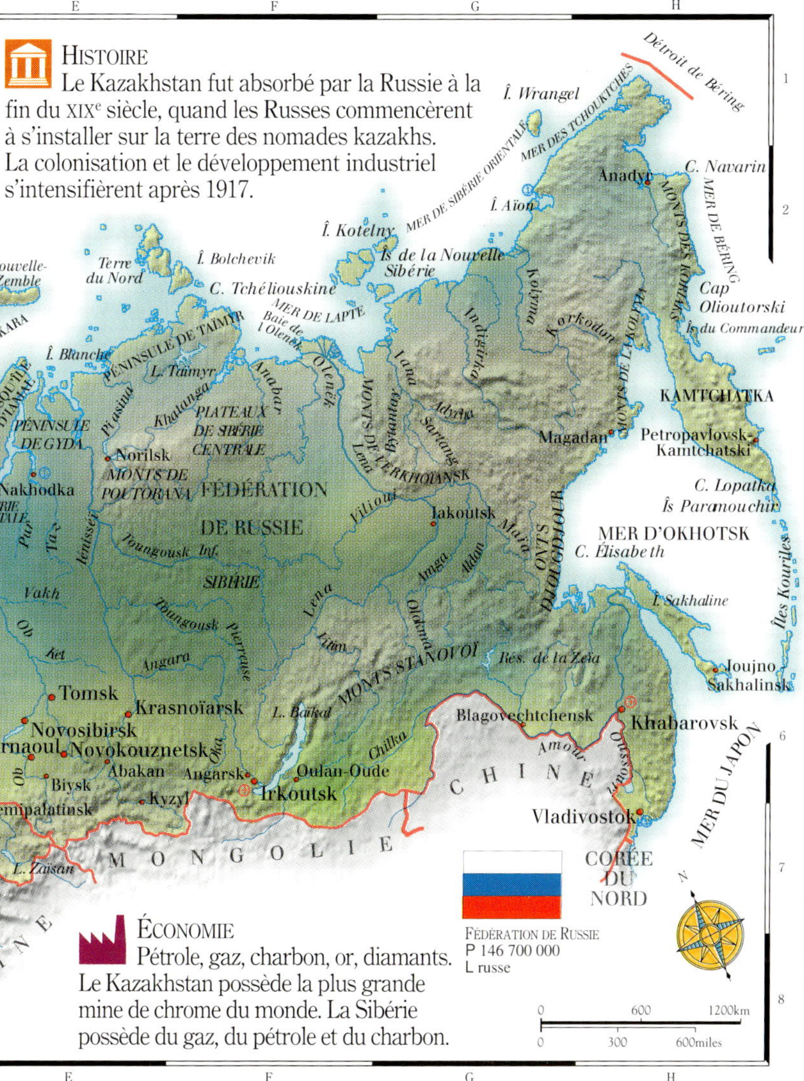

Détroit de Béring
Î. Wrangel
MER DES TCHOUKTCHES
MER DE SIBÉRIE ORIENTALE
Anadyr
C. Navarin
MER DE BÉRING
MONTS DES KORIAKS
Î. Aïon
Î. Kotelny
Îs de la Nouvelle Sibérie
Î. Bolchevik
Terre du Nord
C. Tchélioukine
MER DE LAPTE
Baie de l'Olenek
PÉNINSULE DE TAÏMYR
L. Taïmyr
Î. Blanche
Cap Olioutorski
Îs du Commandeur
Kolyma
Korkodon
Indiguirka
MONTS DE LA KOLYMA
Iana
Adytcha
Sartang
Anabar
Olenek
Khatanga
Piassina
PLATEAUX DE SIBÉRIE CENTRALE
PÉNINSULE DE GYDA
Norilsk
MONTS DE POUTORANA
Nakhodka
FÉDÉRATION DE RUSSIE
MONTS DE VERKHOÏANSK
Lena
Vilioui
Iakoutsk
Maïa
Aldan
Amga
Magadan
KAMTCHATKA
Petropavlovsk-Kamtchatski
C. Lopatka
Îs Paramouchir
MER D'OKHOTSK
C. Élisabeth
Î. Sakhaline
Îles Kouriles
Joujno-Sakhalinsk
MONTS DJOUGDJOUR
Pur
Taz
Iénisseï
Toungousk Inf.
SIBÉRIE
Vakh
Ob
Ket
Toungousk Pierreuse
Angara
Vitim
Olekma
MONTS STANOVOÏ
Rés. de la Zeïa
Tomsk
Krasnoïarsk
Novosibirsk
Novokouznetsk
L. Baïkal
Chilka
Blagovechtchensk
Khabarovsk
Amour
Oussouri
Abakan
Angarsk
Oulan-Oude
Irkoutsk
Biysk
Kyzyl
CHINE
Vladivostok
MER DU JAPON
MONGOLIE
L. Zaïsan
CORÉE DU NORD
N

FÉDÉRATION DE RUSSIE
P 146 700 000
L russe

0 600 1200km
0 300 600miles

Économie

Pétrole, gaz, charbon, or, diamants. Le Kazakhstan possède la plus grande mine de chrome du monde. La Sibérie possède du gaz, du pétrole et du charbon.

L'Asie centrale

L'Ouzbékistan

- De nombreux jeunes Ouzbeks acquièrent une formation commerciale en Turquie.
- Les mariages arrangés sont encore fréquents dans les régions rurales.

En bref :

C Tachkent

S 447 000 km²

P 26 400 000 hab.

M soum

L ouzbek

Coiffes ouzbeks
Les Ouzbeks portent fréquemment des coiffes en velours telles que celle-ci.

Le Kirghizistan

- Le Kirghizistan est le moins urbanisé de tous les pays de l'ancienne URSS.

En bref :

C Bichkek

S 198 500 km²

P 5 200 000 hab.

M som

L kirghiz

Le Turkménistan

- La région d'Achkhabad est réputée pour l'élevage de l'Akhal-Teke, un pur-sang particulièrement résistant aux dures conditions du désert.
- La plupart des Turkmènes vivent à proximité d'oasis.

En bref :

C Achkhabad

S 488 100 km²

P 5 200 000 hab.

M manat

L turkmène, russe

Le Tadjikistan

- La langue et les traditions du Tadjikistan s'apparentent à celles de l'Iran.
- Les violences perpétrées par des bandes armées constituent un problème d'échelle nationale.
- Le Tadjikistan est constitué à 93 % de montagnes.

En bref :

C Douchanbe

S 143 100 km²

P 6 800 000 hab.

M rouble

L tadjik

L'Afghanistan

- L'espérance de vie n'est que de 46 ans en Afghanistan.

En bref :

C Kaboul

S 652 225 km²

P 29 900 000 hab.

M afghani

L pachto, persan

La culture de la carotte est née en Afghanistan.

La Fédération de Russie et le Kazakhstan

La Fédération de Russie

- Moscou et Saint-Pétersbourg sont les villes des pays de la CEI les plus visitées.
- La Russie maintient une présence militaire dans la plupart des pays de l'ancienne URSS.
- Les barons du crime organisé forment la communauté la plus riche de Russie.
- 40 % des Russes vivent avec un revenu mensuel de moins de 40 euros.

En bref :

C Moscou

S 17 075 400 km²

P 146 700 000 hab.

M rouble

L russe

R régime présidentiel multipartite

(Voir également Russie occidentale p. 284-285)

Terres à blé

Durant les années 1950, les prairies du Kazakhstan furent défrichées et transformées en champs de blé.

Baïkonour

La base de lancement utilisée pour le programme spatial russe est située à Baïkonour, au Kazakhstan.

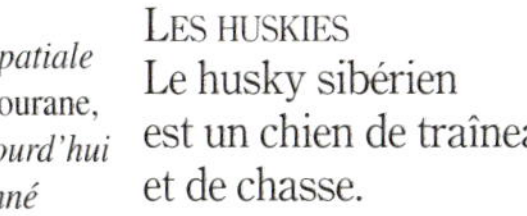

Les huskies

Le husky sibérien est un chien de traîneau et de chasse.

Буран

La navette spatiale soviétique Bourane, *un projet aujourd'hui abandonné*

Le Kazakhstan

- Alma-Ata est aujourd'hui un centre de commerce international.
- Le Kazakhstan a rejoint le FMI (Fonds monétaire international) et la Banque mondiale en 1992.
- La plupart des Kazakhs sont chrétiens orthodoxes ou musulmans.
- La capitale du Kazakhstan a été transférée à Astana en 1997, ex-Akmola, ex-Tselinograd.

En bref :

C Alma-Ata

S 2 717 300 km²

P 17 200 000 hab.

M tengue

L kazakh

R régime autoritaire

Asie du Sud-Est

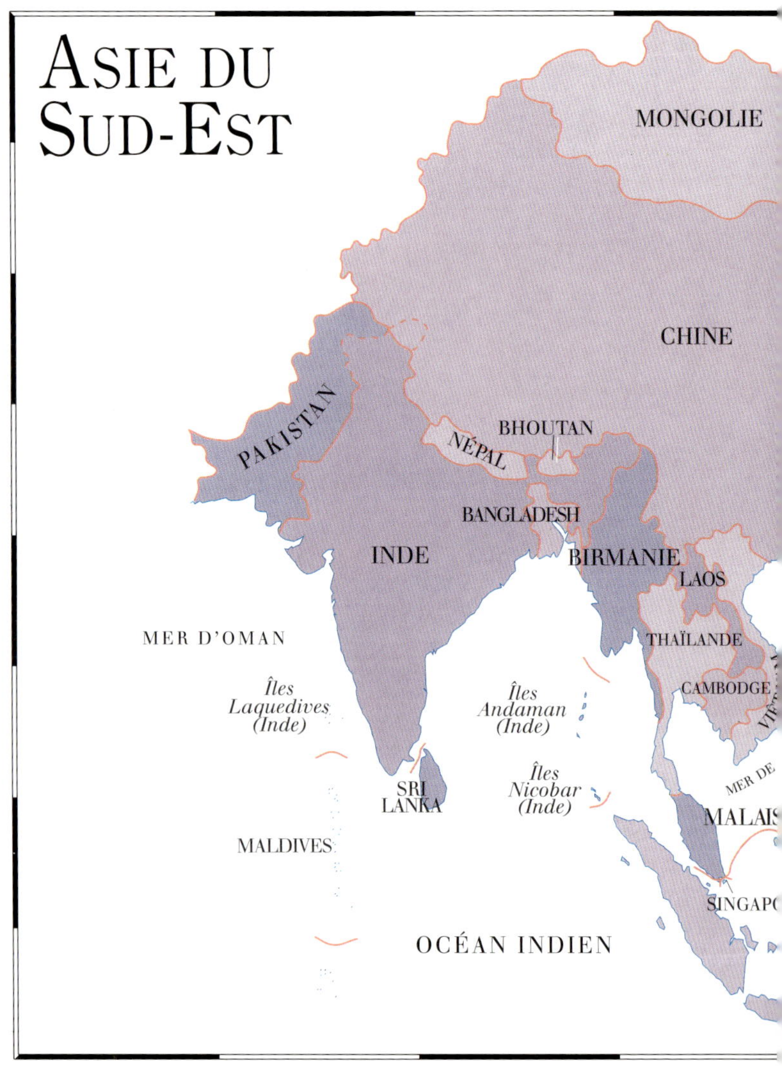
MONGOLIE
CHINE
PAKISTAN
NÉPAL
BHOUTAN
BANGLADESH
INDE
BIRMANIE
LAOS
THAÏLANDE
CAMBODGE
MER D'OMAN
Îles Laquedives (Inde)
Îles Andaman (Inde)
Îles Nicobar (Inde)
SRI LANKA
MALDIVES
OCÉAN INDIEN

CORÉE
DU NORD
CORÉE
DU SUD
MER DU JAPON
JAPON
TAÏWAN
Hong Kong
(Chine)
Macao
(Portugal)
PHILIPPINES
BRUNEI
INDONÉSIE
OCÉAN PACIFIQUE
Îles
Mariannes
du Nord
(É.-U.)
Guam
(É.-U.)
ÎLES
MARSHALL
MICRONÉSIE
PALAU

Asie du Sud-Est

Des déserts arides de Mongolie aux forêts humides tropicales de Malaisie, des Philippines et d'Indonésie, l'Asie est une terre d'extrêmes contrastes. Au cœur de ce continent montagneux se trouve le point culminant du globe, l'Everest (8 846 m).

Sous-continent indien

Séparée du reste de l'Asie par l'Himalaya, l'Inde est le pays le plus peuplé après la Chine. On estime que sa population dépassera celle de la Chine en 2030. Au nord, le Népal et le Bouthan se nichent dans l'Himalaya entre la Chine et l'Inde. Au Sud, le Sri Lanka, autrefois appelé Ceylan.

Économie

Thé, jute, taille de diamants, coton, riz, sucre de canne, textiles. Le Bangladesh exporte 80 % de la consommation mondiale de jute. Le Sri Lanka est le premier exportateur de thé, le Pakistan un gros producteur de riz.

Histoire

En 1947, les antagonismes religieux entraînèrent la partition du sous-continent : l'Inde hindoue et le Pakistan musulman. En 1971, à la suite d'une courte guerre civile le Pakistan oriental proclama son indépendance et devint le Bangladesh.

INDE
P 1 103 600 000
L hindi, anglais

Géographie

L'Himalaya, qui comprend les plus hauts sommets du monde dont l'Everest, résulte d'un violent plissement de la croûte terrestre. L'activité tellurique et volcanique que l'on peut y enregistrer indique que le processus continue.

0 350 700km
0 200 400miles

G
H
1
2
3
4
5
6
7
8
E
G
H
CACHEMIRE
HIMALAYA
CHINE
NÉPAL
BIRMANIE
THAR
INDE
DEKKAN
GHATS ORIENTAUX
COROMANDEL COAST
CÔTE DE MALABAR
Golfe du Bengale
ISLAMABAD
Srinagar
Gujranwala
Amritsar
Jalandhar
Ludhiana
Chandigarh
Meerut
NEW DELHI
Bareilly
Jaipur
Agra
KATMANDOU
THIMBU
BHOUTAN
Brahmapoutre
Gange
Lucknow
Gwalior
Kota
Kanpur
Varanasi (Bénarès)
Patna
Guwahati
Imphal
Rés. Ghandi
Allahabad
Rajshahi
BANGLADESH
Bhopal
Jabalpur
Dhanbad
DACCA
Agartala
Indore
Narmada
Ranchi
Calcutta
Khulna
Chittagong
Tapti
Nagpur
Mahanadi
Nasik
Thana
Bombay
Godavari
Pune
Sholapur
Vishakhapatnam
Hyderabad
Vijayawada
Dharwar
Mangalore
Bangalore
Madras
Coimbatore
Cochin
Madurai
Jaffna
Trivandrum
SRI LANKA
COLOMBO
Galle

PAKISTAN
P 162 400 000
L urdou

NÉPAL
P 25 400 000
L népali

BHOUTAN
P 1 700 000
L dzongkha

BANGLADESH
P 144 200 000
L bengali

SRI LANKA
P 19 700 000
L cinghalais, tamoul

CLIMAT
Au Sri Lanka et en Inde du Sud, le climat est tropical, au nord, alpin froid. Des cyclones se forment régulièrement dans le golfe du Bengale, et le Bangladesh est souvent victime d'inondations pendant la mousson.

Le sous-continent indien

L'Inde

- Concentrée à Bombay, l'industrie du cinéma indienne est la plus prolifique du monde.
- Près de la moitié des Indiens adultes sont illettrés.
- Les pressions culturelles et religieuses sont la cause d'un taux de fécondité élevé.

EN BREF :

C New Delhi
S 3 287 260 km²
P 1 103 600 000 hab.
M roupie
L hindi, anglais
R démocratie parlementaire

UN ANIMAL ROYAL
L'emblème de l'Inde est le tigre du Bengale, une espèce aujourd'hui protégée.

CUISINE ÉPICÉE
Les plats indiens sont parfumés au moyen de subtils assortiments d'épices.

Coriandre fraîche
Coriandre pilée
Safran pilé
Rhizomes de gingembre
Graines de cardamome

Le Sri Lanka

- En 1960, le Sri Lanka fut le premier pays au monde à installer une femme au poste de Premier ministre.
- En 1983, des tensions ethniques entre Tamouls et Cinghalais ont conduit le pays à la guerre civile.
- Les Tamouls réclament la création d'un État indépendant.

EN BREF :

C Colombo
S 65 510 km²
P 19 700 000 hab.
M roupie
L cinghalais, tamoul, anglais

Le Bangladesh

- Au Bangladesh, la plupart des transports s'effectuent sur les rivières et les canaux.
- Les récoltes sont fréquemment détruites par les typhons ou les inondations.

EN BREF :

C Dacca
S 147 500 km²
P 144 200 000 hab.
M taka
L bengali
R parlementaire

Le Pakistan

• Élue Premier ministre du Pakistan en 1988, Benazir Bhutto fut la première femme à gouverner un pays musulman.

• La majorité pendjabi (musulmans sunnites) contrôle l'armée et l'administration du pays.

En bref :

C Islamabad

S 803 940 km²

P 162 400 000 hab.

M roupie pakistanaise

L anglais, ourdou

R république islamique

Une équipe de pointe
L'équipe de cricket du Pakistan est l'une des meilleures du monde.

Les yeux du Bouddha
Ces yeux ornent les murs de nombreux temples népalais.

Le Népal

• Siddharta Gautama, dit le Bouddha, fondateur du bouddhisme, est né au Népal en 583 av. J.-C.

• Les lois népalaises concernant le divorce privilégient les intérêts du mari.

En bref :

C Katmandou

S 141 000 km²

P 25 400 000 hab.

M roupie népalaise

L népali

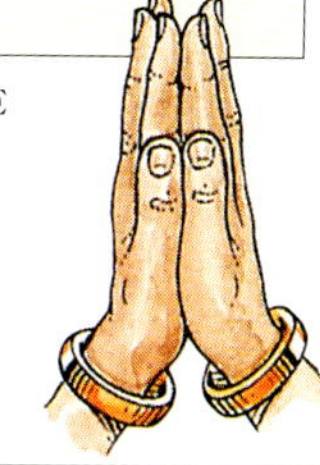

Bienvenue
Au Népal, joindre les mains constitue le geste de salut.

Les Seychelles

(Voir océan Indien p. 362-363)

C Victoria

P 80 000 hab.

L anglais, français, créole

Archers du Bouthan
Au Bouthan, le sport le plus populaire est le tir à l'arc.

Le Bouthan

C Thimbou

P 1 700 000 hab.

L dzongkha

Les Maldives

(Voir océan Indien p. 362-363)

C Malé

P 290 000 hab.

L divéhi

Île Maurice

(Voir océan Indien p. 362-363)

C Port-Louis

P 1 200 000 hab.

L anglais

Chine et Mongolie

L. Uys
L. Har Us
ALTAÏ
KAZAKHSTAN
RÉGION
AUTONOME
DU XINJIANG
Ouroumtsi
TIEN CHAN
Tarim
L. Bosten
Lop Nur
Tarim
DÉSERT DU
TAKLAMAKAN
KIRGHIZISTAN
TADJIKISTAN
AFGHANISTAN
PAKISTAN
KARAKORAM
ALTYN TAGH
MTS KUNLUN
Aksai Chin
(contrôlé par la Chine, réclamé par l'Inde)
Demchok
(réclamé par la Chine et l'Inde)
RÉGION
AUTONOME
DU TIBET
MTS TANGGULA
GANGDISI SHAN
Brahmapoutre
INDE
HIMALAYA
NÉPAL
BHOUTAN

Isolée du monde occidental pendant des siècles, la Chine inventa la boussole, le papier, la poudre à fusil, la porcelaine et la soie. Elle possède trois régions autonomes – la Mongolie intérieure, le Xinjiang et le Tibet. Le désert de Gobi, en Mongolie, est le désert le plus septentrional.

Population

Les Han représentent 93 % des Chinois. En 1979, la Chine cesse d'imposer sa politique de l'enfant unique aux minorités menacés d'extinction (Mongols, Tibétains et Ouïgours musulmans).

Histoire

Après avoir envahi le Tibet en 1950, les Chinois ont détruit sa société agricole traditionnelle et ont brutalement réprimé le bouddhisme. Sur les quelques 6 000 monastères existant en 1959, il n'en restait que 179 en 1980.

MONGOLIE
P 2 600 000
L khalkha
FÉDÉRATION DE RUSSIE
L. Hövsgöl
Egiyn
MTS KHANGAÏ
OULAN-BATOR
Orhon
Uldz
Amour
Argun
L. Hulun Nur
GRAND KHINGAN
MONGOLIE
MONGOLIE-INTÉRIEURE
DÉSERT DE GOBI
DÉSERT BADAN JILIN
Hohhot
Baotou
DÉSERT D'ORDOS
Grande Muraille
Xining
Grande Muraille
Qinghai Hu
QINGHAI
CHINE ORIENTALE
MER JAUNE
CORÉE DU NORD
CORÉE DU SUD
MER DU JAPON
Mékong
CHINE
P 1 330 700 000
L chinois mandarin
N
0 400 800km
0 200 400miles

CHINE DU SUD-EST voir p. 120-121

ÉCONOMIE

Charbon, tungstène, minerai de fer, pétrole. La Chine est le premier producteur de charbon et de tungstène. La Mongolie produit des céréales et du bétail.

CLIMAT

En Mongolie, les températures peuvent atteindre 41 °C et chuter jusqu'à – 50 °C. La Chine du Nord-Ouest ressent la mousson d'hiver, qui souffle l'air froid et sec de Sibérie.

CHINE ET CORÉE

Un cinquième de la population du globe vit en Chine orientale. Annexée au Japon en 1910, la Corée fut divisée entre les États-Unis (Corée du Sud) et la Russie communiste (Corée du Nord) après la Seconde Guerre mondiale (1948).

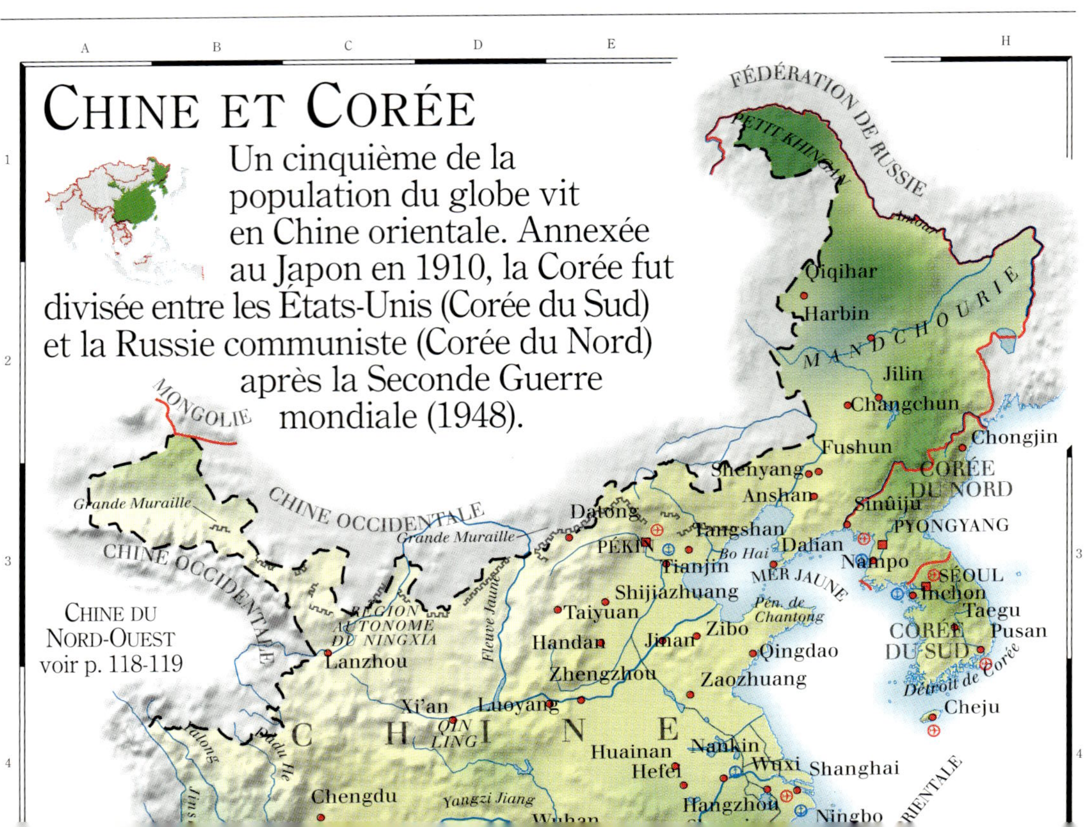
A
B
C
D
E
H
1
2
3
4
FÉDÉRATION DE RUSSIE
PETIT KHINGAN
Amour
MANDCHOURIE
Qiqihar
Harbin
Jilin
Changchun
Chongjin
Fushun
Shenyang
Anshan
CORÉE DU NORD
Sinûiju
PYONGYANG
Dalian
Nampo
SÉOUL
Inchon
Taegu
Pusan
CORÉE DU SUD
Détroit de Corée
Cheju
MONGOLIE
CHINE OCCIDENTALE
Grande Muraille
Datong
Tangshan
PÉKIN
Tianjin
Bo Hai
MER JAUNE
Pén. de Chantong
Shijiazhuang
Taiyuan
Zibo
RÉGION AUTONOME DU NINGXIA
Fleuve Jaune
Handan
Jinan
Qingdao
Lanzhou
Zhengzhou
Zaozhuang
Xi'an
Luoyang
QIN LING
CHINE
Huainan
Nankin
Hefei
Wuxi
Shanghai
Chengdu
Yangzi Jiang
Hangzhou
Ningbo
Dadu He
Yalong
ORIENTALE

CHINE DU NORD-OUEST voir p. 118-119

BIRMANIE
Salouen
Kunming
Mékong
LAOS
VIÊT-NAM
Hongshui He
Guiyang
Yuan
RÉGION
AUTONOME
DE GUANGXI
Nanning
Golfe du Tonkin
Haikou
Hainan
Pen. de Leizhou
Changsha
Nanchang
Fuzhou
Xiamen
Canton
Dongguang
MACAO
Kowloon
MACAO (Chine)
HONG KONG (Chine)
MER DE CHINE MÉRIDIONALE
Détroit de Taïwan
Taïwan Strait
TAIPEI
TAÏWAN
Kaohsiung
MER DE CH
N
0 300 600km
0 150 300miles

CHINE
P 1 330 700 000
L chinois mandarin

TAIWAN
P 22 700 000
L chinois mandarin

CORÉE DU NORD
P 24 400 000
L coréen

CORÉE DU SUD
P 48 300 000
L coréen

POPULATION
La Corée a été peuplée par un groupe ethnique homogène pendant 2 000 ans. La plupart des Chinois de Taiwan descendent des partisans de la dynastie Ming détrônée en 1644.

CLIMAT
Le Sud de la Corée du Sud et Taiwan ont un climat de mousson tropical. La Corée du Nord a un climat continental.

HISTOIRE
Le 1er juillet 1997, la Grande-Bretagne a retrocédé Hong Kong à la Chine. Le territoire de Hong Kong garde néanmoins un statut spécial.

COMMUNICATIONS
La Corée du Sud possède l'un des réseaux de transports publics les plus modernes et les plus performants du monde.

ÉCONOMIE
Riz, électronique, blé, finance, textiles. Hong Kong est le premier port à conteneurs du monde. Taiwan est le premier producteur de montres, matériel électronique et chaussures de sport.

JAPON

Composé de quatre îles principales et de 4 000 petites îles ou îlots, le Japon est la nation la plus industrialisée du monde. Les deux tiers du pays étant montagneux, les Japonais se concentrent sur la côte. Le pays enregistre environ 1 500 séismes mineurs par an ; de temps à autres, des séismes violents, comme celui de Kobé en 1994, provoquent des raz de marée le long de la côte pacifique.

Détroit de La Pérouse
MER D'OKHOTSK
Îles Kouriles
Détroit de Catherine
Îles Habomai
Hokkaido
MTS ISHIKARI
MTS HIDAKA
Ishikari
Baie d'Ishikari
Sapporo
Baie d'Uchiura
Détroit de Tsugaru
MTS OU
Mogami
Sendai
MER DU JAPON
de Toyama

ÉCONOMIE

Pêche, chantiers navals, automobiles, ordinateurs, télévisions, électronique de haute technologie, appareils électroniques miniaturisés. Le Japon est le premier exportateur mondial d'automobiles et sa bourse se range au second rang.

HISTOIRE

Autrefois gouverné par des chefs militaires appelés *shoguns*, qui limitaient le contact avec le monde extérieur. En 1639, le Japon coupa tous liens avec les autres nations et ordonna le départ de tous les Européens. En 1854, un traité ouvrit enfin les ports aux étrangers.

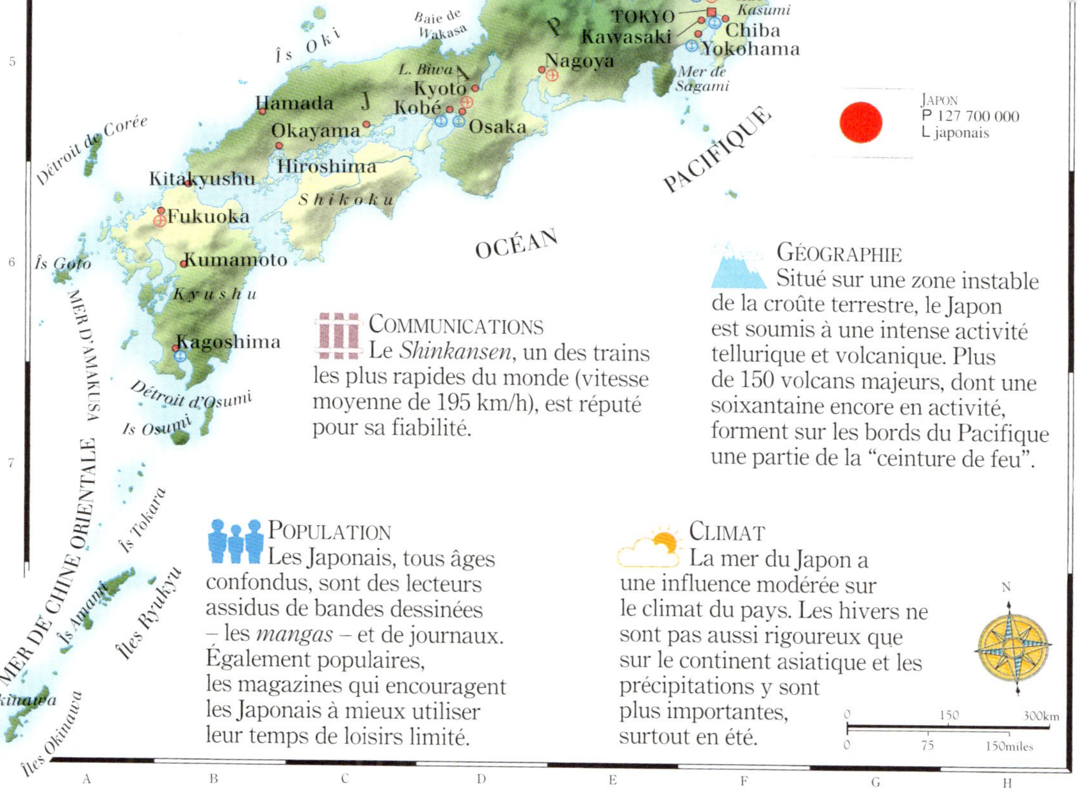
Îs Oki
Baie de Wakasa
TOKYO
Kawasaki
Chiba
Kasumi
Yokohama
Mer de Sagami
Nagoya
L. Biwa
Kyoto
Kobé
Osaka
Hamada
Okayama
Hiroshima
Shikoku
Kitakyushu
Fukuoka
Kumamoto
Kyushu
Kagoshima
Détroit de Corée
Îs Goto
MER D'AMAKUSA
Détroit d'Osumi
Is Osumi
MER DE CHINE ORIENTALE
Îs Tokara
Îs Amami
Îles Ryukyu
Okinawa
Îles Okinawa
OCÉAN
PACIFIQUE
0 150 300km
0 75 150miles
N

JAPON
P 127 700 000
L japonais

GÉOGRAPHIE
Situé sur une zone instable de la croûte terrestre, le Japon est soumis à une intense activité tellurique et volcanique. Plus de 150 volcans majeurs, dont une soixantaine encore en activité, forment sur les bords du Pacifique une partie de la “ceinture de feu”.

COMMUNICATIONS
Le *Shinkansen*, un des trains les plus rapides du monde (vitesse moyenne de 195 km/h), est réputé pour sa fiabilité.

POPULATION
Les Japonais, tous âges confondus, sont des lecteurs assidus de bandes dessinées – les *mangas* – et de journaux. Également populaires, les magazines qui encouragent les Japonais à mieux utiliser leur temps de loisirs limité.

CLIMAT
La mer du Japon a une influence modérée sur le climat du pays. Les hivers ne sont pas aussi rigoureux que sur le continent asiatique et les précipitations y sont plus importantes, surtout en été.

L'Asie orientale

La Chine

- Les premières dynasties chinoises sont apparues il y a près de 5 000 ans.
- La Chine, avec son milliard d'habitants, est considérée comme le marché du XXIe siècle.
- Mao Zedong (Mao Tsé-toung), cofondateur du Parti communiste chinois, a dirigé la Chine de 1949 à 1976, année de sa mort.

En bref :

C Beijing (Pékin)
S 9 596 000 km²
P 1 330 700 000 hab.
M yuan
L chinois mandarin
R régime communiste

UN LONG MUR
La Grande Muraille de Chine est la construction la plus longue du monde.

REPAS DE BAMBOU
Le panda, habitant protégé des montagnes du Sichuan, se nourrit de pousses de bambou.

Hong Kong

(Territoire chinois depuis le 30-06-1997)
C Victoria
P 6 900 000 hab.
L anglais, langues chinoises

La Mongolie

- En Mongolie, la presse n'a pas à craindre la censure.
- Les Mongols sont traditionnellement nomades, mais aujourd'hui, ils travaillent souvent dans des fermes d'État.
- Les Mongols les plus pauvres n'ont pas les moyens d'acheter du pain.

En bref :

C Oulan-Bator
S 1 565 000 km²
P 2 600 000 hab.
M tugrik
L khalkha (mongol)

Macao

(ancienne colonie portugaise, territoire chinois depuis-1999)
C Macao
P 470 000 hab.
L portugais, chinois

LE YACK
Le yack fournit aux éleveurs mongols le lait, la viande, la laine et le cuir.

La Corée du Sud

- 60 % des Sud-Coréens ont pour patronyme Kim, Lee ou Pak.
- Bien qu'en cours de démocratisation, la Corée du Sud reste un régime autoritaire.
- En Corée du Sud, il est mal vu pour une femme mariée d'occuper un emploi.

En bref :

C Séoul
S 99 315 km^2
P 48 300 000 hab.
M won
L coréen
R démocratie parlementaire

La Corée du Nord

- Le Parti du travail est l'unique parti politique légal du pays.
- En Corée du Nord, téléphones et voitures ne sont pas accessibles aux particuliers.

En bref :

C Pyongyang
S 120 540 km^2
P 24 400 000 hab.
M won
L coréen

Le ginseng, une racine coréenne, est un ingrédient de base de la médecine traditionnelle asiatique.

10 % des ordinateurs produits dans le monde proviennent de Taïwan.

Taïwan

- Taïwan est le premier pays producteur mondial de bicyclettes.
- La Chine considère Taïwan comme une province chinoise.

En bref :

C Taipei
S 36 000 km^2
P 22 700 000 hab.
M dollar de Taïwan
L chinois mandarin

Le Japon

- Lors de présentations, les Japonais mentionnent plutôt le nom de leur société que leur fonction.
- Le Japon constitue le 1er marché à l'exportation pour le cinéma américain.
- La Constitution du pays interdit l'envoi de soldats japonais en dehors du territoire, sauf en cas d'agression étrangère.

En bref :

C Tokyo
S 377 800 km^2
P 127 700 000 hab.
M yen
L japonais
R démocratie parlementaire

Poids lourds
Pour maintenir leur corpulence, les sumotoris japonais ingurgitent chaque jour un copieux ragoût composé de poisson, de viande, de légumes et de tofu.

ASIE DU SUD-EST CONTINENTALE

La Thaïlande a presque toujours été un royaume indépendant. La Malaisie regroupe 11 États sur la péninsule malaise, ainsi que Sarawak et Sabah à Bornéo. Le Cambodge, le Laos, le Vietnam ont enduré des années de guerres civiles. La Birmanie se retrouve très isolée du monde à cause de son régime répressif.

A B C D E F G H
1 2 3 4
BIRMANIE (MYANMAR)
P 50 500 000
L birman
LAOS
P 5 900 000
L lao
INDE
CHINE
BIRMANIE
LAOS
MONTS KUMON
COLLINES CHIN
BANGLADESH
Golfe du Bengale
Golfe du Tonkin
Chindwin
Irrawaddy
Salouen
Mékong
Nam Ou
Riv. Noire
Fleuve Rouge
L. Thac Ba
L. Inle
Monywa
Mandalay
Sagaing
Amarapura
Pakokku
Taunggyi
Minbu
Pyinmana
Prome
Sandoway
Chiang Mai
Luang Parabang
Viet Tri
Thai Nguyen
Hong Gai
HANOI
Hai Phong
Nam Dinh
Thanh Hoa
Vinh

RANGOON
C. Negrais
Golfe de Martaban
MER D'ANDAMAN
Moulmein
Kyaikkami
Phitsanulok
Khon Kaen
Savannaket
Hué
Danang
T H A Ï L A N D E
Mun
Mékong
Nakhon Sawan
Nakhon Ratchasima
Ubon Ratchathani
Pakse
Tavoy
Ayutthaya
BANGKOK
Ratburi
Chonburi
Battambang
Sên
San
C A M B O D G E
V I E T N A M
Qui Nhon
Ban Me Thuot
Nha Trang
Dalat
Tonlé Sap
Archipel Mergui
Golfe de Thaïlande
PHNOM PENH
Kampong Cham
Biên Hoa
Hô Chi Minh-Ville
ISTHME DE KRA
Long Xuyen
Rach Gia
Can Tho
Î. Phangan
Î. Samui
MER DE CHINE MÉRIDIONALE
Nakhon Si Thammarat
Î. Phuket
Songkhla
Hat Yai
Langkawi
Kota Baharu
Pinang
Taiping
CAMERON HIGHLANDS
Kuala Terengganu
Ipoh
Pahang
Kuantan
KUALA LUMPUR
Kelang
MALAISIE
Seremban
Melaka
Johor Baharu
SINGAPOUR
Détroit de Singapour
N
0 200 400km
0 100 200miles
A B C D F G H
5 6 7 8
Vietnam
P 83 300 000
L vietnamien
Thaïlande
P 65 000 000
L thaï
Cambodge
P 13 300 000
L kmer
Malaisie occidentale
P 20 100 000
L malais
Singapour
P 4 300 000
L malais, chinois, tamoul, anglais

Climat
Principalement tropical avec des températures élevées régulières et une ou deux périodes de pluies pouvant durer six mois.

Économie
Huile de palme, bois, étain, pierres précieuses, riz, caoutchouc, tourisme. Singapour contrôle le trafic maritime entre les océans Indien et Pacifique. La Thaïlande exporte des ananas et des crevettes.

ASIE DU SUD-EST INSULAIRE

Disséminées entre l'océan Indien et l'océan Pacifique, ce sont des milliers d'îles montagneuses tropicales. Autrefois appelée Indes orientales, l'Indonésie fut colonisée par les Hollandais pendant 350 ans. Plus de la moitié de ses 13 677 îles sont encore vierges. Les Philippines, qui s'étirent le long de la "ceinture de feu", sont une zone de grande activité volcanique et sismique.

BRUNEI
P 360 000
L malais

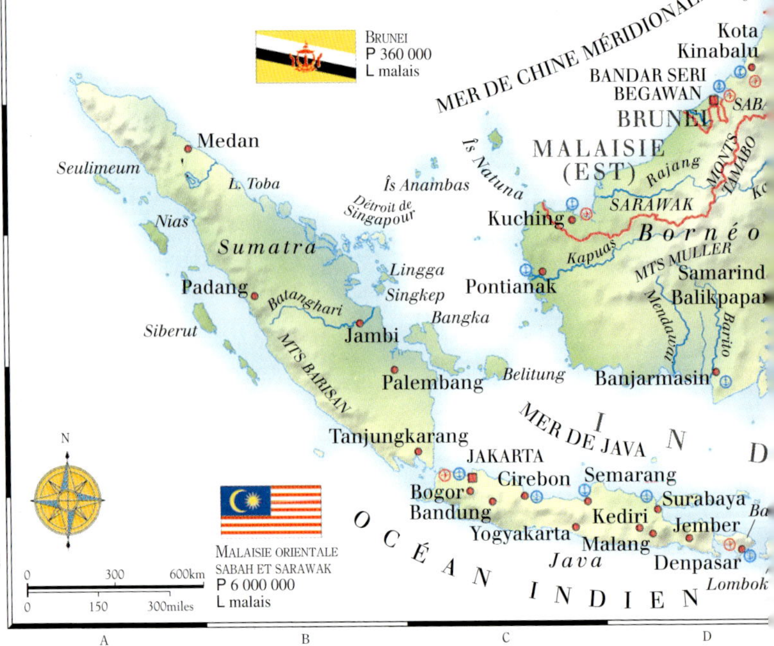

MER DE CHINE MÉRIDIONALE
Détroit de Balabac
Kota Kinabalu
BANDAR SERI BEGAWAN
BRUNEI
MALAISIE (EST)
Îs Natuna
Rajang
MONTS TAMABO
SARAWAK
Kuching
Bornéo
Kapuas
MTS MULLER
Samarind
Balikpapa
Pontianak
Mendawai
Barito
Banjarmasin
Medan
Seulimeum
L. Toba
Îs Anambas
Détroit de Singapour
Nias
Sumatra
Lingga
Singkep
Padang
Batanghari
Bangka
Siberut
Jambi
MTS BARISAN
Palembang
Belitung
MER DE JAVA
Tanjungkarang
JAKARTA
Cirebon
Semarang
Bogor
Bandung
Surabaya
Kediri
Jember
Yogyakarta
Malang
Java
Denpasar
Lombok
OCÉAN INDIEN
N
0 300 600km
0 150 300miles

MALAISIE ORIENTALE
SABAH ET SARAWAK
P 6 000 000
L malais

Économie

Huile de palme, bois, riz, pétrole, gaz naturel, cuivre, chrome, tourisme. La Malaisie est le premier producteur mondial d'huile de palme et de disques durs pour ordinateurs.

Environnement

L'exploitation forestière, surtout à Bornéo et aux Philippines, est responsable de la disparition de certaines communautés vivant dans la forêt (les Penangs en Malaisie).

Climat

Les pays situés à proximité de l'équateur sont chauds et humides toute l'année. Les variations climatiques dépendent de la latitude.

F
G
H
1
2
3
4
5
8
Détroit de Luçon
Luçon
Baguio
Dagupan
Cabanatuan
MANILLE
Lucena
Naga
Legazpi
Mindoro
Détroit de Mindoro
Calbayog
Samar
Panay
Cadiz
Iloilo
Tacloban
Bacolod
Cebu
Negros
Butuan
Cagayan de Oro
Iligan
Mindanao
Zamboanga
Davao
Jolo
General Santos
Archipel des Sulu
MER DE SULU
MER DES PHILIPPINES
OCÉAN PACIFIQUE
Îs Talaud
MER DES CÉLÈBES
Détroit de Macassar
Manado
MER DES MOLUQUES
Halmahera
Golfe de Tomini
Palu
Célèbes
Îs Sula
Moluques
MER DE CERAM
Cera
Buru
Ambon
Kendari
Ujung Pandang
MER DE BANDA
Îs Kai
Îs Aru
MER D'ARAFURA
Supiori
Biak
Jayapura
Memberamo
IRIAN JAYA
MTS MAOKE
Digul
Dolak
Îs Tanimbar
INDONÉSIE
MER DE FLORES
Sumbawa
Flores
Dili
TIMOR ORIENTAL
Petites Îles de la Sonde
Timor
Kupang
Sumba
Roti
MER DE TIMOR
PAPOUASIE-Nelle-GUINÉE

PHILIPPINES
P 84 800 000
L philippin, anglais

INDONÉSIE
P 221 900 000
L bahasa indonésien

L'Asie du Sud-Est

La Birmanie (Myanmar)

- La presse birmane est régie par l'État depuis 1962.
- La Birmanie est le premier pays producteur mondial de bois de teck.

EN BREF :

C Rangoon

S 676 550 km²

P 50 500 000 hab.

M kyat

L myanmar (birman)

Le Laos

- Le pont de l'Amitié franchissant le Mékong, inauguré en 1994, est le premier lien routier entre la Thaïlande et le Laos.

EN BREF :

C Vientiane

S 237 000 km²

P 5 000 000 hab.

M kip

L laotien

Singapour

- Singapour occupe le premier rang mondial dans le domaine des biotechnologies.
- À Singapour, il est interdit de mâcher du chewing-gum.

EN BREF :

C Singapour

S 620 km²

P 4 300 000 hab.

M dollar de Singapour

L malais, chinois, tamoul, anglais

La Thaïlande

- La Thaïlande est une monarchie ; il y est illégal de critiquer le roi.
- Contrairement aux autres pays sud-asiatiques, la Thaïlande n'a jamais été colonisée.

EN BREF :

C Bangkok

S 513 120 km²

P 65 000 000 hab.

M baht

L thaï

R monarchie constitutionnelle

ÉPICERIE AQUATIQUE
Il n'est pas rare de rencontrer des marchés flottants sur les cours d'eau du Viêt Nam.

Le Viêt Nam

- Une nouvelle espèce de mammifère a été récemment découverte dans les forêts du nord du Viêt Nam.
- La guerre du Viêt Nam a causé la mort de deux millions d'individus.

EN BREF :

C Hanoi

S 330 000 km²

P 83 300 000 hab.

M dông

L vietnamien

R république socialiste

LE DRAGON DE KOMODO
Ce varan indonésien est le plus gros lézard du monde.

L'Indonésie

- Les 13 677 îles qui forment l'Indonésie s'étendent sur plus de 3 000 km et couvrent 3 fuseaux horaires.
- L'Indonésie s'appelait autrefois "Indes néerlandaises".
- Les forêts indonésiennes sont menacées par une exploitation abusive.
- Plus de 400 langues sont encore parlées en Indonésie.

EN BREF :

C Jakarta
S 1 905 000 km²
P 221 900 000 hab.
M roupie
L bahasa indonesia
R régime présidentiel

Brunei

C Bandar Seri Begawan
P 360 000 hab.
L malais

Les Philippines

- Les Philippines sont le seul pays chrétien d'Asie.
- L'essentiel des terres est partagé entre seulement 200 familles aux Philippines.

EN BREF :

C Manille
S 300 000 km²
P 84 800 000 hab.
M peso philippin
L philippin (tagal), anglais
R régime présidentiel

Le Cambodge

- Plus d'un million de Cambodgiens ont trouvé la mort entre 1975 et 1979 sous le régime marxiste des Khmers rouges.
- Les Cambodgiens descendent des Khmers, peuple apparu en Asie du Sud-Est au cours du VIe siècle.
- L'aide internationale entre pour 70 % dans les revenus du Cambodge.

EN BREF :

C Phnom Penh
S 181 000 km²
P 13 300 000 hab.
M riel
L khmer

La Malaisie

- La Malaisie est le premier pays producteur de caoutchouc naturel.
- Les forêts tropicales représentent plus de 70 % du territoire malaisien.

EN BREF :

C Kuala Lumpur
S 330 000 km²
P 26 100 000 hab.
M ringgit
L malais

CAOUTCHOUC MALAIS
Ces Malais entaillent le tronc d'un arbre à caoutchouc pour recueillir le précieux latex.

Océanie

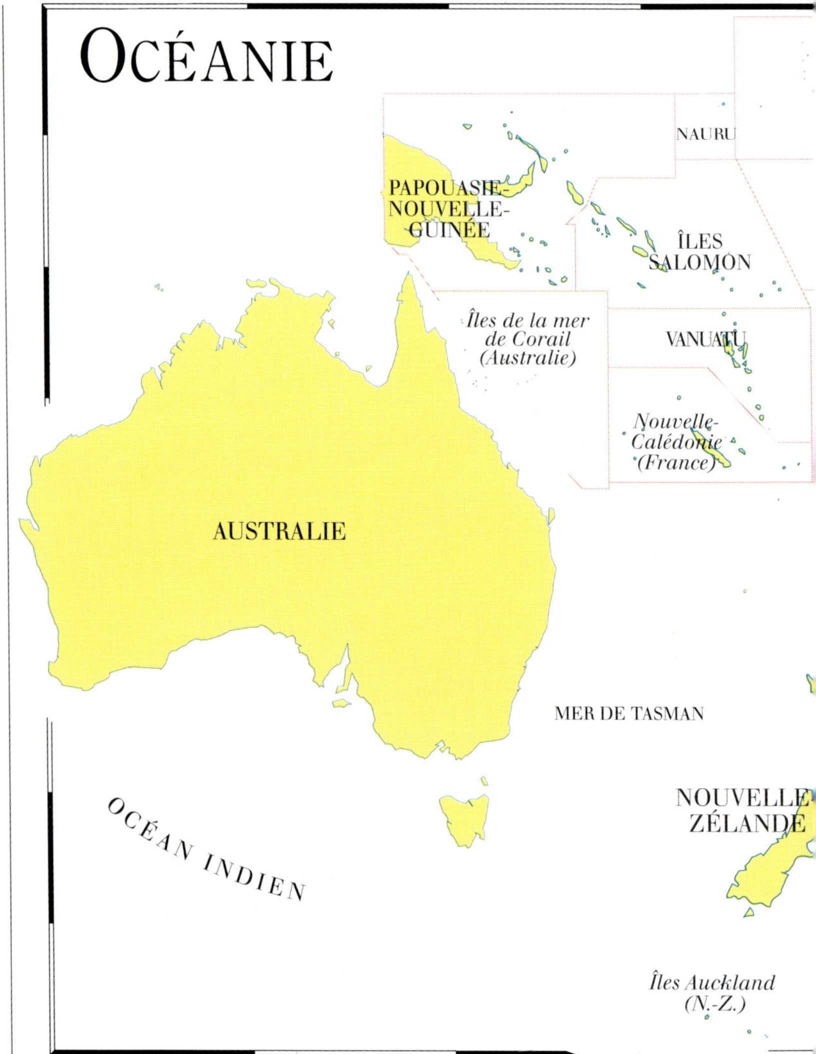
NAURU
PAPOUASIE-NOUVELLE-GUINÉE
ÎLES SALOMON
Îles de la mer de Corail (Australie)
VANUATU
Nouvelle-Calédonie (France)
AUSTRALIE
MER DE TASMAN
OCÉAN INDIEN
NOUVELLE-ZÉLANDE
Îles Auckland (N.-Z.)

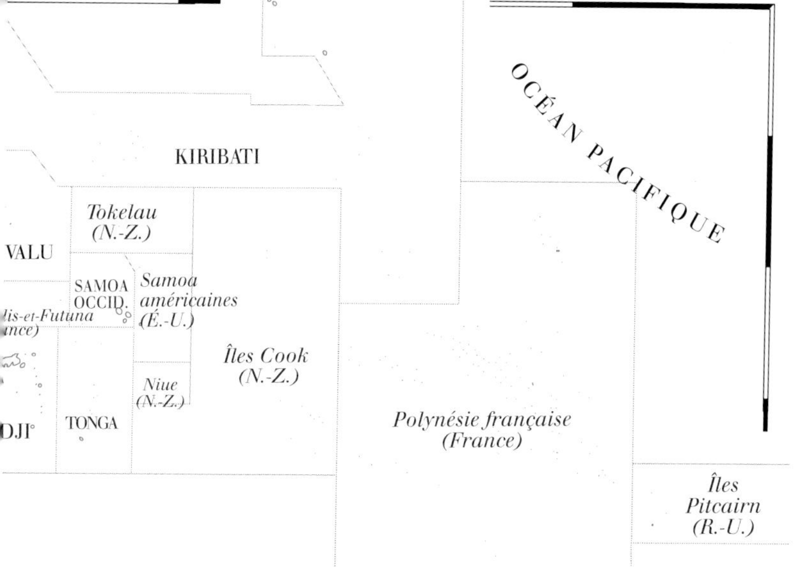
OCÉAN PACIFIQUE
KIRIBATI
Tokelau
(N.-Z.)
VALU
SAMOA
OCCID.
Samoa
américaines
(É.-U.)
lis-et-Futuna
ance)
Îles Cook
(N.-Z.)
Niue
(N.-Z.)
DJI
TONGA
Polynésie française
(France)
Îles
Pitcairn
(R.-U.)
Îles Chatham
(N.-Z.)

Océanie

Il y a des millions d'années, le continent australien et les îles de Nouvelle-Guinée et de Nouvelle-Zélande se détachèrent des autres continents du Sud. Ces terres sont le berceau de plantes et d'animaux uniques, comme le marsupial australien (mammifère à poche ventrale). Les milliers d'îles disséminées dans le Pacifique sont des îles volcaniques ou des atolls coralliens.

Océan Pacifique

Le plus vaste et le plus profond des océans (profondeur maximum 11 033 m) a une superficie supérieure à celle de tous les continents réunis. La Mélanésie, la Micronésie et la Polynésie sont les principaux archipels du Pacifique.

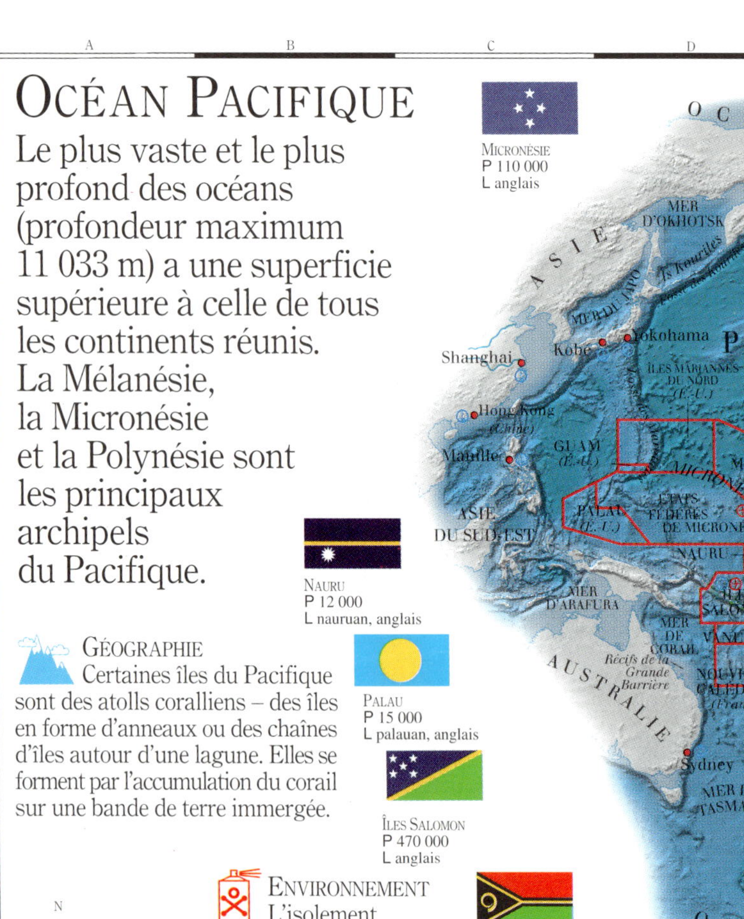
MER D'OKHOTSK
ASIE
MER DU JAPON
Kobe
Yokohama
Shanghai
ÎLES MARIANNES DU NORD
(É.-U.)
Hong Kong
(Chine)
GUAM
(É.-U.)
Manille
ASIE DU SUD-EST
PALAU
ÉTATS FÉDÉRÉS DE MICRONÉSIE
NAURU
MER D'ARAFURA
MER DE CORAIL
Récifs de la Grande Barrière
AUSTRALIE
Sydney

Micronésie
P 110 000
L anglais

Nauru
P 12 000
L nauruan, anglais

Palau
P 15 000
L palauan, anglais

Îles Salomon
P 470 000
L anglais

Vanuatu
P 220 000
L angl., franç., bishlamar

Fidji
P 840 000
L anglais

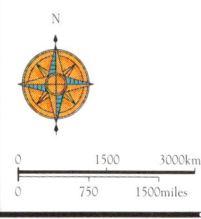

Géographie

Certaines îles du Pacifique sont des atolls coralliens – des îles en forme d'anneaux ou des chaînes d'îles autour d'une lagune. Elles se forment par l'accumulation du corail sur une bande de terre immergée.

Environnement

L'isolement géographique de ces régions a amené les Américains et les Français à en faire le site d'essais nucléaires très controversés.

0 1500 3000km
0 750 1500miles

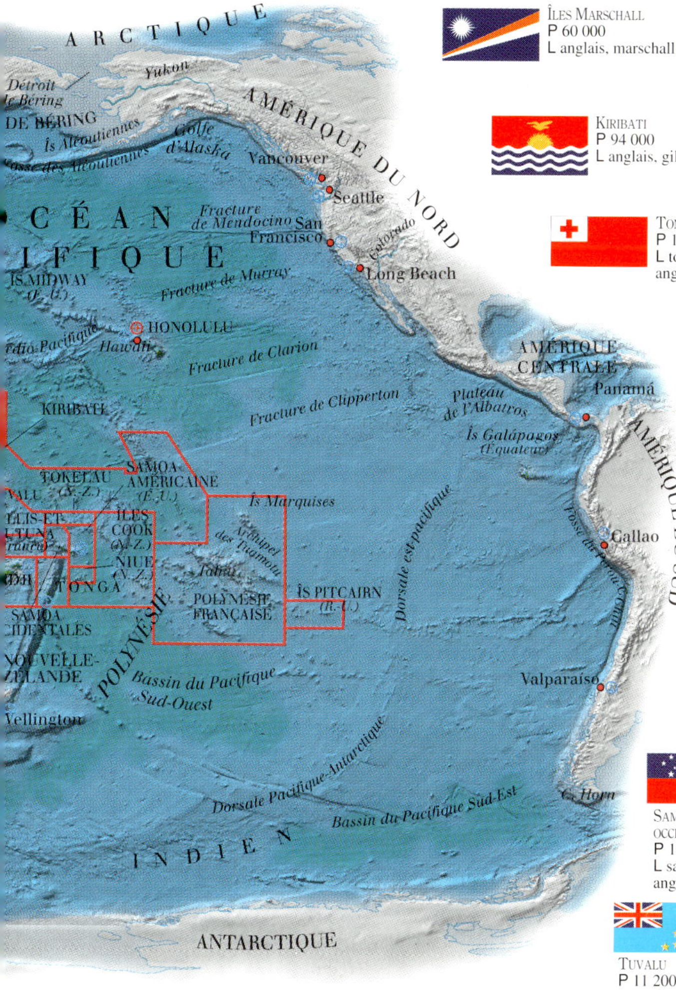

E F G H

ARCTIQUE
Yukon
Détroit de Béring
DE BÉRING
Îs Aléoutiennes
Golfe d'Alaska
Fosse des Aléoutiennes
AMÉRIQUE DU NORD
Vancouver
Seattle
OCÉAN PACIFIQUE
Fracture de Mendocino
San Francisco
Colorado
Long Beach
ÎS MIDWAY (É.-U.)
Fracture de Murray
HONOLULU
Hawaii
Fracture de Clarion
AMÉRIQUE CENTRALE
Panamá
KIRIBATI
Fracture de Clipperton
Plateau de l'Albatros
Îs Galápagos (Équateur)
SAMOA AMÉRICAINE (É.-U.)
TOKELAU (N.-Z.)
Îs Marquises
ÎLES COOK (N.-Z.)
Archipel des Tuamotu
NIUE (N.-Z.)
Tahiti
TONGA
POLYNÉSIE FRANÇAISE
ÎS PITCAIRN (R.-U.)
Dorsale est-pacifique
AMÉRIQUE DU SUD
Callao
SAMOA OCCIDENTALES
POLYNÉSIE
NOUVELLE-ZÉLANDE
Bassin du Pacifique Sud-Ouest
Valparaíso
Wellington
Dorsale Pacifique-Antarctique
Bassin du Pacifique Sud-Est
C. Horn
INDIEN
ANTARCTIQUE

ÎLES MARSCHALL
P 60 000
L anglais, marschallien

KIRIBATI
P 94 000
L anglais, gilbertois

TONGA
P 106 000
L tongan, anglais

SAMOA OCCIDENTALE
P 190 000
L samoan, anglais

TUVALU
P 11 200
L tuvaluan, anglais

1 2 3 4 5 6 7 8

E F G H

AUSTRALIE ET PAPOUASIE-NOUVELLE-GUINÉE

L'Australie est la plus grande île du monde. Son paysage varie de la forêt tropicale au désert aride. La Papouasie-Nouvelle-Guinée (PNG) est très montagneuse, peuplée de tribus clairsemées et isolées du monde extérieur.

MER DE TIMOR
DARWIN
Golfe Joseph-Bonaparte
OCÉAN INDIEN
PLATEAU DE KIMBERLEY
MONTS DU ROI LÉOPOLD
Fitzroy
Victoria
GRAND DÉSERT DE SABLE
L. Mac Kay
C. Nord-Ouest
MONTS HAMERSLEY
L. du Disappointment
Alice Spring
MONTS MACDONNELL
L. Mac Leod
AUSTRALIE-OCCIDENTALE
DÉSERT DE GIBSON
Î. du Dirk Hartog
L. Carnegie
GRAND DÉSERT VICTORIA
L. Barlee
L. Moore
PLAINE DE NULLARBOR
PERTH
Grande Baie austral
C. du Naturaliste
C. Leeuwin
C. Pasley

AUSTRALIE
P 19 544 000
L anglais

CLIMAT

La population se concentre sur une bande de 400 km de large, longeant les côtes est et sud-est tempérées, et autour de Perth à l'ouest. Le sud et l'ouest de l'intérieur du pays sont arides, le nord tropical. La PNG est tropicale.

ÉCONOMIE

Charbon, or, uranium, bétail, tourisme, laine, minerai de fer, bauxite et cuivre, vin et bière. L'Australie possède les plus grands gisements de diamants connus. La PNG possède les plus grandes mines de cuivre et d'or du monde.

MER D'ARAFURA
Détroit de Torrès
C. d'Arnhem
PÉNINSULE DU CAP YORK
Golfe de Carpentarie
OCÉAN PACIFIQUE
Grande Barrière de corail
Mitchell
Townsville
Flinders
CORDILLÈRE AUSTRALIENNE
QUEENSLAND
Diamantina
DÉSERT DE SIMPSON
BRISBANE
Gold Coast
L. Eyre
Cooper Creek
Darling
MONTS FLINDERS
NOUVELLE-GALLES DU SUD
Newcastle
SYDNEY
Wollongong
Murray
Murrumbidgee
ADÉLAÏDE
CANBERRA
TERRITOIRE FÉDÉRAL
Î. Kangarou
VICTORIA
MELBOURNE
Geelong
MER DE TASMAN
Détroit de Bass
Î. Flinders
C. Grim
TASMANIE
HOBART
C. Sud-Est
N
0 300 600km
0 150 300miles
Mer des Salomon
PORT MORESBY

PAPOUASIE-NOUVELLE-GUINÉE
P 5 900 000
L anglais, pidjin, motu

POPULATION

Les premiers Australiens étaient des Aborigènes, peuple nomade venu d'Asie méridionale il y a environ 50 000 ans.

FLORE ET FAUNE

De par son isolement, l'Australie possède des animaux uniques comme le koala et le kangourou ; présents aussi en PNG, l'ornithorynque et l'échidné, les seuls mammifères ovipares.

GÉOGRAPHIE

La Grande Barrière de corail, le plus grand organisme vivant de la planète, est une accumulation de récifs de coraux et d'îles s'étirant sur plus de 2 000 km au large du Queensland.

Nouvelle-Zélande

La Nouvelle-Zélande est un archipel constitué de deux îles principales, l'île du Nord et l'île du Sud, séparées par le détroit de Cook, à mi-chemin entre l'équateur et le pôle Sud. Ce fut le dernier endroit sur la Terre à être peuplé par l'homme, il y a environ 1 200 ans, par une population venue des îles polynésiennes, les Maoris.

Géographie
La Nouvelle-Zélande s'étire sur la "ceinture de feu", un bandeau d'activité volcanique longeant le Pacifique. Sur les 400 tremblements de terre annuels, une centaine seulement sont ressentis.

Population
Depuis quelques années, les Maoris (environ 10 % de la population) protestent contre le non-respect du Traité de Waitangi, qui protège leurs droits.

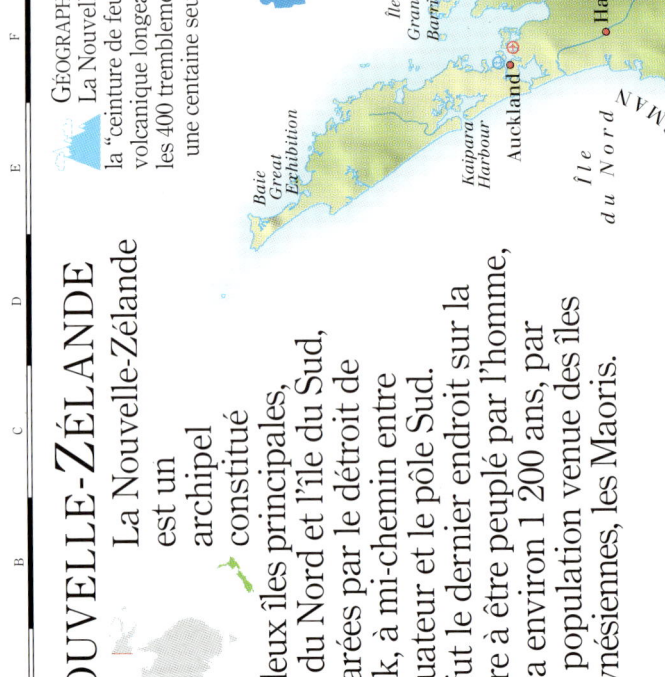

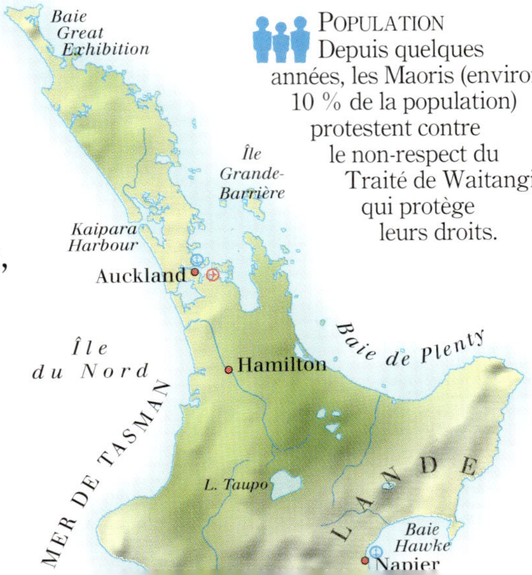

Baie Great Exhibition
Île Grande-Barrière
Kaipara Harbour
Auckland
Île du Nord
Hamilton
Baie de Plenty
MER DE TASMAN
L. Taupo
Baie Hawke
Napier

Flore et faune
La plupart des animaux de Nouvelle-Zélande y ont été introduits, mais on répertorie deux espèces de chauves-souris indigènes. Il n'y a pas

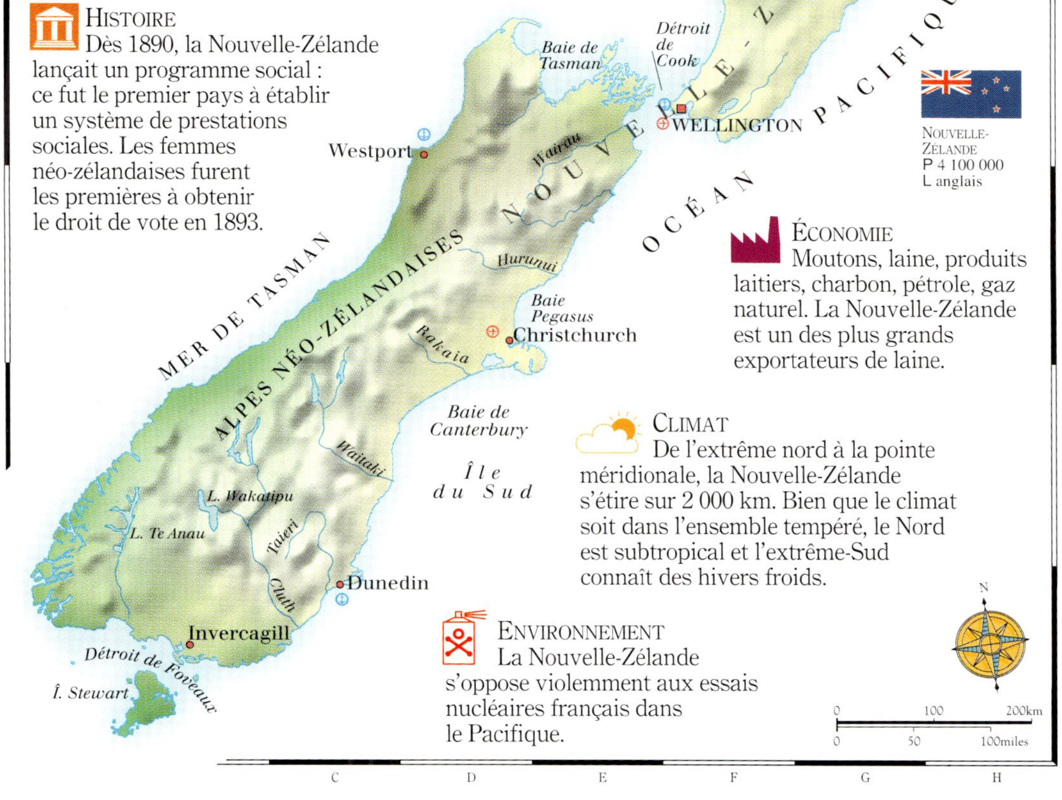
NOUVELLE-ZÉLANDE
P 4 100 000
L anglais
OCÉAN PACIFIQUE
NOUVELLE-ZÉLANDE
MER DE TASMAN
ALPES NÉO-ZÉLANDAISES
WELLINGTON
Détroit de Cook
Baie de Tasman
Wairau
Westport
Hurunui
Baie Pegasus
Christchurch
Rakaia
Baie de Canterbury
Île du Sud
Waitaki
L. Wakatipu
L. Te Anau
Taieri
Clutha
Dunedin
Invercagill
Détroit de Foveaux
Î. Stewart
N
0 100 200km
0 50 100miles
5
6
7
8
C
D
E
F
G
H

HISTOIRE
Dès 1890, la Nouvelle-Zélande lançait un programme social : ce fut le premier pays à établir un système de prestations sociales. Les femmes néo-zélandaises furent les premières à obtenir le droit de vote en 1893.

ÉCONOMIE
Moutons, laine, produits laitiers, charbon, pétrole, gaz naturel. La Nouvelle-Zélande est un des plus grands exportateurs de laine.

CLIMAT
De l'extrême nord à la pointe méridionale, la Nouvelle-Zélande s'étire sur 2 000 km. Bien que le climat soit dans l'ensemble tempéré, le Nord est subtropical et l'extrême-Sud connaît des hivers froids.

ENVIRONNEMENT
La Nouvelle-Zélande s'oppose violemment aux essais nucléaires français dans le Pacifique.

L'Océanie

L'Australie

• L'agglomération de Sydney est l'une des plus étendues au monde ; elle occupe deux fois la superficie de Beijing (Pékin) et six fois celle de Rome.

• Le respect des droits civiques et territoriaux des populations aborigènes est l'un des thèmes principaux de la vie politique australienne.

• Les Aborigènes n'ont obtenu la nationalité australienne qu'en 1967.

EN BREF :

C Canberra

S 7 682 300 km²

P 20 400 000 hab.

M dollar australien

L anglais

R démocratie parlementaire

LA VAGUE À L'ÂME
Le surf est un sport très populaire en Australie.

La Nouvelle-Zélande

• Au regard de sa superficie, la Nouvelle-Zélande offre les paysages les plus variés de la planète ; montagnes, fjords, lacs, glaciers, forêts tropicales, plages et geysers y voisinent.

• Beaucoup de postes à responsabilité des secteurs politique et financier sont occupés par des femmes.

EN BREF :

C Wellington

S 270 535 km²

P 4 100 000 hab.

M dollar néo-zélandais

L anglais

R démocratie parlementaire

LE KIWI
Le kiwi, l'oiseau coureur, est le plus connu des animaux néo-zélandais.

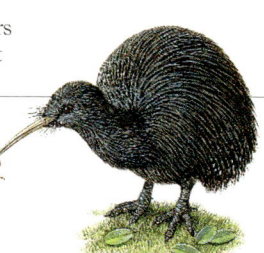

La Papouasie-Nouvelle-Guinée

• Les plumes de certains oiseaux de Papouasie-Nouvelle-Guinée causent des irritations cutanées chez l'homme.

• Le mot Papouasie vient du malais *pupawa*, qui signifie "crépu".

EN BREF :

C Port Moresby

S 462 840 km²

P 5 900 000 hab.

M kina

L anglais, pidgin, motu

Vanuatu
C Port-Vila
P 220 000 hab.
L français, anglais, bishlamar

Les îles Fidji
C Suva
P 840 000 hab.
L anglais, fidjien

Palau
C Koror
P 20 000 hab.
L anglais, palauan

Kiribati
C Tarawa
P 94 000 hab.
L anglais, gilbertien

Tonga
C Nukualofa
P 106 000 hab.
L anglais, tongan

Tuvalu
C Funafuti
P 11 200 hab.
L anglais, tuvaluan

Samoa occidentales
C Apia
P 190 000 hab.
L anglais, samoan

Nauru
C Yaren
P 12 000 hab.
L anglais, nauruan

Les îles Marshall
C Majuro
P 60 000 hab.
L anglais, marshallais

Les îles Salomon
C Honiara
P 470 000 hab.
L anglais

Toit de palmes
Maison rudimentaire
Pirogue en bois avec flotteurs
Produits locaux

La Micronésie
C Kolonia, Palikir
P 110 000 hab.
L anglais

La vie dans les îles
Dans les îles du Pacifique, la vie des habitants diffère peu de celle de leurs ancêtres ; élevage, pêche, chasse et un peu d'agriculture rythment la vie quotidienne.

Océan Atlantique

Sous les eaux de l'Atlantique, dont la profondeur maximale est de 8 000 m, s'étend la dorsale océanique, l'une des plus longues chaînes de montagnes de la planète. Certains de ses sommets sont si élevés qu'ils forment des îles – telles les Açores. Hormis un large fossé situé au centre de la dorsale, le fond de l'océan est constitué de vastes plaines.

Islande
P 300 000
L islandais

Îles du Cap Vert
P 480 000
L portugais

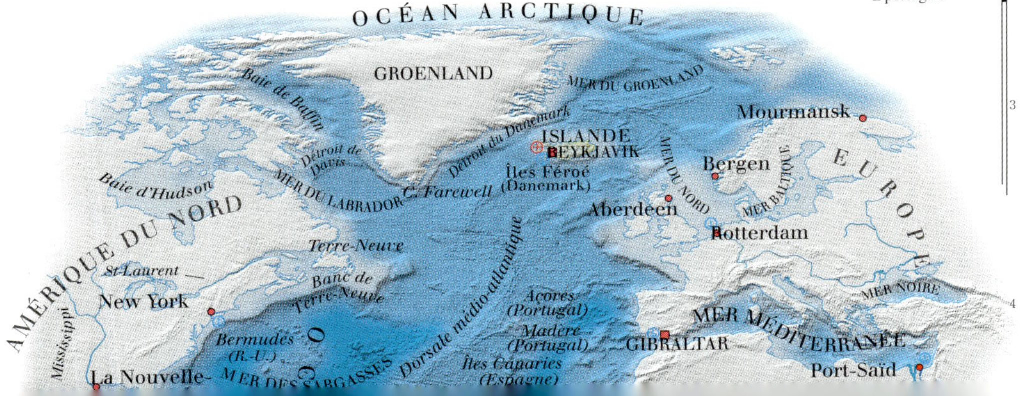

OCÉAN ARCTIQUE
GROENLAND
Baie de Baffin
MER DU GROENLAND
Mourmansk
Détroit de Davis
Détroit du Danemark
ISLANDE
REYKJAVIK
Îles Féroé (Danemark)
MER DU NORD
Bergen
MER BALTIQUE
EUROPE
Baie d'Hudson
MER DU LABRADOR
C. Farewell
Aberdeen
Rotterdam
AMÉRIQUE DU NORD
Terre-Neuve
St-Laurent
Banc de Terre-Neuve
Dorsale médio-atlantique
Açores (Portugal)
MER NOIRE
New York
MER MÉDITERRANÉE
Mississippi
Bermudes (R.-U.)
Madère (Portugal)
GIBRALTAR
Îles Canaries (Espagne)
Port-Saïd
La Nouvelle-
MER DES SARGASSES

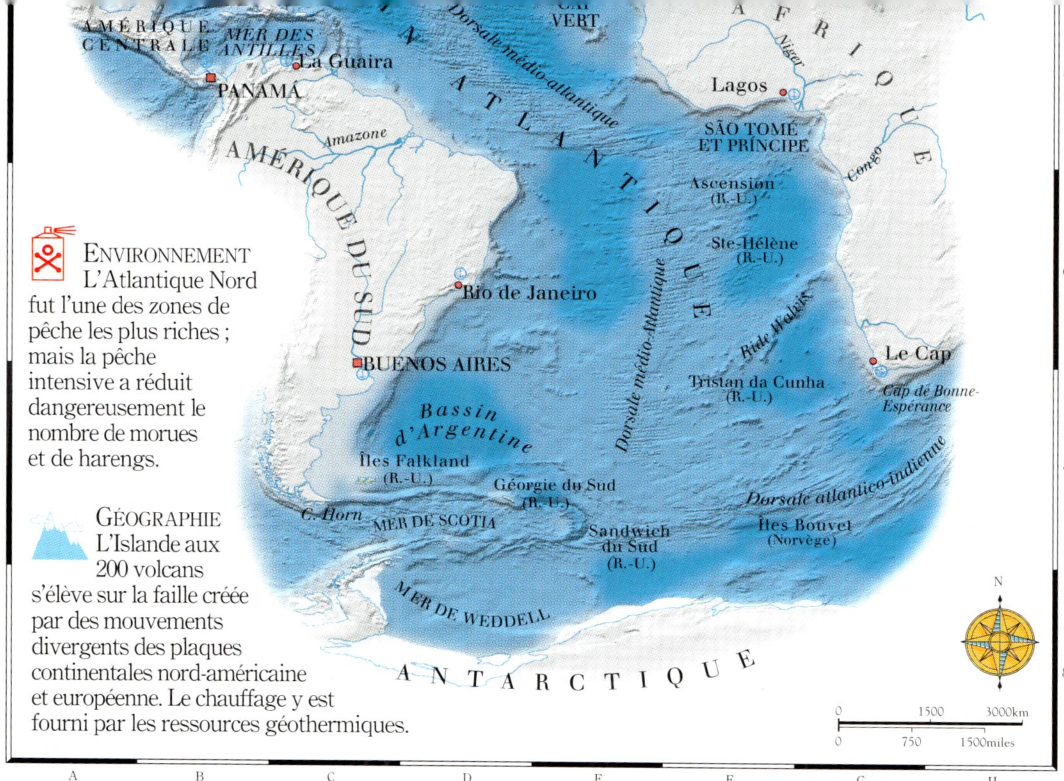
AMÉRIQUE CENTRALE
MER DES ANTILLES
La Guaira
PANAMÁ
Amazone
AMÉRIQUE DU SUD
Rio de Janeiro
BUENOS AIRES
Bassin d'Argentine
Îles Falkland (R.-U.)
C. Horn
MER DE SCOTIA
Géorgie du Sud (R.-U.)
Sandwich du Sud (R.-U.)
MER DE WEDDELL
ANTARCTIQUE
VERT
Dorsale médio-atlantique
ATLANTIQUE
AFRIQUE
Niger
Lagos
SÃO TOMÉ ET PRÍNCIPE
Congo
Ascension (R.-U.)
Ste-Hélène (R.-U.)
Dorsale médio-Atlantique
Ride Walvis
Tristan da Cunha (R.-U.)
Le Cap
Cap de Bonne-Espérance
Dorsale atlantico-indienne
Îles Bouvet (Norvège)
N
0 1500 3000km
0 750 1500miles
A B C D E F G H
5 6 7 8

ENVIRONNEMENT
L'Atlantique Nord fut l'une des zones de pêche les plus riches ; mais la pêche intensive a réduit dangereusement le nombre de morues et de harengs.

GÉOGRAPHIE
L'Islande aux 200 volcans s'élève sur la faille créée par des mouvements divergents des plaques continentales nord-américaine et européenne. Le chauffage y est fourni par les ressources géothermiques.

Océan Indien

Troisième océan du monde, l'océan Indien est parsemé de quelque 5 000 îles. Le point de rencontre en son centre de trois grandes chaînes montagneuses sous-marines est une importante zone d'activité sismique et volcanique. Sa profondeur maximale atteint 7 455 m dans la tranchée de Java.

Flore et faune

Détachée des côtes africaines, Madagascar est l'unique endroit où vivent certains animaux comme les lémuriens, les tanrecs et les fossas.

Environnement

Les pétroliers en provenance du golfe Persique sont une menace de pollution permanente pour l'océan Indien.

Climat

L'océan Indien est soumis aux vents de mousson en provenance du SO ou du NE selon la saison. La mousson du SO est responsable de pluies violentes en Asie du Sud.

Maldives
P 290 000
L divhi

Seychelles
P 80 000
L créole, anglais,

Comores
P 680 000
L arabe, français

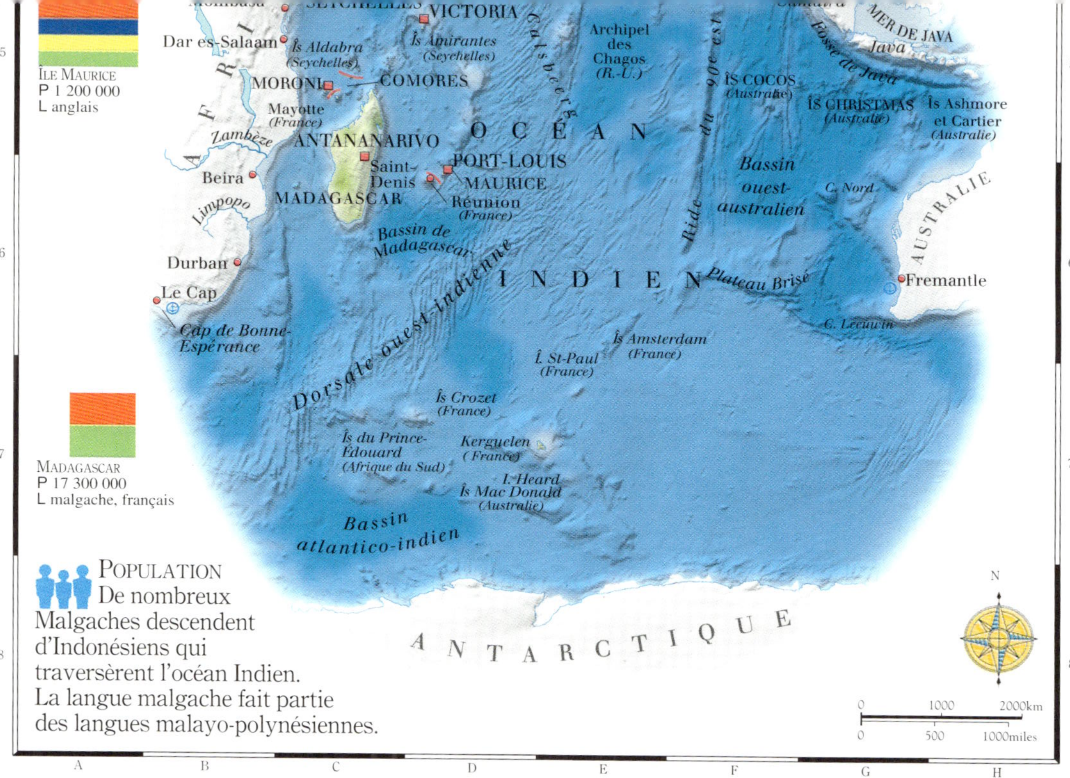
VICTORIA
Dar es-Salaam
Îs Aldabra
(Seychelles)
Îs Amirantes
(Seychelles)
MORONI
COMORES
Mayotte
(France)
Zambèze
ANTANANARIVO
MADAGASCAR
Saint-
Denis
PORT-LOUIS
MAURICE
Réunion
(France)
Beira
Limpopo
Durban
Le Cap
Cap de Bonne-
Espérance
Bassin de
Madagascar
Dorsale ouest-indienne
O C É A N
I N D I E N
Calsberg
Archipel
des
Chagos
(R.-U.)
Ride du 90e est
Îs COCOS
(Australie)
Îs CHRISTMAS
(Australie)
Îs Ashmore
et Cartier
(Australie)
MER DE JAVA
Java
Fosse de Java
Bassin
ouest-
australien
C. Nord
AUSTRALIE
Fremantle
Plateau Brisé
C. Leeuwin
Îs Amsterdam
(France)
Î. St-Paul
(France)
Îs Crozet
(France)
Îs du Prince-
Édouard
(Afrique du Sud)
Kerguelen
(France)
I. Heard
Îs Mac Donald
(Australie)
Bassin
atlantico-indien
A N T A R C T I Q U E
N
0
1000
2000km
0
500
1000miles
A
B
C
D
E
F
G
H
5
6
7
8

ÎLE MAURICE
P 1 200 000
L anglais

MADAGASCAR
P 17 300 000
L malgache, français

POPULATION De nombreux Malgaches descendent d'Indonésiens qui traversèrent l'océan Indien. La langue malgache fait partie des langues malayo-polynésiennes.

ANTARCTIQUE

Le continent antarctique est recouvert d'une couche de glace de plus de 2 km d'épaisseur, soit 80 % des réserves d'eau douce de la planète. Les mers qui l'environnent sont en partie gelées, et 90 % du littoral est bloqué par des icebergs.

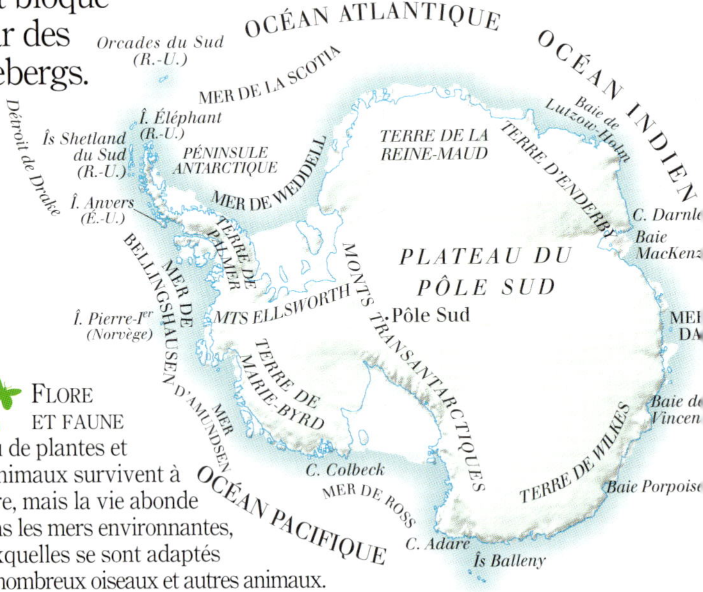

OCÉAN ATLANTIQUE
OCÉAN INDIEN
OCÉAN PACIFIQUE
Orcades du Sud (R.-U.)
MER DE LA SCOTIA
Détroit de Drake
Î. Éléphant (R.-U.)
Îs Shetland du Sud (R.-U.)
PÉNINSULE ANTARCTIQUE
Î. Anvers (É.-U.)
MER DE WEDDELL
TERRE DE LA REINE-MAUD
Baie de Lutzow-Holm
TERRE D'ENDERBY
C. Darnle
Baie MacKenz
TERRE DE PALMER
MER DE BELLINGSHAUSEN
MTS ELLSWORTH
MONTS TRANSANTARCTIQUES
PLATEAU DU PÔLE SUD
Pôle Sud
Î. Pierre-Ier (Norvège)
TERRE DE MARIE-BYRD
MER D'AMUNDSEN
C. Colbeck
MER DE ROSS
C. Adare
Îs Balleny
TERRE DE WILKES
Baie Porpoise
Baie de Vincen
MER DA

FLORE ET FAUNE

Peu de plantes et d'animaux survivent à terre, mais la vie abonde dans les mers environnantes, auxquelles se sont adaptés de nombreux oiseaux et autres animaux.

CLIMAT

Des vents puissants forment une étroite ceinture orageuse à l'origine de violents blizzards. En été, les températures dépassent rarement 0 °C. Elles peuvent tomber à – 80 °C en hiver.

ENVIRONNEMENT

Le trou de la couche d'ozone apparu en 1980 au-dessus de l'Antarctique augmente chaque printemps, du fait de l'ensoleillement qui active les particules destructrices

ARCTIQUE

Océan gelé entouré de terres, l'Arctique est recouvert d'une couche de glace de 30 m d'épaisseur. Dans l'ensemble, le sol des toundras, vastes plaines dénudées, demeure gelé.

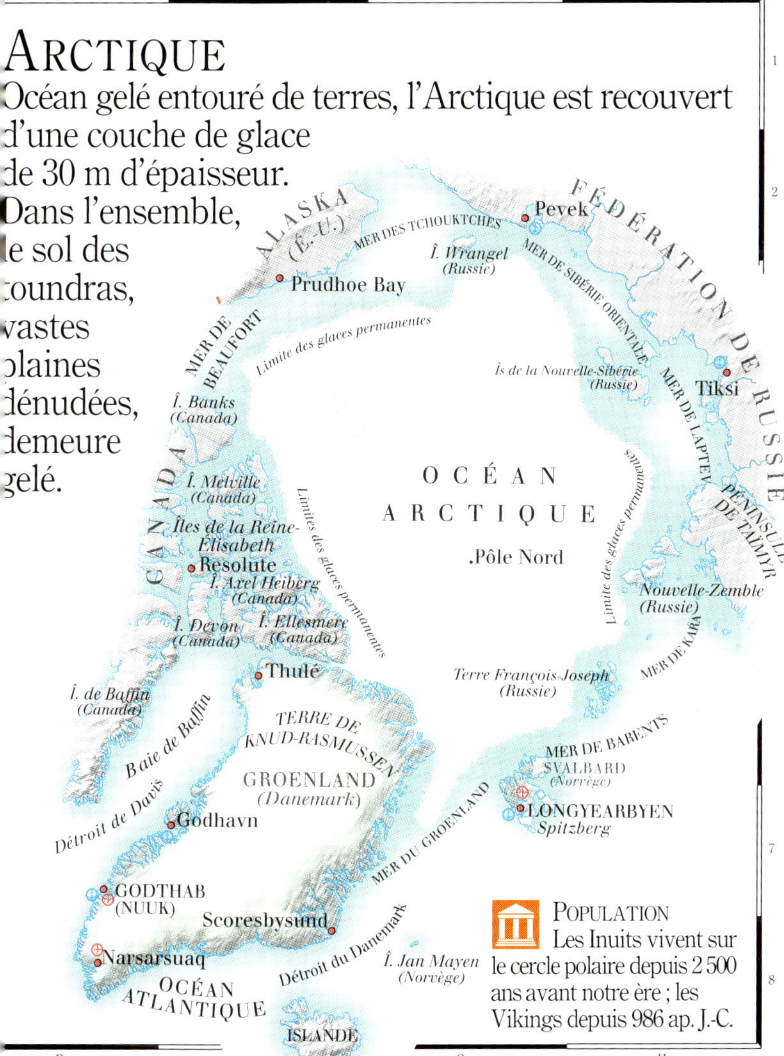
ALASKA (É.-U.)
Prudhoe Bay
MER DES TCHOUKTCHES
Î. Wrangel (Russie)
Pevek
FÉDÉRATION DE RUSSIE
MER DE SIBÉRIE ORIENTALE
MER DE BEAUFORT
Limite des glaces permanentes
Îs de la Nouvelle-Sibérie (Russie)
MER DE LAPTEV
Tiksi
Î. Banks (Canada)
CANADA
Î. Melville (Canada)
Îles de la Reine-Élisabeth
Resolute
Î. Axel Heiberg (Canada)
Î. Devon (Canada)
Î. Ellesmere (Canada)
Limites des glaces permanentes
OCÉAN ARCTIQUE
.Pôle Nord
Limite des glaces permanentes
PÉNINSULE DE TAÏMYR
Nouvelle-Zemble (Russie)
MER DE KARA
Thulé
Terre François-Joseph (Russie)
Î. de Baffin (Canada)
Baie de Baffin
TERRE DE KNUD-RASMUSSEN
GROENLAND (Danemark)
MER DE BARENTS
SVALBARD (Norvège)
LONGYEARBYEN
Spitzberg
Détroit de Davis
Godhavn
MER DU GROENLAND
GODTHAB (NUUK)
Scoresbysund
Narsarsuaq
Détroit du Danemark
Î. Jan Mayen (Norvège)
OCÉAN ATLANTIQUE
ISLANDE

POPULATION
Les Inuits vivent sur le cercle polaire depuis 2 500 ans avant notre ère ; les Vikings depuis 986 ap. J.-C.

LES FUSEAUX HORAIRES

Des lignes imaginaires, parallèles à l'équateur (latitude) ou passant par les pôles (longitude ; méridiens), quadrillent le globe. La terre est divisée en 24 fuseaux horaires, soit un fuseau pour chaque heure du jour. Greenwich est le méridien zéro, et l'on ajoute 1 heure tous les 15° de longitude est.

LES FUSEAUX HORAIRES
Les chiffres sur la carte indiquent le nombre d'heures ajoutées ou soustraites pour atteindre le GMT : quand il est midi à Greenwich, il est dix heures du soir à Sydney, en Australie. Les fuseaux horaires sont ajustés aux frontières régionales et administratives.

LÉGENDE
HEURES EN MOINS
HEURES EN PLUS
HEURE DE GREENWICH
CHANGEMENT DE JOUR
FUSEAUX HORAIRES

-1
0
+1
+2
+3
+4
+5
+6
OCÉAN ATLANTIQUE
OCÉAN INDIEN

GMT
Greenwich Mean Time indique l'heure de Greenwich, en Angleterre : l'heure augmente ou décroît selon que l'on s'éloigne vers l'est ou vers l'ouest.

LIGNE DE CHANGEMENT DE DATE
Elle longe le méridien 180°, épousant en chemin les frontières des pays qu'elle traverse.

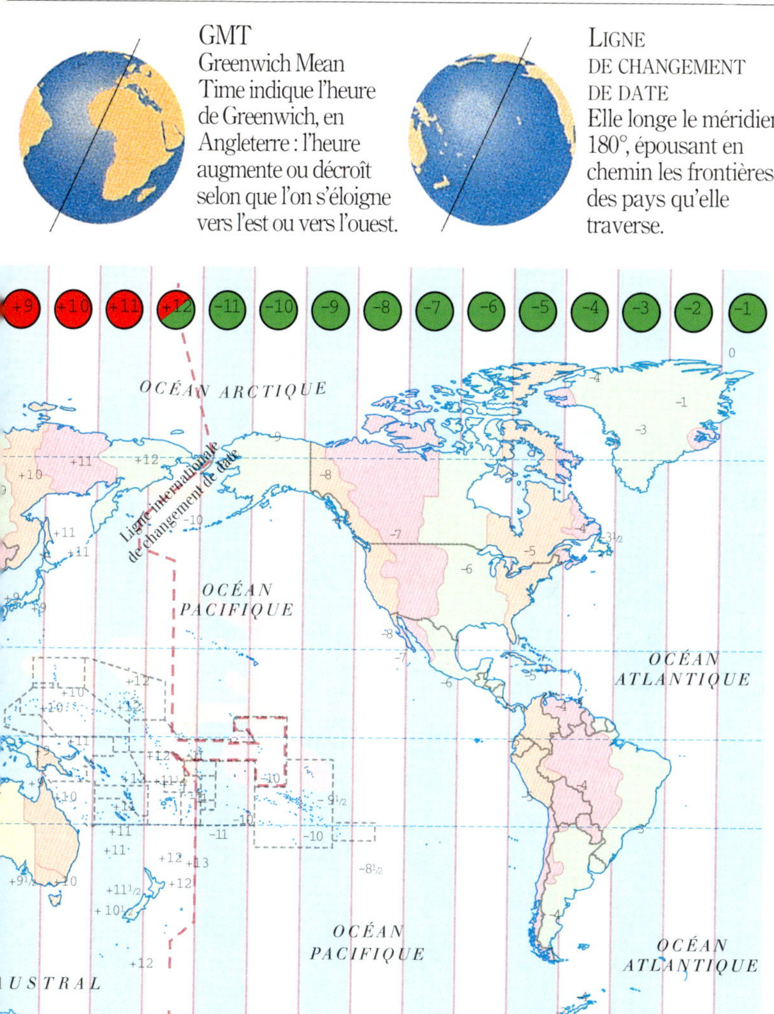
+9
+10
+11
+12
-11
-10
-9
-8
-7
-6
-5
-4
-3
-2
-1
OCÉAN ARCTIQUE
Ligne internationale de changement de date
OCÉAN PACIFIQUE
OCÉAN ATLANTIQUE
OCÉAN PACIFIQUE
OCÉAN ATLANTIQUE

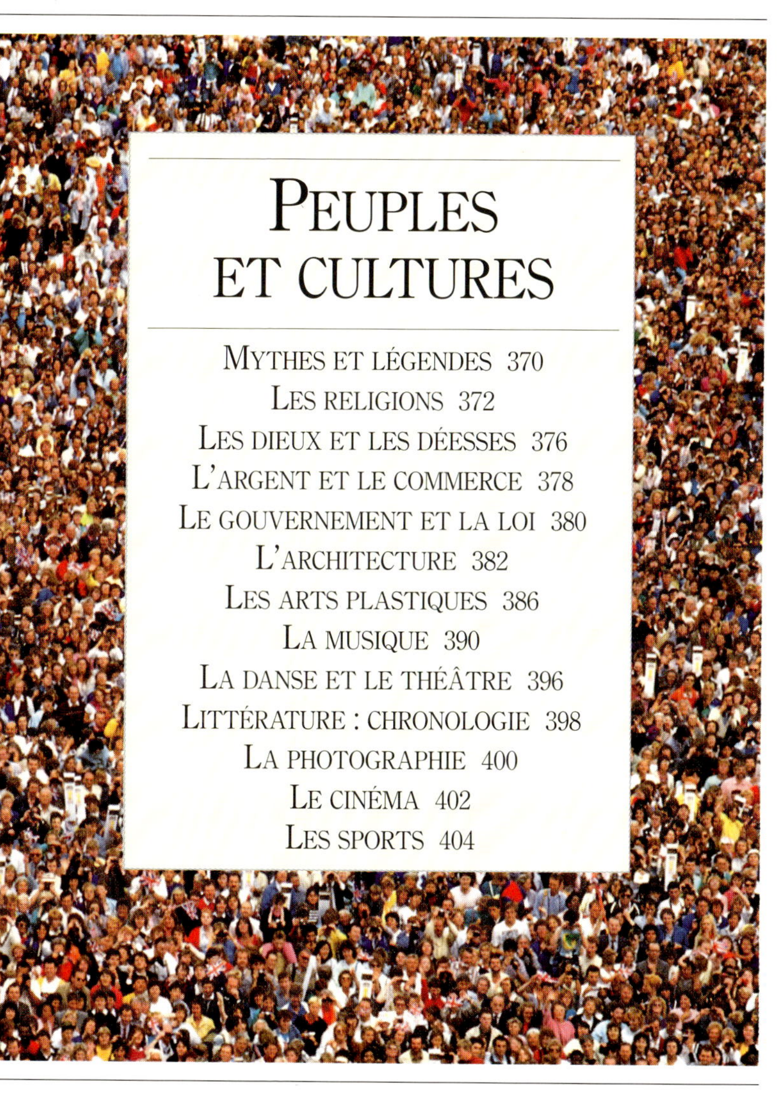

Peuples et cultures

MYTHES ET LÉGENDES

Chaque culture dispose de mythes et de légendes pour expliquer le monde qui l'entoure. Mythes et légendes s'inspirent parfois d'événements réels.

LE SOUFFLE DU DRAGON

LES ANIMAUX MYTHIQUES

De nombreux mythes mettent en scène des animaux fabuleux, tels la licorne ou le phénix. Le dragon est un serpent ailé qui crache du feu. Il représente un symbole important dans des cultures aussi éloignées que celles du pays de Galles ou de la Chine.

LE ROI ARTHUR

Arthur, roi des Bretons, est l'une des figures celtiques les plus légendaires. Chanté dans de nombreuses œuvres, ce personnage s'inspire d'un chef celte ayant vécu au VIe siècle. L'une de ces œuvres raconte comment il reçut de la Dame du Lac l'épée magique connue sous le nom d'Excalibur.

LES SITES SACRÉS

- Uluru (Ayers Rock) est un lieu sacré pour les Aborigènes d'Australie.
- Glastonbury Tor (Angleterre) est connu comme le lieu qui abriterait le Graal – vase qui aurait servi à Jésus-Christ au cours de la Cène.
- En Californie, le mont Shasta est un lieu sacré pour les Amérindiens.

Ce masque, constitué d'une mosaïque de turquoise, représente Quetzalcóatl, divinité vénérée par les Aztèques.

LES MYTHES AZTÈQUES

Le monde mythique des Aztèques du Mexique était dominé par la figure impressionnante de Quetzalcóatl. Il s'agit d'une des principales divinités précolombiennes qui prenait la forme d'un serpent à plumes. Quetzalcóatl créa les humains et leur donna la connaissance, puis il s'embarqua sur un radeau formé de serpents.

La mythologie grecque

Chez les Grecs, les dieux et déesses sont partout, en ce monde comme dans l'autre. Zeus est le dieu suprême, père des dieux et des hommes. Avec son épouse, la déesse Héra, ils veillent sur l'ordre social et naturel du monde.

Thésée *Le Minotaure*

Persée et Méduse

L'un des mythes grecs raconte l'histoire de Persée, fils de Zeus, qui trancha la tête de la Gorgone Méduse. À la vue de la tête de Méduse, ses ennemis se changeaient en statues de pierre.

Persée

Les Gorgones ont une chevelure faite de serpents.

Thésée et le Minotaure

Le Minotaure était un monstre fabuleux de Crète, mi-homme, mi-taureau, qui vivait dans le Labyrinthe. Thésée, jeune prince de l'Attique, parvint à tuer le monstre.

Masque du roi Agamemnon

La guerre de Troie

L'Iliade, attribuée à Homère, raconte un épisode de la guerre de Troie. Le roi Agamemnon, chef de l'armée grecque, assiégea la ville pour reprendre Hélène, enlevée par les Troyens.

Le cheval de Troie

D'après la légende, les Grecs utilisèrent un stratagème pour vaincre les Troyens : ils construisirent devant la ville de Troie un énorme cheval en bois, dans lequel ils se cachèrent. Les Troyens, poussés par la curiosité, traînèrent le cheval à l'intérieur de la ville. À la nuit tombée, les soldats grecs sortirent du cheval et ouvrirent les portes de la ville pour y faire entrer leur armée.

Des soldats grecs se cachèrent dans le cheval de bois.

Les religions

Les quatre religions principales sont le bouddhisme, le christianisme, l'hindouisme et l'islam. Une religion est soit polythéiste (vénération de plusieurs dieux), soit monothéiste (croyance en un seul dieu).

Le christianisme

La croix est le symbole du christianisme.

Pour les chrétiens, Jésus est le fils de Dieu. Lorsqu'il fut crucifié, il se leva d'entre les morts pour rejoindre Dieu au paradis. Le christianisme est la religion qui compte le plus de fidèles dans le monde.

Les origines

Le christianisme naquit vers l'an 30 de notre ère, à Jérusalem, dans l'actuel Israël.

La Bible

Il s'agit du livre sacré de la religion chrétienne. Il comporte deux parties : l'Ancien et le Nouveau Testament. L'Ancien Testament est le livre sacré de la religion juive. Le Nouveau Testament raconte l'histoire du Christ et du développement de l'Église.

La première Bible fut imprimée en 1455 par Gutenberg.

Jésus-Christ

Jésus vécut en Terre sainte il y a environ 2 000 ans. À l'âge de 30 ans, il commença à prêcher et à accomplir des guérisons. Trahi par Judas, il fut arrêté et condamné, puis crucifié.

Les 10 Commandements

Les chrétiens essaient d'obéir à 10 règles adaptées des écritures juives :

1. C'est moi ton Dieu.
2. Tu ne feras pas de dieu à ton image.
3. Tu n'abuseras pas de mon nom.
4. Tu sanctifieras le jour du Seigneur.
5. Honore ton père et ta mère.
6. Tu ne tueras point.
7. Tu ne commettras pas d'adultère.
8. Tu ne voleras point.
9. Tu ne seras pas un faux témoin.
10. Tu ne convoiteras pas.

L'ISLAM

Une étoile et un croissant de lune symbolisent l'islam.

Les musulmans croient en Allah et vivent selon la loi canonique (les cinq piliers) énoncée dans leur livre sacré, le Coran. Le mot islam signifie "soumission totale à Dieu".

LES ORIGINES

Né à La Mecque (dans l'actuelle Arabie Saoudite) vers 600 apr. J.-C, l'islam compte des fidèles dans le monde entier.

LE CORAN

C'est le livre des révélations qu'Allah fit au prophète Mahomet à La Mecque et à Médine, entre 609 et 622.

LE CORAN (AL QUR'AN)

MAHOMET

Natif de La Mecque, Mahomet (vers 570-632) est le plus connu des 26 prophètes de l'islam.

لا إله إلا الله محمد رسول الله

Mahomet est le messager de Dieu.

L'HINDOUISME

Symbole de l'hindouisme

Les hindous vénèrent de nombreux dieux. Brahma, Vishnu et Shiva sont les trois divinités majeures du panthéon hindouiste. Elles correspondent respectivement aux trois aspects de l'univers : création, maintien, dissolution. Les hindous croient en la réincarnation – sous forme animale ou humaine.

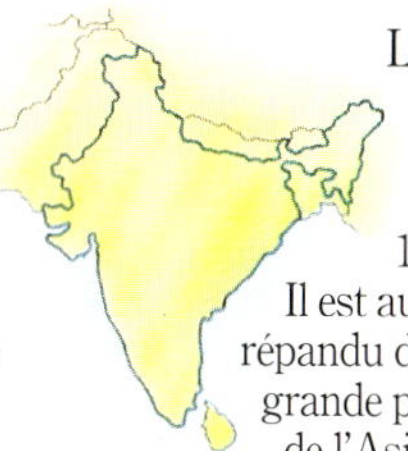

LES ORIGINES

L'hindouisme vit le jour en Inde, vers 1750 av. J.-C. Il est aujourd'hui répandu dans la plus grande partie de l'Asie.

LES VEDA

Il s'agit des 4 livres révélés par les divinités aux sages entre 1500 et 1000 av. J.-C. et censés contenir toute la sagesse divine.

Le Rigveda est le plus important des livres des Veda.

LES FONDATEURS

L'hindouisme n'a pas un fondateur unique. Les Aryens, qui envahirent l'Inde il y a environ 2 000 ans, y introduisirent Shiva, l'une des principales divinités hindoues.

SHIVA

Le bouddhisme

Le symbole du bouddhisme est une roue à huit rayons.

Cette doctrine est fondée sur les enseignements du Bouddha, qui croyait que l'homme devait se débarrasser de ses désirs pour se libérer de la souffrance. Les bouddhistes voient la vie comme un cycle – naissance, mort et renaissance – et croient qu'en suivant le chemin tracé en huit points du bouddhisme, il est possible d'atteindre la sérénité totale, ou nirvana.

Les origines

Le bouddhisme a vu le jour en Inde, vers 500 av. J.-C. Il compte aujourd'hui 335 millions d'adeptes.

Bouddha

Surnom donné à Siddharta Gautama (Ve siècle av. J.-C.), fils d'un souverain qui quitta toutes ses richesses pour aller prêcher et méditer.

Bouddha signifie "l'Éveillé".

Textes

Les dharma (dharmna en pati), ou enseignements du Bouddha, ont été consignés par certains moines en pati, dialecte du Sud-Est asiatique.

Le sikhisme

Le Khanda est le symbole du sikhisme.

Le sikhisme rejette le système de castes et prône une fraternité universelle. C'est une religion monothéiste dont l'Être suprême a pour nom Bhakti.

Les origines

Apparu au Pendjab (nord de l'Inde et du Pakistan) vers 1500 apr. J.-C., ce mouvement religieux regroupe aujourd'hui 25 millions de fidèles.

Guru Granth

Ce livre est traité avec un grand respect.

Guru Granth

Ce livre sacré contient les hymnes et les poèmes écrits par les gourous.

Port obligatoire

Les sikhs doivent se plier à cinq obligations : port des cheveux longs, sous un turban – pour les hommes ; d'un bracelet d'acier ; d'un peigne ; d'une épée ; de pantalons courts sous le vêtement.

Les sikhs portent un turban.

LE JUDAÏSME

Les juifs croient en un Dieu unique dont la loi est écrite dans la Torah ("la Loi"). Contrairement aux chrétiens pour qui le messie Jésus est venu sur Terre, les juifs attendent son arrivée. Il viendra pour sauver Israël et le reste de l'humanité.

Le symbole de la religion judaïque est l'étoile de David.

Menorah, ou chandelier à huit branches

Taleth, ou châle de prière

Kippa, ou calotte

Torah

LES ORIGINES

Le judaïsme est né vers 2000 av. J.-C. dans le pays de Canaan (la Terre promise). Aujourd'hui, le judaïsme compte environ 15 millions de fidèles.

LA TORAH

Ce livre biblique raconte l'histoire du peuple juif et contient aussi la Loi que Dieu révéla à Moïse.

LE SHINTOÏSME

Religion autochtone du Japon, le shintoïsme vénère les dieux de la nature. Il y a des temples shintoïstes dans les parcs, les jardins et sur les montagnes. Le symbole de leur religion est la porte stylisée d'un temple.

Selon la foi shintoïste, le mont Fuji est un dieu. Les fidèles vont se recueillir dans un temple au sommet de la montagne.

LE CONFUCIANISME

Cette doctrine est fondée sur les enseignements du philosophe chinois K'ong-fou-tseu, ou Confucius (551-479 av. J.-C.). Il enseigne la sagesse qui consiste à vivre en harmonie avec la nature. Le confucianisme est plutôt une morale et n'a jamais été considéré comme une religion en Chine.

CONFUCIUS

LE TAOÏSME

LE YIN ET LE YANG

Lao-tseu concrétisa la doctrine taoïste en Chine il y a près de 2 400 ans. Les taoïstes croient en de nombreux dieux. Le symbole du yin et du yang représente l'équilibre et l'harmonie des opposés.

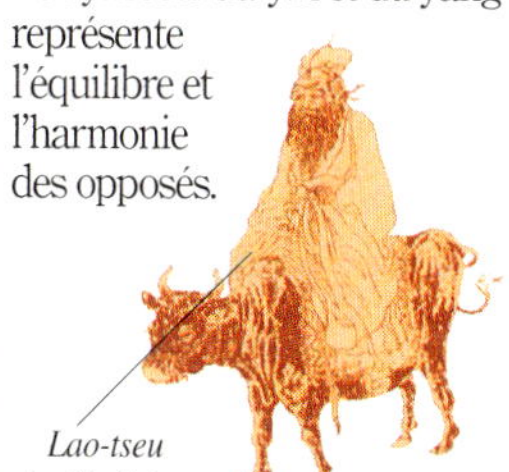

Lao-tseu signifie "vieux maître".

LAO-TSEU

Les dieux et les déesses

Les grandes civilisations antiques – la Grèce, Rome, l'Égypte – vénéraient des dizaines de dieux et de déesses.

Bastet, la déesse-chatte

L'Égypte ancienne

Toutes les forces de la nature étaient représentées par des divinités. Le Soleil était vénéré sous différents aspects selon les moments de la journée : scarabée le matin, Rê le midi, bélier le soir.

Osiris

L'Œil d'Horus L'œil *oudjat* symbolise l'œil qu'Horus perdit au cours d'un combat contre Seth pour le trône d'Égypte. C'est le symbole de la victoire sur le mal.

7321

Œil *oudjat*

Bastet La déesse Bastet était la fille de Rê, le dieu du Soleil, symbolisant la puissance solaire qui fait mûrir les récoltes. On la représentait sous la forme d'un chat.

Osiris C'est le dieu de l'Au-Delà et le juge des morts. Les Égyptiens croyaient à la vie éternelle. Il fallait pour y parvenir se rendre jusqu'à l'autre monde (Douat). Osiris est représenté sous la forme d'un homme momifié.

Anubis Fils d'Osiris, Anubis avait une tête de chacal. Il accompagnait les morts qui allaient être jugés.

Anubis

La Grèce antique

Les Grecs croyaient que tous les dieux étaient les descendants de Gaïa (la Terre) et d'Ouranos (le Ciel) et qu'ils se comportaient comme les humains.

ZEUS
Le Dieu suprême gouverne, entre autres, les phénomènes tels que la pluie, la foudre, les saisons, l'alternance du jour et de la nuit.

HÉPHAÏSTOS
C'était le dieu du Feu et des Métaux et l'époux d'Aphrodite.

MIROIR

Aphrodite

Pan

Éros

APHRODITE
La déesse de l'Amour s'appelait Aphrodite.

APOLLON
C'était le dieu de la Lumière et de la Médecine.

La Rome antique

Les Romains s'approprièrent de nombreux dieux grecs, à qui ils attribuèrent de nouveaux noms. Aphrodite devint Vénus, Zeus devint Jupiter et Arès, dieu de la Guerre, devint Mars.

LES TEMPLES
De nombreux empereurs devinrent des dieux après leur mort. On bâtissait des temples comme celui-ci en leur honneur.

TEMPLE D'AUGUSTE ET DE LIVIE

JUPITER
Le principal dieu romain, Jupiter, était considéré comme le dieu du Ciel. Ses attributs étaient l'aigle et la foudre.

L'ARGENT ET LE COMMERCE

L'argent existe aujourd'hui sous forme de pièces de métal, de billets de banque, de devises, mais aussi de cartes de crédit et de chèques bancaires.

Coquilles de cauris utilisées comme monnaie

L'ANCÊTRE DE L'ARGENT
Avant l'invention des pièces de métal, on utilisait des pierres, des coquillages, des perles et des étoffes comme monnaie d'échange.

PIÈCE DE MONNAIE LYDIENNE

LES PREMIÈRES PIÈCES
Elles furent fabriquées dans le royaume de Lydie (actuelle Turquie), il y a plus de 2 700 ans. Elles étaient faites à partir de morceaux d'électrum battu (alliage naturel d'or et d'argent).

MONNAIE DE PAPIER CHINOISE DU XIVe SIÈCLE

LA PREMIÈRE MONNAIE DE PAPIER
Les Chinois commencèrent au Xe siècle à confier leurs pièces de monnaie à des marchands qui leur délivraient en échange une sorte de reçu. Au XIe siècle, le gouvernement fixa la valeur de ces reçus et naquirent alors les premiers billets de banque.

Polissoir

Burins pointus pour la gravure du dessin

Le dessin du billet est gravé à la main sur une plaque d'acier.

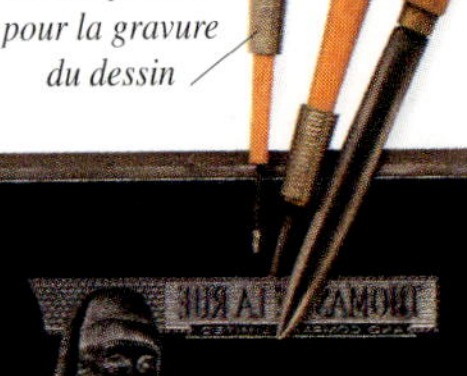

PLAQUE D'IMPRESSION

FABRICATION DES BILLETS DE BANQUE
La fabrication de la monnaie en papier exige des précautions rigoureuses, destinées à réduire les risques de contrefaçon. On distingue quatre étapes : le dessin, la fabrication du papier, l'encrage et l'impression. Le dessin est gravé à la main sur une plaque d'acier. Cette technique de gravure est appelée "intaglio".

ÉPREUVE POUR LE FOND

ÉPREUVE POUR LE DESSIN

Ce billet comporte huit couleurs imprimées successivement avec des encres différentes.

Chaque billet est numéroté séparément.

MACHINE À NUMÉROTER

THOMAS DE LA RUE
AND COMPANY LIMITED
1422
1491
WILLIAM CAXTON

BILLET DE BANQUE TERMINÉ

LA BALANCE COMMERCIALE

Un pays recense toutes ses informations commerciales, dans un document appelé balance des paiements. La balance commerciale est la comparaison entre les exportations et les importations.

IMPORTATIONS ET EXPORTATIONS

LA BOURSE

Il arrive que des gens s'associent à une entreprise en prenant des "actions". Si l'entreprise réalise des bénéfices, les actionnaires en perçoivent une partie. La Bourse est l'endroit où les actions sont achetées et vendues par des agents de change.

LA BOURSE DE TOKYO, JAPON

BOURSE DES VALEURS

PAYS	VILLE	INDICE
Japon	Tokyo	Nikkei
États-Unis	New York	Dow Jones
Grande-Bretagne	Londres	FTSE- 100 *
France	Paris	CAC 40 **
Allemagne	Francfort	DAX ***

** Financial Times Stock Exchange 100*
*** Cotation assistée en continu*
**** Deutsche Aktien Index*

LE GOUVERNEMENT ET LA LOI

Les pays sont dirigés par un gouvernement qui peut aller de la dictature sévère à la démocratie libérale. Les gouvernements contrôlent les affaires de leur pays et de ses habitants. La manière de gouverner s'appelle la politique.

LA DÉMOCRATIE

Ce système, dans lequel les citoyens exercent la souveraineté, est né à Athènes il y a près de 2 500 ans. Dans les années 1800, de nombreux pays adoptèrent cette doctrine politique.

Périclès, chef de la démocracie athénienne à l'apogée de sa gloire

LES SYSTÈMES POLITIQUES

Beaucoup de pays ont un régime capitaliste – la terre et les affaires sont aux mains d'individus ou de petits groupes. Dans les pays communistes, les biens appartiennent à l'État. Les socialistes préconisent des droits égaux pour tous – éducation, santé, logement et répartition de l'argent.

КОММУНИСТИЧЕСКИЙ
ИНТЕРНАЦИОНАЛ
№
18
Москва
Кремль
Петроград
Смольный

MAGAZINE COMMUNISTE

Abraham Lincoln, président des États-Unis de 1861 à 1865

LE PARLEMENT

Dans de nombreux pays, on débat de la politique gouvernementale et on vote les lois au sein d'une assemblée appelée Parlement. Le peuple élit les députés qui les représenteront au Parlement.

CHAMBRE DES COMMUNES, ROYAUME-UNI

LA RÉPUBLIQUE

À la tête d'un État républicain se trouve le président, élu par le peuple, et son gouvernement. Une monarchie est un pays dirigé par un roi ou une reine. Jadis, les monarques régnaient par droit divin. Aujourd'hui, leur pouvoir est contrebalancé par la Constitution – ensemble de textes qui décident de la forme de gouvernement du pays.

Le fonctionnement du gouvernement

Le Capitole, siège du Congrès américain, Washington D.C.

Le pouvoir législatif
Il est détenu par le Parlement, constitué de l'Assemblée nationale et du Sénat. Ces 2 institutions établissent et amendent les lois proposées par le gouvernement.

Le pouvoir exécutif
Il est représenté par le président de la République, qui nomme le Premier ministre, qui, lui-même, nomme les membres de son gouvernement. Ensemble, ils rédigent des projets de lois.

Le pouvoir judiciaire
Il veille à ce que les lois soient correctement appliquées.

La loi

Les lois permettent aux citoyens de vivre dans la même société, dans le respect d'autrui. Les gouvernements ou les chefs religieux établissent les lois, qui sont sanctionnées par la police et la justice.

Le droit criminel
La loi criminelle s'occupe de délits tels que les meurtres et les vols à main armée.

Le droit civil
Il s'occupe de litiges ou d'événements tels que l'achat d'une maison ou l'établissement d'un testament.

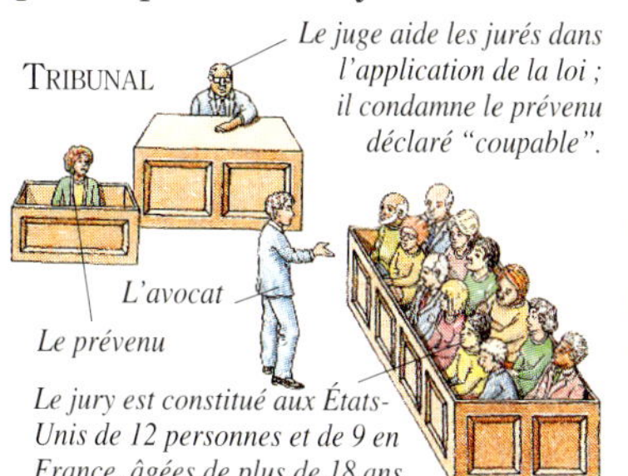
Tribunal
Le juge aide les jurés dans l'application de la loi ; il condamne le prévenu déclaré "coupable".
L'avocat
Le prévenu
Le jury est constitué aux États-Unis de 12 personnes et de 9 en France, âgées de plus de 18 ans.

Les procès
Les personnes accusées d'un délit sont en général amenées devant un tribunal pour y être jugées. Les procès fonctionnent sur le système du débat contradictoire : le ministère public (procureur) tente de prouver la culpabilité du prévenu, alors que la défense (avocat) essaie de prouver son innocence. Ce sont les jurés (des citoyens ordinaires) et le juge qui tranchent.

L'ARCHITECTURE

L'architecture est l'art de concevoir et de construire des édifices selon des règles et des techniques précises.

En Océanie, les "maisons communes" sont bâties sur pilotis.

MAISONS TRADITIONNELLES

Partout sur la planète, les gens construisent leur maison avec les matériaux dont ils disposent. Chaque pays a son style propre – maisons en bois ou en pierre, huttes en boue ou en roseau, etc.

En Afrique du Sud, les kraals ont des toits d'herbe en forme de dôme.

Les chalets suisses sont en bois.

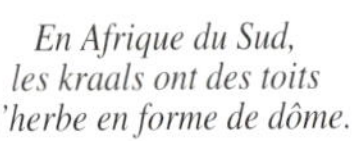

Certains nomades d'Asie centrale vivent dans des tentes de peau appelées "yourtes".

Les maisons algériennes sont collées les unes aux autres pour se protéger du soleil.

Les maisons japonaises ont des portes coulissantes.

En Amérique du Nord, les maisons ont des bardeaux qui se chevauchent.

L'ARCHITECTURE CLASSIQUE

On distingue trois styles – ou ordres – dans l'architecture grecque : dorique, ionique et corinthien. Les colonnes des temples grecs sont souvent surmontées de chapiteaux. Au-dessus (et en travers) des colonnes se trouve l'entablement, qui comprend l'architrave, la frise et la corniche.

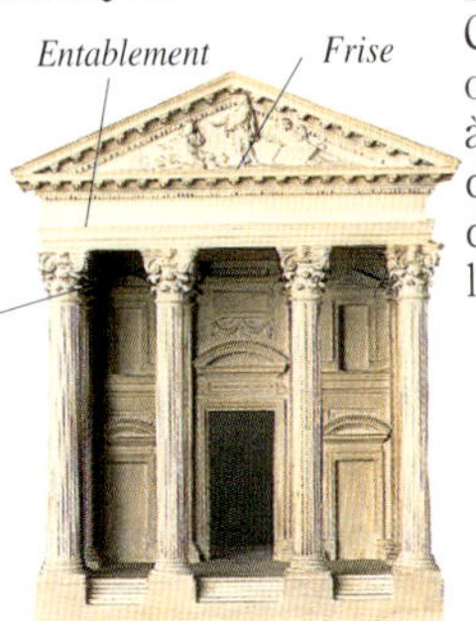
Entablement
Frise
Chapiteau décoratif

TEMPLE GREC CLASSIQUE

LES ORDRES

Ces trois ordres ont été utilisés à des périodes différentes de l'histoire de l'architecture.

Dorique : à partir du VIIe siècle av. J.-C.

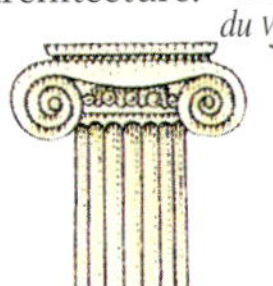

Ionique : à partir du VIe siècle av. J.-C.

Corinthien : à partir du Ve siècle av. J.-C.

Les dômes

Ce sont des toits arrondis que l'on trouve sur de nombreux édifices religieux ou administratifs.

Coupole du Rocher, Jérusalem (v. 684) 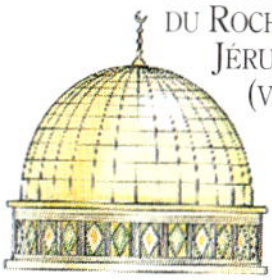
Dôme hémisphérique

Cathédrale St-Basile, Moscou (1555-1561) 
Bulbe

Cathédrale de Florence (1420-1436) 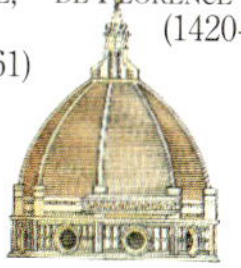
Dôme polygonal

Ste-Sophie, Istanbul (532-587) 
Dôme surbaissé

Les voûtes

Ce sont des pièces de maçonnerie cintrée recouvrant un édifice. Ci-contre : les quatre principaux types de voûtes.

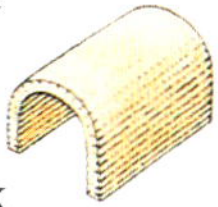

Voûte en berceau

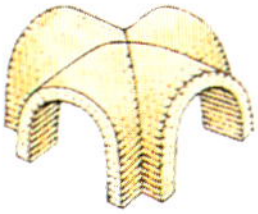

Voûte d'arête

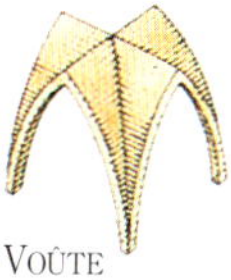

Voûte nervurée

Voûte en éventail

Les arcs

Les arcs sont des structures généralement courbes que l'on destine à supporter les parties supérieures d'un édifice ou à couvrir une travée.

Arc de lancette

Arc en plein cintre

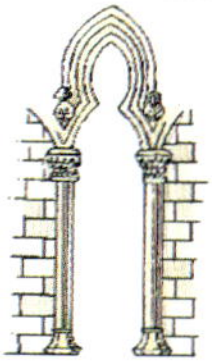

Arc trilobé

Les gratte-ciel

L'apparition du béton armé, du verre épais et de l'acier, au milieu du XIXe siècle, a permis aux architectes de réaliser de très hauts bâtiments, appelés "gratte-ciel". Les premiers furent construits à Chicago. Aujourd'hui, la plupart des grandes villes possèdent des immeubles immenses. Avec ses 443 m, le Sears Building de Chicago est l'édifice le plus élevé du monde.

Les gratte-ciel new-yorkais

La plupart des gratte-ciel de Manhattan, à New York, ont été construits par les Indiens Iroquois et Mohawk, qui ne craignent pas l'altitude.

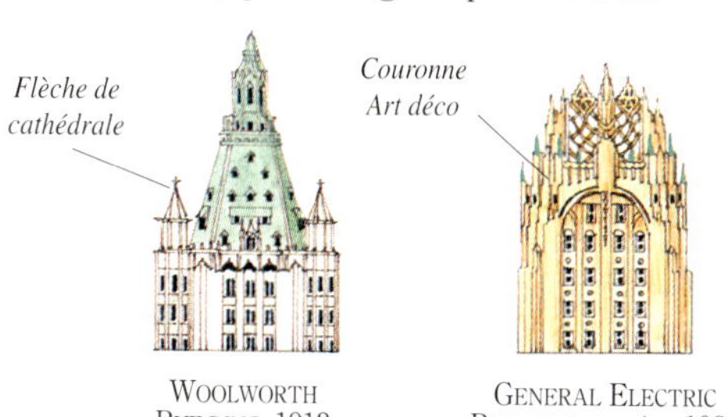
Flèche de cathédrale
Couronne Art déco

Woolworth Building, 1913

General Electric Building, années 1930

6500-300 av. J.-C.	300 av. J.-C.-900 apr. J.-C.

v. 6500 av. J.-C. Construction d'une des premières villes connues – en brique : Catal Hüyük, en Turquie.
v. 2700-2150 av. J.-C. Construction des pyramides dans la basse vallée du Nil, en Égypte. Pyramide à degrés de Saqqarah, construite par Imhotep, vizir du roi Djoser et premier architecte connu.

STONEHENGE, ANGLETERRE

Menhirs disposés en cercle

v. 2110 av. J.-C. Temples en brique sumériens à plates-formes appelés ziggourats (Mésopotamie).
v. 2000 av. J.-C. Édification de Stonehenge, Angleterre, avec des pierres massives d'une hauteur comprise entre 3 et 6 m. Il s'agit probablement d'un monument religieux.
v. 1700-1200 av. J.-C. Sépultures à rotonde, ou tholos, de la culture mycénienne, en Grèce.
v. 1700 av. J.-C. Reconstruction et élargissement du palais minoen de Minos, à Cnossos en Crète.
800-200 av. J.-C. Les constructions étrusques dans l'actuelle Italie utilisent des arcs.
700-400 av. J.-C. En Grèce, construction de temples aux proportions si parfaites que l'on qualifiera ce style de "classique". Ce dernier sera d'ailleurs copié maintes et maintes fois au fil des siècles.

LE PARTHÉNON, ATHÈNES, GRÈCE

v. 300 av. J.-C. En Inde et en Asie, les bouddhistes bâtissent des stûpas, monuments funéraires ou commémoratifs, qui symbolisent le dôme céleste.
v. 200 av. J.-C.-500 apr. J.-C. L'architecture romaine reprend les ordres grecs et l'arc étrusque. Apparition à Rome du béton, qui permet la construction de voûtes et d'arcs monumentaux.
300-1540 Pyramides précolombiennes à degrés couronnées d'un temple (Amériques). À Tikal, Guatemala : pyramide du Jaguar géant.
330-1453 Le style architectural byzantin se développe lorsque Byzance (actuelle Istanbul, Turquie) devient la capitale de l'Empire romain. Le dôme de Sainte-Sophie (construit en 537 à Istanbul) est le plus grand de l'époque.
607 Début de la construction du temple bouddhique d'Horyu-ji à Nara (Japon). La pagode en bois a été refaite à l'identique après un incendie en 1949.
618-782 Le plus vieil édifice chinois en bois : le temple bouddhique de Nanchang est construit au sommet d'une montagne sacrée, dans la province du Jiangxi.
690-850 Premiers palais et mosquées musulmans bâtis autour d'une cour intérieure.

900-1840	1840-AUJOURD'HUI

900-1200 Le style roman – dont la caractéristique majeure est la généralisation de la voûte – se répand en Europe occidentale.
1113-1150 Angkor, vaste ville-temple de pierre construite par les Khmers (actuel Cambodge). Le site d'Angkor occupe près de 300 km^2.
1150-1500 Le style gothique se répand en Île-de-France – arcs brisés et arcs-boutants permettant des structures hautes et aérées.
v. 1420 Début de la Renaissance en Italie – reprise des méthodes de construction des Grecs et des Romains. Brunelleschi (1377-1446) et Alberti (1404-1472) sont des architectes de talent.

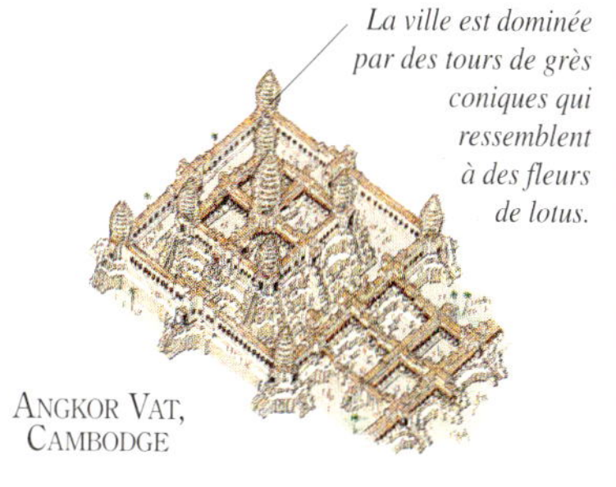

La ville est dominée par des tours de grès coniques qui ressemblent à des fleurs de lotus.

ANGKOR VAT, CAMBODGE

v. 1600 Apparition du style baroque. Les architectes construisent des églises et des palais vastes et décorés pour l'Église catholique.
1750-1840 Néo-classicisme : retour à la simplicité du classicisme romain et grec.
1800-1930 Période néo-gothique en réaction à la froideur du néo-classicisme : les architectes construisent des églises, des bâtiments publics et même des gares de chemin de fer dans le style des cathédrales médiévales.

1840-1890 La révolution industrielle apporte de nouveaux matériaux – verre épais, acier, béton armé – qui transforment les méthodes de construction.
v. 1880 Après l'invention de l'ascenseur, on construit les premiers gratte-ciel à Chicago.
1900-1940 L'architecte américain Frank Lloyd Wright (1867-1959) représente "l'architecture organique". Il réalise des constructions qui s'intègrent à la nature.
1919-1933 Walter Gropius (1883-1969) fonde et dirige le Bauhaus en Allemagne. Ce mouvement cherche à intégrer l'art à la civilisation industrielle.
années 1920 L'architecte suisse Le Corbusier (1887-1965) est le chef de file de l'architecture nouvelle.
années 1970 Architecture contemporaine. Certains architectes "retournent" les constructions en plaçant tuyaux et conduits à l'extérieur (centre G.-Pompidou, Richard Rodgers et Renzo Piano).
fin des années 1970 Architecture postmoderne, d'un style plus traditionnel, qui utilise les couleurs vives et fait souvent preuve d'humour.
années 1980 Les architectes commencent à tenir compte de l'environnement – recyclage et économie d'énergie. Certains bâtiments utilisent l'énergie solaire.

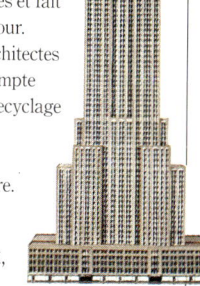

EMPIRE STATE BUILDING, NEW YORK, ÉTATS-UNIS

LES ARTS PLASTIQUES

Ils regroupent la peinture, le dessin et la gravure, la sculpture, l'architecture et aussi la photographie. Les moyens d'expression des peintres sont très variés ; peinture à l'huile, acrylique, aquarelle, pastel ou fusain peuvent être appliqués sur des supports aussi divers que la toile, le carton, le papier…

LA SCULPTURE

Les deux techniques de sculpture sont la taille (bois, pierre, marbre…) et le modelage (cire, terre…). Les sculptures fondues (bronze, plomb…) nécessitent la réalisation d'un moule.

Les premières sculptures étaient en argile.

Jeune Homme au bélier d'après Le Caravage
Une couche superficielle de vernis protège le tableau.
La peinture à l'huile est appliquée par couches.
Niveau du dessin
Préparation à base de colle
Couche d'apprêt
Toile

LES COUCHES DE PEINTURE

Traditionnellement, la peinture à l'huile s'applique par couches superposées. En analysant chacune de ces couches, les experts peuvent dater une œuvre avec précision et se prononcer sur son authenticité. Cette œuvre du Caravage, *Jeune Homme au bélier*, montre les différentes couches de peinture utilisées au XVIIe siècle.

LE SAVIEZ-VOUS ?

- Les premiers pinceaux étaient en poil de porc.
- Il y a des milliers d'années, en Australie, les artistes utilisaient de l'ocre, pigment naturel, pour peindre sur les murs des cavernes.

Pastel

Fusain

Crayon

Mine de plomb

Plume

LES OUTILS DU DESSINATEUR

Le dessin est aussi bien le travail préparatoire à une œuvre picturale qu'un art à part entière. Le dessinateur utilise le crayon, la mine de plomb, la craie ou le pastel, le fusain, la plume, la pointe de métal.

La peinture acrylique est un mélange de résine synthétique et de pigments purs broyés.

LA PEINTURE

On distingue l'huile (utilisée depuis l'an 1400 environ), l'aquarelle (popularisée par les paysagistes du XVIIIe siècle) et l'acrylique, très utilisée depuis les années 1960.

La peinture à l'huile est un mélange de pigments broyés et d'huile (huile de lin, par exemple).

L'aquarelle est un mélange de pigments et de gomme arabique. C'est une peinture à l'eau.

Rond *Plat* *En amande*

LES BROSSES ET LES PINCEAUX

Les pinceaux pour l'aquarelle et ceux pour la peinture à l'huile ou l'acrylique sont différents. Les poils sont plus ou moins fins, selon les pigments utilisés, et présentent des formes diverses : rond et effilé, plat, en brosse ou en amande.

La malachite donne un pigment vert.

Le lapis-lazuli donne un pigment bleu.

LA JOCONDE

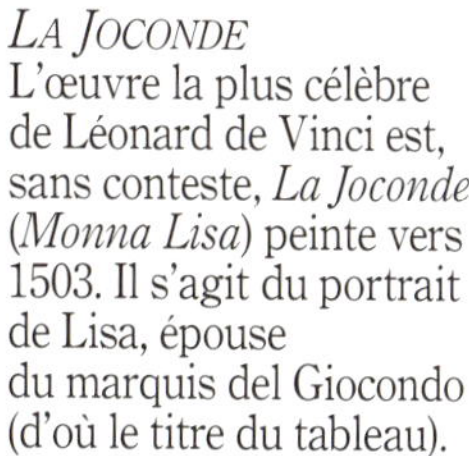

L'œuvre la plus célèbre de Léonard de Vinci est, sans conteste, *La Joconde* (*Monna Lisa*) peinte vers 1503. Il s'agit du portrait de Lisa, épouse du marquis del Giocondo (d'où le titre du tableau).

LA JOCONDE, MUSÉE DU LOUVRE, PARIS

LES PIGMENTS

Les peintures étaient à l'origine des poudres colorées extraites de plantes ou de minéraux ; aujourd'hui, les pigments sont fabriqués chimiquement.

25000 av. J.-C.-600 apr. J.-C.

v. 25000 av. J.-C. Apparition en Europe de statuettes de femmes appelées “Vénus”.
v. 15000 à 14500 av. J.-C. Réalisation de peintures rupestres dans la grotte de Lascaux, en Dordogne : représentation de taureaux, vaches, bisons, chevaux, cerfs, avec un sens de la perspective.

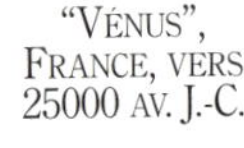

“VÉNUS”, FRANCE, VERS 25000 AV. J.-C.

v. 3000-1000 av. J.-C. Peinture égyptienne murale et sur rouleau de parchemin. Bijoux en or et statues en calcaire ou en bois.
2100-1400 av. J.-C. Culture minoenne de l’île de Crète. Les Grecs décorent leurs palais de peintures murales.
1765-1066 av. J.-C. Dynastie Shang en Chine : apparition de l’art du bronze (fabrication de récipients pour la nourriture).
v. 500 av. J.-C. Avènement de la culture de Nok au Nigeria, Afrique occidentale : sculptures en terre cuite de personnages et d’animaux.
v. 500-323 av. J.-C. En Grèce, élégantes statues de marbre, de bronze et d’argile représentant des athlètes et des dieux.
100-400 ap. J.-C. Sculptures de la région de Gandhara (vallée de l’Indus, Pakistan), influencées par l’art grec : elles représentent des scènes de la vie du Bouddha.
250-700 Période classique de la culture maya, en Amérique centrale – statues ciselées et hiéroglyphes (écriture “idéographique”).
400 Les moines européens développent l’enluminure.

600-1840

618-907 Les paysagistes chinois de la dynastie Tang réalisent des œuvres admirables.
v. 840 Réhabilitation des icônes (peintures religieuses), technique datant du Ve siècle.
900-1200 Le style roman se répand en Europe (sculptures religieuses et peintures murales).
1000-1600 Statues géantes en pierre sur l’île de Pâques, Polynésie.
1368-1644 Célèbre porcelaine bleue de la dynastie chinoise Ming.
1400-1500 Début de la première Renaissance, ou Quattrocento, à Florence, Italie.
fin du XVe siècle Miniatures religieuses en Perse (islam).
1500-1600 La Renaissance classique en Italie, ou Cinquecento, est dominée par trois artistes pluridisciplinaires : Léonard de Vinci (1452-1519), Michel-Ange (1475-1564) et Raphaël (1483-1520).

L’ANNONCIATION, LÉONARD DE VINCI

XVIIe siècle Âge d’or de la peinture flamande, avec Rembrandt (1606-1669) et Vermeer (1632-1675).
fin du XVIIe siècle – milieu du XIXe siècle Romantisme : Turner (1775-1851) et Friedrich (1774-1840) mettent l’accent sur les émotions humaines et la nature.

1840-1900	1900-AUJOURD'HUI

années 1840 "Réalisme" en France, avec le peintre Courbet (1819-1877) qui représente la réalité quotidienne dans certaines de ses œuvres.

LES CRIBLEUSES DE BLÉ, GUSTAVE COURBET, 1854

1850-1870 Naissance du préraphaélisme, avec Millais (1829-1896) et Rossetti (1828-1882), influencé par les primitifs antérieurs à Raphaël.
1860-1865 Les impressionnistes tentent de peindre "sur le motif" (en plein air) leur vision spontanée de la nature : Monet (1840-1926), Manet (1832-1883)…
1880-1890 Apparition du symbolisme, avec entre autres les Français Gustave Moreau (1826-1898), et Odilon Redon (1840-1916).
1886 Fondation de l'école de Pont-Aven, en Bretagne, qui regroupe autour de Paul Gauguin de nombreux peintres dont Émile Bernard et Paul Sérusier.
1905 Développement de l'expressionnisme en Europe, avec l'Allemand Kirchner (1880-1938), qui exprime ses sentiments au moyen de couleurs violentes et de touches larges.
1907-années 1920 Les cubistesPicasso (1881-1973) et Braque (1882-1963) peignent en décomposant les formes en "petits cubes".

1910-1950 La Peinture abstraite, avec Kandinsky (1866-1944), entend libérer les formes créées de tout rappel du monde visible.
1916 Le mouvement Dada, en réaction à la Première Guerre mondiale, rejette les formes traditionnelles de l'art.
années 1920 Le surréalisme, avec des peintres comme Dalí (1904-1989) et Ernst (1891-1976), explore les rêves et le monde de l'inconscient dans la droite ligne de la psychanalyse freudienne.
années 1940 Apparition à New York de l'expressionnisme abstrait, avec Jackson Pollock (1912-1956), qui exploite les propriétés physiques de la peinture.
années 1950-1960 Développement du pop art aux États-Unis et en Grande-Bretagne, avec Warhol (1928-1987) : utilisation des produits de consommation et des images publicitaires.
années 1960 Nouvelle tendance artistique avec Gilbert (né en 1943) et Georges (né en 1942), qui associent musique, théâtre, film et vidéo dans leurs œuvres.
années 1970-1980 Des vidéastes tels que le Coréen Nam Jun Paik (né en 1932) utilisent la projection vidéo et l'informatique dans leurs présentations.
1990-2000 De nouvelles tendances artistiques comme la French Trash Touch ou la Figuration ivre font leur apparition.

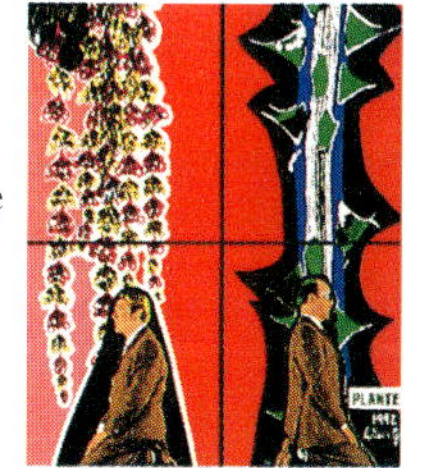

PLANTED, GILBERT ET GEORGES, 1992

LES INSTRUMENTS DE MUSIQUE

Les instruments de musique sont divisés en cinq groupes : percussions, cordes, bois, cuivres et claviers.

LA HARPE

La harpe existe depuis près de 6000 ans. Les cordes sont tendues sur un cadre et pincées des deux mains. Cette harpe irlandaise est utilisée pour jouer la musique traditionnelle du pays.

HARPE IRLANDAISE

Les cordes

Ces instruments sont composés de cordes tendues qui vibrent contre une caisse de résonance destinée à amplifier les vibrations. On distingue les instruments à cordes pincées, comme la harpe ; à cordes frottées – avec un archet – comme le violon ; à cordes frappées, comme le piano.

VIOLON ET ARCHET

Crin de cheval

Chevilles que l'on tourne pour accorder l'instrument.

La corde la plus fine émet le son le plus aigu.

Le chevalet supporte les cordes.

Tous les instruments de la famille du violon possèdent des ouïes en forme de F.

Vis servant à tendre les crins

LE VIOLON

Le violon dans sa forme actuelle existe depuis le XVIe siècle. Sa famille comprend l'alto, le violoncelle et la contrebasse.

Ouïe
Double micro
Cheville d'accord
Levier de vibrato

GUITARE ÉLECTRIQUE

LA GUITARE

La guitare électrique est l'instrument roi du rock et de la musique pop. On pince les cordes, dont le son est amplifié électriquement.

Crash cymbale
Rick cymbale suspendue
Tom médium
Tom bass
Grosse caisse
Caisse claire

BATTERIE

LES PERCUSSIONS

Ces instruments doivent être frappés pour obtenir les sons. Cette famille comprend notamment la batterie, les cymbales, le xylophone et le gong.

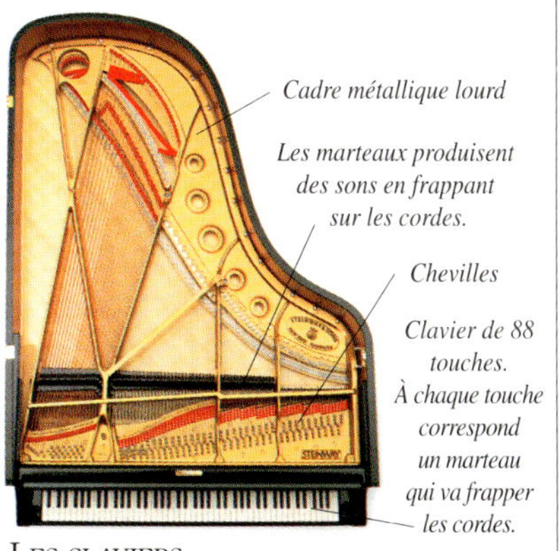
Cadre métallique lourd
Les marteaux produisent des sons en frappant sur les cordes.
Chevilles
Clavier de 88 touches. À chaque touche correspond un marteau qui va frapper les cordes.

LES CLAVIERS

La famille des claviers comprend le clavecin, le piano, l'orgue et le synthétiseur, qui sont des instruments harmoniques.

LES INSTRUMENTS À VENT

LES BOIS

La clarinette, le hautbois et le basson ont, au niveau du bec, une languette mobile (anche simple ou double) qui vibre pour produire les sons. La flûte fait aussi partie des bois (le son est produit quand le musicien souffle dans l'embouchure).

Bec
Bocal
Les clés changent les notes.
Clés
Le pavillon projette le son.
Embouchure

FLÛTE TRAVERSIÈRE

LE SAXOPHONE

Le saxophone est un instrument à vent en métal à clés et à anche simple. Il a l'apparence d'un cuivre mais possède une anche.

LES CUIVRES

La famille des cuivres comprend le cornet, la trompette, le cor, le tuba et le trombone. Le son est produit par la vibration des lèvres du joueur contre l'embouchure.

Piston

CORNET

LA MUSIQUE

La notation musicale permet d'écrire les sons pour être lus et joués. Pour certaines formes musicales (symphonies, opéras…), les instrumentistes sont si nombreux qu'un chef d'orchestre est nécessaire.

L'ORCHESTRE SYMPHONIQUE

Il est divisé en quatre sections : les cordes, les bois, les cuivres et les percussions.

BOIS

PERCUSSIONS

CUIVRES

CUIVRES

CORDES *Chef d'orchestre*

CORDES

LES ENSEMBLES MUSICAUX

Les ensembles musicaux vont du duo (deux exécutants) aux grands orchestres symphoniques de plus de 120 musiciens.

Un quartette de jazz comprend notamment une batterie et une contrebasse ; un quatuor à cordes comprend deux violons, un alto et un violoncelle.

Le quintette comprend habituellement cinq instruments à vent ou cinq cuivres.

DUO DE PIANO ET DE VIOLONCELLE

Violon
Alto
Violoncelle
TRIO À CORDES

QUARTETTE DE JAZZ

QUINTETTE MIXTE

LES NOTES

La valeur d'une note est indiquée par sa position sur la portée. Un intervalle de 8 notes (degrés) est appelé octave. Les notes de chaque octave sont nommées, de la plus basse à la plus haute : *do*, *ré*, *mi*, *fa*, *sol*, *la*, *si*, *do*.

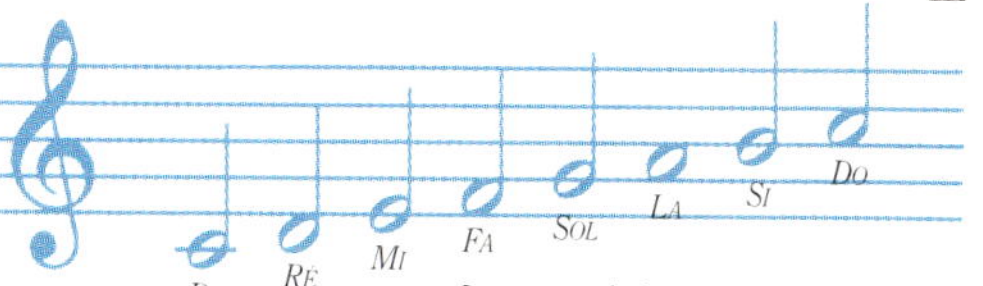
Do
Ré
Mi
Fa
Sol
La
Si
Do

UNE OCTAVE DE LA GAMME DE *DO* MAJEUR

Les notes de la gamme de do *majeur correspondent aux touches blanches du clavier du piano.*

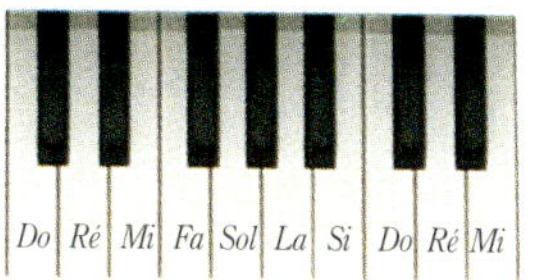
Do Ré Mi Fa Sol La Si Do Ré Mi

PARTIE D'UN CLAVIER DE PIANO

VALEUR DES NOTES

Nom	Notation	Silences
Ronde (4 temps)		
Blanche (2 temps)		
Noire (1 temps)		
Croche (1/2 temps)		
Double-croche (1/4 temps)		
Triple-croche (1/8 temps)		

L'armature indique en quelle tonalité est le morceau.

Plus de deux notes jouées ensemble constituent un accord.

Le bécarre annule l'effet d'un dièse ou d'un bémol sur la note qui le suit.

mf

sf

Clé de sol. La clé de fa est surtout employée pour les parties de basse.

Les nuances indiquent que le son doit être fort ou faible : mf signifie mezzo forte *(moitié fort).*

Ce signe indique le nombre de temps d'une mesure.

Le point augmente la durée d'une note de la moitié de sa valeur.

La durée de la croche vaut la moitié de celle de la noire.

Chaque mesure est comprise entre deux traits verticaux appelés barres de mesure.

Le soupir indique un silence de la durée d'une noire.

LA NOTATION MUSICALE

Le code international utilise une portée de cinq lignes horizontales pour noter la musique. Chaque mesure est délimitée par une barre verticale, la barre de mesure. Le dessin d'une note indique sa durée, et sa position sur la portée, la hauteur de son qu'elle représente. Les altérations (dièse, bémol, bécarre) haussent ou baissent d'un demi-ton la hauteur d'une note.

40000 av. J.-C. - 700 apr. J.-C.	700-1650

40000 av. J.-C. - 700 apr. J.-C.

40 000 av. J.-C. En France, de petits sifflets sont fabriqués avec des os de pieds de rennes.
2600 av. J.-C. Dans la cité d'Ur, en Mésopotamie, Pa-Pab-Bi-gagir-gal est le premier musicien dont le nom est cité.
1400 av. J.-C. Première représentation, sur la tombe de Rekhmire, d'une harpe égyptienne en forme d'arc.

PEINTURE MURALE ÉGYPTIENNE

v. 1200 av. J.-C. Groupes de musiciens sur les peintures tombales égyptiennes.
604 av. J.-C. Nabuchodonosor, roi de Babylone, faisait jouer un orchestre devant sa propre effigie en or.
v. 550 av. J.-C. Le philosophe grec Pythagore (v. 580-500 av. J.-C.) crée la première théorie mathématique de l'harmonie.
408 av. J.-C. Le plus vieux fragment de musique écrite est un chœur composé pour l'*Oreste* d'Euripide (vers 480-406 av. J.-C.).
590 ap. J.-C. Le pape Grégoire Ier le Grand (540-604) fonde un groupe vocal de prêtres pour interpréter des chants romains. Ces modifications liturgiques aboutiront au chant grégorien un siècle plus tard.

700-1650

VIIIe siècle Orchestres de percussions (tambours, gongs) appelés gamelans, en Indonésie.
750 En Perse, la cour du calife Haroun al-Rachid devient célèbre pour sa musique jouée par des musiciens tels que Ishaq al-Mawsili (767-850).
XIIe siècle Des moines ajoutent une, puis deux voix au chant grégorien, créant ainsi la musique polyphonique.
XIVe siècle Paris devient le centre de la musique polyphonique. Un musicien français, Guillaume de Machaut (1300-1377) écrit des ballades (chansons) dans ce style.
XVIe siècle Palestrina (1525-1594) et Monteverdi (1567-1643) écrivent des messes polyphoniques pour voix.

PREMIÈRE MUSIQUE ÉCRITE EN EUROPE

Musique polyphonique instrumentale jouée par des altos et des luths pour accompagner des danses, notamment la pavane.
XVIIe siècle En Italie, développement de l'opéra par un groupe de musiciens italiens : Monteverdi, Scarlatti, Rossi. En France, les musiciens les plus représentatifs de cette époque sont Lully, Marin Marais, Campra.
1600-1750 L'ère baroque est marquée en musique par un style harmonique, une monodie expressive, et l'invention de la basse continue.

1650-1890	1890-AUJOURD'HUI

J. S. BACH

1650-1750 Des compositeurs comme J. S. Bach (1685-1750), Vivaldi (1678-1741) et Haendel (1685-1759) écrivent des sonates et des concertos, formes musicales issues du baroque.
fin du XVIIIe siècle Mozart (1756-1791) et Beethoven (1770-1827) portent la musique classique à son apogée. Ils font de la musique instrumentale l'égale de la musique vocale et donnent leurs lettres de noblesse aux genres nouveaux que sont la sonate pour piano, le quatuor à cordes et la symphonie pour orchestre.
1830-1850 Liszt (1811-1886) et Chopin (1810-1849) composent des pièces romantiques pour piano.
1830-1900 La période romantique compte des musiciens comme Schubert (1797-1828), Berlioz (1803-1869) et Wagner (1813-1883).
1860-1890 Dvorak (1841-1904), Grieg (1843-1907) et Tchaïkovski (1840-1893) s'inspirent de la musique populaire de leurs pays.
v. 1870 Wagner renouvelle le langage musical.
1870-1880 Verdi (1813-1901) porte l'opéra à son apogée.

fin du XIXe siècle Naissance du blues aux États-Unis.
1900 Apparition à La Nouvelle-Orléans, États-Unis, de la musique jazz, qui mêle les rythmes africains et l'harmonie occidentale.
v. 1900 Des compositeurs comme Stravinski (1882-1971) et Bartok (1881-1945) écrivent une musique polytonale.
v. 1910 Schönberg (1874-1951) crée la musique dodécaphonique (douze notes de la gamme chromatique).
années 1930 Gershwin (1898-1937) mélange le jazz et la musique classique dans *Rhapsody in Blue* (1924).
années 1950 Naissance du rock and roll issu de la rencontre entre des musiques populaires blanches (folk, country…) et le rythm and blues noir, autour de chanteurs tels Bill Haley, Elvis Presley, Chuck Berry…
années 1960 Le rock and roll devient le rock avec des groupes tels que les Who et les Rolling Stones, puis des groupes de musique pop comme les Beatles et les Beach Boys.
années 1970 Des groupes comme les Bee Gees popularisent la musique disco.
1990-2000 La musique populaire comporte des styles comme le rap, l'acid, la house et la techno, nés dans les quartiers noirs aux États-Unis.

CHUCK BERRY

LA DANSE

Des danses traditionnelles à la valse, en passant par le tango, la danse est un phénomène universel.

CHRONOLOGIE

15 000 av. J.-C. Peintures rupestres de l'âge de la pierre montrant des gens en train de danser.

PEINTURES RUPESTRES TANZANIENNES

3000-1000 av. J.-C. Danse rituelle égyptienne dédiée aux dieux, notamment à Isis.

400 apr. J.-C. Au Japon, apparition des premières danses *kagura* dans les temples shintoïstes.

1300-1500 Les danses de groupe sont très prisées en Europe.

fin du xve siècle En Italie, le *ballo* – danse avec une intrigue – est l'ancêtre du ballet.

v. 1600 Apparition du kathakali en Inde.

1830-1840 Grand succès du ballet romantique.

v. 1900 Isadora Duncan (1877-1927) prône une danse naturelle, qui ouvre la voie à la danse moderne.

1920-1930 Fred Astaire, virtuose des claquettes, rend ce style de danse populaire.

FRED ASTAIRE

années 1950 Les adolescents dansent le rock and roll.

années 1980 Naissance de la "break dance" et du "body-popping".

LE BALLET

On distingue plusieurs formes de ballet : romantique, classique ou moderne, dont les musiques et les costumes diffèrent. La danse classique enseigne cinq positions de base des bras et des pieds.

LES CINQ POSITION DES BRA

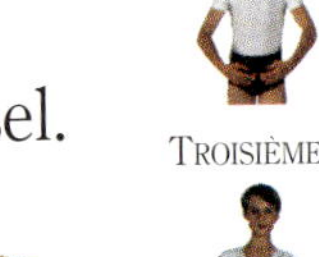

TROISIÈME

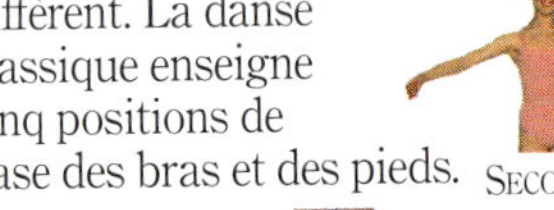

PREMIÈRE

QUATRIÈME

SECONDE

CINQUIÈME

LES CINQ POSITIONS DES PIEDS

TROISIÈME

PREMIÈRE

QUATRIÈME

SECONDE

CINQUIÈME

LA DANSE TRADITIONNELLE

Presque tous les pays ont leurs danses traditionnelles, qui ont souvent évolué, de la danse religieuse ou du rituel tribal à une forme complexe de danse, avec une chorégraphie.

Les mouvements des mains sont complexes.
Les mouvements des bras sont lents.
Costume traditionnel

DANSEUSE CLASSIQUE THAÏLANDAISE

LE THÉÂTRE

Le théâtre grec est à l'origine du théâtre moderne. Les acteurs, le visage caché derrière des masques, racontaient une histoire.

LES LIEUX DE THÉÂTRE

Vastes amphithéâtres en plein air dans la Grèce antique, les théâtres sont aujourd'hui plus petits et de formes variées.

Plusieurs sorties pour les pièces complexes

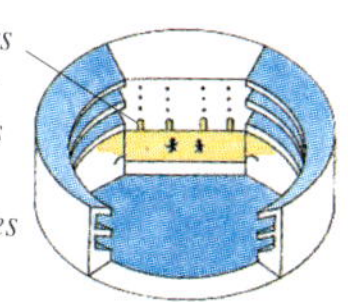

THÉÂTRE ANGLAIS DU XVIe SIÈCLE

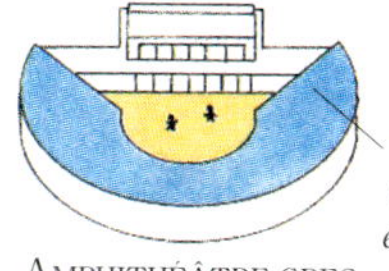
Rangées de sièges en gradins

AMPHITHÉÂTRE GREC

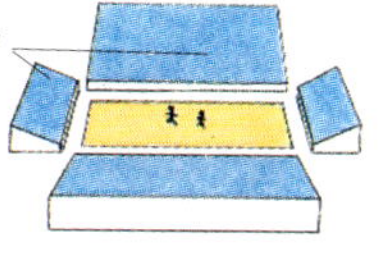
Sièges

THÉÂTRE MODERNE

MOLIÈRE

Auteur, acteur et metteur en scène, Molière, de son vrai nom Jean-Baptiste Poquelin, a toujours imposé les vertus du naturel et de la simplicité dans ses nombreuses pièces de théâtre (*Le Misanthrope, Tartuffe, Le Bourgeois gentilhomme*...).

LE KABUKI

Les exécutants de ce genre théâtral traditionnel japonais portent un maquillage élaboré correspondant à leur rôle.

LE MÉCHANT

LE CRABE

LA NOBLE DAME

CHRONOLOGIE

v. 3000 av. J.-C. Les rituels religieux comportent de la musique et une forme théâtrale.

v. 1000 av. J.-C. Début de la danse théâtralisée en Chine et en Inde.

v. 500 av. J.-C. Des milliers de Grecs assistent aux représentations des drames d'Eschyle (525-456 av. J.-C.), de Sophocle (496-406 av. J.-C.) et d'Euripide (480-406 av. J.-C.).

Ier siècle apr. J.-C. Développement de la pantomime à Rome.

v. 1500 La commedia dell'arte, basée sur l'improvisation mimée et acrobatique, sort des frontières de l'Italie.

COMMEDIA DELL'ARTE

1603 La déesse Okuni est à l'origine du théâtre kabuki (Japon).

XVIIe siècle Apogée du théâtre en Europe. En France, s'illustrent Corneille (1606-1684), Molière (1622-1673) et Racine (1639-1699).

v. 1800 Début de l'Opéra de Pékin en Chine.

1870-1890 L'écrivain norvégien Ibsen (1828-1906) crée une nouvelle forme de théâtre réaliste.

OPÉRA DE PÉKIN

3300 av. J.-C.-1380 apr. J.-C.	1380-1840

3300 av. J.-C. Naissance de l'écriture pictographique à Uruk, en Mésopotamie.
3100 av. J.-C. Début de l'écriture hiéroglyphique égyptienne.
v. 2000 av. J.-C. L'épopée du héros sumérien Gilgamesh est écrite sur des tablettes d'argile.
v. 900 av. J.-C. Le poète grec Homère écrit *L'Iliade*.
v. 600 av. J.-C. Le fabuliste grec Ésope écrit des fables, parmi lesquelles : *Le garçon qui criait au loup* et *Le Corbeau et la Cruche*.
500 av. J.-C. Rédaction du poème *Bhagavad-gita* en sanskrit.
200 av. J.-C. Les Grecs inventent le parchemin.
v. 30-19 av. J.-C. Le poète romain Virgile écrit *L'Énéide*.
105 ap. J.-C. Invention du papier en Chine.
1007 La femme de lettres japonaise Murasaki Shikibu (978-1015) écrit le *Gengi monogatari*, considéré comme le premier roman.
1048-1123 Le poète persan Omar Khayam (1050-1123) rédige ses *robayat* (quatrains).
1321 Dante (1265-1321) termine *La Divine Comédie* à Ravenne, en Italie.
1353 Boccace (1313-1375) achève le *Décaméron* à Florence.

1387 Chaucer (1340-1400) commence la rédaction des *Contes de Cantorbéry*.
v. 1450 Gutenberg (1400-1468) met au point l'impression sur presse à caractères mobiles.

LA BIBLE DE GUTENBERG

1534 Rabelais (v. 1483-1553) écrit *Gargantua*.
1605 Cervantès (1547-1616) rédige l'histoire du noble chevalier espagnol *Don Quichotte*.
1667 Molière (1622-1673) écrit et joue dans sa pièce de théâtre *Le Médecin malgré lui*.
1719 L'Anglais Daniel Defoe (1660-1731) écrit son célèbre *Robinson Crusoé*.
1806 Le poète Goethe (1749-1832) écrit *Faust*.
1818 Mary Shelley (1797-1851) rédige *Frankenstein*.
1835 Honoré de Balzac (1799-1850) publie *Le Père Goriot*.
1838 Charles Dickens (1812-1870) écrit *Oliver Twist* et d'autres romans, parfois publiés en épisodes dans la presse de l'époque.
1839 Publication de *La Chartreuse de Parme* de Stendhal (1783-1842).
1841 L'écrivain Edgar Poe (1809-1849) écrit *Double Assassinat dans la rue Morgue*, considéré comme le premier "roman policier".
1845 Alfred de Vigny est élu à l'Académie française.

1840-1900

1847 Charlotte Brontë (1816-1855) rédige *Jane Eyre*, sa sœur Emily (1818-1848) *Les Hauts de Hurlevent*.
1851 Publication de *Moby Dick* d'Herman Melville. Victor Hugo s'exile après le coup d'État de Napoléon III et écrit un recueil satirique, *Les Châtiments*.

VICTOR HUGO

1857 L'écrivain français Gustave Flaubert (1821-1880) publie *Madame Bovary*.
1861 Charles Baudelaire (1821-1867) enrichit de 35 nouveaux poèmes *Les Fleurs du mal*, recueil paru en 1857.
1863-1869 Léon Tolstoï dépeint les guerres de 1805 et 1812 contre Napoléon dans son roman *Guerre et Paix*.
1864 Publication du *Voyage au centre de la Terre* de Jules Verne.
1870 Émile Zola devient le chef de file des romanciers naturalistes (Maupassant, Huysmans…).
1873 Aux États-Unis, la première machine à écrire sort des usines Remington.
1880 Publication du roman de Dostoïevski (1821-1881) *Les Frères Karamazov*, qu'il considérait comme son chef-d'œuvre.
1883 R. L. Stevenson (1850-1894) fait paraître *L'Île au trésor*.
1904 L'écrivain Tchekhov (1860-1904) termine sa pièce de théâtre *La Cerisaie* peu de temps avant sa mort.

1900-AUJOURD'HUI

1913 André Gide traduit le recueil de poèmes *Gitanjali* de l'écrivain indien Tagore (1861-1941) sous le titre *L'Offrande lyrique*.
1915 Franz Kafka (1883-1924) fait paraître *La Métamorphose*.
1922 Publication de *À la recherche du temps perdu*, de l'écrivain français Marcel Proust (1871-1922) ; l'écrivain irlandais James Joyce (1882-1941) sort en même temps *Ulysse*.
1923 Colette (1873-1954) publie *Le Blé en herbe*.
1925 Le romancier américain Scott Fitzerald (1896-1940) écrit *Gatsby le Magnifique*.
1929 Ernest Hemingway (1898-1961) écrit *L'Adieu aux armes*.
1930 Marcel Pagnol (1895-1974) connaît son premier succès avec *Marius*.
1935 Premiers "livres de poche".

PENGUIN BOOKS
ARIEL
ANDRE MAUROIS
THE BODLEY HEAD
LES PREMIERS "LIVRES DE POCHE"

années 1970 Arrivée de la PAO (publication assistée par ordinateur).
1981 Loi Lang sur le prix unique du livre
années 2000 Harry Potter, l'apprenti sorcier créé par J.K.Rowling, devient un phénomène littéraire.

J.K.ROWLING

La photographie

Des millions de fois par jour, un obturateur d'appareil photographique se met en mouvement quelque part dans le monde, pour garder la mémoire d'un instant, scène intime ou image d'actualité.

PELLICULE 35 MM

Le format des pellicules

Les appareils photographiques sont prévus pour un format particulier de pellicule. Le format le plus utilisé est le 35 mm, dont on charge la plupart des compacts et des reflex. Les photographes de studio utilisent un format moyen pour une meilleure qualité.

L'intérieur d'un appareil reflex

Il s'agit d'un type d'appareil photographique extrêmement populaire parmi les amateurs et les professionnels. Il comporte un prisme qui réfléchit la lumière, de la lentille à l'oculaire du viseur, permettant au photographe de voir directement à travers la lentille. Il possède également des lentilles interchangeables.

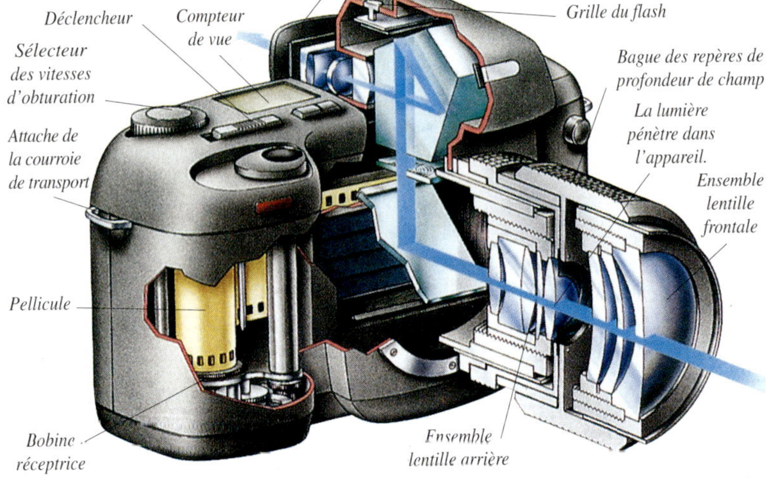
Oculaire du viseur
Grille du flash
Déclencheur
Compteur de vue
Sélecteur des vitesses d'obturation
Bague des repères de profondeur de champ
La lumière pénètre dans l'appareil.
Attache de la courroie de transport
Ensemble lentille frontale
Pellicule
Bobine réceptrice
Ensemble lentille arrière

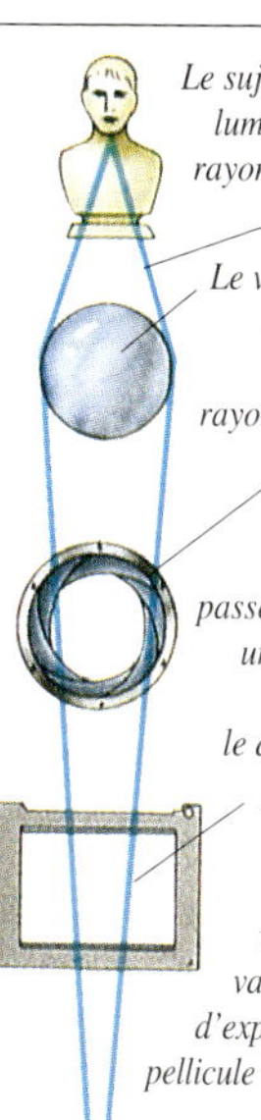
Le sujet renvoie la lumière dont les rayons traversent l'appareil.
Le verre incurvé de la lentille réfracte les rayons lumineux.
Les rayons lumineux convergents passent à travers une ouverture réglable, le diaphragme.
L'obturateur s'ouvre à différentes vitesses pour varier le temps d'exposition de la pellicule à la lumière.
La mise au point permet de photographier une image nette.

LA LUMIÈRE
Un appareil photographique est une boîte munie d'un trou équipé d'une lentille. Cette lentille projette dans l'appareil une image qui se fixe sur la pellicule ou sur des cellules photosensibles, dans le cas des appareils électroniques comme les vidéos).

CHRONOLOGIE

400 apr. J.-C. Un érudit chinois démontre comment un trou de la grosseur d'une tête d'épingle dans la soie projette une image dans une pièce obscure.

CHAMBRE NOIRE DU XVIIIe SIÈCLE

1020 Ibn al-Haytham (ou Alhazen), mathématicien arabe, démontre qu'un trou d'épingle dans une chambre noire permet de voir une éclipse solaire.

1558 Giambattista della Porta démontre comment une lentille placée dans le trou rend l'image plus nette.

début du XVIIIe siècle Apparition des chambres noires pour artistes.

1727 Le docteur Johann Schulze (1687-1744), démontre comment le nitrate d'argent, exposé à la lumière, fonce .

v. 1800 Tom Wedgwood (1771-1805) obtient des images en exposant du papier enduit de nitrate d'argent à la lumière.

1816 Le Français Nicéphore Niépce (1765-1833) réalise la première photographie directe sur métal dans une chambre noire.

1839 Invention du daguerréotype (procédé primitif de la photographie) par le Français Louis-Jacques Daguerre (1787-1851).

1840 William H. Fox Talbot (1800-1877) invente le procédé calotype (rebaptisé talbotypie) qui permet de tirer des épreuves positives à partir de négatifs.

1851 Le papier celloïdin d'Archer (1813-1857) permet d'obtenir des épreuves sur papier à partir de négatifs sur verre.

1861 Maxwell (1831-1879) réalise la première photographie en couleur.

1888 Premier appareil Kodak utilisant un rouleau de pellicule.

1906 Premier procédé de photo couleur inventé en France par les frères Lumière.

1913 Pellicule 35 mm.

1924 Le Leica est le premier appareil 35 mm.

Kodak Film
PREMIÈRE PELLICULE COULEUR KODAK

1935 Apparition de la pellicule couleur Kodachrome.

1947 Premier appareil à développement instantané : le Polaroïd, inventé par Edwin Land (1909-1991).

1996 Apparition de l'APS, qui permet de réaliser des photos de trois formats différents.

années 2000 Généralisation des appareils photo numériques.

LE CINÉMA

ARNOLD SCHWARZENEGGER DANS *TERMINATOR 2*

L'industrie cinématographique représente aujourd'hui des millions de dollars. Dans le monde entier, les gens vont voir des films à gros budget, avec des acteurs payés des fortunes et des effets techniques fort coûteux.

LE FILM

La plupart des films sont aujourd'hui en 35 mm. Les images sont fixes, mais elles défilent très vite dans l'appareil de projection – 8 images par seconde – et le spectateur voit un mouvement ininterrompu sur l'écran. Un long métrage représente quelque 2,5 km de pellicule.

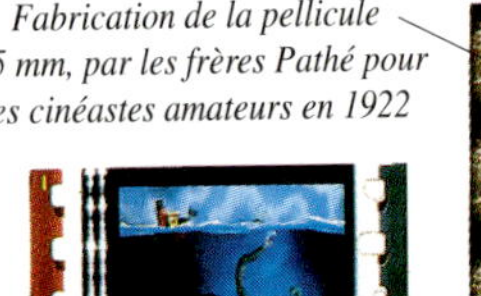

Fabrication de la pellicule 9,5 mm, par les frères Pathé pour les cinéastes amateurs en 1922

Piste sonore

FILM 35 MM

LES GENRES

Les longs métrages appartiennent à des genres bien définis : la comédie (*Brice de Nice*); la science fiction (*La guerre des mondes*); l'aventure (*Indiana Jones*) ; l'épouvante, l'horreur – les histoires de Dracula ou de Frankenstein.

LES EFFETS SPÉCIAUX

L'informatique a permis de réaliser des effets spéciaux de plus en plus spectaculaires. Le "morphing" est l'une des dernières techniques mises au point.

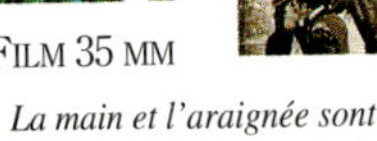

La main et l'araignée sont tracées point par point à l'ordinateur. Quand les deux séries de points coïncident, la transformation est complète.

Le "morphing" est utilisé pour transformer une chose en une autre.

Les contours de l'araignée commencent à apparaître.

Milieu du processus de morphing

L'araignée est presque terminée.

L'animation

En filmant des dessins, des personnages ou des objets (en pâte à modeler, en bois, etc.), les techniciens leur donnent vie. L'utilisation de l'ordinateur permet aujourd'hui des prouesses d'animation.

Bugs Bunny est l'un des plus vieux personnages de dessin animé.

Des personnages en pâte à modeler peuvent être "animés", comme ce gorille dans Creature Comforts.

Chronologie

1881 Mise au point du "zoopraxiscope" par le photographe anglais Eadweard Muybridge (1830-1904). Il s'agit de la projection sur un écran de séquences d'images photographiques dont la succession rapide donne l'illusion du mouvement.

1887 Le Français Étienne Marey (1830-1904) invente son chronophotographe à disque rotatif.

1894 Lancement sur le marché du kinétographe (caméra) et du kinétoscope (projecteur), par les Américains Thomas Edison (1847-1931) et William Dickson (1860-1933).

1895 En France, les frères Lumière organisent la première projection publique.. Le film s'intitulait *L'Arroseur arrosé*.

1896 Ouverture de la première salle de cinéma française à Lyon.

1907 Premier long métrage réalisé en Europe : *L'Enfant prodigue* de Michel Carré. Les premiers films sont en noir et blanc et muets.

1920-1930 Importante fréquentation des salles de cinéma.

1927 Sortie du premier film parlant, *The Jazz Singer* d'Alan Crosland.

1929 Premières cérémonies des Oscars.

1932 Invention du technicolor.

1953 Apparition du cinémascope (projection sur écran large).

Warner Bros. Supreme Triumph
AL JOLSON
THE JAZZ SINGER

Affiche de *The Jazz Singer*

1970 La "steadycam" permet au caméraman de se déplacer avec la caméra, qui reste stable.

années 1990 On utilise la palette graphique pour réaliser des dessins animés.

1996 A sa sortie, le film Titanic est le plus cher de l'histoire du cinéma.

Oscar

1999 Première projection cinématographique en numérique

LES JEUX OLYMPIQUES

En 1896, le Français Pierre de Coubertin crée le Comité olympique international qui, depuis lors, organise tous les quatre ans les Jeux olympiques, réplique des premières olympiades grecques. Depuis 1924 ont lieu les J. O. d'hiver. En 1960, furent créés les J. O. pour handicapés.

LA FLAMME OLYMPIQUE
Comme le veut la tradition de la Grèce antique, la flamme olympique est allumée sur le mont Olympe et portée par des coureurs qui se relaient jusqu'au stade olympique où se déroulent les épreuves d'athlétisme.

LES ANNEAUX OLYMPIQUES
Les 5 anneaux représentent les 5 continents. Près de 200 nations envoient plus de 10 000 athlètes qui concourent dans une trentaine de sports différents.

LA COURONNE D'OLIVIER
Il y a 2 000 ans, les vainqueurs des Jeux olympiques grecs étaient couronnés de feuilles d'olivier, considérées comme sacrées.

LES JEUX PARA-OLYMPIQUES
Ils ont lieu juste après les Jeux olympiques, en général dans la même ville.

LES MÉDAILLES OLYMPIQUES
Les vainqueurs ne sont pas rémunérés mais reçoivent des médailles : l'or pour le premier, l'argent pour le deuxième et le bronze pour le troisième.

MÉDAILLE D'OR DES J. O. DE 1984

LES JEUX OLYMPIQUES D'HIVER
Deux ans après les J. O. d'été, ils présentent entre autres des épreuves de ski, de patinage – artistique et vitesse – et de hockey sur glace.

Classification des sports

On distingue habituellement trois groupes de sports – ces derniers comprenant des subdivisions.

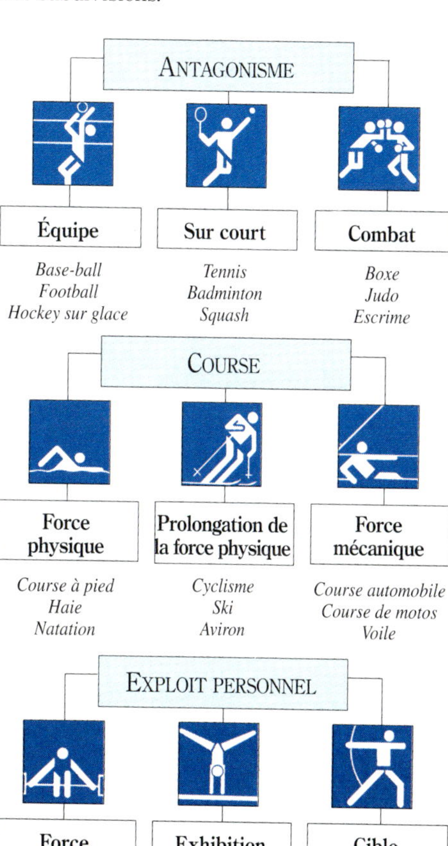

Antagonisme
Équipe
Base-ball
Football
Hockey sur glace
Sur court
Tennis
Badminton
Squash
Combat
Boxe
Judo
Escrime
Course
Force physique
Course à pied
Haie
Natation
Prolongation de la force physique
Cyclisme
Ski
Aviron
Force mécanique
Course automobile
Course de motos
Voile
Exploit personnel
Force
Saut en longueur
Javelot
Haltérophilie
Exhibition
Gymnastique
Concours hippique
Patinage artistique
Cible
Golf
Tir à l'arc
Fléchettes

Les Jeux olympiques d'été

Année	Lieu
1896	Athènes, Grèce
1900	Paris, France
1904	St. Louis, États-Unis
1908	Londres, Royaume-Uni
1912	Stockholm, Suède
1920	Anvers, Belgique
1924	Paris, France
1928	Amsterdam, Hollande
1932	Los Angeles, États-Unis
1936	Berlin, Allemagne
1948	Londres, Royaume-Uni
1952	Helsinki, Finlande
1956	Melbourne, Australie
1960	Rome, Italie
1964	Tokyo, Japon
1968	Mexico, Mexique
1972	Munich, Allemagne
1976	Montréal, Canada
1980	Moscou, ex-URSS
1984	Los Angeles, États-Unis
1988	Séoul, Corée du Sud
1992	Barcelone, Espagne
1996	Atlanta, États-Unis
2000	Sydney, Australie
2004	Athènes, Grèce

JEUX DE BALLON

De nombreux sports d'équipe se jouent avec un ballon. Le football, le volley-ball et le basket-ball se jouent avec un ballon rond. Le football américain et le rugby se jouent avec un ballon ovale.

LE FOOTBALL AMÉRICAIN

Ballon en cuir

Casque

Épaulière

Protège-bras

Plastron

Chaussures

Cuissardes

L'ÉQUIPEMENT

LE JEU

Le terrain est divisé en couloirs larges de 4,6 m. L'équipe qui a le ballon a droit à 4 tentatives ("downs") pour progresser de 9 m en direction de la ligne de but adverse. Si elle réussit, elle a droit à 4 nouvelles tentatives.

LE "SNAP"

Chaque "down" commence par un "snap" – le centre passe le ballon au quart arrière qui organise le jeu en faisant une passe ou en glissant le ballon à un coureur arrière.

LE FOOTBALL

Maillot aux couleurs de l'équipe
Ballon rond en cuir
De 45 à 90 m de large
Surface de réparation
De 90 à 120 m de long
Zone centrale
Ligne médiane
Point de penalty
Aire de but

FOOTBALLEUR

LE JEU

Le football est le jeu d'équipe le plus joué dans le monde. C'est le sport qui attire le public le plus nombreux. Un match se déroule entre deux équipes de 11 joueurs ; le but du jeu est de faire entrer le ballon dans le but adverse pour marquer des points.

LE TERRAIN

Les terrains de football sont de dimensions variables et presque toujours recouverts de gazon. Les surfaces de réparation ont des dimensions imposées.

Le volley-ball

Deux équipes de six joueurs essaient de faire passer le ballon au-dessus d'un filet dans le camp adverse avec n'importe quelle partie supérieure du corps. Un point est marqué si le ballon touche le sol du camp adverse. Seule l'équipe au service marque le point.

Service par en dessus
On utilise les avant-bras ou les doigts pour mettre la balle en jeu.
Service par en dessous
Préparation au smash
Une équipe a le droit de toucher le ballon 3 fois avant de le retourner.
Passe avec les avant-bras

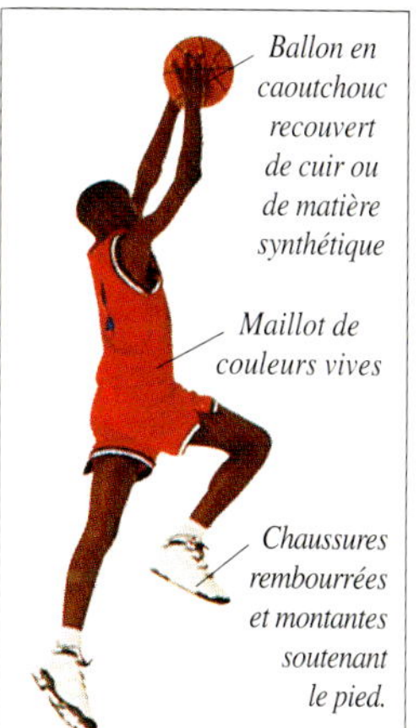
Ballon en caoutchouc recouvert de cuir ou de matière synthétique
Maillot de couleurs vives
Chaussures rembourrées et montantes soutenant le pied.

Le rugby

Le rugby se joue avec 2 équipes de 15 (rugby à XV) ou de 13 (rugby à XIII) joueurs. Le jeu consiste à courir, faire des passes à la main et plaquer l'adversaire. La mêlée est une phase du jeu au cours de laquelle les joueurs sont groupés autour du ballon ovale qui est placé au milieu d'eux. Les joueurs poussent pour sortir le ballon.

La mêlée cesse quand le ballon est sorti.
La mêlée
La mêlée sert de remise en jeu.

Le basket-ball

Le basket-ball est un jeu populaire, pratiqué dans quelque 200 pays : 2 équipes de 10 ou 12 joueurs s'opposent. Les 5 joueurs sur le terrain tentent de s'emparer du ballon et de le lancer dans le panier adverse.

Football australien

Il s'agit d'un jeu pratiqué essentiellement dans l'État de Victoria, en Australie. Il oppose 2 équipes de 18 joueurs sur un terrain ovale. La partie se déroule en 4 périodes de 25 mn. Le ballon doit toucher le sol tous les 10 m.

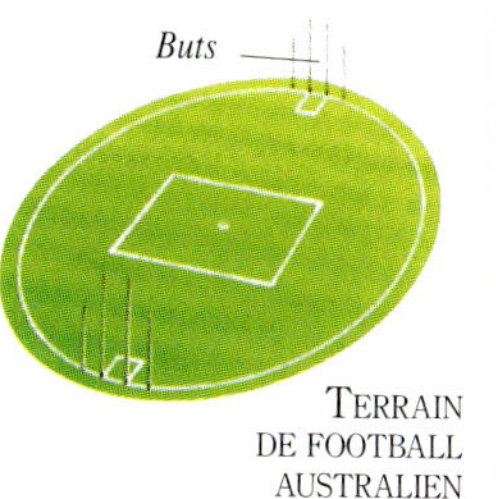
Buts

Terrain de football australien

BALLE, BATTE ET CROSSE

Le principe de ces jeux est de lancer avec une crosse, une batte ou une raquette la balle dans le camp adverse.

LE BASE-BALL

LE PRINCIPE DU JEU

Deux équipes de 9 joueurs manient la batte et sont joueurs de champ à tour de rôle. Le batteur a droit à 3 essais pour frapper la balle lancée par le lanceur ; puis il court autour des bases avant que la balle soit attrapée.

LE TERRAIN

Le batteur ne peut courir que si la balle atterrit dans le champ intérieur et extérieur. Au-delà s'étend le territoire des balles perdues.

La longueur de la batte peut atteindre 107 cm.

BATTE DE BASE-BALL

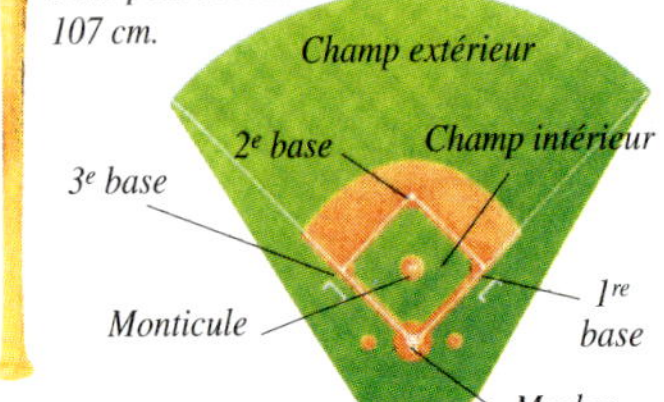
Champ extérieur
2e base
Champ intérieur
3e base
Monticule
1re base
Marbre

LE CRICKET

LE JEU DU BATTEUR

Le cricket se joue à 2 équipes de 11 joueurs. Les 2 batteurs peuvent intervenir à tout moment. Le batteur se tient sur la ligne blanche (ligne de service) et défend le guichet avec sa batte quand la balle est lancée. Il essaie de frapper la balle pour marquer des points ("runs").

MISE HORS JEU DU BATTEUR

La balle touche le guichet, ou bien le batteur manque la balle et essaie de protéger son guichet avec sa jambe : il est LBW (Leg Before Wicket) – "jambe devant le guichet".

Guichet

Ligne de limite

"RUN OUT"

La balle atteint le guichet avant l'arrivée du batteur.

"STUMPED"

Le batteur est hors de sa ligne en essayant de frapper la balle qui vient toucher le guichet.

Le batteur essaie de frapper la balle.

Hockey et lacrosse

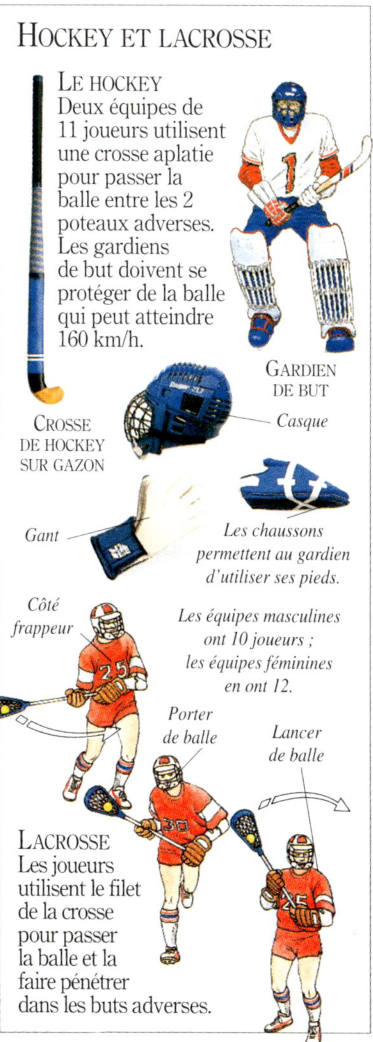
Gardien de but
Casque
Crosse de hockey sur gazon
Gant
Les chaussons permettent au gardien d'utiliser ses pieds.
Côté frappeur
Les équipes masculines ont 10 joueurs ; les équipes féminines en ont 12.
Porter de balle
Lancer de balle

Le hockey

Deux équipes de 11 joueurs utilisent une crosse aplatie pour passer la balle entre les 2 poteaux adverses. Les gardiens de but doivent se protéger de la balle qui peut atteindre 160 km/h.

Lacrosse

Les joueurs utilisent le filet de la crosse pour passer la balle et la faire pénétrer dans les buts adverses.

Les jeux de raquette

Raquette de tennis
Ligne du court pour le simple
Ligne du court pour le double
Filet
Court de tennis

Le tennis

Les joueurs envoient la balle par-dessus le filet avec une raquette, pour qu'elle atterrisse dans la partie adverse du court et ne puisse pas être retournée. La partie est divisée en 3 ou 5 sets. On distingue le tennis sur gazon et sur terre battue. Le tennis se joue en simple (2 joueurs) ou en double (4 joueurs) ; le court est alors plus large.

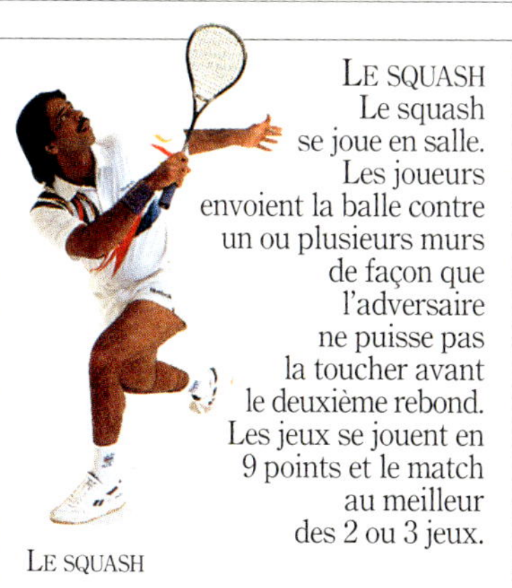
Le squash

Le squash

Le squash se joue en salle. Les joueurs envoient la balle contre un ou plusieurs murs de façon que l'adversaire ne puisse pas la toucher avant le deuxième rebond. Les jeux se jouent en 9 points et le match au meilleur des 2 ou 3 jeux.

SPORTS DE COMPÉTITION

L'athlétisme et les sports comme la gymnastique et les haltères sont basés sur les prouesses individuelles.

SUR LA PISTE

Les courses se déroulent en majorité sur une piste.

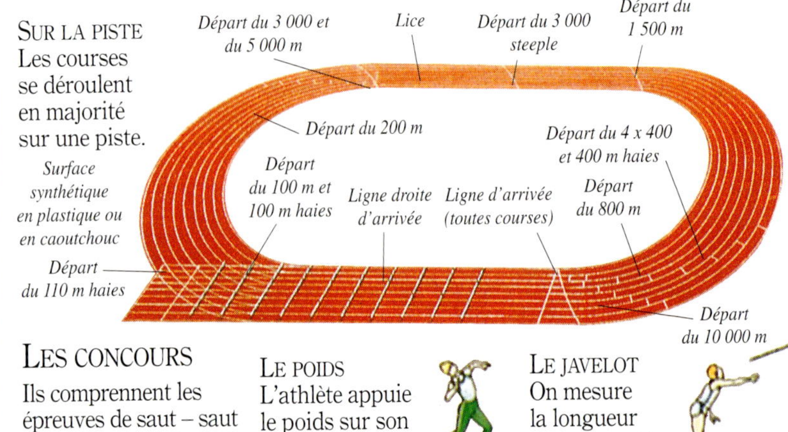

Surface synthétique en plastique ou en caoutchouc
Départ du 110 m haies
Départ du 3 000 et du 5 000 m
Lice
Départ du 3 000 steeple
Départ du 1 500 m
Départ du 200 m
Départ du 4 x 400 et 400 m haies
Départ du 100 m et 100 m haies
Ligne droite d'arrivée
Ligne d'arrivée (toutes courses)
Départ du 800 m
Départ du 10 000 m

LES CONCOURS

Ils comprennent les épreuves de saut – saut en longueur, triple saut, saut en hauteur et saut à la perche – et de lancer – poids, disque, marteau et javelot. Pour les Jeux olympiques, les femmes ne participent pas au saut à la perche, ni au lancer du marteau.

LE POIDS

L'athlète appuie le poids sur son épaule et le lance, sans sortir du cercle.

LE JAVELOT

On mesure la longueur du jet à partir de l'endroit où la pointe a touché le sol.

LE DISQUE

Le lanceur tourne plusieurs fois sur lui-même et lance le disque.

LE MARTEAU

L'athlète pivote 3 ou 4 fois sur lui-même et lance le poids attaché à un fil d'acier.

LE TRIPLE SAUT

L'athlète fait une course d'élan puis un cloche-pied, deux foulées bondissantes et se réceptionne dans le sable.

APPEL

Les épreuves combinées

Premier jour	Deuxième jour
Décathlon (hommes)	
100 m	110 m haies
Saut en longueur	Disque
Poids	Saut à la perche
Saut en hauteur	Javelot
400 m	1 500 m
Heptathlon (femmes)	
100 m haies	Saut en longueur
Saut en hauteur	Javelot
Poids	800 m
200 m	

Haltérophilie

Il existe 2 catégories d'épreuve : l'arraché et l'épaulé-jeté.

L'haltère est soulevé jusqu'au niveau de l'épaule (épaulé), puis bras tendus.

Épaulé-jeté

Arraché

L'haltère est soulevé au-dessus de la tête – bras tendus – en un seul mouvement.

Épreuves de gymnastique

La gymnastique comprend les exercices au sol, la poutre, les barres asymétriques, les barres parallèles et le cheval d'arçon. Les juges attribuent des notes sur 10. Pour les femmes, la gymnastique rythmique au sol (GRS) – en musique – consiste en plusieurs épreuves : ruban, ballon, corde, massue et cerceau.

La gymnaste doit constamment changer la position de ses mains et la direction de son corps.

Les points sont attribués en fonction de la continuité et du rythme.

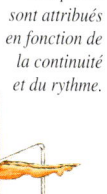

Barres asymétriques

La poutre

La poutre mesure 10 cm de largeur et 5 m de longueur.

La jeune athlète effectue des figures acrobatiques et des exercices d'équilibre sur la poutre pendant 70 à 90 secondes.

L'athlète lance ses bras vers l'avant pour atterrir dans le sable.

Élan

Saut

SPORTS D'HIVER

La neige et la glace ont inspiré toute une série de sports de glisse – du gracieux patinage artistique à la vertigineuse descente en ski.

HOCKEYEUR SUR GLACE

LE PATINAGE DE VITESSE Sur 400 m, 2 patineurs courent contre la montre sur une piste en plein air. Sur 111,12 m, 4 ou 6 patineurs s'affrontent sur une piste couverte.

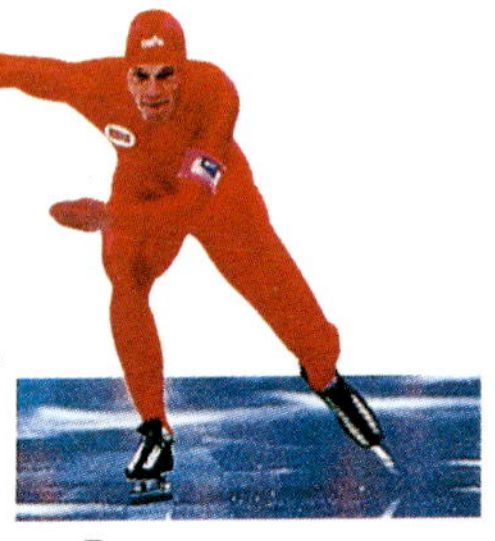

PATINEUR DE VITESSE

LE HOCKEY SUR GLACE Deux équipes de 6 patineurs tentent de faire entrer le palet dans les buts adverses pendant 3 périodes de 20 minutes.

LE PATINAGE ARTISTIQUE Des notes sur 6 sont attribuées pour les aspects artistique et technique des figures. Le nom des sauts dépend de l'appel et de la réception : axel, salchow, boucle et lutz. Pour les vrilles, les pieds du patineur doivent rester à la même place sur la glace.

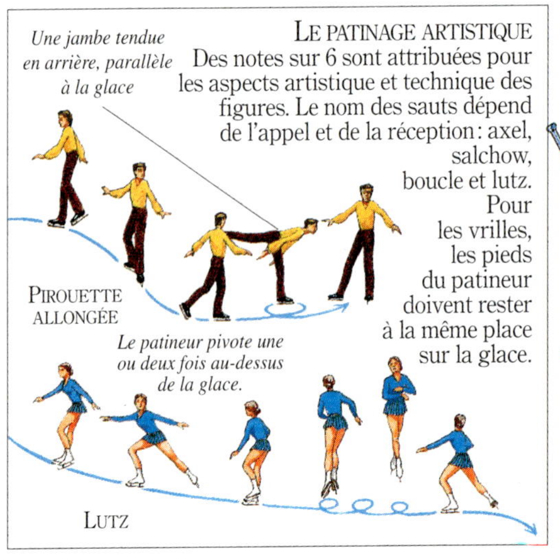
Une jambe tendue en arrière, parallèle à la glace
Le patineur pivote une ou deux fois au-dessus de la glace.

PIROUETTE ALLONGÉE

LUTZ

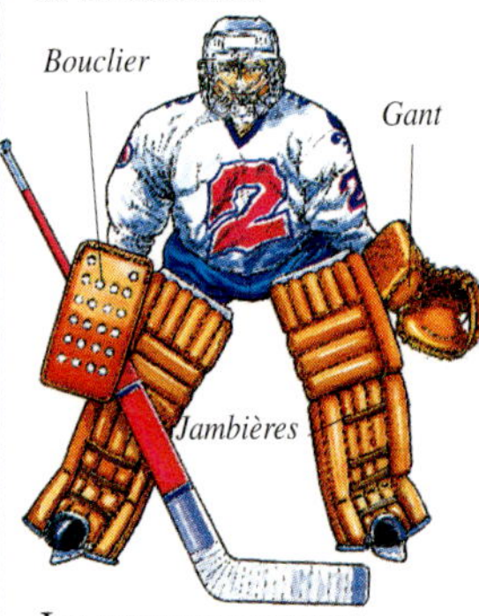
Bouclier
Gant
Jambières

LE GARDIEN DE BUT Il doit se protéger efficacement contre le palet qui peut arriver à 160 km/h.

Le skieur prend son élan sur une rampe enneigée pour effectuer son saut (70 à 90 m).

SAUT À SKIS

Le skieur adopte une position aérodynamique pour acquérir la vitesse qui lui permettra de sauter le plus loin possible.

Des points sont attribués pour le style et la longueur du saut.

LE SKI NORDIQUE

Il comprend des épreuves de saut et de ski de fond (parcours à faible dénivellation). Le biathlon comprend une course de ski de fond et de tir à la carabine.

SKIEUR DE FOND

Le skieur utilise un style libre (pas du patineur) ou classique.

Skis plus étroits et plus courts que pour le ski alpin

Sur les skis de fond, les fixations permettent au skieur de soulever les talons.

LE SKI ALPIN

Il s'agit d'épreuves de slalom et de descente qui sont effectuées contre la montre, ainsi que de ski acrobatique. Pour la descente et le slalom super géant (Super G), chaque skieur descend une seule fois ; pour le slalom et le slalom géant, le skieur est jugé sur le temps réalisé en 2 parcours différents.

En descente, le skieur peut atteindre une vitesse de 140 km/h.

En ski acrobatique, le skieur saute sur des bosses et réalise des figures acrobatiques.

Pour le slalom, le skieur doit impérativement passer entre deux "portes" sous peine d'élimination.

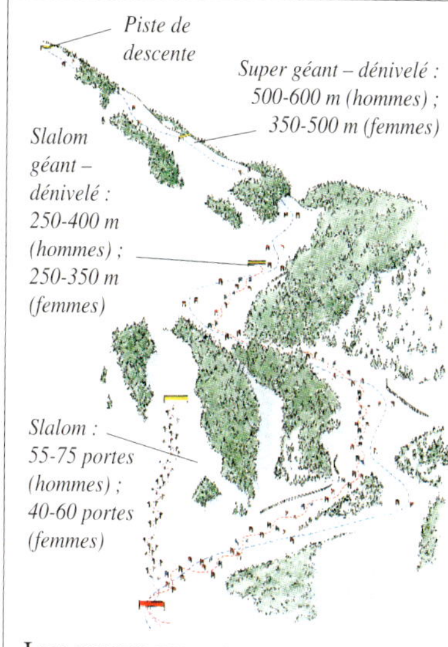
Piste de descente
Super géant – dénivelé : 500-600 m (hommes) ; 350-500 m (femmes)
Slalom géant – dénivelé : 250-400 m (hommes) ; 250-350 m (femmes)
Slalom : 55-75 portes (hommes) ; 40-60 portes (femmes)

LES PISTES ET LES PORTES

Des drapeaux fixés au sommet d'un poteau matérialisent les portes du slalom ; pour le slalom géant et le super géant, les poteaux sont doubles.

SPORTS AQUATIQUES

Les sports aquatiques sont de plus en plus populaires, qu'ils aient lieu en piscine, en rivière, en lac ou en mer.

LA PLANCHE À VOILE

Il s'agit d'une planche équipée d'une voile – fixée à un mât articulé – qui sert à se propulser et à changer de direction. Le véliplanchiste tient l'arceau qui entoure et soutient la voile.

Mât articulé

Voile

Fenêtre

Arceau

Planche

Une articulation permet au mât de pivoter dans toutes les directions.

LE SURF

Le surfeur doit se maintenir en équilibre sur la planche qui chevauche la crête des vagues énormes qui le ramènent sur le rivage. En compétition, on juge le surfeur sur son style, son élégance et le temps qu'il réalise.

Combinaison protectrice contre le froid

Les planches sont en général en fibre de verre.

LES VOILIERS

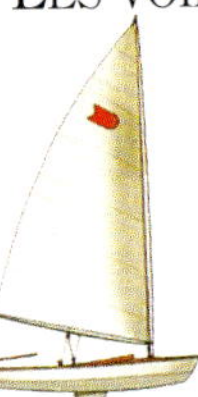

LES OPTIMISTES

Ce sont des dériveurs monoplaces, utilisés pour l'entraînement et la course.

470

LES 470

Ce sont des dériveurs biplaces (femmes ou hommes) de classe olympique.

LES TORNADOS

Ce sont des catamarans (à 2 coques accouplées) pour 2 navigateurs – utilisés aux Jeux olympiques.

LES "FLYING DUTCHMAN"

Ce sont des embarcations fabriquées en Hollande, similaires aux Lasers olympiques.

LES 12-MÈTRES J. I. (JAUGE INTERNATIONALE)

Ils participent aux courses en pleine mer et sont capables d'affronter de grosses vagues.

LES DIFFÉRENTES NAGES

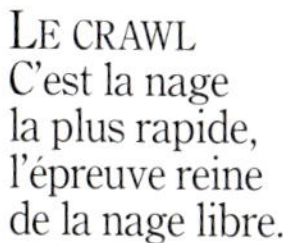

LE CRAWL

C'est la nage la plus rapide, l'épreuve reine de la nage libre.

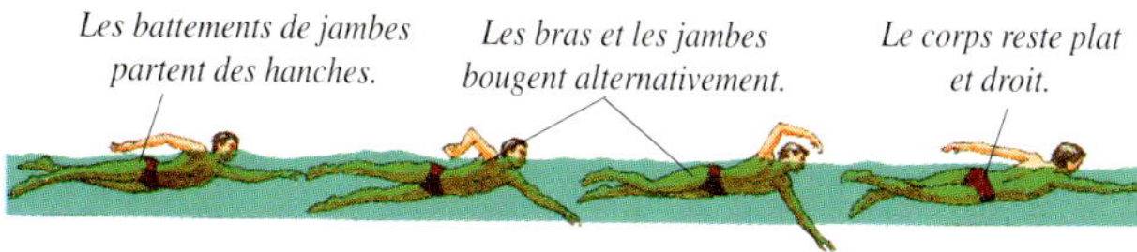
Les battements de jambes partent des hanches.
Les bras et les jambes bougent alternativement.
Le corps reste plat et droit.

LA BRASSE

C'est la nage la plus lente. Les bras et les jambes ne sortent pas de l'eau.

Les bras décrivent un mouvement circulaire et se tendent simultanément.
Les jambes se détendent comme les pattes d'une grenouille.

LE DOS CRAWLÉ

C'est la seule nage (exécutée sur le dos) dans laquelle le départ a lieu dans l'eau.

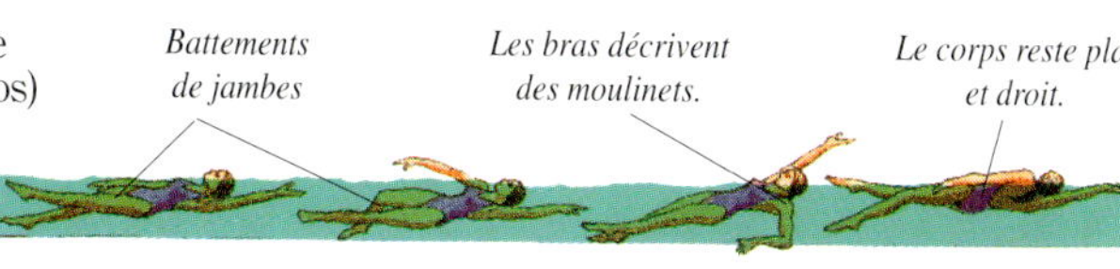
Battements de jambes
Les bras décrivent des moulinets.
Le corps reste plat et droit.

LE PAPILLON

Comme dans la brasse, les mouvements des bras sont simultanés. Il s'agit d'une nage très énergique.

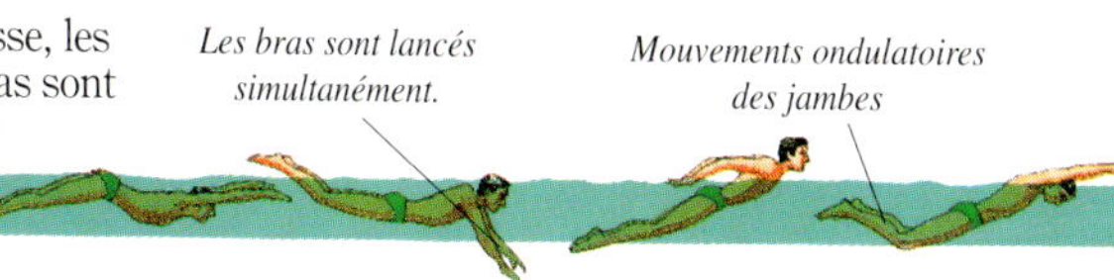
Les bras sont lancés simultanément.
Mouvements ondulatoires des jambes

LES PLONGEONS

Le plongeur se lance d'un plongeoir de 3 m ou de 10 m. Il existe près de 80 plongeons différents. Ci-contre : 3 des plongeons les plus pratiqués.

Le plongeur tourne dans l'air.

Les bras sont en croix.

Le corps bien droit pénètre dans l'eau.

PLONGEON TIRE-BOUCHON

Position groupée

Les mains touchent les orteils.

Les pieds se soulèvent pour préparer une pénétration bien droite du corps dans l'eau.

PLONGEON RETOURNÉ

Position groupée

Les épaules descendent pour une pénétration verticale dans l'eau.

PLONGEON RENVERSÉ

SPORTS DE COMBAT ET D'ADRESSE

Ils comprennent la boxe, la lutte, l'escrime, le tir à l'arc, le tir et les arts martiaux.

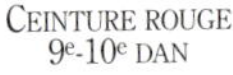

CEINTURE ROUGE
9e-10e DAN

CEINTURE NOIRE
1er-5e DAN

CEINTURE MARRON
1er KYU

CEINTURE BLEUE
2e KYU

CEINTURE ORANGE
3e KYU

CEINTURE VERTE
4e KYU

CEINTURE JAUNE
5e KYU

LES ARTS MARTIAUX

LE KARATÉ

Les coups sont arrêtés avant de toucher l'adversaire. Karaté signifie "mains vides".

L'AÏKIDO

L'aïkido – "la voix de toutes les harmonies" – est un sport de défense.

LE JU-JITSU

Il s'agit d'une très ancienne technique de combat japonaise, qui a donné naissance au judo et à l'aïkido.

LE KENDO

Les combattants, protégés par un plastron et un casque, luttent avec un sabre de bambou.

LE JUDO

Judo signifie "voie de la souplesse" ; les judokas utilisent le poids et la force de l'adversaire pour vaincre. Les grades vont de "kyu" (débutants) à "dan" (confirmés).

LA BOXE

Les combats amateurs se déroulent en 3 rounds de 3 minutes ; les professionnels combattent en 12 rounds. Les règles de protection sont très strictes.

LES CATÉGORIES

	PROFESSIONNELS	AMATEURS
Poids mouche	49-50,8 kg	48-51 kg
Poids plume	55,3-57,2 kg	54-57 kg
Poids léger	59-61,2 kg	57-60 kg
Poids moyen	70-72,6 kg	71-75 kg
Poids lourd	plus de 86,2 kg	81-91 kg

Le tir à l'arc

Les archers visent une cible avec une série de flèches dont le nombre varie selon les épreuves. Le but est d'atteindre le centre de la cible – qui vaut 10 points.

Cible
Poignée en magnésium
Viseur
Doigtier
Carquois
Empennage
Gant
Brassard de protection (protège le bras qui tient l'arc de la corde).
Stabilisateur en aluminium
Hampe
Arc
Sabre
Fleuret
Épée

Le carquois porté à la ceinture de l'archer contient des flèches à bout métallique et à pointe en carbone ou en aluminium.

Les arcs modernes ont une mire (viseur) qui permet d'ajuster le tir en fonction du vent.

L'escrime

Les deux escrimeurs s'affrontent au sabre, au fleuret ou à l'épée. Un assaut se poursuit jusqu'à ce que le nombre réglementaire de touches ou la limite de temps soient atteints – 5 touches en 6 minutes.

Poids : moins de 500 g ; longueur de la lame : 88 cm

Poids : moins de 500 g ; longueur de la lame : 90 cm

Poids : moins de 770 g ; longueur de la lame : 90 cm

MANIFESTATIONS ÉQUESTRES

Les compétitions équestres comprennent la course, le jumping et le concours complet. Dans ce dernier, les cavaliers disputent trois épreuves en trois jours : le jumping (saut d'obstacles), la vitesse et l'endurance (cross) et, enfin, le dressage, qui est une épreuve d'adresse de la part du cavalier.

LES PRINCIPAUX PAS DU DRESSAGE

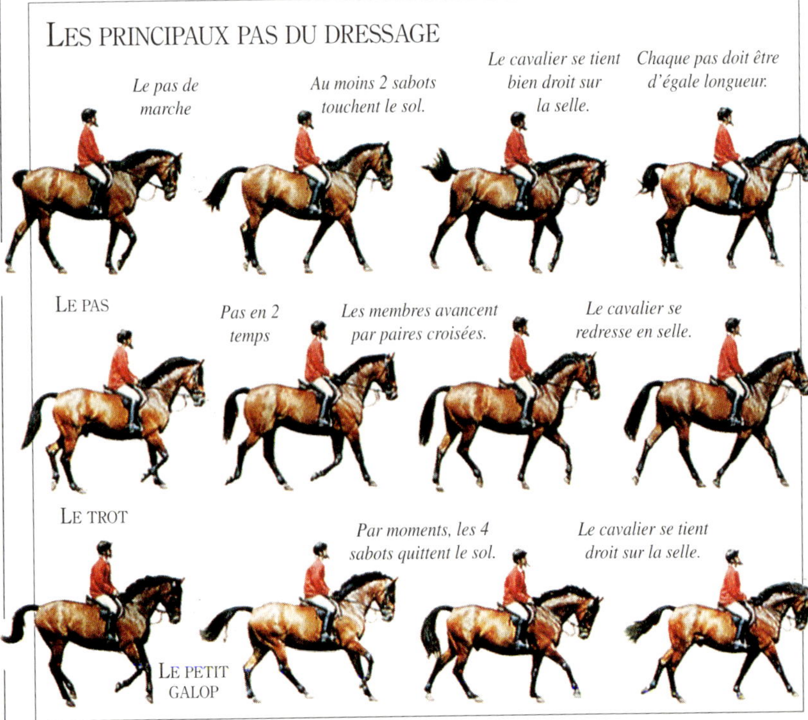

Le pas de marche
Au moins 2 sabots touchent le sol.
Le cavalier se tient bien droit sur la selle.
Chaque pas doit être d'égale longueur.
LE PAS
Pas en 2 temps
Les membres avancent par paires croisées.
Le cavalier se redresse en selle.
LE TROT
Par moments, les 4 sabots quittent le sol.
Le cavalier se tient droit sur la selle.
LE PETIT GALOP

LE JUMPING

Le cavalier et son cheval doivent faire le minimum d'erreurs lors d'un parcours d'obstacles. Ceux qui ont obtenu le moins de fautes participent à une épreuve contre la montre appelée barrage.

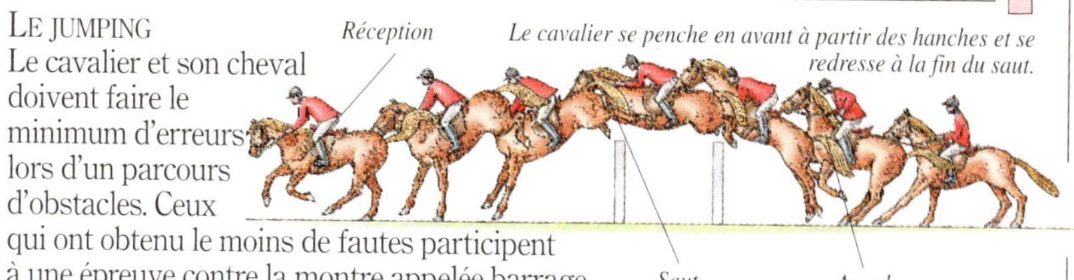
Réception
Le cavalier se penche en avant à partir des hanches et se redresse à la fin du saut.
Saut
Appel

OBSTACLES DU CONCOURS HIPPIQUE

Barrière
Barres de spa
Départ
Mur
Arrivée

LES OBSTACLES
Les obstacles doivent être passés dans un ordre précis.

LES FAUTES AU CONCOURS HIPPIQUE

ERREURS	POINTS DE PÉNALITÉ
Barre ou obstacle renversé	4
Sabot dans l'eau	4
Refus	3
2e refus	6
3e refus	Élimination
Chute (cheval ou cavalier)	8
Dépassement du temps	1/4 par sec.
Erreur de parcours	Élimination

LA COURSE DE CHEVAUX

Il existe deux sortes de courses : le plat et les courses d'obstacles – steeple-chase, avec murs, haies et fossés (3,2 km et 5,6 km) pour les 3 ans et plus de 3 ans. Les chevaux sont presque toujours des pur-sang.

LA BOMBE DU JOCKEY

Le jockey porte un casque protecteur sous sa toque. Il se sert d'une cravache.

PUR-SANG
Casque et toque aux couleurs du propriétaire
Les jockeys sont légers : certains pèsent moins de 44,5 kg.
1
Cravache
Poche destinée à recevoir les poids pour "handicaper" les favoris.
Bombe recouverte de soie

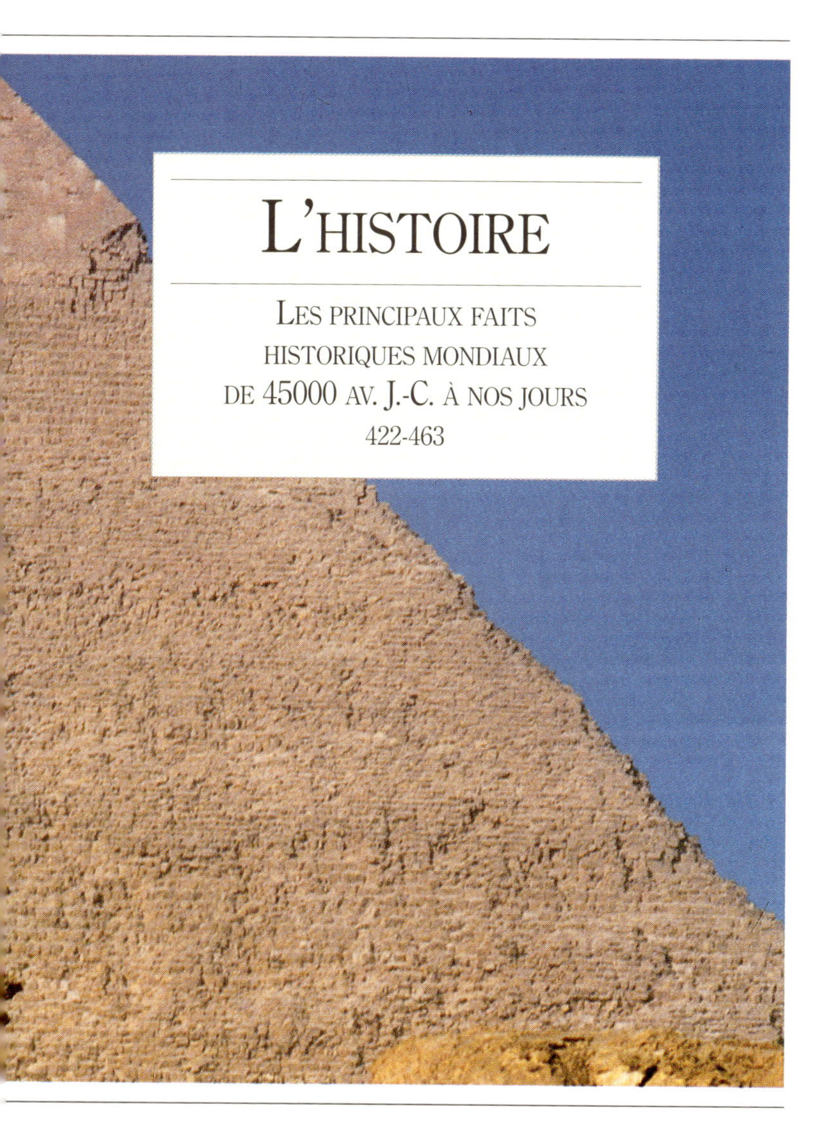

L'HISTOIRE

LES PRINCIPAUX FAITS HISTORIQUES MONDIAUX DE 45000 AV. J.-C. À NOS JOURS

422-463

	45 000-32 500 av. J.-C.	32 500-25 000 av. J.-C.
AFRIQUE	**v. 34 000** Des chasseurs-cueilleurs occupent la Zambie et le Lesotho actuels.	**30 000** Extinction de l'homme de Neandertal.
ASIE	**40 000** Des hommes de Cro-Magnon s'établissent en Palestine à Skhül et à Qafzeh en Israël.	**27 000-19 000** Des "Vénus" – figurines de femmes et objets probables d'adoration – sont fabriquées en Russie, en France et en Italie.
EUROPE	**40 000** Des hommes de Neandertal s'installent en France, à La Chapelle-aux-Saints, La Ferrassie et La Quina. L'homme de Cro-Magnon commence à se répandre en Europe. **35 000** Début du paléolithique supérieur. Utilisation d'outils en éclats de pierre et d'ustensiles en os et en corne.	
AMÉRIQUES	**35 000** Les premiers hommes en provenance d'Asie arrivent en Amérique du Nord.	**27 000-19 000** Début de l'art figuratif en Ardèche et en Dordogne, France.
OCÉANIE	**45 000** Arrivée probable des Aborigènes en Australie (vallée de la Swan). **40 000** Colonisation de la Nouvelle-Guinée.	**30 000** Colonisation de l'archipel des Bismarck

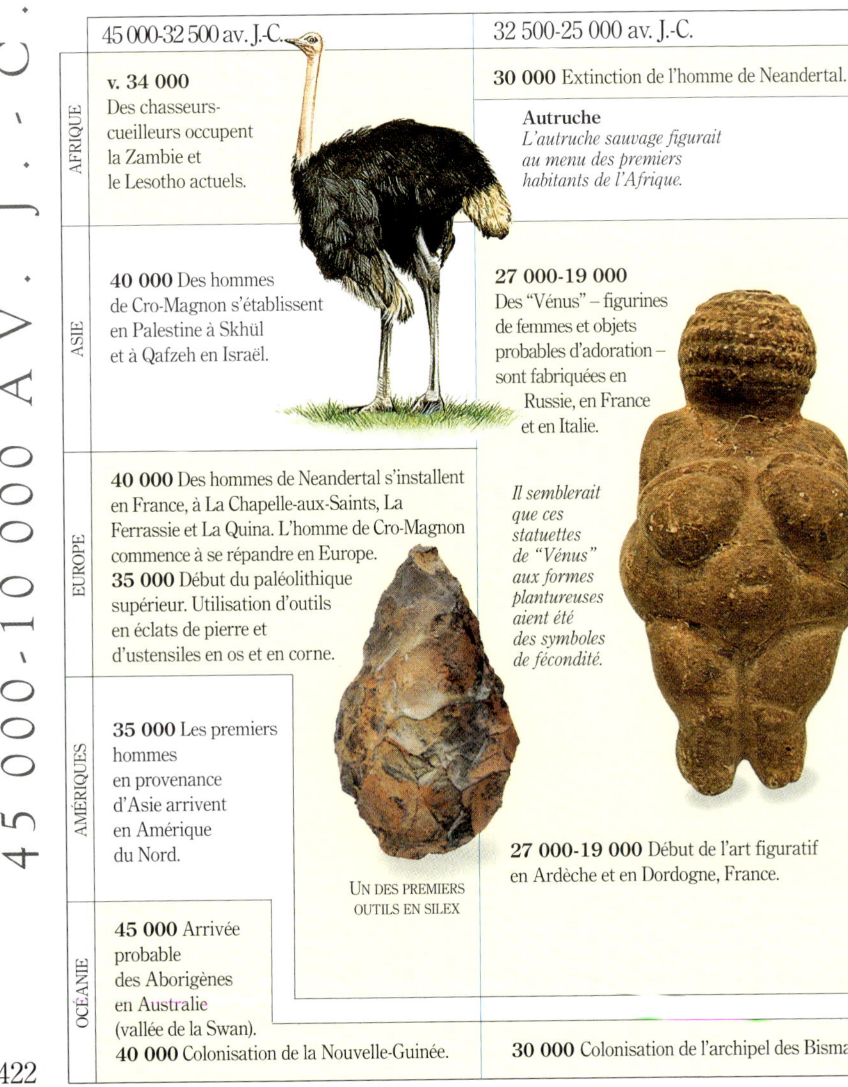

Autruche
L'autruche sauvage figurait au menu des premiers habitants de l'Afrique.

UN DES PREMIERS OUTILS EN SILEX

Il semblerait que ces statuettes de "Vénus" aux formes plantureuses aient été des symboles de fécondité.

25 000-17 500 av. J.-C.	17 500-10 000 av. J.-C.
20 000 Au cours de la dernière glaciation, notre planète se refroidit et le niveau des mers baisse. Les humains doivent s'adapter et s'unir pour survivre. **18 000** Moment le plus froid de la glaciation.	**15 000** Dernière période de pluies au nord du continent africain. **14 000-11 000** En Palestine, construction par la civilisation d'El-Kebarch de huttes circulaires d'un seul tenant. **11 000** En Palestine, les Natoufiens constituent l'un des premiers groupes humains à se sédentariser. **10 500** Premières poteries fabriquées dans la grotte de Fukui, au Japon.
	15 000 Peintures rupestres de Lascaux, France. **15 000-10 000** Apogée de la production artistique de la civilisation magdalénienne. **12 500** Fabrication, par la civilisation magdalénienne, des premiers outils à usage spécifique (harpons, etc.) en os et en bois de cervidés. **11 000** Peintures rupestres d'Altamira, Espagne.
25 000 Présence d'hommes des cavernes au Brésil.	**15 000** Début de l'art rupestre au Brésil.
24 000 Premiers vestiges de crémation au lac Mungo, Nouvelle-Galles-du-Sud, Australie.	**16 000** Art rupestre, côte nord de l'Australie.

Chasse au mammouth
Les hommes chassaient en groupes et se partageaient les prises.

Huttes natoufiennes
Ces constructions, faites d'un mélange de boue, de roseaux et de bois, étaient souvent utilisées pour emmagasiner le grain.

Les origines de l'art
Les premiers artistes peignaient des figures animales et humaines sur les parois des grottes.

	10 000-8500 av. J.-C.	8500-7000 av. J.-C.
AFRIQUE	**10 000** Établissement de camps de chasse dans la région saharienne après la fin de la dernière glaciation.	**8500** Premières pierres peintes dans la région saharienne. **8000** Fabrication de poteries dans la région saharienne.
ASIE	**9000-8000** Culture du blé et de l'orge en Jordanie et en Syrie. Production de poteries à Mureybat, Syrie. Domestication de la chèvre et du mouton en Iran et en Jordanie.	**8000** Première ville connue : Jéricho. Fin de la période glaciaire en Extrême-Orient. **7500** Domestication du cochon en Crimée.
EUROPE	**10 000** Recul de la calotte glaciaire.	**8300** Recul des glaciers vers le nord.
AMÉRIQUES	**10 000** Les premiers hommes atteignent la pointe sud de l'Amérique du Sud. **9000** Des chasseurs-cueilleurs commencent à chasser le bison dans les grandes plaines nord-américaines.	**8500** Culture de plantes et de haricots sauvages au Pérou. **8000** Établissements humains semi-permanents en Amérique du Nord.
OCÉANIE	**v. 10 000** Apparition du dingo, chien australien. **v. 9000** Élevage du porc et horticulture en Polynésie occidentale.	

Début de l'agriculture
Premières cultures de céréales au Moyen-Orient en 9000 av. J.-C.

Cochon domestique
Le cochon actuel descend du sanglier domestiqué par les premiers paysans.

La tour de Jéricho
La ville de Jéricho était fortifiée et comportait une enceinte de pierre, une tour et un fossé défensif.

BISONS D'AMÉRIQUE DU NORD

7000-5500 av. J.-C.	5500-4000 av. J.-C.
7000-6000 L'homme découvre qu'en chauffant certains minerais, il obtient un métal pur qui peut être martelé ou moulé. **6500** Domestication du bétail.	 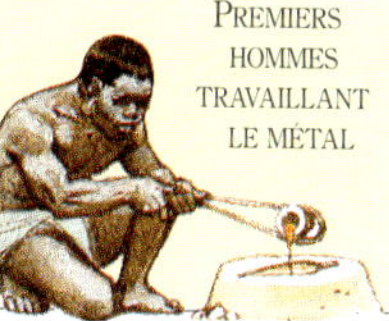 PREMIERS HOMMES TRAVAILLANT LE MÉTAL
7000-6500 Domestication du bœuf dans les régions de l'Est méditerranéen. **6500-5700** Première ville importante : Catal Hüyük, en Turquie, aux maisons de terre serrées les unes contre les autres. **6200** On fond le cuivre en Turquie. 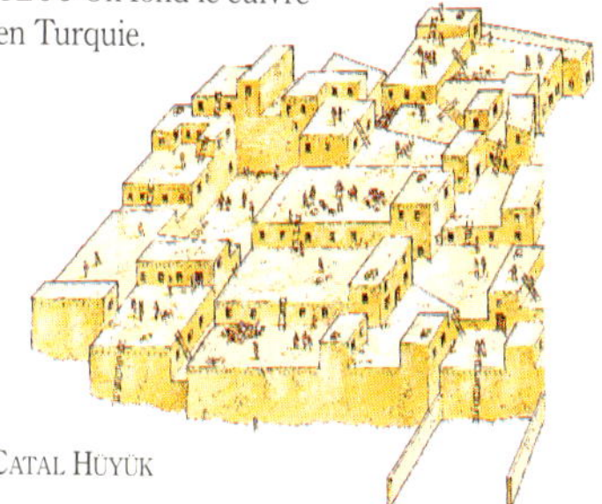 CATAL HÜYÜK	**5000** Irrigation en Mésopotamie. Culture du riz en Chine. Civilisation d'El-Obeïd en Mésopotamie. **4500** Agriculture sur les rives du Gange, en Inde. **4400** Domestication du cheval en Russie.
6500 L'Angleterre est séparée du continent européen par la fonte des glaces. **6500** Premières communautés agricoles au sud-est de l'Europe.	**5000** Début de l'agriculture en Europe occidentale. Utilisation de l'or et du cuivre dans les Balkans. **4500** Premiers tombeaux mégalithiques au Portugal et en Bretagne (France). Leurs vestiges (dolmens) font preuve d'une grande technicité. **Dolmens de Carnac** *Ces blocs de pierre verticaux alignés, sur lesquels reposent des pierres horizontales formant des chambres funéraires couvertes, sont visibles à Carnac, en Bretagne.* 
6500 Culture de la pomme de terre au Pérou.	**v. 5000-4000** Premiers établissements humains à Anáhuac et culture du maïs au Mexique. Construction de temples pyramidaux au Pérou.
7000 Culture du taro en Nouvelle-Guinée.	

	4000-3500 av. J.-C.	3500-2800 av. J.-C.
AFRIQUE	**3750** Production des premiers alliages de bronze connus. Le procédé est également utilisé par les Sumériens dans le sud de la Mésopotamie (Irak actuel). **3500** Construction des premiers bateaux à voile en Égypte.	**3500** Les Égyptiens établissent une civilisation qui perdura très longtemps. **3100** Le pharaon Ménès réalise l'unification des royaumes de Haute et de Basse-Égypte. **3000** Développement de l'écriture hiéroglyphique en Égypte.
ASIE	**4000** Début de la fonte du bronze au Moyen-Orient. **3500** Fondation de la cité d'Ur en Mésopotamie. Les Sumériens inventent la roue et la charrue.	**3250** Mise au point de l'écriture cunéiforme, en Mésopotamie. **3000** Développement des villes sumériennes. Début de l'utilisation de la charrue en Chine. **2850** Règne légendaire de la dynastie Xia en Chine.
EUROPE		**3200** Premières statues cycladiques dans les îles de la mer Égée. **3000** L'utilisation du cuivre se répand. **2900** Civilisation danubienne en Europe centrale
AMÉRIQUES	**v. 4000** Domestication du lama et de l'alpaga dans les Andes, Amérique du Sud.	**3200** Culture du maïs en Amérique du Sud. **3000** Premières poteries sur le continent américain.
OCÉANIE		

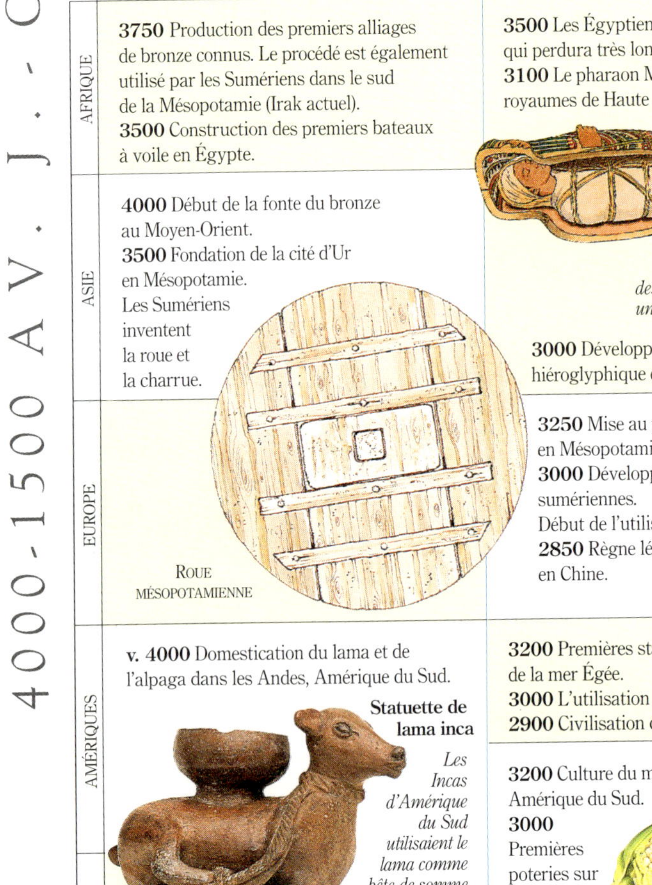

Momie égyptienne
La conservation du corps des personnages importants était une coutume de l'Égypte antique.

ROUE MÉSOPOTAMIENNE

Statuette de lama inca
Les Incas d'Amérique du Sud utilisaient le lama comme bête de somme et mangeaient sa viande.

MAÏS

2800-2000 av J.-C.

2686 Début de l'Ancien Empire en Égypte.
2680 Construction de la pyramide de Djoser à Saqqarah.
2550 Construction de la Grande Pyramide de Kheops à Gizeh.
2500 Début du processus de désertification de la région saharienne.
2160 Déclin de l'Ancien Empire en Égypte.
2040 Début du Moyen Empire égyptien.

2675 Règne du légendaire roi Gilgamesh à Uruk, Mésopotamie.
2371 Apogée de la civilisation mésopotamienne, sous le règne du roi Sargon.
2300 Naissance de la civilisation de l'Indus au Pakistan. Domestication du cheval en Asie centrale.

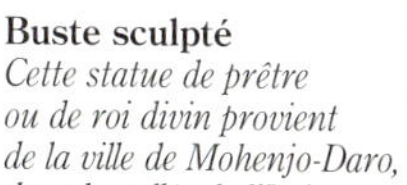

Buste sculpté
Cette statue de prêtre ou de roi divin provient de la ville de Mohenjo-Daro, dans la vallée de l'Indus.

2800 Premier monument mégalithique à Stonehenge, en Grande-Bretagne.
2500 Premiers tumulus en Angleterre. Premiers dolmens du néolitique scandinave.

2500 Premières constructions et tumulus servant de temples dans les Andes.

v. 2000 Civilisation lapita dans le Pacifique occidental (du nom de céramiques rouges).

2000-1500 av. J.-C.

1750 Fin du Moyen Empire en Égypte.
1652 Guerre entre l'Égypte et les Hyksos, venus de Palestine.
1550 Début du Nouvel Empire en Égypte.

2000 Les Hittites envahissent l'Anatolie.
1900 Fin de la civilisation de l'Indus.
1800 Début de l'Empire assyrien.
1792 Naissance d'Hammourabi, fondateur du premier Empire babylonien. Il rédige un code comportant 382 lois.

Tuile ornée d'un lotus
Cette tuile date du règne d'Akhenaton (Nouvel Empire égyptien).

2000 Construction des palais et rayonnement de la civilisation minoenne, Crète.
1700 Développement de la première écriture alphabétique, Phénicie.
1600 Début de la civilisation mycénienne.

Peinture murale minoenne
Les fresques qui ornent les palais crétois représentent souvent des hommes sautant au-dessus des cornes d'un taureau. Cette pratique faisait sans doute partie d'un rituel religieux.

2000 Début de l'industrie du métal au Pérou. Les Inuits atteignent le nord du Groenland.

1500-600 AV. J.-C.

	1500-1300 av. J.-C.	1300-1110 av. J.-C.
AFRIQUE	**1300** Construction du temple d'Abou-Simbel en Nubie, pour Ramsès II. SOLDAT HITTITE	**1218** Invasion de l'Égypte par les "Peuples de la mer", venus du nord par la mer Égée. **1194** Seconde invasion de l'Égypte par les "Peuples de la mer".
ASIE	**1500** Composition du *Rigveda*, l'un des quatre livres sacrés des hindous. **1200** Constitution du royaume de Phrygie par des envahisseurs venus des Balkans (Thrace) en Asie Mineure.	**1296** Les Égyptiens combattent les Hittites à Qadesh pour le contrôle de la Palestine. **1200** Chute de l'Empire hittite. Les Hébreux s'installent en Palestine. **1100** Les marchands phéniciens font le tour de la Méditerranée et vont jusqu'en Cornouailles au nord, et à Dakar, au sud.
EUROPE	**1500** Début de l'âge du bronze en Scandinavie. **1400** Déclin de la civilisation minoenne en Crète.	**1200** Déclin de la civilisation mycénienne en Grèce. **1193-1184** Les Grecs détruisent Troie après une guerre de dix ans. **v. 1120** Destruction de la ville de Mycènes. **Tête de taureau mycénienne** *Cette tête de taureau, dont la bouche est percée de petits trous, était une sorte de goupillon utilisé au cours des cérémonies religieuses.*
AMÉRIQUES	**1500** Civilisation olmèque au Mexique, près du golfe de Veracruz. **Sculpture olmèque** *Cette tête colossale sculptée dans le basalte représente un roi olmèque.*	
OCÉANIE	**1300** Implantation de groupes humains en Polynésie occidentale (Fidji, Samoa).	

1100-825 av. J.-C.	825-600 av. J.-C.
950 Début de la dynastie de Koush à Napata, en Nubie.	**810** Fondation de Carthage, en Afrique du Nord, par les Phéniciens.
1040 Les guerriers Zhou renversent la dynastie Shang en Chine. **1000** Le roi David règne sur le royaume d'Israël. **Récipient en bronze** *Ce récipient à quatre pieds date de la période Shang (vers 1600-1040 av. J.-C.).*	**822** Première guerre entre les Chinois et les Huns. **771** Chute de la dynastie Zhou en Chine. **721-705** Apogée de l'Empire assyrien. **660** Règne de Jinmu, premier empereur légendaire du Japon. **650** Début de l'utilisation du fer par les Chinois. **612** Déclin du pouvoir assyrien. **v. 604-562** Nabuchodonosor II reconstruit la cité de Babylone. Il crée les célèbres jardins suspendus, considérés alors comme l'une des Sept Merveilles du monde. SENTINELLE À LA PORTE D'ISHTAR, BABYLONE
v. 800 Venus du Moyen-Orient, les Étrusques s'établissent en Italie et fondent des cités-États soudées par un système d'alliances. **Statuette de soldat étrusque** *De superbes statuettes de bronze et d'argile étaient placées dans les tombeaux.*	**776** Premiers Jeux olympiques répertoriés en Grèce. **753** Fondation légendaire de Rome. **750** Des cités-États grecques établissent des colonies autour de la Méditerranée. **700** La culture de l'âge du fer d'Hallstatt, Autriche, se répand en Europe centrale et occidentale. **650** Premières inscriptions latines connues. **621** Les lois du législateur Dracon constituent le premier code écrit athénien, Grèce.
900 Apogée de la culture de Chavín dans les Andes, en Amérique du Sud. **800** Les Zapotèques d'Amérique centrale produisent les premiers écrits du continent américain.	
	645 Poteries et céramiques de Mangaasi.

	600-450 av. J.-C.	450-300 av. J.-C.
AFRIQUE	**600** Les Phéniciens longent les côtes africaines en bateau. **600** Construction du temple du Soleil à Méroé, Soudan. **500** La civilisation de Nok, au Nigeria, travaille le fer et l'étain.	**331** Fondation d'Alexandrie par Alexandre.
ASIE	**v. 550** Le philosophe chinois Lao-tseu commence à rédiger ses ouvrages. **550** Cyrus II le Grand, roi des Perses, fonde l'Empire achéménide. **483** Mort de Gautama Siddharta (Bouddha), fondateur du bouddhisme.	**400** Début de la période dite des Royaumes combattants en Chine. **334-326** Conquête de l'Asie Mineure, de la Perse et d'une partie de l'Inde par Alexandre le Grand. **323** Mort d'Alexandre le Grand et division de son empire. **322** Chandragupta Maurya fonde l'Empire maurya au nord de l'Inde.
EUROPE	**600** Les Phocéens fondent la colonie grecque de Marseille. **505** Établissement de la démocratie à Athènes. **500** Premières invasions celtes en Gaule.	**490** Les Grecs repoussent les Perses lors de la bataille de Marathon. **431-404** Athènes est vaincue par Sparte pendant les guerres du Péloponnèse. **338** Les Macédoniens prennent le contrôle de la Grèce à la bataille de Chéronée.
AMÉRIQUES		**450** Déclin de la civilisation olmèque.
OCÉANIE	**500** Des contacts commerciaux s'établissent entre les îles du Pacifique Sud.	

Alexandre le Grand
Le roi-guerrier macédonien Alexandre le Grand bâtit un empire qui contribua à répandre la culture grecque en Asie occidentale.

Stûpa bouddhique à Sanci, Inde
Ashoka, empereur de la dynastie Maurya, se convertit au bouddhisme et fit construire des milliers de monuments (stûpas) dans tout l'Empire. La légende veut que chaque stûpa contienne une partie du corps du Bouddha.

CASQUE CELTE D'APPARAT À DEUX "CORNES"

300-150 av. J.-C.	150-1 av. J.-C.
290 Fondation de la fameuse bibliothèque d'Alexandrie, Égypte.	**149-146** Rome détruit Carthage au cours de la troisième guerre punique. Carthage est rasée, son territoire devient colonie romaine. **30** L'Égypte devient une province romaine à la mort d'Antoine et de Cléopâtre.
253 L'empereur maurya Ashoka se convertit au bouddhisme. **250** Début de la dynastie parthe en Perse. **221** Shi Huangdi, roi de Qin, réussit l'unification des sept grands royaumes de Chine. **207** Désintégration de l'unité chinoise. **206** Fondation de la dynastie des Han par Liu Bang.	**v. 110** L'ouverture de la route de la Soie donne à l'Occident un accès à la Chine. **64** Le général romain Pompée conquiert la Syrie. **53** Les Parthes arrêtent l'expansion romaine vers l'est.
290 Rome prend le contrôle du centre de l'Italie. **264-241** Rome, victorieuse de Carthage au cours de la première guerre punique, prend le contrôle de la Sicile. **218-201** Les Carthaginois, conduits par Hannibal, sont battus par le général romain Scipion au cours de la deuxième guerre punique. ÉPÉE ROMAINE	**49** Jules César envahit la Gaule. **45** Jules César obtient les pleins pouvoirs à Rome, après la guerre civile. **31** Octave triomphe d'Antoine et de Cléopâtre à la bataille d'Actium et domine l'ensemble du monde romain. **27** L'Empire remplace la république à Rome. Octave prend le titre d'empereur sous le nom d'Auguste.
300 Multiplication des tumulus en Amérique du Nord. Période classique de la civilisation maya en Amérique centrale. **300** Début de l'apogée de la culture Nazca au Pérou. 	**150** Début de la civilisation de Teotihuacán en Amérique centrale. **Poterie nazca** *Célèbres pour leurs céramiques, les Nazcas continuent de susciter de nombreuses interrogations par leurs géoglyphes (immenses dessins tracés dans les plaines).*

	1-150 apr. J.-C.	150-300 apr. J.-C.
AFRIQUE	**v. 17-24** Tacfarinas mène la révolte de la Numidie contre le gouvernement romain en Afrique du Nord. **50** Début de l'expansion du royaume d'Axoum en Éthiopie. **61-63** Les troupes romaines entrent au Soudan.	**200** Introduction du chameau en Afrique du Nord **250** Le royaume d'Axoum (Éthiopie) contrôle le commerce dans la mer Rouge.
ASIE	**8** Chute de la dynastie Han en Chine. **24** La dynastie Han est restaurée. **v. 30** Jésus-Christ est crucifié à Jérusalem. **60** Extension de la dynastie Kushan à l'Inde. **70** Pour mater la révolte des juifs, le général romain Titus détruit Jérusalem. Début de la diaspora. **105** Première utilisation du papier en Chine.	VILLE CIRCULAIRE SASSANIDE DE FIROZABAD, PERSE. **150** Les Huns émigrent en Chine. **220** La dynastie Wei détrône celle des Han en Chine. **226** Des négociants romains arrivent à Canton.
EUROPE	**43** Invasion romaine en Grande-Bretagne. **79** Éruption du Vésuve, destruction de la ville de Pompéi, dans le sud de l'Italie. **117** Apogée de l'étendue de l'Empire romain. BUSTE D'AUGUSTE, PREMIER EMPEREUR ROMAIN	**Les tétrarques** *En 293 apr. J.-C., l'empereur Dioclétien divise l'Empire romain en deux et nomme un empereur et un adjoint, appelés tétrarques, pour gouverner chaque moitié. Cette sculpture représente les quatre dirigeants de l'Empire, Dioclétien, et Auguste, Constance Chlore et Galère.* **394** Suppression des Jeux olympiques.
AMÉRIQUES	**1** Émergence de la civilisation mochica au nord du Pérou. **50** Gigantesques motifs tracés sur le sol des plaines par la civilisation nazca, au Pérou.	
OCÉANIE	**78** Les premiers colons indiens arrivent à Java, en Indonésie.	

300-500 apr. J.-C.	500-600 apr. J.-C.
400 Adoption du christianisme par le royaume d'Axoum, en Éthiopie. **500** Fondation de l'empire du Ghana en Afrique de l'Ouest.	**533** L'empereur byzantin Justinien Ier reconquiert l'Afrique du Nord.
320 Chandragupta Ier fonde l'Empire gupta dans le nord de l'Inde. **335** Le bouddhisme est officiellement toléré en Chine.	**480** Fin de l'Empire gupta en Inde. **500** Développement des mathématiques en Inde, avec l'invention du zéro. **550** Introduction du bouddhisme au Japon. **581** Réunification de la Chine sous la dynastie Sui.
Le symbole du christianisme *Les enseignements de Jésus-Christ, crucifié vers 30, se répandirent dans le monde entier après sa mort. L'empereur romain Constantin se convertit au christianisme en 313, ce qui permit l'expansion de la foi chrétienne, symbolisée par la croix après la mort du Christ.* **313** Par l'édit de Milan, le christianisme est toléré dans tout l'Empire romain. **330** L'empereur Constantin déplace la capitale de l'Empire romain de Rome à Constantinople (à l'emplacement de l'actuelle ville d'Istanbul, Turquie). **450** Attila envahit la Gaule.	SCULPTURE JAPONAISE REPRÉSENTANT BOUDDHA ENDORMI **450** Les Angles, les Jutes et les Saxons s'établissent en Angleterre. **476** Le dernier empereur romain d'Occident, Romulus Augustule, est renversé. **486** Clovis établit le royaume des Francs dans le nord de la France, en Belgique et dans l'ouest de l'Allemagne. **493** Les Ostrogoths prennent le pouvoir en Italie. **552** L'empereur byzantin Justinien Ier reprend le contrôle de l'Italie. **568** Les Lombards envahissent la plaine du Pô, au nord de l'Italie.
	500 La culture hopewell est à son apogée en Amérique du Nord.
300 Colonisation des îles Hawaii.	**500** Colonisation de l'île de Pâques.

	600-700	700-850
AFRIQUE	**v. 700** Le royaume du Ghana s'enrichit grâce au commerce transsaharien. Les Bantous traversent le fleuve Limpopo et répandent dans le sud de l'Afrique l'industrie du métal.	
ASIE	**618** Fondation de la dynastie Tang, âge d'or de la Chine. **622** An I du calendrier musulman. **637** Les Arabes prennent Jérusalem et en font une ville sainte de l'islam.	**751** Les musulmans battent les Mongols à Samarkand, en Asie centrale. **794** Fondation de Kyoto, nouvelle capitale impériale du Japon. **802** Les Khmers fondent leur empire au Cambodge et au Laos.
EUROPE	**629** Dagobert est couronné roi des Francs. Il reconstitue alors l'unité du royaume franc avec Paris pour capitale.	**700** Les Francs instituent le système féodal. **732** Charles Martel défait les Arabes à Poitiers, stoppant ainsi la progression de l'islam en Europe. **768** Charlemagne est couronné roi des Francs. **843** Traité de Verdun qui partage l'empire de Charlemagne entre France, Lotharingie et Germanie.
AMÉRIQUES	**600** Apogée de la civilisation maya en Amérique centrale. Temples pyramidaux, développement de l'écriture et des mathématiques.	
OCÉANIE		**700** Colonisati[on] de la Nouvel[le-] Zéland[e]

Musulman en prière
Le marchand arabe Mahomet fonda la religion musulmane en 610 apr. J.-C. Ses enseignements inspirèrent les peuples arabes qui, dès 750 apr. J.-C., contrôlaient les territoires compris entre l'Espagne et l'Afghanistan.

Le roi Charlemagne
Charlemagne, roi des Francs, est couronné empereur par le pape en l'an 800, après avoir soumis la plus grande partie des territoires d'Europe occidentale.

Le temple de Palenque
Ce temple maya contenait la sépulture d'un dignitaire nommé Pacal, mort en 683 apr. J.-C. après 68 ans de pouvoir.

850-975	975-1100
900 Le nord du Nigeria est le centre d'un empire musulman haoussa, dit empire de Kanem. **920** Âge d'or du royaume du Ghana en Afrique occidentale.	**980** Les marchands arabes s'installent sur la côte est-africaine. **1050** Les Almoravides (Berbères musulmans) s'emparent du Maroc.
888 Essor de la dynastie Cola qui domine l'Inde du Sud et Ceylan. **935-941** Guerre civile au Japon. **960** Fondation de la dynastie Song en Chine.	**Littérature japonaise** *Le* Genji monogatari, *premier roman japonais (écrit par Murasaki Shikibu), est l'histoire d'un prince à la recherche de l'amour et de la sagesse.* **995** Invention en Chine de caractères d'imprimerie.
911 Le roi de France cède le fief de Normandie au chef viking Rollon. **930** Cordoue, en Espagne, est le centre de la culture arabe. **910** Construction de l'abbaye bénédictine de Cluny en France.	**982** Le guerrier viking Erik le Rouge établit des colonies au Groenland. **1066** Guillaume le Conquérant bat le roi Harold II d'Angleterre à la bataille d'Hastings et monte sur le trône d'Angleterre. **1096** Début des croisades.
	1000 Leif Eriksson, fils d'Erik le Rouge, prend pied en Amérique du Nord, qu'il baptise Vinland.
900 Les Toltèques et les Chichimèques fondent la ville de Tula, au Mexique.	
900 La Nouvelle-Zélande est peuplée par des Polynésiens. Toutes les îles habitables du Pacifique sont colonisées.	**Hek tiki maori** *Cette amulette était attachée autour du cou des premiers colons maoris pour leur porter chance et éloigner les mauvais esprits.*

Navire viking
À la fin du VIIIe siècle, les Vikings partirent de Scandinavie, à la recherche de trésors à piller et de nouvelles terres à conquérir. Leur âge d'or (commerce, exploration et colonisation) dura jusqu'en 1100 apr. J.-C.

	1100-1150	1150-1200
AFRIQUE	**v. 1100** Premier établissement humain de l'âge du fer au Zimbabwe, au sud de l'Afrique.	**1169** Saladin Ier, guerrier musulman et chef de l'armée égyptienne, prend le titre de sultan d'Égypte. **1190** Lalibela devient empereur d'Éthiopie.
ASIE	**1104** Prise d'Acre, en Palestine, par les croisés. Ce nom vient de *crux*, ou croix, symbole du Christ. **Chevaliers du Christ** *Les chrétiens d'Europe organisent des expéditions armées, appelées croisades, pour reconquérir les lieux saints de la Palestine, occupée par les musulmans.*	**1156** Au Japon, une guerre civile éclate entre des clans rivaux ; elle aboutit à la domination du pays par les samouraïs. **1187** Saladin Ier reprend Jérusalem aux croisés. **1191** Introduction de la doctrine bouddhiste zen au Japon.  **Moines bouddhistes zen en méditation** *Le bouddhisme zen diffère des autres croyances dans la mesure où il privilégie l'enseignement par un maître, plutôt qu'à travers les écritures, pour atteindre la connaissance de soi.*
EUROPE	**1100** Fondation de la première école de médecine européenne, à Montpellier. **1115** Le philosophe français Pierre Abélard commence à enseigner à Paris, France. **1119** Fondation de l'université de Bologne, en Italie. **1142** Alphonse Henriques devient le premier roi du Portugal.	
AMÉRIQUES	**v. 1100** Au Pérou, sur la côte nord-ouest, la civilisation chimú est à son apogée.	**1170** Meurtre de Thomas Becket, archevêque de Canterbury, Angleterre. **1174** Construction du pont de Londres (Old London Bridge) en Angleterre et de la tour de Pise, en Italie.  LA TOUR "PENCHÉE" DE PISE
OCÉANIE	ORNEMENT D'OREILLE CHIMÚ	**1168** Effondrement de l'Empire toltèque, sans doute en raison de conflits internes.

1200-1250	1250-1300
1235 Soundiata Keita fonde l'empire du Mali (Afrique de l'Ouest).	**1250** Le chef des mamelouks (garde d'élite du sultan) prend le pouvoir en Égypte.
1206 Maître de toute la Mongolie, Temudjin se fait proclamer Gengis Khan (chef suprême). **1229** La sixième croisade reprend Jérusalem. **1232** Utilisation de fusées explosives au cours de la guerre entre la Chine et la Mongolie. **1244** Les Égyptiens reprennent Jérusalem. **Gengis Khan** *Il entreprit la conquête des royaumes voisins de la Mongolie, dont la Chine, le Turkestan oriental, l'Afghanistan et toute la Perse.*	**1253** Le missionnaire flamand Guillaume de Rubrouck est envoyé par Saint Louis auprès du grand khan de Mongolie. **1260** Les Mamelouks stoppent l'avancée des Mongols à la bataille d'Aïn Jalut, en Palestine. **1291** Les Mamelouks reprennent Acre, mettant fin aux croisades. **1281** La flotte des envahisseurs mongols, menés par Kubilai Khan, est repoussée loin des côtes japonaises par un "vent divin" (*kami-kaze*).
1204 Mise à sac de Constantinople par les Vénitiens de la quatrième croisade. **1209** Saint François d'Assise fonde l'ordre franciscain en Italie. **1215** Saint Dominique crée l'ordre des Dominicains en Espagne. **1226** En France, sacre de Louis IX. **v. 1240** Création de la Hanse (compagnie des marchands allemands) regroupant des villes commerciales du nord de l'Europe.	 MARCO POLO ET SES COMPAGNONS EN EXTRÊME-ORIENT **1271** Âgé de 16 ans, Marco Polo commence son périple en Extrême-Orient. Il quitte Venise (Italie) pour se rendre en Chine, où il demeure plusieurs années à la cour de Kubilai Khan. **1273** Rodolphe Ier gouverne l'Allemagne et fonde la puissante maison des Habsbourg.
v. 1200 Au Pérou, les Incas s'établissent autour de Cuzco. Début de la culture du maïs dans la vallée du Mississippi, Amérique du Nord.	**v. 1250** Les Incas déplacent leur capitale à Chanchán, au nord du Pérou.
	1265 Site funéraire de Roy Mata (Vanuatu).

	1300-1340	1340-1380
AFRIQUE	**1300** Fondation du royaume du Bénin. **1324** Kankou Moussa, souverain du Mali, fait le pèlerinage à La Mecque et ramène artistes et savants.	**1348** La population d'Égypte est décimée par la peste noire. **1352** Le géographe et voyageur marocain Ibn Battuta traverse le Sahara pour se rendre au Mali.
ASIE	**v. 1300** Osman Ier fonde la dynastie ottomane en Turquie. **1321** Fondation de la dynastie Tughluq, sultans musulmans turcs de Delhi, Inde.	**1340** Le royaume de Vijayanagar (Inde) devient un centre de résistance hindou contre l'islam. **1350** Apogée de l'Empire majapahit à Java. **1368** Les Mongols sont chassés hors de Chine par Zhu Yuanzhang, fondateur de la dynastie Ming.
EUROPE	**1309** Le pape Clément V quitte Rome (Italie) pour Avignon (France), provoquant un schisme dans l'Église d'Occident. **1337** Début de la guerre de Cent Ans entre la France et l'Angleterre.	**1347** La peste noire ravage l'Europe. **1358** Révolte de paysans (jacquerie) contre les seigneurs, en Île-de France.
AMÉRIQUES	**v. 1300** Importante expansion des Incas dans les Andes. **1325** Les Aztèques fondent leur capitale, Tenochtitlán.	**1350** Acamapitchli, souverain aztèque étend son empire en fondant un réseau d'alliances avec les cités voisines.
OCÉANIE	**1300** Civilisation maorie dans le nord de la Nouvelle-Zélande.	**1350** Art rupestre maori, Nouvelle-Zélande.

Kankou Moussa, empereur du Mali
L'empire du Mali connaît une grande prospérité et un large rayonnement.

Les porteurs du bacille
La peste noire, mélange de peste bubonique et de peste pulmonaire, était transmise par les puces des rats. Au XIVe siècle, elle a décimé un quart de la population européenne.

Sacrifice humain
Les Aztèques et les Incas croyaient pouvoir apaiser la colère des dieux par des sacrifices humains.

1380-1420	1420-1460
v. 1400 Le royaume de Zimbabwe s'enrichit grâce au commerce de l'or.	**1427** Les explorateurs portugais atteignent l'archipel des Açores.
1398 Le chef mongol Tamerlan détruit la ville indienne de Delhi. **1405-1433** Le navigateur chinois Zheng He effectue sept voyages en Asie du Sud-Est, dans le golfe Persique et en Afrique orientale. **1405** La mort de Tamerlan provoque la chute de l'Empire mongol.	**1448** D'importantes réformes ont lieu en Thaïlande sous le règne de Traillok.
1381 En Angleterre, Wat Tyler et John Ball conduisent la révolte des paysans contre les impôts trop élevés. La rébellion fut sévèrement réprimée et les meneurs tués. **1389** Les Turcs ottomans écrasent les Serbes chrétiens dans le Kosovo. **1415** Les Français sont battus par les Anglais à la bataille d'Azincourt, France.	**1429** Jeanne d'Arc, à la tête des soldats français, oblige les Anglais à lever le siège d'Orléans. **1450** Les villes italiennes de Florence, Milan et Rome forment une alliance. **années 1450** L'Allemand Gutenberg produit les premiers livres imprimés en Europe. **1453** Constantinople tombe aux mains du sultan turc ottoman Mehmet II, mettant fin à des siècles d'Empire byzantin.
v. 1400 Viracocha Inca unifie sous sa tutelle les différents peuples qui constituent l'immense Empire inca.	**1438** L'empereur inca Pachacuti fait construire des routes à travers tout l'Empire et confirme ainsi son expansion.

Bouddha en bronze thaï
Au XVe siècle, la religion la plus répandue en Thaïlande était le bouddhisme.

L'assassinat de Wat Tyler
Les révoltes paysannes qui eurent lieu en Angleterre dans les années qui suivirent la peste furent durement réprimées par le pouvoir.

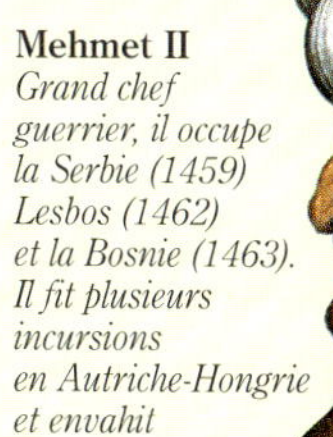

Mehmet II
Grand chef guerrier, il occupe la Serbie (1459) Lesbos (1462) et la Bosnie (1463). Il fit plusieurs incursions en Autriche-Hongrie et envahit la Crimée.

	1460-1480	1480-1500
AFRIQUE	**1464** Sonni Ali Ber édifie l'empire du Songhaï, Mali, Afrique de l'Ouest.	**1481** Premiers établissements portugais sur la Côte de l'Or, en Afrique de l'Ouest. **1487-1488** Bartolomeu Dias est le premier à contourner le continent africain et à découvrir le cap de Bonne-Espérance (Afrique du Sud).
ASIE	**1467** Au Japon, une guerre civile de dix années, dite "guerre d'Onin", livre le pays aux seigneurs de la guerre. Privé d'autorité centrale, le Japon traverse une période de chaos.	
EUROPE	**1463-1479** Les Turcs ottomans sortent vainqueurs de la lutte contre les Vénitiens pour le contrôle de la Méditerranée. **1469** Réunion des couronnes d'Aragon et de Castille (Espagne) par le mariage d'Isabelle Ire la Catholique, reine de Castille, et de Ferdinand, héritier d'Aragon.	**1492** La conquête de Grenade (Espagne) par les chrétiens met fin au contrôle de l'islam sur la région. Les juifs qui refusent de se convertir sont expulsés d'Espagne. **1494** Par le traité de Tordesillas, l'Espagne et le Portugal s'entendent pour se partager le Nouveau Monde. **1497-1498** L'explorateur portugais Vasco de Gama découvre la route des Indes par le cap de Bonne-Espérance et atteint Calicut (1498).
AMÉRIQUES	**années 1470** Fin de la culture chimú au nord du Pérou. **1473** Tenochtitlán, capitale aztèque, absorbe la ville voisine de Tlatelolco (Mexique).	**1492** Le navigateur italien Christophe Colomb atteint les Caraïbes. **1497** Le navigateur italien Giovanni Caboto découvre Terre-Neuve et explore les côtes du Groenland et du Labrador.
OCÉANIE		

SOLDATS COMBATTANT AU COURS DE LA GUERRE CIVILE DITE "GUERRE D'ONIN"

Caravelle portugaise
Les caravelles des explorateurs portugais étaient plus longues, plus étroites et plus faciles à manœuvrer que les embarcations utilisées jusqu'alors.

ΤΗΝ ΚΡΕΙΤΤΩ ΤΑ ΣΥΓΓΡΑΜΜΑΤΑ ΔΕΙΞΕΙ · IMAGO AD VIVA EFFIGIE EXPRESSA
ER· ROT·
1519

La Renaissance
La redécouverte ou "renaissance" des courants de pensée de la Grèce et de la Rome antiques concerne l'art, la littérature et les sciences. Le mouvement, originaire d'Italie, se répand en Europe aux XIVe et XVe siècles.

1500-1520

années 1500 Les Bantous d'Afrique du Sud commercent avec l'Europe.
1517 Les Ottomans conquièrent l'Égypte.

1501 Début de la dynastie des Safavides en Perse.

v. 1503 L'Italien Léonard de Vinci commence son célèbre tableau, *La Joconde*.
1515 Lors de la bataille de Marignan, François Ier remporte une victoire sur les Suisses alliés du duc de Milan.
1517 Début de la Réforme luthérienne en Europe.

La Réforme
L'Église protestante est née du combat de Martin Luther contre la corruption qui régnait alors dans l'Église catholique.

1501-1502 L'Italien Amerigo Vespucci explore les côtes américaines. Les premiers esclaves africains sont emmenés aux Antilles.
1519 Le navigateur portugais Fernand de Magellan découvre le détroit qui porte son nom et traverse l'océan Pacifique.
1520 Le conquistador espagnol Cortés détruit l'Empire aztèque.

La coiffure de Moctezuma
Cette parure de plume est une reproduction de la coiffure du dernier empereur aztèque Moctezuma II, qui fut assassiné par l'Espagnol Cortés en 1520.

1520-1540

1520-1521 Le Portugal envoie un ambassadeur en Chine.
1526 Babur devient le premier empereur moghol de l'Inde.

L'empereur Babur
Descendant de Tamerlan, ce brillant chef militaire s'intéressait aussi à l'art et à la poésie.

1529 Les Turcs ottomans assiègent Vienne.
1533 Ivan IV le Terrible monte sur le trône de Russie.

1532 En Amérique du Sud, le conquistador espagnol Francisco Pizarro conquiert l'Empire inca après avoir assassiné l'empereur Atahualpa. L'Empire, privé de souverain, s'écroule.
1534 Le marin français Jacques Cartier remonte le fleuve Saint-Laurent, Canada.

COUTEAU INCA

1521 Magellan s'arrête à Puka Puka (Pacifique).

	1540-1565	1565-1590
AFRIQUE	**v. 1540** Début de la traite des esclaves noirs, à destination des Amériques, organisée par des marchands portugais.	
ASIE	**1542** Des marchands portugais arrivent au Japon. **1546** Le roi Tabinshwehti unifie la Birmanie. **1556** Le grand moghol Akbar devient empereur de l'Inde.	**1566** Le sultan ottoman Soliman le Magnifique meurt au moment où son empire est à son apogée. **1577** Akbar achève l'unification de l'Inde du Nord et dote son empire d'une administration structurée. **Akbar débattant de questions religieuses** *L'empereur moghol musulman Akbar était célèbre pour sa tolérance religieuse.*
EUROPE	**1541** Le réformateur français Jean Calvin se fixe définitivement en Suisse, dans la ville de Genève, dont il veut faire une cité puritaine modèle. **1545** Le concile de Trente (nord de l'Italie) marque le début de la Contre-Réforme, ou Réforme catholique. **1564** Naissance du poète dramatique William Shakespeare.	**1571** La flotte espagnole bat la flotte ottomane à la bataille de Lépante, Grèce. **1572** Massacre de protestants le jour de la Saint-Barthélemy à Paris. **1588** L'"Invincible Armada" fait naufrage. MASSACRE DE LA SAINT-BARTHÉLEMY
AMÉRIQUES	**1542** Juan Rodriguez Cabrillo découvre la Californie.	**1567** Les Portugais fondent Rio de Janeiro, Brésil. **1583** Humphrey Gilbert revendique Terre-Neuve au nom d'Elisabeth Ire, reine d'Angleterre.
OCÉANIE	**1550** Les Maoris, qui occupent déjà l'île du Nord (Nouvelle-Zélande), s'installent dans l'île du Sud. MIGRATION MAORIE	**1568** L'explorateur espagnol Alvaro de Mendaña est le premier Européen à atteindre les îles Salomon.

1590-1615	1615-1640
1591 Les Marocains, aidés de mercenaires européens, détruisent l'Empire songhaï (Mali). **années 1600** Comptoirs européens établis sur les côtes africaines.	**v. 1615** Naissance du Royaume ashanti, en Afrique occidentale.
1590 Le chah de Perse, Abbas Ier le Grand, fait la paix avec la Turquie. **1592** Le Japon envahit la Corée, sous le commandement d'Hideyoshi. **1602** Fondation de la Compagnie hollandaise des Indes orientales. **1603** Tokugawa Ieyasu gouverne le Japon.	**Porte monumentale du château d'Edo, Japon** *Tokugawa Ieyasu fit construire un château fortifié dans sa capitale d'Edo (actuel Tokyo).* **années 1630** Au Japon, mise en vigueur d'une politique de stricte restriction des contacts avec le monde européen.
1598 En France, l'édit de Nantes met fin à la guerre civile et donne des droits égaux aux catholiques et aux protestants. **1604** Établissement des Russes en Sibérie. **1605** Échec de la Conspiration des poudres, menée par des catholiques à Londres et destinée à faire sauter le Parlement et à tuer le roi Jacques Ier. **1610** Le roi de France, Henri IV, est assassiné.	**1618** Début de la guerre de Trente Ans en Europe.
1607 John Smith établit une colonie à Jamestown, en Virginie. **1608** Fondation de la ville de Québec (Canada). **1609** Le navigateur anglais Henry Hudson remonte le fleuve qui portera son nom (côte est de l'Amérique du Nord).	**1620** Des puritains anglais arrivent en Amérique du Nord sur le vaisseau *Mayflower*. **1626** Les Hollandais fondent La Nouvelle-Amsterdam (aujourd'hui New York). **1630** La Hollande s'empare d'une partie du Brésil pour exploiter ses mines d'argent et son sucre. **1635** Les Français s'installent en Guadeloupe.
1595 L'explorateur espagnol Alvaro de Mendaña atteint les îles Marquises. **1606** Les Portugais découvrent l'archipel des Tuamotu.	**Construction de Manhattan** *La première maison de brique de La Nouvelle-Amsterdam fut construite à l'emplacement de l'actuelle Whitehall Street, à New York.*

	1640-1670	1670-1700
AFRIQUE	**1652** Les colons hollandais fondent une colonie au Cap, en Afrique du Sud.	**années 1670** Les Français s'installent au Sénégal. **1680** Avènement de l'Empire rozvi au Zimbabwe
ASIE	**1644** Les Mandchous envahissent la Chine. La dynastie Ming est remplacée par la dynastie Qing. **1650** Les Hollandais conquièrent Java.	**1683** L'empereur de Chine Kangxi conquiert Formose (aujourd'hui Taïwan). **1690** Job Caharnock, de la Compagnie anglaise des Indes orientales, fonde la ville de Calcutta.
EUROPE	**1642** 1re Révolution anglaise. **1643** En France, début du règne de Louis XIV. **1648** Fin de la guerre de Trente Ans. **1650** Début de la Fronde en France. **1660** Mort de Mazarin.	**1672** Louis XIV quitte les Tuileries pour Versaille **1674** Les Français s'installent à Pondichéry en Inde. **1682** Début du règne de Pierre le Grand de Russie Newton découvre la loi de la gravitation universelle **1685** En France, révocation de l'édit de Nantes par Louis XIV – suppression des droits des protestants, dont un grand nombre s'enfuit vers l'Angleterre. **1688** 2e Révolution anglaise.
AMÉRIQUES	**1642** L'explorateur français Paul de Maisonneuve fonde Ville-Marie (futur Montréal) au Canada. **1664** Les forces anglaises prennent La Nouvelle-Amsterdam aux Hollandais et la rebaptisent New York.	**1675** La guerre entre les colons et les Amérindiens ravage la Nouvelle-Angleterre. **1680** Le voyageur français Robert Cavelier de La Salle revendique la possession de la vallée du Mississippi pour la France. **1692** Début des procès pour sorcellerie dans la ville de Salem, Nouvelle-Angleterre.
OCÉANIE	**1642** Le navigateur hollandais Abel Tasman est le premier Européen à atteindre la Tasmanie, qu'il nomme terre de Van Diemen, du nom du gouverneur hollandais des Indes néerlandaises.	**1680** Extinction du dodo (oiseau endémique de l'île Maurice).

SEIGNEUR MANDCHOU AVEC SES SUJETS CHINOIS, DONT LES CHEVEUX SONT NATTÉS EN SIGNE D'INFÉRIORITÉ.

LE ROI DE FRANCE LOUIS XIV À CHEVAL

DODO

1700-1730	1730-1760
1712 Avènement du royaume de Fouta-Djalon, Afrique de l'Ouest (Guinée).	**1739** Nader Chah, roi d'Iran, bat les Moghols et s'empare de la ville de Delhi, Inde. **années 1740** Rivalité franco-anglaise en Inde. **1757** L'armée bengali est battue par les Anglais à la bataille de Plassey.
1707 La mort du chef moghol Aurangzeb amorce la décadence de l'Empire moghol, créant de nouvelles opportunités pour les marchands européens. **1728** Découverte du détroit de Béring par l'explorateur danois Vitus Behring.	**1739** L'Espagne et l'Angleterre se disputent le contrôle de l'Amérique du Nord et de la mer des Caraïbes. **1755** Tremblement de terre à Lisbonne, Portugal. **1756-1763** Guerre de Sept Ans entre la France et l'Angleterre.
1700 Charles II d'Espagne meurt en désignant comme successeur un Français, le duc d'Anjou, ce qui provoque la guerre de la Succession d'Espagne. **1703** Le tsar de Russie, Pierre le Grand, fonde la ville de Saint-Pétersbourg. **1707** L'Acte d'union réunit l'Angleterre et l'Écosse. **1709** Famine en France. **1715** Mort de Louis XIV. 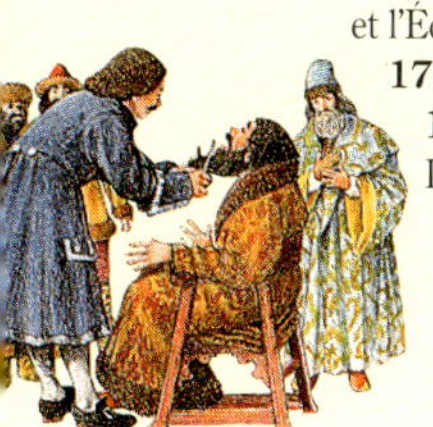 PIERRE LE GRAND OBLIGE LES NOBLES À COUPER LEUR BARBE.	 **Vente d'esclaves** *Les esclaves transportés d'Afrique en Amérique mouraient souvent à la tâche dans les plantations des colons européens.*
1709 Début d'une émigration allemande massive vers l'Amérique. **1710** La Compagnie des mers du Sud développe les échanges commerciaux entre l'Angleterre et l'Amérique du Sud. **1720-1722** Occupation espagnole au Texas. Faillite de la Compagnie des mers du Sud.	**1732** Fondation de la colonie anglaise de Georgie en Amérique du Nord. **1759** Bataille de Québec : les Anglais prennent le Canada aux Français. **1763** Proclamation royale reconnaissant les droits des Indiens à la terre.
1722 Le navigateur hollandais Roggeveen atteint l'île de Pâques et l'archipel des Samoa.	

	1760-1780	1780-1800
AFRIQUE	**v. 1760** Les Ashantis sont reconnus pour leur travail de l'or à la cire perdue. **1768** Ali Bey devient sultan de l'Égypte indépendante.	POIDS EN OR ASHANTI **1794** La dynastie Qadjar gouverne la Perse.
ASIE	**1761** Les Afghans battent les Marathes à la bataille de Panipout. **1763** Le traité de Paris conforte le pouvoir britannique en Inde.	**1789** Début de la Révolution française. **1792-1815** Bonaparte, général, 1er consul puis empereur, conduit les guerres napoléoniennes en Europe. **1795** Le Directoire met fin à la Révolution. **1796** Le médecin britannique Edward Jenner réalise la première vaccination contre la variole.  **La prise de la Bastille** *La prison de la Bastillle, à Paris, était le symbole de la tyrannie royale. Sa prise par le peuple en 1789 devint le symbole de la Révolution.*
EUROPE	**1762** Début du règne de Catherine II la Grande en Russie. **1751-1786** Publication de l'*Encyclopédie* de Diderot et d'Alembert, somme de l'ensemble des connaissances de l'époque. **Une lecture formatrice** *L'*Encyclopédie *exprime un idéal de justice, d'égalité et de rationalité émanant de la philosophie des Lumières.*	
AMÉRIQUES	**1773** Les colons de Boston se révoltent contre les taxes imposées par l'Angleterre et jettent des marchandises importées à la mer. **1775-1783** Guerre d'Indépendance des colons américains contre le pouvoir britannique. **1776** Signature de la Déclaration d'indépendance américaine.	**1787-1789** Rédaction et ratification de la Constitution américaine et de ses amendements. **1789** George Washington devient le premier président des États-Unis. **1791** Révolution à Saint-Domingue conduite par un ancien esclave, Toussaint Louverture. **1793** Fondation de la ville d'York à l'emplacement de l'actuel Toronto, Canada.
OCÉANIE	**1769-70; 1773-74** Voyages de James Cook.	**Cook fait du commerce avec les habitants des îles** *Le navigateur anglais James Cook explora le Pacifique Sud ; il était connu pour le soin qu'il prenait de ses équipages.* **1788** Fondation de la colonie britanniq de la Nouvelle-Galles-du-Sud, Australie.

1800-1820

1804 Les Anglais prennent le contrôle du cap de Bonne-Espérance.
1816 Chaka crée une société guerrière, les Zoulous.

Guerrier zoulou

1815 Les Anglais restituent Java aux Hollandais.
1819 Fondation de Singapour par sir Thomas Raffles.

1804 Sacre de Napoléon.
1805 L'amiral anglais Nelson bat les Français à la bataille de Trafalgar. Napoléon défait les armées russe et autrichienne à Austerlitz.
1812 Presque toute l'Europe est sous la coupe de la France et de son empereur Napoléon Ier.
1815 Napoléon est vaincu à Waterloo.

Napoléon Bonaparte

1811 Le Paraguay devient indépendant de l'Espagne.
1812-1815 Le Canada britannique résiste à l'invasion des États-Unis.

1806 Les premières femmes blanches arrivent en Nouvelle-Zélande.
1817 Les premiers émigrants européens s'établissent dans les prairies australiennes.

1820-1840

1822 En Afrique occidentale, le Liberia est peu à peu peuplé d'esclaves noirs libérés.
1830 Prise d'Alger par la France.
En Afrique du Sud, conflit entre les colons britanniques et néerlandais (Boers).
1835 Migration vers le nord ("Grand Trek") des Boers qui finiront par obtenir la création de l'Union sud-africaine (États du Cap, du Transvaal, du Natal, et d'Orange).

1839-1842 La Chine remet en vigueur un édit interdisant l'importation de l'opium, provoquant la "première guerre de l'Opium" avec l'Angleterre.

1821-1829 Guerre d'indépendance grecque contre la Turquie.
1825 En Angleterre, ouverture de la première ligne ferroviaire pour voyageurs.
1830 La révolution de Juillet renverse Charles X et établit la monarchie constitutionnelle en France.
1837 Début du règne de Victoria en Angleterre.

La "Rocket" *L'ingénieur britannique George Stephenson est l'inventeur de cette première locomotive à vapeur (1829).*

1821 Le Mexique se soulève contre l'Espagne et obtient l'indépendance.
1822 Le Brésil devient indépendant avec l'accord et l'aide du Portugal.
1832 Aux États-Unis, Samuel Morse invente le télégraphe électrique.

...---...
S. O. S.
Message en morse

1830 La Grande-Bretagne impose sa souveraineté à l'Australie.

	1840-1845	1845-1850
AFRIQUE	**1840** Début des missions de Livingstone en Afrique du Sud. **1843** Londres annexe la province du Natal, au détriment des Boers.	**1847** Les Bantous sont vaincus par les Britanniques dans le Sud africain.
ASIE	**1842** Le traité de Nankin ouvre cinq ports chinois à l'Angleterre et lui octroie Hong Kong.	**1845-1849** La guerre anglo-sikh voit la défaite des Sikhs et le début de la mainmise des Anglais sur le Pendjab. **1848** Début du règne de Nasser ed-Dir en Perse.
EUROPE	**1840** La création, en Angleterre, du premier timbre-poste, bouleverse profondément le système du courrier.	**1845-1846** Une mauvaise récolte de pommes de terre provoque une terrible famine en Irlande. **1848** Révolutions dans l'ensemble de l'Europe. Chute de Louis-Philippe, proclamation de la IIe République.
AMÉRIQUES	**1840** Première anesthésie générale pratiquée en Amérique par C.W. Long. Londres réunit le Haut-Canada et le Bas-Canada par l'Acte d'union.	**1845** Le Texas et la Floride sont incorporés aux États-Unis d'Amérique. **1846** Guerre entre les États-Unis et le Mexique à propos du Texas. **1848** La ruée vers l'or en Californie contribue au peuplement de l'ouest des États-Unis. Convention sur le droit des femmes dans l'État de New York.
OCÉANIE	**1840** La Grande-Bretagne impose sa souveraineté à la Nouvelle-Zélande.	

POSTAGE
C ONE PENNY J

Le "Penny Black"

La défense de la terre
Le nombre croissant de colons européens menace le mode de vie traditionnel des Amérindiens, fondé en partie sur la chasse.

Britanniques et Maoris à Waitangi
Le traité de Waitangi donne la Nouvelle-Zélande à l'Angleterre en 1842 ; en échange, cette dernière reconnaît aux Maoris leur droit sur la terre.

1850-1855	1855-1860

1854 Indépendance de la province d'Orange (Afrique du Sud).

1851-1864 Révolte de Taiping, en Chine.
1852-1853 Seconde guerre entre l'Angleterre et la Birmanie.
1853-1854 Le Japon s'ouvre aux échanges avec l'Occident sous la contrainte américaine.

1851 L'Exposition universelle de Londres présente le Crystal Palace (construction tout en verre), symbole de la révolution industrielle.
1853-1856 Guerre de Crimée entre la Russie, la Grande-Bretagne et la France.

LE CRYSTAL PALACE

1850 La Californie entre dans l'Union.
1851 Première machine à coudre à pédale, inventée par I. S. Singer.
1853 Fin de la construction de la voie ferrée New York-Chicago.

1850 Par le "British Government's Australian Colonies Government Act", la Nouvelle-Galles-du-Sud, la Tasmanie et l'Australie-Méridionale reçoivent un début d'autonomie.
1851 Début de la ruée vers l'or en Australie.

CHERCHEURS D'OR

1855 La découverte des chutes Victoria par l'Anglais Livingstone incite d'autres Européens à s'aventurer au cœur de l'Afrique.

1856-1857 La Perse s'empare d'Harat en Afghanistan, ce qui déclenche une guerre avec l'Angleterre.

La révolte des Cipayes
Le refus des soldats musulmans et hindous d'obéir à des instructions contraires à leur religion déclenche une vive rébellion contre le pouvoir britannique en 1857.

1857 La Grande-Bretagne gouverne directement l'Inde après la "révolte des Cipayes".
1858 Le traité de Tianjin ouvre la Chine au commerce avec l'Occident.

1858 Attentat organisé par Felice Orsini contre Napoléon III. L'empereur y échappe.
1859-1861 Garibaldi et ses partisans, les "Chemises rouges", luttent pour l'unification de l'Italie. Ils s'emparent de la Sicile et du sud du pays.

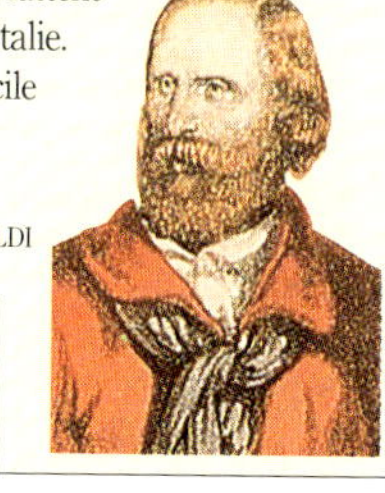

GARIBALDI

1856 Création d'un parti républicain anti-esclavagiste aux États-Unis.
1858 Benito Juárez Garcìa devient président du Mexique.

1856 Création successive des six colonies (correspondant aux États actuels) en Australie.

1860-1900

	1860-1870	1870-1880
AFRIQUE	**années 1860** L'Angleterre, la France, la Belgique, l'Allemagne et le Portugal commencent l'exploration et la colonisation de l'intérieur de l'Afrique. **1869** Ouverture du canal de Suez (Égypte) reliant la Méditerranée à l'océan Indien.	**1877** La Grande-Bretagne annexe le Transvaal, principale région minière d'Afrique du Sud. **1879** Guerre victorieuse des Zoulous contre les Anglais en Afrique du Sud.
ASIE	**1861** Début du règne (45 ans) de l'impératrice Cixi, en Chine. **1862** Occupation française en Indochine.	**1872** Fin du pouvoir féodal au Japon. Les privilèges des samouraïs sont abolis.
EUROPE	**1864-1866** Les forces prussiennes battent le Danemark et l'Autriche. **1866** Le chimiste suédois Alfred Nobel invente la dynamite.	**années 1870** Industrialisation de la plupart des pays d'Europe. **1870** Guerre franco-prussienne. La France perd l'Alsace et la Lorraine. **1871** La Commune à Paris.
AMÉRIQUES	**1861** Début de la guerre de Sécession aux États-Unis. **1865** Victoire des nordistes. Assassinat du président Abraham Lincoln. **1867** Le Canada devient un dominion.	**1876** Les Sioux et les Cheyenn menés par Sitting Bull battent le général Custer et la cavalerie américaine à la bataille de Little Big Ho **1876-1911** Porfirio Díaz instaure une dictature libérale au Mexique. **1883** Thomas Edison invente l'ampoule électrique.
OCÉANIE	**1860-1869** Guerre entre les Maoris et les colons blancs de Nouvelle-Zélande.	**1880** Annexion de Tahiti par la France.

Bouclier zoulou
Le peuple zoulou (Afrique du Sud) a combattu colons anglais et Boers, pour défendre sa terre.

Un bâtisseur d'empire
Président du Conseil de Prusse, Otto von Bismarck réalise l'unité allemande et fait proclamer l'empire en 1871, avec pour empereur Guillaume Ier.

De grandes inventions
La fin du XIXe siècle voit les progrès spectaculaires de la technologie, avec de nouvelles inventions comme la lumière électrique ou le téléphone.

Le Nord contre le Sud
Onze États du Sud sortent de l'Union, déclenchant la guerre de Sécession en 1861.

1880-1890	1890-1900
1881 Les Boers se révoltent contre le pouvoir britannique en Afrique du Sud : première guerre des Boers.	**1896** Les Éthiopiens battent l'armée italienne. **1899** Seconde guerre des Boers contre les Anglais, en Afrique du Sud.
1883 Éruption du Krakatoa, îlot volcanique situé entre Java et Sumatra (qui fit plus de 30 000 morts). **1885** Fondation d'un parti nationaliste en Inde. RÉVOLTE CONTRE LA MAINMISE OCCIDENTALE, EN CHINE	**1899-1901** Le gouvernement chinois soutient les révoltes paysannes qui visent à débarrasser le pays des Occidentaux. Ce mouvement, appelé "révolte des Boxers", est écrasé par les forces occidentales installées dans des concessions (Russie, Grande-Bretagne, États-Unis, France, Allemagne).
1884 Les grandes puissance européennes se partagent l'Afrique lors de la conférence de Berlin. Première ligne de métro construite à Londres. **1885** L'ingénieur allemand Karl Benz construit la première voiture à moteur essence. **1888** Le vétérinaire écossais John Dunlop invente le premier pneumatique. Début du règne du Kaiser (empereur) Guillaume II en Allemagne. VOITURE À MOTEUR BENZ	**1896** Organisation des Jeux olympiques modernes en Grèce. **1897** Guerre gréco-turque au sujet de la Crète.
1884 Construction du premier gratte-ciel (10 étages) à Chicago. **1889** Le roi du Brésil, Pierre II, est renversé par l'armée. La république est proclamée.	**1890** Dernier massacre d'Indiens à la bataille de Wounded Knee, Dakota. Projection des premiers films à New York. **1893** Les États-Unis imposent leur protectorat aux îles Hawaii. **1895** Cuba se révolte contre le pouvoir espagnol. **1898** Les États-Unis gagnent la guerre contre l'Espagne et annexent les Philippines. Indépendance de Cuba vis-à-vis de l'Espagne.
1887 Établissement d'un condominium franco-anglais sur les Nouvelles-Hébrides.	**1893** Sous l'action de son Premier ministre, la Nouvelle-Zélande devient le premier pays à accorder le droit de vote aux femmes.

Guerriers sioux
Près de 300 Sioux furent massacrés à la bataille de Wounded Knee.

	1900-1905	1905-1910
AFRIQUE	**1900** Les Français abattent l'empire de Rabah au Tchad. **1902** En Angola, les Ovimboundou se rebellent contre le pouvoir portugais.	**1905** Fondation de l'Union sud-africaine, qui comprend quatre provinces : le Cap, le Natal, le Transvaal et l'Orange.
ASIE	**1904-1905** Guerre russo-japonaise en Mandchourie. La Russie est vaincue et sa flotte entièrement détruite. COMBATS ENTRE RUSSES ET JAPONAIS À LA BATAILLE DE LIAOYANG	**1906** La Chine cède l'île de Sakhaline à la Russie. **1907** Découverte de pétrole en Perse (actuel Iran).
EUROPE	**1900** Course aux armements entre l'Allemagne et l'Angleterre. **1903** Mouvement pour le droit de vote des femmes anglaises, conduit par la suffragette Emmeline Pankhurst. Premier Tour de France cycliste. **1904** Convention franco-anglaise concrétisant l'Entente cordiale.	**1905** 1re Révolution russe après la défaite du tsar contre les Japonais en Corée. Le physicien allemand Albert Einstein formule la théorie de la relativité. **1908** L'usine de turbines AEG (Allemagne) est le premier bâtiment construit en verre et en acier.
AMÉRIQUES	**1900** Début de la production du Coca-Cola. **1901** Theodore Roosevelt est élu président des États-Unis après la mort de MacKinley. **1903** En Caroline du Nord, Orville et Wilbur Wright réussissent leur premier vol sur l'appareil qu'ils ont construit. Ils poursuivent ainsi l'œuvre du Français Clément Ader.	**1906** Les forces américaines occupent Cuba. Un gigantesque incendie provoqué par un tremblement de terre détruit la ville de San Francisco. **1908** Henry Ford fabrique une voiture à la portée de tous, la Ford Model T. LE *FLYER* DES FRÈRES WRIGHT
OCÉANIE	**1901** L'Australie devient un dominion du Commonwealth. La Nouvelle-Zélande annexe les îles Cook.	**1907** La Nouvelle-Zélande devient un dominion. L'Australie crée le "salaire minimum".

1910-1915	1915-1920
1912 Formation du Congrès national africain (ANC) pour défendre les droits des Noirs. **1915** Les grandes puissances européennes achèvent de se partager l'Afrique.	**1920** Le Tchad devient colonie française.
1910 Annexion de la Corée par le Japon. **1911-1912** Sun Yat-sen proclame la république en Chine ; l'empereur Puyi abdique.	**1915** Mohandas Gandhi prend la direction du mouvement nationaliste indien. **1919** Les troupes britanniques tirent sur des manifestants pacifistes indiens à Amritsar et tuent 379 personnes.
 LE NAUFRAGE DU *TITANIC* **1910** Passage de la comète de Halley. **1911** L'explorateur norvégien Roald Amundsen atteint le pôle Sud. **1912** Le *Titanic*, plus grand paquebot transatlantique du monde, heurte un iceberg lors de son premier voyage et coule, entraînant la mort de 1 513 personnes. **1912-1913** Guerre des Balkans : la Grèce, la Serbie, la Bulgarie et le Monténégro s'unissent pour vaincre la Turquie ottomane. **1914** L'assassinat de l'archiduc François-Ferdinand, héritier de l'Empire austro-hongrois, déclenche la Première Guerre mondiale.  SOLDATS ALLEMANDS DE LA PREMIÈRE GUERRE MONDIALE	**1915** Première Guerre mondiale : la Bulgarie se range aux côtés des empires centraux (Allemagne, Autriche, Hongrie) et l'Italie se met du côté des Alliés (Angleterre, France, Russie, Serbie). **1916** L'Irlande se révolte contre le pouvoir britannique : insurrection de Pâques. **1917** La Révolution russe de février renverse le tsar ; début de la guerre civile. La Grèce rejoint les Alliés. **1918** La fin de la Première Guerre mondiale voit la victoire des Alliés.  **Révolution d'Octobre** *Les bolcheviques, organisés militairement (Parti communiste), prennent le pouvoir sous la direction de Lénine. Ils instaurent la dictature du prolétariat.*
1911 Début de la révolution au Mexique. **1912-1933** Les troupes américaines occupent le Nicaragua. **1914** Ouverture du canal de Panamá.	**1915-1916** L'agitation populaire en Haïti est matée par l'armée américaine. **1917** Les États-Unis entrent dans le conflit mondial.
1914 Bombardement de Papeete (Tahiti) par deux croiseurs allemands.	**1919** L'Australie, qui a rejoint les Alliés, acquiert les colonies allemandes du Pacifique.

1920-1940

	1920-1925	1925-1930
AFRIQUE	**1922** L'Égypte, sous le règne de Fouad Ier, lutte pour obtenir son indépendance vis-à-vis de l'Angleterre.	**1926** Fin de la révolte berbère et arabe contre les Européens en Afrique du Nord.
ASIE	**1920** Gandhi lance la campagne de désobéissance civile dans l'Inde. **1923** Mustafa Kemal devient président de la jeune République turque.	**1927** Les communistes chinois, dirigés par Mao Zedong, essaient de renverser le gouvernement. **1929** Troubles sanglants entre Palestiniens arabes et immigrants juifs à Jérusalem et à Hébron.
EUROPE	**1920** En Russie, Trotski organise l'Armée rouge. **1922** Benito Mussolini prend le pouvoir en Italie. **1923** Indépendance partielle de l'Irlande avec la création de l'État libre d'Irlande. **1924** En Russie, Lénine meurt ; Joseph Staline lui succède.	**1925** Mussolini instaure la dictature en Italie. **1926** La police et l'armée mettent fin à une grève générale en Angleterre.
AMÉRIQUES	**1920** Début de la prohibition (interdiction de consommer de l'alcool) aux États-Unis. Le droit de vote est accordé aux Américaines.	**1927** *The Jazz Singer*, film américain dont Al Jolson est la vedette, est le premier film parlant, post-synchronisé et accompagné d'une bande sonore. **1929** Le krach boursier de Wall Street (Bourse de New York) marque le début d'une crise économique grave.
OCÉANIE	**1923** La région de l'Antarctique appelée terre de Ross est annexée par la Nouvelle-Zélande.	**1927** Canberra devient la capitale de l'Australie.

Le dictateur italien
Le chef fasciste Benito Mussolini fit entrer l'Italie dans la Seconde Guerre mondiale aux côtés de l'Allemagne en 1940. Il fut lynché en 1945.

La dépression
En octobre 1929, à Wall Street, des actionnaires affolés vendent 13 millions de titres en une seule journée et déclenchent une crise économique sans précédent, au cours de laquelle des millions de gens vont perdre leur travail, leurs économies et parfois même, leur maison.

1930-1935

1930 Le négus Tafari est couronné empereur d'Éthiopie et prend le nom de Hailé Sélassié Ier.

années 1930 Gandhi, leader du mouvement national, oppose la non-violence au pouvoir britannique en Inde.
1934-1935 Les communistes et Mao traversent la Chine (la Longue Marche) pour se réfugier au sud du pays, dans la province de Shanxi. Les nationalistes, conduits par Tchang Kaï-chek, les poursuivent sans relâche.

LES TROUPES COMMUNISTES CHINOISES PENDANT LA LONGUE MARCHE

1933 Adolf Hitler, chef (*führer*) du parti nazi, devient chancelier du Reich d'Allemagne.

Le Führer
Le rêve de domination allemande qui obsède Hitler aboutit à la Seconde Guerre mondiale, qui se termine par l'échec de l'invasion allemande de la Russie. Hitler se suicide à la fin de la guerre pour éviter d'être jugé pour ses crimes.

1931 Le Parlement britannique concède au Canada son indépendance.
1933 Franklin D. Roosevelt devient président des États-Unis ; fin de la prohibition.

1931 Premier survol de la Tasmanie.
1934 Début du service postal entre l'Australie et l'Angleterre.

1935-1940

1935 Les forces italiennes envahissent l'Éthiopie.

1936 Signature d'une alliance entre le Japon et l'Allemagne.
1937 Le Japon occupe une grande partie des côtes chinoises.

L'essor du Japon
À la fin des années 1930, le pouvoir militaire favorise une politique de conquête extérieure. Le "Grand Japon", Empire maritime, allait jusqu'à l'Australie...

1936 Jeux olympiques de Berlin, Allemagne. Élection du Front populaire en France. Gouvernement de Léon Blum.
1936-1939 Guerre civile en Espagne. Défaite des républicains.
1938 La Tchécoslovaquie est occupée par les forces allemandes.
1939 L'Angleterre et la France déclarent la guerre à l'Allemagne après l'invasion de la Pologne par Hitler. Début de la Seconde Guerre mondiale.

1936 Réélection de Roosevelt.

1937 Création de la Royal New Zealand Air Force.
1939 L'Australie et la Nouvelle-Zélande se joignent aux forces alliées contre l'Allemagne.

	1940-1941	1942-1943
AFRIQUE	**1940** La marine britannique coule la flotte française à Mers el-Kébir pour éviter que celle-ci ne soit prise par l'Allemagne. **1941** Les Alliés envahissent l'Érythrée. Les forces allemandes, conduites par Rommel, arrivent en Lybie.	**1942** Les forces alliées obligent les troupes de Rommel à se retirer d'El-Alamein (Maroc).
ASIE	**1941** Le Japon occupe les colonies françaises du Sud-Est asiatique. **1941-1942** Le Japon s'empare des Philippines, de la Malaisie, de Hong Kong, de Singapour, de la Birmanie et de l'Indonésie.	**1942** Les Japonais prennent Singapour. Les Américains bombardent Tokyo au Japon. La marine américaine bat le Japon dans la mer de Corail (Nouvelle-Guinée) et dans les îles Midway.
EUROPE	**1940** L'Allemagne occupe le Danemark, la Norvège, la France, la Belgique, la Hollande et le Luxembourg. Charles de Gaulle, réfugié à Londres, appelle les Français à la résistance et fonde la France libre. L'aviation britannique résiste à la tentative d'invasion allemande. **1941** Hitler envahit la Hongrie, la Bulgarie, la Grèce, la Yougoslavie et la Russie.	**1943** Les troupes alliées s'emparent de la Sicile et envahissent l'Italie. En Russie, les troupes allemandes battent en retraite après leur défaite à Stalingrad.
AMÉRIQUES	**1940** Invention de la photocopieuse Xerox. Développement de la pénicilline et d'autres antibiotiques. **1941** Les États-Unis se joignent aux Alliés après l'attaque par le Japon de la marine américaine à Pearl Harbor à Hawaii.	**1942** Enrico Fermi construit la première pile atomique (États-Unis). Le Mexique et le Brésil se joignent aux Alliés. Début de la production du nylon aux États-Unis, pour les parachutes et la lingerie.
OCÉANIE	**1940** Tahiti et la Nouvelle-Calédonie rejoignent la France libre.	**1942** Les Américains créent une base à Bora Bora, en Polynésie française.

Winston Churchill
Les nombreux discours radiophoniques du chef de gouvernement britannique pendant la guerre soutiennent le moral des populations civiles soumises aux bombardements.

BAS NYLON

L'attaque de Pearl Harbor
L'attaque surprise des forces japonaises contre la flotte américaine basée à Pearl Harbor (Hawaii) en 1941 détruisit 18 navires et 200 avions.

1944-1945	1946-1947

1944 Attaque japonaise en Inde. Le Japon est battu à Kohima.
1945 Les Américains lancent les premières bombes atomiques sur les villes japonaises de Hiroshima et Nagasaki. L'empereur Hirohito signe la reddition de son pays.

Hirohito, empereur du Japon
Les pilotes japonais (appelés "kamikazes") considéraient leur empereur comme un dieu et se sacrifiaient pour lui en écrasant leur avion chargé d'explosifs sur un objectif ennemi.

1944 Les Alliés débarquent en Normandie et repoussent les Allemands hors de France.
1945 L'Allemagne capitule.

L'aube de l'ère nucléaire
La première bombe atomique fut lancée sur Hiroshima (Japon) en 1945, tuant 157 000 personnes. Une seconde bombe fut lancée sur Nagasaki trois jours plus tard, entraînant la reddition du Japon et la fin de la Seconde Guerre mondiale.

1945 L'Australie récupère la Nouvelle-Guinée et la Papouasie, prises par le Japon. – Établissement de lois favorisant l'immigration de non-Britanniques.

GANDHI ET SES DISCIPLES

1947 L'indépendance et la partition de l'Inde (création des deux Pakistan) provoquent des émeutes qui font des milliers de victimes. Gandhi commence une grève de la faim pour protester contre la violence.

1947 Le plan Marshall offre l'aide américaine aux Européens pour reconstruire l'économie de leurs pays après la Seconde Guerre mondiale.

Le drapeau des Nations Unies
L'Organisation des Nations Unies (ONU) est créée en 1945 pour sauvegarder la paix et instituer une coopération entre les nations.

1947 Les États-Unis promettent de venir en aide à tout pays qui s'opposera au communisme (doctrine Truman).

1947 Une commission du Pacifique Sud est formée pour débattre des problèmes de santé et d'économie dans les îles du Pacifique Sud.

	1948-1950	1951-1953
AFRIQUE	**1950** Légalisation de l'apartheid (ségrégation raciale) en Afrique du Sud.	**1951** Indépendance de la Libye occupée par les Italiens en 1935. **1953** Coup d'État militaire en Égypte : proclamation de la république.
ASIE	**1948** Assassinat de Gandhi en Inde. Création de l'État d'Israël en Palestine. **1949** Fondation de la République populaire de Chine par Mao Zedong.	**1950-1953** Guerre entre la Corée du Nord communiste et la Corée du Sud, soutenue par les États-Unis. **1953** Edmund Hillary et le sherpa Norgay Tensing atteignent le sommet de l'Everest.
EUROPE	**1949** L'Allemagne est coupée en deux : création de la RFA et de la RDA. L'Allemagne de l'Est est sous influence soviétique. L'Europe occidentale et les États-Unis créent l'OTAN pour parer à une attaque possible de l'URSS.	**1952** La Grèce et la Turquie entrent à l'OTAN.
AMÉRIQUES	**1948** Harry Truman gagne les élections présidentielles américaines. **1950** Le sénateur américain Joseph McCarthy déclenche sa célèbre "chasse aux sorcières" contre les communistes.	**années 1950** Les Noirs américains, sous la conduite du pasteur Martin Luther King, intensifient leur mouvement pour l'égalité de leurs droits face à ceux des Blancs.
OCÉANIE	**1949** Défaite des travaillistes en Australie.	**1951** Création d'un pacte de défense, l'ANZUS, alli[ant] l'Australie, la Nouvelle-Zélande et les États-Unis.

La nation juive
En 1948, l'ONU crée l'État d'Israël dans une partie de la Palestine. Depuis lors, les conflits entre Israéliens et Arabes palestiniens ont été incessants.

HILLARY ET TENSING

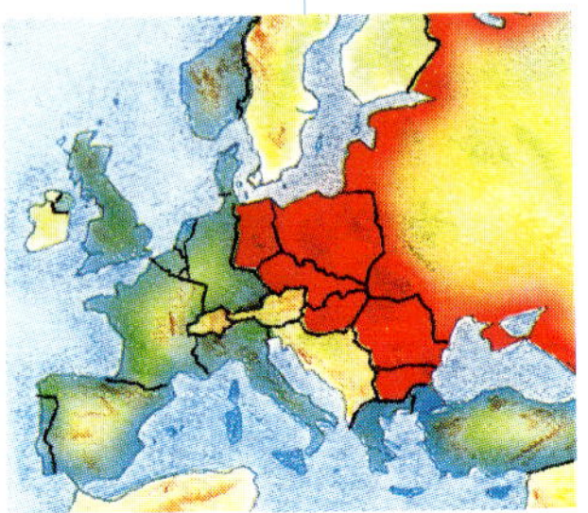

L'Europe après la guerre
Après la Seconde Guerre mondiale, l'Europe est divisée : l'Est est contrôlé par l'URSS, tandis que l'Ouest est soutenu par les États-Unis. La paix instable entre les deux super-puissances est connue sous le nom de Guerre froide ; elle débouche sur une course aux armements entre les États-Unis et l'URSS.

1954-1956	1957-1960

1954 Création du FLN qui milite en faveur de l'indépendance de l'Algérie.
1956 Le dirigeant égyptien Nasser nationalise le canal de Suez.
1956 Le Maroc et la Tunisie obtiennent leur indépendance.

1954 Défaite de la France par le Viêt-minh (forces communistes) à Diên Biên Phu, Nord Viêt Nam. Le pays est coupé en deux au niveau du 17e parallèle. Le Nord est soutenu par les communistes, le Sud par les États-Unis.
1956 Israël prend le Sinaï à l'Égypte en huit jours.

EMBLÈME DE L'UNION SOVIÉTIQUE COMMUNISTE

1955 Le pacte de Varsovie est signé par les pays communistes : il autorise l'URSS à faire stationner ses troupes dans tous les pays communistes d'Europe de l'Est.
1957 Formation de la Communauté économique européenne (Marché commun). Lancement du premier satellite artificiel russe : *Spoutnik 1*.

SPOUTNIK 1

1955 Le président argentin Juan Perón est renversé par un coup d'État miliaire.

1954 Thor Heyerdahl, comme les anciens Polynésiens, traverse le Pacifique sur une pirogue.

1957 Le Ghana est le premier pays subsaharien à acquérir son indépendance.

1957 L'indépendance de la Malaisie est proclamée.
1959 Un soulèvement tibétain contre l'occupation chinoise est violemment réprimé. Le chef spirituel du Tibet, le Dalaï Lama, est contraint de s'enfuir.

LE DALAÏ LAMA

1958 En France, Charles de Gaulle est rappelé au pouvoir.

1959 La révolution cubaine porte Fidel Castro au pouvoir. Il s'allie à l'URSS, car les États-Unis boycottent les produits cubains.
1960 Élection aux États-Unis du président John F. Kennedy – il est le plus jeune président américain.

1959 Signature d'un traité assurant la protection de l'Antarctique.
1960 Ouverture de l'aéroport international de Tahiti.

	1960-1963	1964-1967
AFRIQUE	**1960** Indépendance de 17 colonies africaines. Interdiction de l'ANC en Afrique du Sud. **1962** La France reconnaît l'indépendance de l'Algérie. Plus d'un million de Français d'Algérie retournent en France.	**1964** Nelson Mandela, chef historique de l'ANC, est emprisonné en Afrique du Sud. **1965** La Rhodésie, gouvernée par des Blancs, proclame son indépendance vis-à-vis de la Grande-Bretagne.
ASIE	**1963** Le chef de l'État sud-vietnamien, Ngô Dinh Diêm, est assassiné lors d'un coup d'État militaire.	**1965** Les troupes américaines débarquent au Sud Viêt Nam pour soutenir la lutte contre le Viêt Nam du Nord. **1966** Début de la Révolution culturelle en Chine.
EUROPE	**1961** Construction du mur de Berlin. Le cosmonaute russe Iouri Gagarine est le premier homme à effectuer un vol spatial. **1962** Le conflit algérien provoque attentats et manifestations en France (OAS).	**1964** Indépendance de Malte. **1967** Coup d'État militaire en Grèce.
AMÉRIQUES	**1962** Crise et blocus de Cuba par les États-Unis. **1963** Assassinat du président Kennedy.	**1965** Malcolm X, leadeur des "Black Muslims", est assassiné. Des émeutes éclatent dans les ghettos noirs de Chicago et Los Angeles.
OCÉANIE	**1960** Reconnaissance des Aborigènes comme citoyens australiens. Deux ans plus tard, ils acquièrent le droit de vote.	**1966** Premier tir d'essai nucléaire à Mururoa.

La Révolution culturelle chinoise
La Révolution culturelle entreprise par Mao Zedong place l'industrie et l'agriculture sous contrôle de l'État. Les écoles et les universités sont fermées et les enseignants doivent travailler la terre. Toute opposition est brutalement réprimée par les "gardes rouges" de Mao.

Fidel Castro
En 1962, Fidel Castro autorise l'URSS à installer des bases de missiles nucléaires à Cuba. La marine américaine fait le blocus de l'île et les Russes se retirent.

Martin Luther King
Dans les années 1960, des hommes comme Martin Luther King ou Malcolm X militent pour les droits civiques des Noirs aux États-Unis. Tous deux sont assassinés.

1968-1971

1970 La guerre civile au Biafra (Nigeria) cause la mort de plus d'un million de personnes.

1968 Des soldats américains tuent des centaines de civils dans le village vietnamien de My Lai.
1971 L' Inde accorde son indépendance au Pakistan oriental qui prend le nom de Bangladesh.

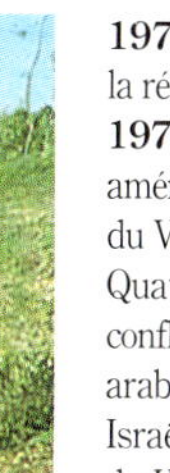

TROUPES ALLIÉES AU VIÊT NAM

1968 À Paris, étudiants et ouvriers réclament des réformes et s'en prennent aux bases mêmes de la société. À Prague (Tchécoslovaquie), l'orientation du pays vers un "socialisme à visage humain" est stoppée par l'Armée rouge.
1969 La Grande-Bretagne envoie des soldats en Irlande du Nord.

1968 Assassinat de Martin Luther King à Memphis.
1969 Les astronautes américains Neil Armstrong et Edwin Aldrin marchent sur la Lune.

Des hommes sur la Lune
Environ 600 millions de téléspectateurs ont vu en direct les premiers pas de l'homme sur la Lune.

1969 Manifestations indépendantistes en Nouvelle-Calédonie.

1972-1975

1975 Les colonies portugaises d'Afrique acquièrent leur indépendance.

1972 Ceylan devient la république du Sri Lanka.
1973 Les troupes américaines se retirent du Viêt Nam. Quatrième conflit israélo-arabe en Israël (guerre du Kippour). Augmentation du prix du pétrole, qui conduit à une crise économique mondiale.

Le pétrole des pays arabes
De nombeux pays, dépendant du pétrole du Proche-Orient, ont connu une véritable catastrophe économique quand les pays arabes ont augmenté leurs prix en 1973.

1972 Le dimanche 30 janvier ("Bloody Sunday"), les parachutistes anglais tirent sur des manifestants catholiques à Belfast, Irlande du Nord.

1973 Le président chilien Salvador Allende est assassiné lors d'un coup d'État militaire conduit par le général Pinochet.
1974 Le président américain Richard Nixon démissionne après le scandale du Watergate.

1975 La Nouvelle-Guinée devient indépendante.

	1976-1983	1984-1988
AFRIQUE	**1979** Des rebelles aidés par l'armée tanzanienne chassent d'Ouganda le président Idi Amin Dada. **1980** Création du Zimbabwe indépendant, avec à sa tête Robert Mugabe. **1983** Famine en Éthiopie.	ÉTHIOPIENS VICTIMES DE LA FAMINE
ASIE	**1976** le Viêt Nam devient une république socialiste. **1979** Accords de Camp David entre l'Égypte et Israël. Instauration d'une république islamique en Iran. **1982** Les troupes israéliennes envahissent le Sud Liban.	**1984** À l'issue du siège d'Amritsar (Inde), les extrémistes sikhs sont chassés du temple d'Or. Indira Gandhi, premier ministre, est assassinée par deux de ses gardes sikhs. **1988** Le cessez-le-feu entre l'Iran et l'Irak met fin à 8 années de conflit armé.
EUROPE	**1978** Margaret Tahatcher est la première femme chef du gouvernement en Angleterre **1980** Mort de Tito, président de la Yougoslavie. Création par Lech Walesa du syndicat Solidarité (*Solidarnosc*) en Pologne. **1981** Élection de François Mitterrand à la présidence de la République française.	**1986** En URSS, le secrétaire général du PC, Mikhaïl Gorbatchev lance un programme de restructuration économique (*perestroïka*) et d'ouverture au monde (*glasnost*).
AMÉRIQUES	**1979** Les guerilleros sandinistes prennent le pouvoir au Nicaragua. **1982** L'Argentine tente, de s'emparer des îles Falkland (anciennes Malouines), occupées par les anglais.	**1984** En France et aux États-Unis, des scientifiques identifient le virus du sida. **1986** Le scandale de l'"Irangate" révèle des ventes secrètes d'armes américaines à l'Iran.
OCÉANIE	**1978** Indépendance de Tuvalu et Dominica (îles Salomon).	**1984** La Nouvelle-Zélande se déclare zone dénucléarisée.

La "révolution islamique"
L'ayatollah Khomeyni, fondamentaliste musulman iranien hostile à l'Occident, dirige la révolution islamique qui renverse le chah en 1979. Ce dernier se réfugie aux États-Unis. Des étudiants iraniens réclamant son extradition, prennent en otage 53 Américains au sein de l'ambassade américaine de Téhéran.

L'ordinateur individuel
Le premier PC (personal computer) *a été mis au point par la compagnie américaine IBM en 1981.*

1989-1993	1994-2005
1990 Libération de Nelson Mandela, après 27 ans d'emprisonnement **1990** Début de la guerre civile au Liberia. **1992** L'ONU intervient en Somalie. **1993** L'Érythrée accède à l'indépendance.	**1994** L'ANC remporte les premières élections libres en Afrique du Sud. Guerre civile et génocide au Rwanda. **2000** Le virus du SIDA fait beaucoup de victimes en Afrique.
1989 En Chine, l'armée intervient contre les manifestants en faveur de la démocratie sur la place Tien Anmen. **1990** Début de la première guerre du Golfe. **1991** Libération du Koweït, occupée par l'Irak, par les forces de l'ONU.  MANIFESTANT SUR LA PLACE TIEN ANMEN	**1994** Autonomie des territoires occupés, installation d'une autorité palestinienne dans la bande de Gaza. Israël et l'Organisation de libération de la Palestine signent un accord de reconnaissance mutuelle. **2001** Guerre en Afghanistan, déclenchée par les États-Unis suite aux attentats du 11 septembre. **2003** Guerre en Irak. Saddam Hussein est arrêté par les forces de la coalition. **2004** Décés de Yasser Arafat YASSER ARAFAT
1989 Renversement des régimes communistes en Roumanie, Hongrie, Allemagne de l'Est et Tchécoslovaquie. **1991** les républiques d'URSS déclarent leur indépendance. **1992** Début de la guerre civile en ex-Yougoslavie. **1994** Recherche d'une solution politique par l'Angleterre et l'Irlande en Ulster.	**1999** Entrée en vigueur de l'euro. **2000** Naissance de la brebis Dolly, premier animal cloné. **2004** L'Europe des 15 devient l'Europe des 25. **2005** Décés du pape Jean-Paul II. Le pape Benoît XVI lui succède. FIN DE L'URSS
1989 Élection de George W. Bush à la présidence des États-Unis. **1993** Accord entre le Canada et les Inuits sur le Nunavut.	**2001** Série d'attentats aux États-Unis. Deux avions s'écrasent sur le World Trade Center. **2005** Le cyclone Katrina ravage la Nouvelle-Orléans.
1991 Paul Keating devient Premier ministre en Australie.	**1996-1998-2001** John Howard est élu, puis réélu Premier Ministre en Australie.

2416
2417

EN SAVOIR PLUS

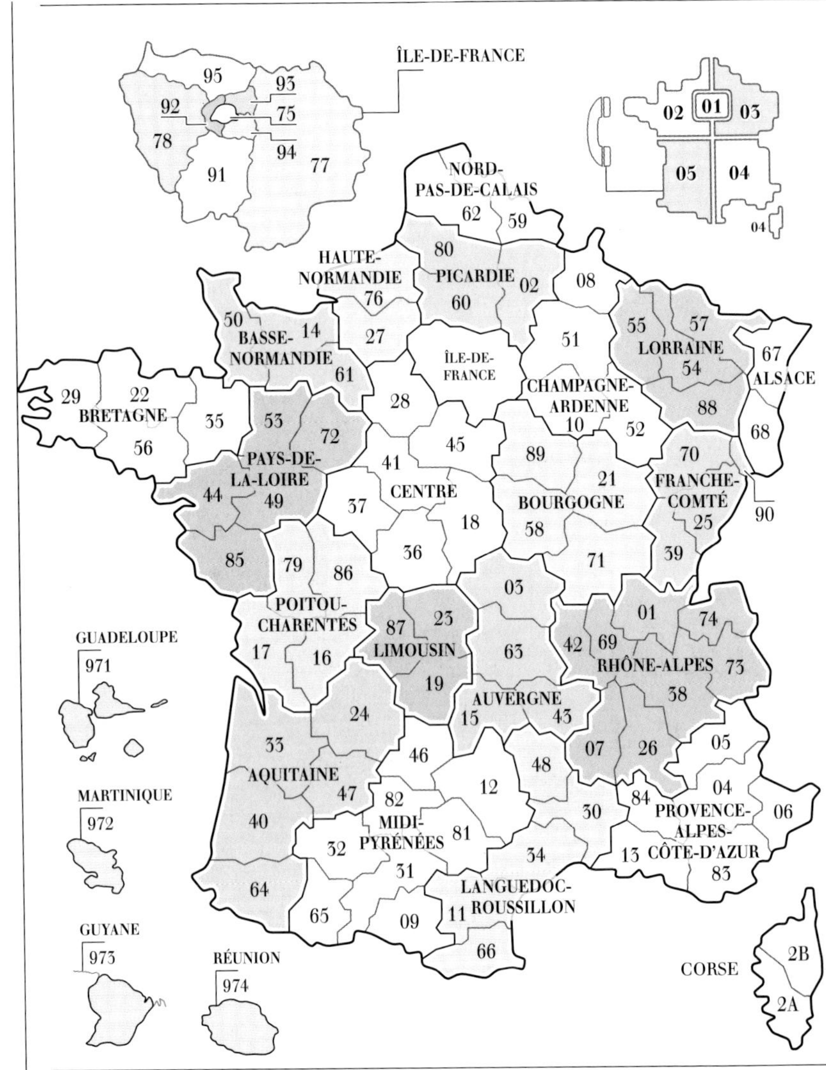
ÎLE-DE-FRANCE
95
93
92
75
78
94
91
77
02
01
03
05
04
04
NORD-PAS-DE-CALAIS
62
59
HAUTE-NORMANDIE
76
27
80
PICARDIE
60
02
08
50
14
BASSE-NORMANDIE
61
ÎLE-DE-FRANCE
51
55
57
LORRAINE
54
67
ALSACE
88
68
29
22
BRETAGNE
35
56
53
72
PAYS-DE-LA-LOIRE
44
49
85
28
41
45
CENTRE
37
36
18
CHAMPAGNE-ARDENNE
10
52
89
21
BOURGOGNE
58
71
70
FRANCHE-COMTÉ
25
39
90
79
86
POITOU-CHARENTES
17
16
87
23
LIMOUSIN
19
03
63
AUVERGNE
15
43
42
69
01
74
RHÔNE-ALPES
73
38
07
26
05
04
06
84
PROVENCE-ALPES-CÔTE-D'AZUR
13
83
24
33
AQUITAINE
47
40
64
46
12
82
MIDI-PYRÉNÉES
81
32
31
65
09
48
30
34
LANGUEDOC-ROUSSILLON
11
66
GUADELOUPE
971
MARTINIQUE
972
GUYANE
973
RÉUNION
974
CORSE
2B
2A

n°	Préfecture	Département
01	Bourg	Ain
02	Laon	Aisne
03	Moulins	Allier
04	Digne	Alpes-Hte-Provence
05	Gap	Hautes-Alpes
06	Nice	Alpes-Maritimes
07	Privas	Ardèche
08	Charleville-Mézières	Ardennes
09	Foix	Ariège
10	Troyes	Aube
11	Carcassonne	Aude
12	Rodez	Aveyron
13	Marseille	Bouches-du-Rhône
14	Caen	Calvados
15	Aurillac	Cantal
16	Angoulême	Charente
17	La Rochelle	Charente-Maritime
18	Bourges	Cher
19	Tulle	Corrèze
2A	Ajaccio	Corse Sud
2B	Bastia	Haute-Corse
21	Dijon	Côte-d'Or
22	Saint-Brieuc	Côtes-d'Armor
23	Guéret	Creuse
24	Périgueux	Dordogne
25	Besançon	Doubs
26	Valence	Drôme
27	Évreux	Eure
28	Chartres	Eure-et-Loir
29	Quimper	Finistère
30	Nîmes	Gard
31	Toulouse	Haute-Garonne
32	Auch	Gers
33	Bordeaux	Gironde
34	Montpellier	Hérault
35	Rennes	Ille-et-Vilaine
36	Châteauroux	Indre
37	Tours	Indre-et-Loire
38	Grenoble	Isère
39	Lons-le-Saunier	Jura
40	Mt-de-Marsan	Landes
41	Blois	Loir-et-Cher
42	Saint-Étienne	Loire
43	Le Puy	Haute-Loire
44	Nantes	Loire-Atlantique
45	Orléans	Loiret
46	Cahors	Lot
47	Agen	Lot-et-Garonne
48	Mende	Lozère
49	Angers	Maine-et-Loire
50	Saint-Lô	Manche
51	Châlons/Marne	Marne
52	Chaumont	Haute-Marne
53	Laval	Mayenne
54	Nancy	Meurthe-et-Moselle
55	Bar-le-Duc	Meuse
56	Vannes	Morbihan
57	Metz	Moselle
58	Nevers	Nièvre
59	Lille	Nord
60	Beauvais	Oise
61	Alençon	Orne
62	Arras	Pas-de-Calais
63	Clermont-Ferrand	Puy-de-Dôme
64	Pau	Pyrénées-Atlantiques
65	Tarbes	Hautes-Pyrénées
66	Perpignan	Pyrénées-Orientales
67	Strasbourg	Bas-Rhin
68	Colmar	Haut-Rhin
69	Lyon	Rhône
70	Vesoul	Haute-Saône
71	Mâcon	Saône-et-Loire
72	Le Mans	Sarthe
73	Chambéry	Savoie
74	Annecy	Haute-Savoie
76	Rouen	Seine-Maritime
79	Niort	Deux-Sèvres
80	Amiens	Somme
81	Albi	Tarn
82	Montauban	Tarn-et-Garonne
83	Toulon	Var
84	Avignon	Vaucluse
85	La Roche/Yon	Vendée
86	Poitiers	Vienne
87	Limoges	Haute-Vienne
88	Épinal	Vosges
89	Auxerre	Yonne
90	Belfort	Belfort (territoire de)
Île-de-France		
75	Paris	Ville de Paris
77	Melun	Seine-et-Marne
78	Versailles	Yvelines
91	Évry	Essonne
92	Nanterre	Hauts-de-Seine
93	Bobigny	Seine-Saint-Denis
94	Créteil	Val-de-Marne
95	Cergy	Val-d'Oise
DOM		
971	Basse-Terre	Guadeloupe
972	Fort-de-France	Martinique
973	Cayenne	Guyane
974	Saint-Denis	Réunion
975	Saint-Pierre	St-Pierre-et-Miquelon

Les unités de mesure

Les scientifiques utilisent un système de mesure appelé système international (S.I.). Les unités de mesure (unités S.I.) de ce système permettent aux chercheurs du monde entier d'échanger leurs résultats et leurs découvertes.

Températures

• Conversion des degrés Celsius (°C) en degrés Fahrenheit (°F) :
°F = [(°C x 9) ÷ 5] + 32

• Conversion des degrés Fahrenheit (°F) en degrés Celsius (°C) :
°C = [(°F – 32) ÷ 9] x 32

• On obtient les kelvins K (unité S.I.) en ajoutant 273 à la température en °C.

Volume

1 litre (l)	1 dm^3
1 hectolitre (hl)	100 l ou 100 dm^3
1 décalitre (dal)	10 l ou 10 dm^3
1 décilitre (dl)	0,1 l ou 100 cm^3
1 centilitre (cl)	0,01 l ou 10 cm^3
1 millilitre (ml)	0,001 l ou 1 cm^3
1 mètre cube (m^3)	1 000 l
1 kilomètre cube (km^3)	1 000 000 000 m^3
1 décimètre cube (dm^3)	1 000 cm^3
1 centimètre cube (cm^3)	1 000 mm^3

Longueur

1 mètre (m)	
1 kilomètre (km)	1 000 m
1 hectomètre (hm)	100 m
1 décamètre (dam)	10 m
1 décimètre (dm)	0,1 m ou 10 cm
1 centimètre (cm)	0,01 m ou 10 mm
1 millimètre (mm)	0,001 m
1 micromètre (µm)	0,000 001 m

Superficie

1 mètre carré (m^2)		10 000 cm^2
1 kilomètre carré (km^2)		1 000 000 m^2
1 hectomètre carré (hm^2)		10 000 m^2
1 décamètre carré (dam^2)		100 m^2
1 décimètre carré (dm^2)		0,01 m^2
1 centimètre carré (cm^2)		0,000 1 m^2
1 millimètre carré (mm^2)		0,000 000 1 m^2
1 hectare	100 ares	10 000 m^2
1 are		100 m^2

Masse

1 kilogramme (kg)	
1 tonne (t)	1 000 kg
1 hectogramme (hg)	0,1 kg ou 100 g
1 décagramme (dag)	0,01 kg ou 10 g
1 gramme (g)	0,001 kg
1 décigramme (dg)	0,000 1 kg
1 centigramme (cg)	0,000 01 kg
1 milligramme (mg)	0,000 001 kg

Tables de conversion

Ces tableaux donnent les taux de conversion des unités métriques en unités anglo-saxonnes.

LONGUEUR

De	à	x par
cm	inche	0,3937
m	feet	3,2808
m	yard	1,0936
km	miles	0,6214
inch (in)	cm	2,54
feet (ft)	m	0,3048
yard (yd)	m	0,9144
miles	km	1,6093

SURFACE

De	à	x par
cm^2	sq in	0,155
m^2	sq ft	10,7639
m^2	sq yd	1,1960
hectares	acres	2,4711
km^2	sq miles	0,3861
square inche (sq in)	cm^2	6,4516
square feet (sq ft)	m^2	0,0929
square yard (sq yd)	m^2	0,8361
acres	hectares	0,4047
square miles (sq miles)	km^2	2,59

MASSE

De	à	x par
g	oz	0,0352
kg	lb	2,2046
kg	stones	0,1575
kg	cwt	0,0197
tonne	tons	0,9842
ounce (oz)	g	28,3495
pound (lb)	kg	0,4536
stones	kg	6,3503
hunderdweight (cwt)	kg	50,802
tons	tonne	1,0161

VOLUME

De	à	x par
cm^3	in^3	0,0610
cm^3	fl oz	0,0352
litres	ft^3	0,0353
m^3	yd^3	1,3080
litres	pints	1,7598
litres	gallons	0,2200
cubic inch (in^3)	cm^3 (millilitres)	16,3871
cubic feet (ft^3)	litres	28,3169
cubic yard (yd^3)	m^3	0,7646
fluid ounce (fl oz)	cm^3	28,4131
pints	litres	0,5683
gallons	litres	4,5461

PRÉFIXES S.I.

kilo (k) = x 1 000
hecto (h) = x 100
déci = ÷ 10
centi (c) = ÷ 100
milli (m) = ÷ 1 000
micro (μ) = ÷ 1 000 000

Index de l'atlas

Les chiffres placés après chaque entrée vous permettront de localiser votre recherche sur la carte correspondante. Ainsi, Tahiti est suivi des références 353/F5. 353 correspond à la page de la carte, et F5 sont les axes verticaux et horizontaux qui, en partant de la grille, convergent vers la zone dans laquelle se trouve Tahiti.

Abréviations

c.	cap
féd.	fédération
fl.	fleuve
î.	île
îs	îles
l.	lac
mtgne	montagne
mts	monts
rés.	réserve
É.-U.	États-Unis [d'Amérique]
R.-U.	Royaume-Uni [de Grande-Bretagne et d'Irlande du Nord]

O

Index général

La majorité des références concernant les lieux géographiques se trouvent dans l'index de l'atlas.

Q-R

Remerciements

Photographies :
Geoff Brightling, Jane Burton, P. Chadwell, Peter Chadwick, Andy Crawford, Geoff Dann, Philip Dowell, Mike Dunning, Neil Fletcher, Philip Gatward, Steve Gorton, Frank Greenaway, Colin Keates, Gary Kevin, Dave King, Nick Nicholls, Andrew McRobb, Ray Moller, Stephen Oliver, Roger Phillips, Tim Ridley, Karl Shone, James Stevenson, Clive Streeter, Kim Taylor, Andreas Von Einsiedel, Matthew Ward, Jerry Young, Christian Zuber.

Illustrations :
Evi Antoniou, Rick Blakely, Peter Bull, Mike Courtney, John Crawford Fraser, Bill Donohoe, Simone End, Eugène Fleury, Giuliano Fornari, Ann George-Marsh, Jeremy Gower, Elizabeth Gray, Andrew Green, Ray Grinaway, Nick Hewetson, Dave Hopkins, Aziz Khan, Jason Lewis, Stuart Mackay, Judith Maguire, Janos Marffy, Kevin Marks, Angus Mcbride, Sean Milne, Éric Sabot, Sergio, Colin Salmon, Michael Saunders, Rodney Shackell, Rob Shone, Clive Spong, Roger Stewart, John Temperton, Pete Visscher, Richard Ward, John Woodcock, Dan Wright.

Infographie (carte de France p 466-467) :
Jean-Philippe Guillerme

Crédits photographiques :
h = haut, b = bas, g = gauche, d = droite
c = centre

Aardman Animations 403bg ; Action Plus/Glyn Kirk 412hc ; AKG, London, 349hcg ; AKG, Berlin, 442bcd ; Ancient Art and Architecture 437hc ; Animation City/A.C. Live 402cg ; Audi 185bd ; Austin Brown et The Aviation Picture Library 197bd ; Biology Media 142cg ; Bettmann Archive 443bd ; Bridgeman Art Library/Giraudon 389hcg ; Museum of Mankind 370bc ; Museum of Natural History, London, 99bd ; The British Museum 371hd, 371hc, 376hd, 376bg, 376bd, 377hcg, 377hcd, 377bd, 378hg, 378hcg, 378bd, 379hc, 427hd, 428bd, 430hc, 439cg ; Camera Press/Ian Stone 460hc ; Carolco 1991, collection Kobal 402hd ; J. Allan Cash 430cd ; Christie's Colour Library 313bd ; Bruce Coleman Ltd/Jeff Foott Productions 224cg ; Christian Zuber 307hd ; Colorsport © Duono ; David Madlen 404bg ; Comstock 432hd ; James Davis 375bg ; ET archive 427hcg, 434hd, 436hg, 437cd, 439bd, 452hc ; Mary Evans Picture Library 69hc, 370hd, 375bc, 375bd, 380hd, 397bcg ; The British Library 372cg, 446hcg, 446hcd, 449bd, 454bc ; Exeter Maritime Museum 190hcd, 190bcg ; Fiat 185bcg, Gilbert and George, Anthony d'Offay Gallery, London, 389bd ; Ronald Grant Archive 396bg, 403cd ; Sonia Halliday 371bd ; Robert Harding Picture Library 181hd, 423bcg, 436bg, 439hd, 444bc ;

Michael Holford 377hd, 429hcg, 432bd, 434bc ; Hulton-Getty Picture Collection 380cd ; Robert Hunt Library 454hcg ; Hutchison Library, 373bd, 374bg ; J.G. Fuller 235bg ; Image Bank/Kaz Mori 66-67 ; Image Select 395hcg, 399hcg, 444hcg ; Ann Ronan 394cd ; Simon James 377bg ; David King 380cg ; collection Kobal 403bc ; Magnum/Cagnoni 460cg ; Mander & Mitcheson 397cd ; Museum of the Moving Image/© Academy of Motion Picture Arts and Sciences R 3bd, 403bd ; Nasa 5hg, 32bcg, 32bcd, 36hcd, 36bcd, 37cg, 37hcd, 37bd, 461bc ; National Maritime Museum, 190bcd, 190b, 193bd, 440hcd ; Peter Newark Pictures 435c, 451cd ; Oxford Scientific Films/Root ; Okapia 111cg ; Ann and Bury Peerless, 372bc, 374hcd ; Photostage/Donald Cooper 397bd ; Popperfoto 456hc, 457bc, 459hcd ; Press Association 380bcg ; Redferns 395bd ; Renault 185bg ; Rex features 381hg ; 461hc, 462hd ; Cheryl Hatch, Sipa Press, 463hcd ; coll. privée, Sipa 457hg ; Setbon, Sipa Press 462c ; Royal Geographical Society/Paul Harris 288hc, tranche bcd ; The Royal Ballet School 396bcg, 396hcd ; Scala 371bcg, 377hg ; Biblioteca Nazionale Centrale, Florence 438bc ; Science Photo Library/George Bernard 144-145 ; Biology Media 142cg ; Chris Bjornberg 12-13 ; Jeremy Burgess 84hd ; Cern 149hg ; CNRI 79bcg ; Tony Hallas 16hd ; Adam Jones 38-39 ; James King-Holmes 171bd ; Thomas Ligon 198-99 ; Lawrence Migdale 171cd ; Prof. P. Motta, Dept. d'anatomie, Université de Lasapienza, Rome 114-115 ; Professors P.M. Motta, K.R Porter & P.M Andrews 123hd ; NOAO 32bc ; Novostl 36cg, 329bg ; Omikron 128hd ; David Parker 171hd ; John Sanford 32hd ; David Sharfe 133cd ; Simon Terrey 146hd ; Sporting Pictures (R.-U.) Ltd 156hd, 187hc, 189hc, 404bcd, 413hg, 413hd ; Tony Stone Images/Tony Craddock 257hd ; Sepp Dietrich 273bd, Ian Murphy 396bd ; Hugh Sitton 306cg ; Suzuki/Farquhar PR 185bcd ; Warner Brothers/collection KLLobal 403cg ; Werner Forman Archives 370hcg, 396hg, 420-421, 428cg ; Jerry Young 103bd, Michael Zabé 441bc ; Zefa Pictures 379bg, 464-465 ;
Ian Bradshaw 368-369 ;
Stockmarket 322c ; Krebs 176-177.

Pour la version française :

Traduction :
Christiane Crespin, Anne Dechanet, Patricia Gautier, Thomas Guidicelli.

Conseillers scientifiques :
Geneviève Deutsch (L'espace, Sciences et technologies) ; Anne Fournier (L'histoire) ; Bernard Salvat (La Terre, Le monde vivant) ; Michelle Wiener (Le corps humain).

Adaptation Octavo Éditions :
Bernadette Bouvattier, Sandrine Duvillier, Bruno Hanquier, Valérie Millet (édition), Barbara Kekus, Sophie Pujols (mise en page).
Avec la collaboration de Laure Cotelle et Marianne Perdu.